JN080399

ワークシートで見る社会

全単元・全時間の授業のすべて

中学校 歴史

関 裕幸 編著

東洋館
出版社

はじめに

　本書は、小学校の先生方に高い評価をうけている「板書シリーズ」の中学校版で、『ワークシートで見る全単元・全時間の授業のすべて 社会 中学校 歴史』として刊行したものです。

　中学校社会科では、授業で活用するワークシートが重要視されています。ワークシートは、学習内容を簡潔にまとめて生徒の学習の手助けをするだけでなく、思考・判断・表現したり、学習の振り返りをさせたりするためのものです。また、限られた時間の中で多くの学習内容を効率よく指導しなければならない中学校社会科においては、板書の手間を省くことのできるワークシートは有効です。

　そこで本書では、中学校社会科歴史的分野の全単元・全時間において、ワークシートと学習展開例を提示しています。また、各時間の事例は、学習指導要領のねらいや内容を反映したものになっています。本書は次のような構成となっています。

〈理論編〉「歴史的分野における指導のポイント」

・「歴史的分野で育成する資質・能力」「主体的・対話的で深い学び」「社会的事象の歴史的な見方・考え方」など、今回の学習指導要領におけるキーワードについて、具体的な学習プランを含めて解説しています。

・「学習評価」については活用のポイントを解説し、また「思考・判断・表現」の観点を問うペーパーテスト作成上の視点と問題例を示しています。

〈実践編〉

・冒頭に単元指導計画を設定し、単元の目標、単元を貫く問い、単元の評価、各時間のねらいと概要を提示しています。また、学習活動のポイント、課題解決的な学習展開にする工夫なども示しています。

・歴史的分野におけるすべての単元（全時間）を取り上げ、ワークシートと学習展開例を提示しています。歴史的分野の総時間数135時間のうち、授業オリエンテーションや定期考査などの時間（全135時間のうち、10時間分想定）を除いた125時間で設定しています。

・毎時間において、ワークシートの作業を中心に授業を展開し、基本的事項の整理、資料の読み取り（読み取りから思考・判断・表現へ）、話し合い活動などの意見・感想、授業のまとめ、自己評価や相互評価など、様々な学習活動をワークシートを通じて行うことにしています。

　本書は、学習指導や学習評価に関して多くの実践を開発されている先生方の執筆によるもので、それぞれの先生方の個性を生かした内容となっています。本書を参考にして、生徒の実態、各学校の指導計画などを十分に踏まえたワークシートや学習指導案を作成してみてください。

　令和4年4月

関　裕幸

本書活用のポイント

　本書は、ワークシートを軸として全単元・全時間の授業の目標・評価、具体的な展開方法、ICT活用や板書のアイディアなどを一目で分かるように構成しています。活用のポイントは次のとおりです。

単元の構造

　すべての単元において、「単元を貫く問い」を設定しています。ねらいや、主な学習活動を詳細に記載し、「課題解決的な学習展開にする工夫」で、実践者の単元構成の意図を分かりやすく解説しています。

本時の目標と評価

　何をねらいとして授業を行うのか、また生徒の学習活動をどのような観点からどのように見取るのか、本時における目標と評価を簡潔に示しています。

本時の授業展開

　本時の授業をどのような視点からどのように進めていくのかについて、「導入」→「展開」→「まとめ」ごとに解説しています。また、生徒の「歴史的な見方・考え方」が働くように、資料のどこに着眼し、思考を促すかについても適宜触れています。

貿易の振興から鎖国へ

本時の目標

　江戸幕府の対外政策の変化について理解できるようにする。

本時の評価

　幕府が対外政策を変化させた理由を、宗教の統制、外交と貿易の統制などに着目して考察し、表現している。

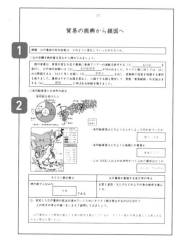

本時の授業展開

1　導入

　ベトナムのホイアンにある日本橋やフィリピンのマニラにある高山右近像を見せ、なぜこのような日本に関するものが東南アジアの国々にあるのかを知り、その背景に何があるのか本時の学習を通して学ぶきっかけとする。

2　展開

　朱印状を受けた人々の身分の割合が示されたグラフと地域分布図、朱印船貿易が展開された地図から問いに沿って、江戸時代初期に行われた東南アジアを中心とした貿易の様子を読み取る。

　キリスト教の教え（既習内容）と江戸幕府が重視する考え方の違いから幕府がキリスト教を

禁止していく理由を考えていく。記述内容については、少人数での意見交換も行いながら、思考・表現を深めていく。

　2018年に世界文化遺産として登録された「長崎と天草地方の潜伏キリシタン関連遺産」をタブレット端末等を活用して調べ、キリシタン統制のために幕府が何をしてきたのか、またその実効性を問う課題に取り組む。少人数での意見交換、全体共有を通して多面的な見方・考え方を身につける。

○江戸時代初期の外交政策

　年表の穴埋めをしながら、江戸幕府が開府当初どのような外交政策を展開したのかを整理していく。教科書や資料集を用いながら、自ら調べ用語を埋めていく作業とする。

江戸幕府の成立と対外政策
136

ワークシートの活用法

　本時の目標の実現や授業展開に即したワークシートを全時間分掲載しています。そのため、ワークシートを活用することで1時間の授業を行うことができますが、ワークシートを板書計画と見立てることもできます。どのようなタイミング・手順で資料を提示するのか、資料を通して生徒に何を気づかせたいのかを考える際、ワークシート上の各種資料やレイアウトが参考になるでしょう。生徒の記入例の入っていないワークシート（PDF）はダウンロードできるので、そのまま活用することができるとともに、画像レタッチソフトなどのPDFを加工できる専用ソフトを使って必要な資料だけを抜き出しておけば、電子黒板に映したり、ICT端末で共有することもできます（ダウンロード方法は、巻末参照）。

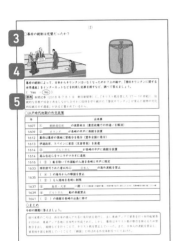

3

4

5

○江戸代初期の外交政策

年	出来事
1607	① 　　　　　　　　の使節来日（豊臣政権での不通を解消）
1609	② 　　　　　　が各地の平戸に商館を設置
1613	幕府は幕府の領地に警告する令か（禁教令に近い）
1614	伊達政宗、スペインに使節（支倉常長）を派遣
1614	③ 　　　　　　が各地の平戸に商館を設置
1616	高山右近らをマニラやマカオに追放
1616	④ 　　船を除いての貿易の入港を各地と平戸に限定
1624	刑罰書付された者（日本人、　　　　）の海外の渡航を禁止
1635	⑤ 　　の海外からの帰国を禁止
1637	⑥ 　　　・天草　　　・各地を各地に制限
1639	⑦ ポルトガル　　船の来航禁止
1641	⑧ 　　の商館を各地の出島に移す

◎まとめ

令和の課題に答えましょう。

3　まとめ
　本時の学習課題に沿って、本時の学習をまとめる。キリスト教の影響、大名が経済力をつけることを防ぐために幕府が貿易を統制し、外交を独占しようとしたことを捉えさせる。

ワークシートを使用する際のポイント

(1)左側では、空欄補充でおおまかな流れを確認する。本時の終末のキーワードとなる「鎖国」は小学校でも学習している用語であるので、復習も兼ねて先に提示しておく。資料の読み取りについては、円グラフ・地図からの読み取りになるので、平易なものである。下段の幕府の宗教の扱いに関するところでは、キリスト教と江戸幕府が目指す国づくりに矛盾が生じていることに気づかせる。

(2)右側では、まずキリスト教の禁止をどのような形で行われていたのかを絵画史料を用いながら確認した上で、その政策が100%実効性のあるものであったのか確認する。読み取りの結果、キリシタンが居続けたことが政策の失敗とならないよう注意して指導する。

ICT活用のアイディア
❶導入部分でベトナムの日本橋やマニラの高山右近像をモニターに出し、見やすくする。
❷「朱印状を受けた人」を示すグラフ・地図を出して、内容の共有をしやすくする。
❸「潜伏キリシタンに関する世界遺産」についてタブレット端末等を用いて検索する。
❹絵路の絵画資料を出して、内容の共有をしやすくする。

板書活用のアイディア
❺資料から幕府の禁教政策は成功しているかどうかに対する理由を挙げさせ、対立している意見を見比べながら深める。

4

近世の日本　**2**　江戸幕府の成立と対外政策

第3時
137

ワークシートを使用する際のポイント

　ワークシートの囲みに番号（丸カッコ）を連番で振っており、ワークシートを使用する際のポイントを明記しています。教師による補助説明や、その他のアイディアも記載しています。また、ワークシート全体を俯瞰して、どのように生徒に理解させるかの補足説明をしています。教師が使用するにあたって、手厚く解説しています。

ICT活用のアイディア

　ワークシートの囲みに番号（四角囲い）を連番で振っており、この番号の脇の資料等に対応する「ICT活用のアイディア」を明記しています。電子黒板やICT端末の活用例、プレゼンテーションソフトなど各種ソフトの活用例などを掲載しています。

板書のアイディア

　ワークシートの囲みに番号（四角囲い）を連番で振っており、この番号の脇の資料等に対応する「板書のアイディア」を明記しています。生徒の発言や本時の重要語句や注意事項などを掲載しています。

本書に基づく授業づくりのヒント

　本書では、1時間の学習展開をイメージしやすくすることを目的として、全時間にわたりワークシートを軸として構成していますが、50分授業のすべての時間を使って、ワークシートに記入するだけの授業にしない工夫が必要です。

　そこで、実際の授業では、ワークシートを軸とする場合においても、板書やノート、ICT機器などを上手に併用することがポイントとなります。自分の力で調べ考える、クラスメートと意見を交わす、こうした活動を通して、一人一人の生徒が自らの学びを深めていけるようにすることが肝要です。

本書活用のポイント

003

ワークシートで見る全単元・全時間の授業のすべて

中学校 歴史

もくじ

歴史的分野における
指導のポイント

1 歴史的分野における「内容」の概要

○「内容」の構成

　「内容」の部分は、A・B・Cで示される大項目と、⑴・⑵・⑶……で示される中項目、ア・イで示される小項目に再構成された。

○小項目の構成

　すべての中項目が、「ア　次のような知識を身に付けること」「イ　次のような思考力、判断力、表現力等を身に付けること」という二つの小項目に分割され、従来の「内容」が、「知識・技能」に関する事項と、「思考力、判断力、表現力」に関する項目で再構成されており、小項目は、従来の中項目・小項目の内容のまとまりを基に、さらに（ア）・（イ）という形で細分化されている。

○「見方・考え方」の明示

　中項目・小項目に対応して「……に着目して」という形で、「見方・考え方」が具体的に示されている。歴史的分野で示されている「見方・考え方」は、時代を個別に扱う通史部分の大項目BやCでは、「農耕の広まりや生産技術の発展」「武士の政治への進出と展開」など、各時代の国家・社会の特徴や文化の特色を捉えるための具体的な着目点が示されている。一方、歴史の学び方を扱う大項目「A　歴史との対話」で示されている「時代や年代」「推移」「現在の私たちとのつながり」については、内容の取扱いで、「内容のB以下の学習と関わらせて、事象相互の関連などにも留意し、それぞれの時代でこれらに着目して考察することが大切であることに気付かせること」とされ、歴史的分野の学習全体に共通する「見方・考え方」と捉えることができる。通史部分において、各時代の小項目の「思考力、判断力、表現力」の部分に、共通で「事象を相互に関連付けるなどして」と示されているのも、これを受けたものと捉えられる。

○「課題の追究・解決」の強調

　すべての中項目に「課題を追究したり解決したりする活動を通して」という文言が入っており、「（ア）以下の事項を身に付けることができるよう指導する」と示されている。現代社会の諸課題と関連した、学習課題の設定と、それを追究・解決する活動が求められている。

2 歴史的分野における「内容」の特色

○「内容」の位置付けの変更

　大項目が、「A　歴史との対話」「B　近世までの日本とアジア」「C　近現代の日本と世界」の三つに再編され、通史部分の大項目が、前近代と近現代に二つになった。これに伴い、従来大項目だった各時代は中項目として位置付けられた。また、従来の中項目を小項目とし、通史部分の小項目数は、古代4、中世3、近世4、近代6、現代2となった。なお、小項目の標題が復活した（平成元年版以来）。

　従来の大項目「⑴　歴史のとらえ方」は、「A　歴史との対話」となり、中項目として位置付けられていた「時代を大観して表現する活動」は、各時代（中項目）の小項目の、「思考力、判断力、表現力」の部分に、それぞれ加えられ、大項目Cの「⑵　現代の日本と世界」には、現在と未来の日

本や世界の在り方について考察、構想し表現する、歴史的分野の学習の総括的な内容が位置付けられた。

○「中世の日本」の再構成
　従来、政治・国際関係と経済・社会・文化で、大きく二分されていた中世が、「(ア)　武家政治の成立とユーラシアの交流」「(イ)　武家政治の展開と東アジアの動き」「(ウ)　民衆の成長と新たな文化の形成」の三つに再構成され、モンゴル帝国の襲来の背景としてのユーラシアの変化が加えられた。また、近世の内容に位置付けられていた「戦国の動乱」が、中世の内容の取扱いで、「『応仁の乱後の社会的な変動』については、戦国の動乱も取扱うようにすること」と示され、中世で扱うことが明示された。

○「世界の歴史」の充実
　グローバル化がさらに進展していること、また高等学校地理歴史科に新たに世界史と日本史を融合させた「歴史総合」が設置されることなどを受けて、中学校の段階で我が国の歴史に間接的な影響を与えた世界の歴史についても一層充実させた。具体的には、「ギリシャ・ローマの文明」の扱いや、元寇をユーラシアの変化の中で捉える学習、ヨーロッパ人来航の背景としての「ムスリム商人の役割と世界の結び付き」に気付かせる学習などが挙げられる。

○「主権者教育」への対応
　「18歳選挙権」などを受けた「主権者教育」への対応として、内容の取扱いで、政治への来歴の観点から扱うべき事項が明示された。具体的には、「世界の古代文明」の部分で、ギリシャ・ローマの文明について「政治制度など民主政治の来歴の観点から取扱うこと」と示され、近代においては、市民革命について「政治体制の変化や人権思想の発達や広がり、現代の政治とのつながりなどと関連付けて」取扱うことが示され、戦後の民主化の部分では「男女普通選挙の確立や日本国憲法の制定」などを取扱うことが示されている。

○伝統や文化の学習内容の充実
　伝統や文化について学習することは、これまでも重視されてきた。今回は、各中項目における伝統や文化の特色の理解につながる学習とともに、内容のBの「(2)　中世の日本」や「(3)　近世の日本」において、「琉球の文化」や「アイヌの文化」を取扱うことにしている。

○「領域をめぐる問題」の明示
　近代における「富国強兵・殖産興業政策」の内容の取扱いでは、従来通り新政府が行った政策として「領土の画定」が示されているが、ここに「その際、北方領土に触れるとともに、竹島、尖閣諸島の編入についても触れること」と示され、「領域をめぐる問題」の歴史的な背景の取扱いが明確化された。

○歴史学上の用語の併記
　聖徳太子について、「古事記や日本書紀においては『厩戸皇子』などと表記され、後に『聖徳太子』と称されるようになったことに触れる」と示されるように、歴史学上の用語が、内容や内容の取扱いに反映された。また、「大和朝廷（大和政権）」、「元寇（モンゴル帝国の襲来）」と併記された。

1 歴史的分野で育成する資質・能力とは

○歴史について考察する力や説明する力の育成の一層の重視

　学習指導要領では、育成を目指す資質・能力を、「知識及び技能」「思考力、判断力、表現力等」
「学びに向かう力、人間性等」という三つの柱とし、中学校社会科歴史的分野において具体的な内容
を以下のように整理している。

○知識及び技能

・各時代の特色を踏まえた我が国の歴史（直接的な関わりや間接的な影響を及ぼす世界の歴史を含
　む）に関する理解

・歴史上の人物と文化遺産、伝統と文化の特色、歴史に見られる国際関係や文化交流のあらまし

・年表などの諸資料から、歴史に関する情報を効果的に収集する・読み取る・まとめる技能

○思考力、判断力、表現力等

・歴史に関わる事象の意味や意義、特色や相互の関連を多面的・多角的に考察したり、歴史に見られ
　る課題を把握し、複数の立場や意見を踏まえて選択・判断したりする力

・趣旨が明確になるように内容構成を考え、自分の考えを論理的に説明したり、それらを基に議論し
　たりする力

○学びに向かう力、人間性等

・歴史上の諸事情や身近な地域の歴史、他民族の文化や生活に関する社会的事象について主体的に調
　べ分かろうとして課題を意欲的に追究する態度

・歴史上の諸事象から見出し課題の解決を視野に社会に関わろうとする態度

・多面的・多角的な考察や深い理解を通して涵養される自覚や愛情等（歴史上の人物と文化遺産を尊
　重することの大切さについての自覚、我が国の歴史に対する愛情や国民としての自覚、国際協調の
　精神）

2 課題解決的な学習の充実

　上記の資質・能力を育成するためには、課題を追究したり解決したりする活動の充実が求められる
（課題解決的な学習）。そうした学習活動を充実させるための学習過程の例としては、課題把握、課題
追究、課題解決の三つが考えられる。また、それらを構成する活動の例としては、動機付けや方向付
け、情報収集や考察・構想、まとめや振り返りなどの活動が考えられる。

課題把握		課題追究		課題解決	新たな課題
課動機付け	方向付け	情報収集	考察・構想	まとめ	振り返り
●学習課題を設定する	●課題解決の見通しを持つ	●予想や仮設の検証に向けて調べる	●社会的事象等の意味や意義、特色や相互の関連を考察する ●社会に見られる課題を把握して解決に向けて構想する	●考察したことや構想したことをまとめる	●学習を振り返って考察する

（『社会、地理歴史、公民における学習過程の例』中央教育審議会「社会・地理歴史・公民ワーキンググループ」2016年5月配布資料）

3 課題解決的な学習の授業プラン―「ヨーロッパ人来航とその背景（５時間扱い）」―

〈課題把握①：「南蛮屏風」の観察　１時間目〉

○「南蛮屏風」を見て、関心を持ったことを発表する。

●気付いたことや疑問に思ったことも挙げさせる。

　（予想される生徒の反応）

・外国船が港に入っている、ここは日本の港のようだ。

・日本に来たのはヨーロッパやアフリカの人のようだ。

・来航した人たちは貿易をしに来たようだ。虎などを運んでいる。

・キリスト教の宣伝師らしい人や、出迎えている日本人がいる。

・十字架のある建物で宣教師や武士が祈っている。

・帽子をかぶったり洋服を着たりしている人がいる。

〈課題把握②：学習課題の設定　１時間目〉

○各自の関心を持った事柄について班で話し合い、学習課題を設定する。

●より深く追究できる学習課題を設定できるように、適宜助言する。

　（学習課題例）

　ア．なぜヨーロッパ人は、日本に来たのだろうか。

　イ．ヨーロッパ人は、どのようにして日本に来たのだろうか

　ウ．ヨーロッパ人との貿易には、どのような特徴があるのだろうか。

　エ．なぜ宣教師たちは、日本にキリスト教を広めようとしたのだろうか。

　オ．キリスト教は日本にどのように伝わり、広まったのだろうか。

　カ．ヨーロッパ人の服装や持ち物には、どのような特徴があるのだろうか。

〈課題追究①：学習課題の追究　２・３時間目〉

○学習課題追究のための資料を収集する。

○追究した結果を班ごとにまとめる。

●各班の調査活動が円滑に進行するよう適宜指導・助言を行う。

●発表用資料としてレジュメプリントを作成させる。

　（まとめる内容の例）

　ア．ポルトガルのアジア進出、アジア諸国との貿易、鉄砲伝来

　イ．ルネサンス、新航路の開拓、ムスリム商人

　ウ．南蛮貿易の輸出入品、貿易港

　エ．宗教改革、イエズス会

　オ．ザビエルの布教活動、キリシタン大名

　カ．ヨーロッパ人の服装、ヨーロッパ伝来の文物

〈課題追究②：学習課題の発表　４時間目〉

○追究した結果を班ごとに発表する。

●発表について自己評価と相互評価を行う。

〈課題解決・新たな課題：学習課題の発展　５時間目〉

○課題追究の結果や発表の内容を基に、ヨーロッパ人来航の影響についてまとめる。

○各自でまとめた意見を基に意見交換を行う（班→学級全体）。

●意見交換を通して生まれた新たな疑問や関心等を発表する。

主体的・対話的で深い学びを目指す授業改善のポイント

1 「主体的・対話的で深い学び」とは

　今回の学習指導要領では、「知識及び技能」を習得し、「思考力、判断力、表現力等」を育成し、「学びに向かう力、人間性等」を涵養することが求められ、そのための授業改善のキーワードが「主体的・対話的で深い学び」である。

　「主体的な学び」とは、生徒が学習への意欲を持ち、自らが学習課題を把握し、その解決に向けての学習や振り返りなどを行うことである。「対話的な学び」とは、生徒が課題解決に向けて教材に向き合い、討論したり、教師や専門家などと話し合ったりすることである。「深い学び」とは、「社会的な見方・考え方」を用いた考察、構想や、説明、議論等の学習活動が組み込まれた、課題を追究したり解決したりすることである。

　具体的には、社会科各分野の特性に根ざした追究の視点と、それを生かした課題（問い）の設定、諸資料を基にした多面的・多角的な考察や構想、論理的な説明や議論などを通し、社会的事象の特色や意味、理論などを含めた概念に関わる知識を獲得するような学習が求められている。

2 「主体的・対話的で深い学び」の視点に立った授業改善

　「主体的な学び」「対話的な学び」「深い学び」の三つの視点を一体的に捉えて授業を改善することが重要であるが、一つの視点を生かした授業改善も可能である。歴史的分野において「主体的・対話的で深い学び」を実現するために有効な学習が討論（学習）である。討論を行う際の留意点として次の点が挙げられる。

〇討論のテーマは、論点がはっきりしていて、生徒の興味を引きつけるようなものが望ましい。
〇多面的・多角的な見方・考え方を育てるためには、生徒をいくつかの立場（意見）に立たせて討論を行うのが有効である。
　歴史学習の討論では、自分の立場に固執させるのではなく様々な考えや意見があることを知り、自分の意見を持つことが大切である。ディベートのように最終的な判定を下すという活動ではなく、最終的には自分の立場をはなれて自分の意見を持たせることが望ましい。
〇討論を行うことは、一つの歴史的事象について様々な見方・考え方があるということを知る上でも有効な学習である。しかし、生徒はどうしても自分の考えや意見に固執してしまう。そうならないためには、自分の考えや意見を見直すことが大切である。1つの単元の中で1回だけでなく何回か意見を考えさせる機会を設定することが重要である。
〇歴史学習において討論を行う場合、よく現在の視点と過去の時点での視点が混同した議論になってしまうことがある。歴史上のどの時点に立って討論しているのか、視点を明確にしておく必要がある。
〇討論を活発に行うためには簡単な討論から積み重ねていくことが大切である。まずグループによる討論を行い、次に学級全体での討論を進めていくことが望ましい。
〇討論を活発に進めるためには、討論を行う前の学習が重要となる。歴史学習における討論では、生徒が習得している知識で討論の質が決まってしまう。

3 「主体的・対話的で深い学び」の視点に立った授業プラン

　ここでは、「主体的・対話的で深い学び」の視点に立った授業例として、中世の特色を捉える討論学習を取り上げる。本事例は、単元全体に課題解決的な学習や討論学習を取り入れることによって、中世の時代の特色を捉えさせることをねらいとしたものである。具体的には、学習指導要領の内容Bの「⑵　中世の日本」において、単元を再構成して、中世の政治・外交・社会・文化などについて、学習課題を設定し追究しまとめ発表する学習を行う。そして、その発表をうけて「中世は武士の時代か、民衆の時代か」というテーマで討論を行い、中世の時代の特色を捉えさせる。

　この授業は、中世の特色について自分に意見を書かせる活動を3つの場面で設定した。まず第1時に小学校の学習を基に中世の概要を確認する時点、次に第8時の学習課題の発表が終わる時点、最後に第9時の全体討論が終わる時点。ここでは、自分の立場（それまでの意見）をはなれて、自由に意見を書かせる。また、この場面では「どちらの時代ともいえる」という意見も可とした。

【単元名】　　討論を通して中世の特色を捉える学習（9時間扱い）

【単元の目標】
・12世紀から15世紀ごろの我が国における武家政権の展開と社会、文化の動きを理解する。
・課題解決的な学習や討論学習を通して、主体的に学習する態度や多面的・多角的な見方・考え方を身に付ける。

【単元の評価規準】
・武家政治の成立と展開、東アジアの動き、農業や商工業の発達を通して、中世の社会の変化の様子を理解している。
・武家政治の成立と展開、東アジアの動き、農業や商工業の発達について、多面的・多角的に考察し表現するとともに、中世の日本を大観して、時代の特色を捉えている。
・中世の日本について、課題を設定・まとめ・発表し、討論する学習に主体的に取り組んでいる。

【単元の展開（学習活動・指導上の留意点）】
〈第一次：1時間〉
　〇小学校時に学習した内容を確認し、中世の時代のイメージをつかむ。
　・中世の時代のイメージについて、自分なりに予想して意見をまとめさせる。
〈第二次：7時間〉
　〇中世の政治・外交・社会・文化について学習課題を設定し、追究し、まとめ、発表する。
　・生徒各自が設定した学習課題をまとめ、共通の課題ごとにグループをつくらせる。
　・収集した資料を検討し、発表用資料にまとめさせる。
　・発表内容を基に中世の時代の特色について意見をまとめさせる。
〈第三次：1時間〉
　〇「中世は武士の時代か、民衆の時代か」というテーマで討論を行う。
　・どちらかの立場に立たせて、グループ・学級全体で討論を行う。
　・討論内容を基に、中世の時代の特色について意見をまとめさせる（自分の立場をはなれて）。

1 「社会的事象の歴史的な見方・考え方」とは

　中学校社会科の教科目標の柱書には、「社会的な見方・考え方を働かせ、課題を追究したり解決したりする活動を通して、広い視野に立ち、グローバル化する国際社会に主体的に生きる平和で民主的な国家及び社会の形成者に必要な公民としての資質・能力の基礎を次のとおり育成することを目指す」と示されている。「社会的な見方・考え方」とは、今回の学習指導要領改訂のキーワードであり、「視点や方法（考え方）」と言われている。

　歴史的分野では「社会的事象の歴史的見方・考え方」として、「社会的事象を時期、推移などに着目して捉え、類似や差異などを明確にしたり事象同士を因果関係などで関連付けたりして」働かせるものとして明示されている。具体的には、次の4点に整理できる。

　①．時期や年代など時系列に関わる視点
　②．展開、変化、継続など諸事象の推移に関わる視点
　③．類似、差異、特色など諸事象の比較に関わる視点
　④．背景、原因、結果、影響など事象相互のつながりに関わる視点

学習指導要領における歴史的分野の「着目する視点」

大項目	中項目	視点及び具体的な着目点
A 歴史との対話	(1)私たちと歴史	・時期や年代　・推移　現在の私たちとのつながり
	(2)身近な地域の歴史	・比較や関連 ・時代的な背景や地域的な環境 ・歴史と私たちとのつながり
B 近世までの日本とアジア	(1)古代までの日本	・古代文明や宗教が起こった場所や環境 ・農耕の広まりや生産技術の発展 ・東アジアとの接触や交流と政治や文化の変化
	(2)中世の日本	・武士の政治への進出と展開 ・東アジアにおける交流 ・農業や商工業の発達
	(3)近世の日本	・交易の広がりとその影響　・統一政権の諸政策の目的 ・産業の発達と文化の担い手の変化 ・社会の変化と幕府の政策の変化
C 近現代の日本と世界	(1)近代の日本と世界	・工業化の進展と政治や社会の変化 ・明治政府の諸改革の目的　・議会政治や外交の展開 ・近代化がもたらした文化への影響 ・戦争に向かう時期の社会や生活の変化 ・世界の動きと我が国との関連
	(2)現代の日本と世界	・諸改革の展開と国際社会の変化 ・政治の展開と国民生活の変化

2 「社会的事象の歴史的な見方・考え方」の働かせ方

　生徒は歴史的事象を追究する際、その事象に関わる「問い」を意識し、その答えを求めて調べたり、思考・判断・表現したりしている。例えば、事象相互のつながりを捉えようとする場合、「なぜ～なのか」「～の結果、どうなったのか」「～によってどんな影響があったのか」といった「問い」を

立て、その答えを求めて調べたり、思考、判断、表現したりしている。「社会的事象の歴史的な見方・考え方」を働かせるとは、歴史的事象を捉えるための視点を「問い」にすることであると考えられる。

3 歴史的分野における「単元を貫く問い」

『中学校学習指導要領解説 社会編』には「単元などの内容や時間のまとまりを見通した「問い」を設定し、「社会的な見方・考え方」を働かせることで、社会的事象等の意味や意義、特色や相互の関連等を考察したり、社会に見られる課題を把握してその解決に向けて構想したりする学習を一層充実させることが求められる」とある。ここでいう「単元などの内容や時間のまとまりを見通した問い」は「単元を貫く問い」といわれ、「単元」は学習指導要領の中項目が該当すると考えられる。

歴史的分野では「目標」に、歴史に関わる事象の意味や意義、伝統と文化の特色などを「時期や年代、推移、比較、相互の関連、現在とのつながり」に着目して捉えることが示されている。しかし、「内容」においては、通史を扱う大項目BやCには、これらの視点は見られず、各時代の特色を捉えるための具体的な着目点が示されている。歴史的分野において「単元を貫く問い」を設定する際には、時代ごとに示される具体的な着目点を活用しながら、「目標」に示される視点を考慮して、各時代の社会の変化を捉える「（大きな）問い」を立てることが求められる。

例えば、大項目Bの「⑵ 中世の日本」では、具体的な着目点である「武士の政治への進出と展開」「東アジアにおける交流」「農業や商工業の発達」を用いながら、中世という時代を大きく捉えるような「武士は、なぜ政治に進出するだけの力を持ったのだろうか」「東アジアとの交流、農業や商工業の発達が進む中で、武士の政治はどのように展開していったのか」という問いが考えられる。また、実際の授業では、中項目ごとではなく、（ア）〜（ウ）の「事項」（小単元）において該当する具体的な着目点を基に問いを設定することも考えられる。

「中世の日本」における事項ごとの「問い」の例と題材ごとの「（小さな）問い」の例
〇事項（ア）：「武士による政治は貴族の政治とどのような違いがあるのだろうか。」
　　　　　　　「なぜモンゴル帝国は日本に襲来したのだろうか。」
　　　　　　　・武士はどのようにして政治の実験を握ったのだろうか。
　　　　　　　・鎌倉を中心とした武士の政権はどのような特徴を持っていたのだろうか。
　　　　　　　・モンゴル帝国はどのようにして領土を広げていったのだろうか。
　　　　　　　・モンゴル帝国が拡大したことによって、ユーラシア全体にどのような変化が見られるようになったのだろうか。
〇事項（イ）：「南北朝の争乱によって、政治や社会はどのように変化したのだろうか。」
　　　　　　　「東アジアにおける交流は、日本にどのような影響を及ぼしたのだろうか。」
　　　　　　　・鎌倉幕府の滅亡後、武士による政治はどのように変化していったのだろうか。
　　　　　　　・室町幕府はどのような性格を持っていたのだろうか。
　　　　　　　・明や朝鮮との交流は日本にどのような影響を及ぼしたのだろうか。
　　　　　　　・琉球は日本や東アジア諸国とどのような関わりを持っていたのだろうか。
〇事項（ウ）：「農業や商工業の発達は、民衆の生活にどのような変化をもたらしたのだろうか。」
　　　　　　　・都市や農村ではどのようにして自治がおこなわれたのだろうか。
　　　　　　　・民衆の成長によって生まれた文化は、どのような特徴を持っていたのだろうか。

1 ワークシート活用の意義

　ワークシートは、基本的事項を整理するだけでなく、思考・判断したりしたことを表現させたり、学習の振り返りを行わせたりするためのものである。ワークシートを活用することによって、生徒が主体的に学習に取り組んでいる状況を把握できるようになる。また、つまずいている生徒に適宜指導・助言を与えたり、学習が進んでいる生徒には発展的な課題を与えるなど、生徒に応じた指導を行うことができる。

　ワークシートは、１時間の授業すべての時間を使うような大きな作業から10分程度の時間があれば終わってしまうような小さなものまで、また、授業の導入の部分で活用することが適当なもの、展開やまとめの段階で活用することが適当なものまで、多様なものが考えられる。

　ワークシートは１時間の授業の中で使用するものだけでなく、単元などの学習のまとまりを通して長期的に使用するものがある。長期的に使用するワークシートは、自分の学習活動を振り返って、次につなげる「主体的な学び」を実現するためにも有効である。

　生徒にとってワークシートが解答を書き込むだけの作業プリントになってしまうのでは「深い学び」につながらない。単元を通して身に付けさせたい資質・能力を育成できるように、ワークシートを活用することが大切である。

　例えば、課題に対する自分の考えをまとめるために書く、資料を見て気付いたことを書く、発表のメモを書く、聞いたことをまとめる、分かったことを整理する、単元の学習を振り返り次の学習目標を立てるなど、様々な学習活動に活用できる。

　また、ワークシートの活用は、評価活動や生徒とのコミュニケーションにも役立つのである。

2 ワークシートの種類とその活用

〇基礎的・基本的な知識の定着を図るもの
・授業の展開の中でキーワードとなる重要語句を空欄にして、その重要語句を記入する。
・基礎的・基本的な知識の定着のためにキーワードを記憶させる活動として、生徒の実態に応じて必要な学習である。

〇資料を読み取り、思考・判断・表現する活動を行うもの
・年表や地図などの作成など作業を行う。
・写真・文書資料などを読み取り、分かったことを記入する。
・資料の読み取りを基に、歴史的な見方・考え方を引き出す。
・事象について自分の考えを記入する。
・話し合い活動の中で自分の考えや意見を記入する。
・話し合い活動や発表学習の中で、他の人の意見を聞いて、分かったことや参考になったことなどを記入する。

〇学習評価につなげるもの
・授業で学んだことを要約したり、出来たことや出来なかったことをまとめたりする。
・自己評価については、単なる結果の評価ではない。学習の過程の自己評価ができているかどうかを明確な形でできるものが望ましい。
・自己評価については、学習目標が達成されなかった場合、次の学習につなげるためには自分の活動

について分析することが重要である。推測・推定でもよいので自分の活動を分析・反省させるようにする。

・相互評価は、生徒同士が他の人の優れている点などを評価して、自分の学習に役立てる機能を持っている。他者の優れた点を評価することは自分の学習を見直す上でも重要である。

・生徒自身による自己評価と、生徒同士の相互評価を組み合わせた評価表を作成するなど工夫する。

3 ワークシート作成上の留意点

・生徒の実態に応じて作成することや、生徒にとって適切な分量と内容にする。

・適度な内容量、大きさ、保管などを考慮して、Ａ４版の用紙に統一する。

・１時間の授業で活用する場合、生徒に学習のねらい（学習課題）を明示する。

・学習を振り返らせる際、取り組みやすくて簡潔に記入できるようにする。

・自分の活動を振り返らせる場合、選択肢と記述の両方を取り入れ、より詳しく評価できるようにする。

・自己評価表には、他者による評価を取り入れることが大切である。教師による助言や支援を生徒に伝えるコメント欄を設定する。

・１枚のワークシートを評価するだけでなく、積み重ねによる成長のプロセスも評価する。

・質問文の文字の大きさや書体の工夫、視覚的に理解しやすい図の工夫、簡潔で分かりやすい質問内容など、生徒の特性に配慮する。

・事象を整理する場合、箇条書きにできるよう、罫線を入れるなど工夫する。

・考える場面での記入欄は、何度でも書き直しながら考えを整理できるように罫線を無しにするなど工夫する。

・事象に関する「説明」を記入する場合、図を描けるように枠を広くとったり、理由や根拠の欄を設けるなど工夫する。

・ワークシートはファイルにとじたり、クリアファイルに保管したりして整理する。

4 ワークシート活用のポイント

・年表を作成したり、図や表にまとめさせたりする活動の際は、教師の指示に従って丁寧に正確に作業しているかを評価する。

・資料を読み取らせる場合は、資料に示された事実や事象を歴史的な見方・考え方を働かせ、きちんと読み取っているかを評価する。

・自分の考えや意見を記述させる場合は、提示された課題に対して、あるいは資料から読み取ったことを基にして、自分の解釈・意見を根拠を示しながら述べているかを評価する。

・ワークシートの記述に際しては、事前に評価の観点を明示するとともに、学習の達成状況を段階的に示した基準を生徒に提示することが重要である。

・１枚のワークシートを評価するだけでなく、積み重ねによる成長のプロセスを評価することが大切である。

1 歴史的分野における評価の観点

　今回の学習指導要領では、各教科等の目標及び内容が、⑴「知識及び技能」、⑵「思考力、判断力、表現力等」、⑶「学びに向かう力、人間性等」の三つの柱に整理し示された。これを踏まえて、歴史的分野の目標及び目標に準拠した評価は、目標⑴に対応して「知識・技能」、目標⑵に対応して「思考・判断・表現」、目標⑶に対応して「主体的に学習に取り組む態度」の三つの観点から行うようになった。

【歴史的分野の評価の観点及びその趣旨】

〈知識・技能〉

　我が国の歴史の大きな流れを、世界の歴史を背景に、各時代の特色を踏まえて理解しているとともに、諸資料から歴史に関する様々な情報を効果的に調べまとめている。

〈思考・判断・表現〉

　歴史に関わる事象の意味や意義、伝統と文化の特色などを、時期や年代、推移、比較、相互の関連や現在とのつながりなどに着目して多面的・多角的に考察したり、歴史に見られる課題を把握し複数の立場や意見を踏まえて公正に選択・判断したり、思考・判断したことを説明したり、それらを基に議論したりしている。

〈主体的に学習に取り組む態度〉

　歴史に関わる諸事象について、国家及び社会の担い手として、よりよい社会の実現を視野にそこで見られる課題を主体的に追究、解決しようとしている。

　上記の三つの評価の観点に即して「内容のまとまりごとの評価規準」（単元）が例示され、歴史的分野において評価のための「内容のまとまり」は、中項目を基本とすることとされている。

2 観点ごとの評価の方法

〈知識・技能〉

　「知識・技能」の評価は、学習の過程を通した知識及び技能の習得状況について評価を行うものである。具体的な方法としては、ペーパーテストのほか、生徒が文章による説明をしたり、年表や図で表現したりするなど、実際に知識や技能を用いる場面を設けるなど、多様な方法を適切に取り入れていくことが考えられる。

〈思考・判断・表現〉

　「思考・判断・表現」の評価は、知識及び技能を活用して課題を解決するために必要な思考力、判断力、表現力等を身に付けているかを評価するものである。そして、生徒が思考・判断・表現する場面を効果的に設計した上で、指導・評価することが求められる。具体的な評価の方法としては、ペーパーテストだけでなく、論述やレポートの作成、発表、グループでの話し合い、作品の制作や表現等の多様な活動を取り入れたり、それらを集めたポートフォリオを活用したりするなど、評価方法を工夫することが考えられる。

〈主体的に学習に取り組む態度〉

　「主体的に学習に取り組む態度」の評価は、単に積極的な発言を行うなどの行動面を評価するとい

うだけでなく、知識及び技能を獲得したり、思考力、判断力、表現力等を身に付けたりすることに向けた粘り強い取組を行おうとしている面と、その粘り強い取組を行う中で、自らの学習を調整しようとする面を評価することが求められる。また、教師による評価活動だけでなく、生徒の自己評価や相互評価を適宜組み込みながら、生徒一人一人の学習に対する意欲の向上や課題の探究にむけての態度、学習の振り返り、調整などを丁寧に見ていくようにすることが大切である。具体的な評価の方法としては、ノートやレポート等における記述、授業中の発言、教師による行動観察や生徒による自己評価や相互評価などの方法が考えられる。

3 歴史的分野におけるペーパーテストによる評価

　学習状況の達成度を評価する方法の一つにペーパーテストがある。これまで歴史的分野においては「評価方法＝ペーパーテスト」といったイメージが強くあった。確かに「知識・技能」の評価方法としてペーパーテストは適しているといえるが、他の観点においてもペーパーテストを使った評価を行うことができると考える。

　「知識・技能」のペーパーテストを作成する際は、事実的な知識の習得を問う問題と、知識の概念的な理解を問う問題とのバランスに配慮するなどの工夫が必要である。例えば、
・選択肢の文中に歴史事項やキーワードを入れないで問う。
・人物や事項ではなく、事象の内容や背景・原因・結果・影響などを問う。
・選択肢問題において、正しいものではなく誤っているものを選ばせる（一つの事実であっても複数の要素から構成されていることに着目させる）。
・7〜8つの選択肢を設けて、2〜3つを選ばせる（正答の数を指定しない場合もあり）。
などの作問上の工夫が考えられる。

　「思考・判断・表現」の評価については、授業での生徒の活動や生徒が作成したレポートなどから評価すること、評価の積み上げによって評価することが適切であるが、短時間で総括的に評価したい場合、ペーパーテストによる評価が有効な方法であろう。例えば、複数の歴史的事象の共通性や類似性などの事項を問うたり、解答の根拠も合わせて問うなどの作問上の工夫が考えられる。また、授業中に扱わなかった資料を提示したり、生徒が調べて発表した内容を出題するなどの配慮も必要である。

　「主体的に学習に取り組む態度」のような情意面をペーパーテストで評価することは難しいといわれている。しかし、他の観点とうまく組み合わせて作問することで「主体的に学習に取り組む態度」を評価することは可能である。例えば、絵画・写真・図表などの資料（複数も可）を提示し、問題場面を設定する。その上で、「（その資料を読み取り、疑問を導き出し）どんな調査課題を設定するか」、「その調査課題をどのように調べるか」、「（自分で考えた調べ方で）実際に調べる場合の工夫や見通しを具体的に書きなさい」、「調べた結果、どんなことが分かるか（調べた結果を予想する）」という4つの問いを段階的に設定する。採点は個別ではなく全体を通して適切な課題が設定できているかどうかを基準にして行う。

4 歴史的分野における「思考・判断・表現」を評価するペーパーテスト例

　「思考・判断・表現」を評価するペーパーテストを作成する際の視点として次の点が挙げられる。
● 複数の歴史的事象や資料から共通点を問う：A、B、G
● 解答とその根拠を合わせて問う：C

● 仮想の場面を設定し既得知識を使って考えさせる：D

● ある歴史的事象を他の立場や視点から考えさせる：E

● 複数の歴史的事象の傾向性を問う（年代ではなく時期を問う）：F

● 例題を生かして自分の解答を作り出す：G

○ペーパーテスト例

A 下の年表のできごと全体にタイトル（題名）をつけるとしたらどういう名称にしたらよいですか。タイトル（題名）を10字程度で答えなさい。

世紀	で き ご と
10	・平将門が関東で反乱をおこす
11	・源義家が東北地方の反乱を鎮める ・天皇家・藤原氏の争いから保元の乱がおこる
12	・平治の乱がおこり、源氏と平氏の棟梁が戦う ・平清盛が太政大臣となる ・源頼朝が守護・地頭を設置する

B 次の年表を見て、下の問いに答えなさい。

(I) 明治政府は近代国家建設のため、いくつかの方針を打ち出し、それをもとに政策を実行しました。年表中の次の政策はどのような方針から生まれたものですか。その方針を漢字4字でそれぞれ答えなさい。

①B・C・F・G・I・J・K　②C・D・G・J・L・M・N・O・P　③E・R

年	1869	70	71	72	73	74	75	76	77

A 版籍奉還
B 人力車発明
C 電信開通
D 開拓使設置
E 平民に名字許可
F 横浜毎日新聞創刊
G 郵便開始
H 廃藩置県
I 学制発布
J 鉄道開通
K 太陽暦採用
L 富岡製糸場設立
M 徴兵令公布
N 地租改正条令公布
O 第一国立銀行開業
P 屯田兵制度実施
Q 樺太千島交換条約
R 廃刀令公布
S 西南戦争

C 次の絵は「南蛮屏風」です。この絵が描かれたのはいつごろの年代ですか。右の年表を参考にして、次のア～エから1つ選び、記号で答えまさい。また、その理由を40字程度で答えなさい。

ア. 1543年～1549年　　イ. 1543年～1587年

ウ. 1549年～1587年　　エ. 1549年～1639年

南蛮屏風

（神戸市立博物館蔵）

年 代	できごと
1543	ポルトガル人が種子島に漂着する
1549	ザビエルが日本にキリスト教を伝える
1587	豊臣秀吉が宣教師を追放する
1639	江戸幕府がポルトガル船の来航を禁止する

D 次の X〜Z の文章は、ある時代、ある階層の人々の気持ちを想像して、言葉にしたものです。これを読んで、各問いに答えなさい。

> X．先祖代々の土地は相続のたびに小さくなっていく。苦しいのに借金までして武具をそろえて命がけで戦ったのに土地をくれない。それなのに北条氏だけが栄えている。
>
> Y．今は武士たちが政治の実権をにぎっている。昔のように自分で政治を行いたいものだ。それにはまず幕府を倒さねば。
>
> Z．もともと幕府はわれら源氏のもの。それを北条氏に奪われている。なんとかならないものか。

(1)．X〜Z はどのような階層の人の気持ちだと考えられますか。ア〜エから 1 つ選び、記号で答えなさい。
　　ア．天皇・貴族　　　イ．農民　　　ウ．御家人　　　エ．有力御家人（足利氏）

(2)．人々が X〜Z の気持ちだったのはいつごろか、ア〜エから 1 つ選び、記号で答えなさい。
　　ア．13世紀初め　　イ．14世紀初め　　ウ．14世紀終わり　　エ．15世紀初め

(3)．人々が X〜Z のような気持ちになった結果、どのようなできごとがおこったか、ア〜エから 1 つ選び記号で答えなさい
　　ア．元寇　　　　イ．応仁の乱　　　ウ．南北朝の争乱　　　エ．鎌倉幕府の滅亡

E 右の図は、中世全体をまとめた歴史新聞の下書きです。これを見て、各問いに答えなさい。

(1)．右上にある「やった！農民が初めて立ち上がる」は、土一揆に関するトップ記事の見出しです。もし、貴族の立場で見出しを考えるとしたらどうなりますか。10〜15字で答えなさい。

(2)．新聞中の広告らんには中世の文化についての広告をのせます。次の例を参考にして10字程度で答えなさい。
　　例：「連歌の会、会員募集中！」

F 次の年表の X 〜 Z は、奈良〜平安時代のある動き（流れ）をあらわしています。どのような動き（流れ）ですか。【Ⅰ群】のア〜ウから 1 つずつ選び、それぞれ記号で答えなさい。また、□の中の①〜⑧にあてはまるできごとを、【Ⅱ群】のカ〜スから 1 つずつ選び、同じく記号で答えなさい。なお年表中の ------- は、まだ政治が行われていない時期、勢力が衰えている時期を示しています。

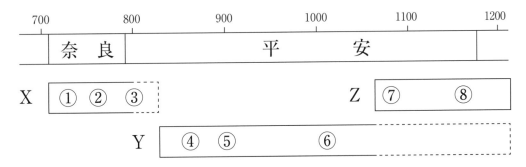

【Ⅰ群】
　　ア．律令制度の動揺　　イ．摂関政治の展開　　ウ．院政の成立・展開

【Ⅱ群】
　　カ．藤原基経が関白となる。　　　　　キ．藤原道長が太政大臣となる。
　　ク．藤原良房が摂政となる。　　　　　ケ．後白河法皇が平氏と対立する。
　　コ．白河天皇が上皇となる。　　　　　サ．桓武天皇が班田を12年ごとにする。
　　シ．三世一身法が制定される。　　　　ス．聖武天皇が墾田永年私財法を制定する。

G 次の8枚のカードは江戸時代に関係するものです。これらを見て、各問いに答えなさい。

菱川師宣 ア．「見返り美人図」 （絵）	イ．「解体新書」 （人体図）	ウ．幕府が異国船打ち払い令をゆるめる	エ．井原西鶴が町人の生活を描いた小説を著す
オ．葛飾北斎「神奈川沖波裏」 （絵）	カ．朱印状 （写真）	キ．田沼意次が株仲間を結ぶことを奨励する	ク．異国へ日本の船を派遣することは固く禁止する （文書資料）

(1)．次の2枚のカードにもう1枚のカードを加えて「学問の発達」という表題（タイトル）を付けたいと思います。あてはまるカードをア〜クから1つ選び、記号で答えなさい。

本居宣長が「古事記伝」を著す	寺子屋 （絵）

(2)．次の3枚のカードのまとまりを考えて、表題（タイトル）を付けたいと思います。最も適切なものをa〜dから1つ選び、記号で答えなさい

工場制手工業（絵）	備中ぐわや千歯こきなどの新しい農具が使用される	越後屋の店前（絵）

　　a．商人の活躍　　　b．農民の生活　　　c．産業の発達　　　d．幕府の政治改革

(3)．ア〜クのカードから、まとまりのある3枚を自由に取り出して、そのまとまりにふさわしい表題（タイトル）を答えなさい。

1

歴史との対話

1 私たちと歴史

中学校の歴史的分野の学習の導入として、小学校での学習を踏まえて歴史上の人物や文化財、出来事などから適切なものを取り上げながら、歴史学習の基本的な知識や技能である年代の表し方や時代区分の内容を理解させる。また、時期や年代、推移、現在の私たちとのつながりなどに着目して、時代区分との関わりなどについて考察し表現させる。

単元を貫く問い 歴史を捉えるための年代の表し方や時代区分にはどのような方法があるのだろうか

第1時～第3時

歴史を捉える見方・考え方

〔第1時〕時期や年代の表し方
〇時期や時代の表現方法を身に付け、その意味や意義を理解させる。
- 西暦、世紀、元号がどのような年代の表し方なのかを教科書の本文を読んだり年表や資料を見たりして、それぞれの特色をまとめ、意味や互いの関係を理解する。
- 西暦を使っていくつかの歴史的事象の年代の順序を並べかえて、歴史的事象が起こった順序や時間の経過を理解したり、日本と世界で起こった出来事を比較してまとめたりする。
- 世紀が100年ごとに区切る表し方であることを理解し、西暦年を世紀で表す方法を習得する。
- 最初の元号の「大化」から現在の「令和」まで248の元号が使われ、明治時代以降は「一世一元の制」により、1人の天皇の在位中には1つの元号と決まっていることを理解した上で、歴史の出来事の名称で元号が使われて

いる例を年表から探し出す。
- 今年を西暦、世紀、元号で表すなど、いくつかの歴史的事象が起こった年をさまざまな表現で示せるように練習する。
- 歴史の流れを大きく区切って表す方法として時代区分があり、どのような時代区分があるか教科書の本文から書き出す。また、これからの歴史の学習によって時代ごとの特色を理解することが大事であることを説明する。

〔第2～3時〕歴史の流れの捉え方
〇年表にまとめる活動を通して、歴史の移り変わりを時間の流れに沿って整理し、推移を捉えさせる。
- 小学校で既習した歴史上の人物や文化財、出来事などから、取り上げるテーマを決め、テーマに沿った事項を抜き出して年表を作成する。歴史的事象がいつの時代に起こり、そ

学習活動のポイント ・・・・・・・・・・・・・・・・・・・・・・・・・・・・・・・・・・

　この単元では、歴史についてより深く学習するためにはどのような見方・考え方が必要かを小学校の既習を活用したり、年表を作成したりする活動を通して学習する。

　年代の表し方は、いつから日本で使われてきたのかやその特徴、活用の仕方などに触れる。

　西暦は時間の経過を容易に理解でき、世紀は歴史の流れを大きく捉えることができる。元号

は中国から日本に伝えられたが、現在も使われ、明治以降は時代のまとまりとなっている。

　学習形態として4人程度でのグループやペアで課題に取り組ませて、共同して作業したり話し合ったりする。その際、教科書のチャレンジやワークシートの課題の取り組みを活用する。

　年表を作るときは、追究したい視点やテーマを決めて内容を重点化するようにする。

単元の評価

知識・技能	思考・判断・表現	主体的に学習に取り組む態度
○年代の表し方や時代区分の意味や意義についての基本的な内容を理解している。 ○資料から歴史に関わる情報を読み取ったり、年表などにまとめたりするなどの活動を通して、その技能を身に付けている。	○時期や年代、推移、現在の私たちとのつながりなどに着目して小学校での学習を踏まえて歴史上の人物や文化財、出来事などから適切なものを取り上げ、時代区分との関わりなどについて考察し、表現する。	○年代の表し方や時代区分の意味や意義、小学校での学習を踏まえた情報の読み取りやまとめる学習を主体的に追究、解決しようとしている。

○：ねらい　・：主な学習活動

第4時

歴史を捉える見方・考え方

の前後にどのような出来事が起こっているのか、人物と出来事や文化財との関連はあるか、などに着目して、関連する事項を矢印でつなぎ、色をつけて区分したりイラストを入れてビジュアル化したりするなどの工夫をする。
・年表を作成して分かったことや考えたことをワークシートに記入する。
・完成した年表を近くの人と見せ合い、分かったことや工夫したことを簡単に発表し合う。

〔第4時〕時代の特色の捉え方
○異なる時代を比較して、共通点や異なる点を考えることで、その時代の特色を捉えさせる。
○歴史的事象の背景や原因、影響などの相互の関連や現在とのつながりを考えることで歴史をより深く捉えさせる。

・同じ場所の異なる時代に描かれた資料を比べて、人物、建造物、交通手段など読み取る視点を決めて、共通点や相違点など分かることをワークシートに記入する。
・各自が記入したことをグループで出し合い、それぞれの時代の特色や変化を話し合ってワークシートにまとめる。
・資料がいつの時代のものかを年表で確認し、変化がどのような出来事をきっかけに起こったかを考えさせる。
・現在の私たちの生活と関係しているものや現在に影響していると思うことを考え、歴史には現在とのつながりが見られることに気付く。

課題解決的な学習展開にする工夫

明治以降令和までの元号と西暦との対応表（下記）を基に、自分の身近な人たちについての年表を作成させる。身近な人から話を聞いたことなど、取材したことを年表にまとめる。記載する事柄は生徒の主体的な追究内容とする。

1868（明治元）年～1912（明治45）年
1912（大正元）年～1926（大正15）年
1926（昭和元）年～1989（昭和64）年

1989（平成元）年～2019（平成31）年
2019（令和元）年～

身近な人たちとは、家族や親族、親しい知り合いなどが考えられ、亡くなっている人でもよい。自分や複数の人の生誕年や歴史的事象と関わる出来事などを年表に整理してまとめ、自分と近い過去の歴史を知ることで、歴史の移り変わりへの関心を高めるようにする。

時期や年代の表し方

本時の目標

時期や時代の表現方法を身に付け、その意味や意義を理解できるようにする。

本時の評価

年代の表し方や時代区分についての基本的な内容を理解している。

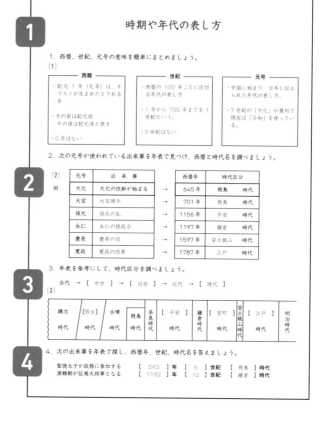

本時の授業展開

1 導入

「あなたが生まれた年は何年ですか」という問いかけから、同じ年を西暦と元号の両方で表せることを確認する。西暦はヨーロッパに由来し、世界で広く使われていること、元号は中国から日本に伝わり、現在は日本だけで使っている年代の表し方であることを説明する。

次に、年代の表し方で最初の年（1年）は、何を基準として決めているのかを問い、考えたことを答えさせる。さらに、西暦と元号以外の年代の表し方を年表から探し、年代を表す方法がいろいろあることに気付かせ、学習への関心・意欲を高める。

2 展開

西暦、世紀、元号の年代の表し方について、教科書の本文や資料を参考にして各自でワークシートにまとめさせた後、それぞれの年代の表し方の基本的な内容を説明する。

西暦の紀元がキリストが生まれたとされる年を基準にすること、世紀は西暦の100年を単位にして年代を区切る表し方であること、紀元前と紀元後の表し方の意味をワークシートの図を使って説明して理解させる。

グループやペアで、「大化の改新がはじまる」のように元号が使われている出来事を年表から探させ、ワークシートに書き出し、西暦やどの時代の出来事かも記入させる。

時代区分には「古代・中世・近世・近代・現

ワークシートを使用する際のポイント

⑴西暦、世紀、元号の記述は、教科書の説明をそのまま書き写すのではなく、ポイントをしぼって要約してまとめさせる。

⑵ワークシートの例を参考にして、年表を使って調べさせる。年表のどこに記載されているかを、グループや周りの生徒と教え合ってもよい。

⑶時代区分が明確でないところは斜線になっていること、大正時代以降の時代は省略してあることを説明する。

⑷演習問題は、年表を見て、周りの生徒と相談しないで個人で取り組ませる。分からないところは、支援する。問題終了後に自己採点を行わせ、間違ったところは、再度見直しをさせて理解させたい。

5

演習問題 (4)

下の図や年表を見て、あとの問題に答えなさい。

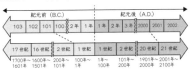

1. 紀元前 3000 年は、今からおよそ何千年前ですか。

2. 次の小学校で学習したことがらは、今から約何年前のことですか。100 年単位で答えなさい。
   ①都が京都の平安京に移された
   ②徳川家康が江戸に幕府を開いた

3. 「令和 4 年」を西暦年で答えなさい。

4. 次の世紀は、何年から何年までのことか答えなさい。
   ①9 世紀
   ②20 世紀

5. 次の西暦年は、何世紀のことか答えなさい。
   ①紀元前 2021 年
   ②645 年

6. 次の西暦年は、何時代にあたるか答えなさい。
   ①894 年
   ②1914 年

7. 次のことがらは、元号を使って何と呼ばれているか答えなさい。
   ①1467 年、将軍の跡継ぎ問題などをきっかけにして守護大名が二つに分かれて 11 年間も争った戦乱。
   ②江戸幕府を倒した人々は天皇を中心とした新しい政府をつくり、政治や社会の改革をすすめていった。

8. 次のア～エを古い順に並べかえて、記号で答えなさい。
   ①ア. 1333 年　イ. 35 年　ウ. 紀元前 569 年　エ. 紀元前 7 年
   ②ア. 18 世紀　イ. 10 世紀　ウ. 710 年　エ. 1889 年

1		5000	年前
2	①	1200	年前
	②	400	年前
3		2022	年
4	①	801 年 ～ 900	年
	②	1901 年 ～ 2000	年
5	①	紀元前 21	世紀
	②	7	世紀
6	①	平 安	時代
	②	大 正	時代
7	①	応仁の乱	
	②	明治維新	
8	①	ウ→エ→イ→ア	
	②	ウ→イ→ア→エ	

ICT 活用のアイディア

3年表を電子黒板に映し、時代の並び順を捉えながら、空欄になっている時代を調べさせる。

5図を電子黒板に映し、紀元前と紀元後の意味や、西暦年と世紀の関係について理解させ、時期や年代の表し方を演習問題で習得させる。

板書活用のアイディア

1西暦・世紀・元号のわくの中に、生徒が調べた内容のポイントを板書して表現方法を見比べる。

2元号が使われている出来事・該当する西暦年・時代区分の順に、年表で調べたことを発表させて、正解を板書する。

4西暦年を世紀で表すことに慣れるため、1～100年が 1 世紀のように板書して理解を定着させる。

代」という時代を大きく捉えて歴史を分ける方法と「縄文時代」のような生活の特徴でつけられたものや「鎌倉時代」のように政治の中心となった地名、「明治時代」のように元号で区分するなどに分けられることを理解させる。

　西暦、世紀、元号、時代区分について、ワークシートの演習問題への取り組みを通して、年代の表し方や互いの関係の理解を定着させる。

3　まとめ

　年代の表し方や時代区分は歴史を学ぶ上で必要で基本的な内容であるため、どの時代を学習していても、年代の表し方や時代区分の意味が不安になったときは、必要に応じて今回の学習を振り返って確認するよう指示をする。

歴史の流れの捉え方

本時の目標

　年表にまとめる活動を通して、歴史の移り変わりを時間の流れに沿って整理し、推移を捉えることができるようにする。

本時の評価

　日本の歴史の大きな流れを適切な情報を読み取って年表にまとめ、考えたことや調べた結果を適切に表現していて、歴史の流れを捉えている。

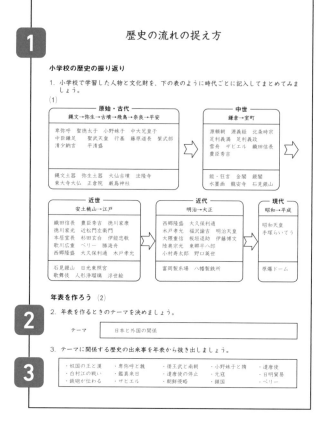

本時の授業展開

1　導入

　小学校で学んだ人物・文化財・出来事で印象に残っているものを挙げさせる。教科書の一覧表をチェックさせてもよい。

　小学校で既習した「人物」や「文化財」をワークシートの表に時代ごとにまとめる。

2　展開

　年表の作成の仕方を説明する。年表の作成には何かをはっきりさせたいという目的をもつことが大切であると理解させる。また、年表をつくることで、時代の大きな流れを捉えられることを説明する。

　小学校で既習した歴史上の人物や文化財、出来事などから、取り上げるテーマを決めて、テーマに沿った事項をワークシートに抜き出す。

　テーマ設定のときに気を付けることは、時間の流れに沿ってどのように推移していったのかを捉えさせるようなテーマとなるよう、一つの出来事や一人の人物だけを取り上げるものではないことを理解させる。

　テーマの例としては、「時代の転換となる出来事」「文化の移り変わり」「政治や社会の変化」「外国との関わり」「各時代の重要人物」など様々なものが考えられ、なかなかテーマ設定が決まらない生徒には、テーマ例を示してあげる。

　教科書の巻末の年表を参考に、自分のテーマに合わせて、作成する年表の項目を決めさせる。巻末の年表は情報が多いため、自分のテー

4

（3）

テーマ 　日本と外国の関係　 の歴史

時代	年代	できごと	外国	かかわる人物
弥生	1世紀頃	倭の奴国王が金印を授かる	中国（漢）	
	239年	邪馬台国の卑弥呼が使いを送る	中国（魏）	卑弥呼
古墳	478年	倭王武が使いを送る	中国（南朝）	
飛鳥	607年	小野妹子を隋に送る	中国（隋）	聖徳太子
	630年	第一回遣唐使を送る	中国（唐）	天智天皇
	663年	白村江の戦いに敗れる	朝鮮（百済）	
奈良	754年	鑑真が来日	中国（唐）	聖武天皇
平安	894年	遣唐使を停止する	中国（唐）	
鎌倉	1174年	文永の役	中国（元）	北条時宗
	1181年	弘安の役　モンゴルが襲ってくる		
室町	1404年	日明貿易が始まる	中国（明）	足利義満
	1543年	鉄砲が伝わる		ポルトガル人
	1549年	キリスト教が伝わる		ザビエル
安土桃山	1592年	文禄の役	朝鮮	豊臣秀吉
	1597年	慶長の役　朝鮮へ大軍を送る		
江戸	1641年	鎖国の体制が固まる		徳川家光
	1853年	アメリカ使節ペリーが浦賀に来る	アメリカ	ペリー

（右側に「遣唐使」の矢印）

5

・・年表を作成して分かったこと など・・（4）
古代の日本では、何度も中国に使いを送っていて、中国と交流があったことがわかった。
白村江の戦いのあとの約900年間で外国と戦ったのは、モンゴルの襲来と朝鮮侵略だけで、
戦争はあまり多くないと思った。
江戸時代の歴史までしか年表にまとめられなかったので、明治時代からあとに起こったことも
まとめてみたい。

ワークシートを使用する際のポイント

⑴導入の活動として、小学校で学習した人物と文化財がどの時代と関わっているかをまとめさせる。時代がまたがっている人物がいる場合、両方の時代に書かせたり、5人ずつ書いたりと人数を制限してもよい。

⑵年表を作るときのテーマを決めさせる。一つの時代だけの出来事ではなくいくつかの時代にまたがり、事項の推移がわかるようなテーマ設定をするように説明する。テーマに沿って年表に書き出すことを教科書の年表から選ばせる。

⑶年表には、時代区分以外は必要な項目を自分で考えて作成する。すべての時代を年表に記載する必要はない。

⑷年表を作成しての感想を書かせる。分かったことや疑問、考えたことなどできるだけ具体的に書かせる。

ICT活用のアイディア

3 自分のテーマに沿った事項を教科書の年表とタブレットを活用して、調べたことを記入していく。
4 年表の完成例を電子黒板に映し、書き方のポイントや工夫例を説明して、年表づくりのイメージを持たせる。
5 タブレットに自分の感想を書かせて電子黒板に集約した感想を映して、他者の感想を共有させる。

板書活用のアイディア

1 表のわくを黒板に書き、時代の推移を確認しながら小学校で学んだ人物や文化財を板書していく。
2 生徒が作った年表のテーマを発表させて板書し、他者のテーマを参考にして自分のテーマを修正して決定させる。

マに必要な事項のみを選ばせる。

　年表は、1枚の用紙（B4やA4）におさまる内容とする。年表に書いた事項で関連があると思われるものは矢印でつながせる。イラストを入れたり、着色したりして分かりやすい年表になるような工夫を促す。

　年表を作成して分かったことや考えたことなどの感想をワークシートに記入させる。

3 まとめ

　完成した年表を近くの人と見せ合い、分かったことや工夫したことを簡単に発表し合う。

　作成した年表は後日掲示して、お互いに見合って、よいところを評価し合うようにすることを伝える。

時代の特色の捉え方

本時の目標

異なる時代を比較して、共通点や異なる点を考えることで、その時代の特色を捉えることができるようにする。

本時の評価

歴史的事象の相互の関連や現在とのつながりを考えることで歴史をより深く捉え、課題を主体的に追究しようとしている。

1

時代の特色の捉え方

違いを見つけましょう　(1)

1. 3枚の男女のイラストの違いを書き出しなさい。

服装が違う　　髪型が違う

2. どうして違っているのか考えましょう。

時代が違う　　身分が違う　　貴族と大名の違い

2

江戸時代と明治時代の比較

3. 上の2枚の絵を比べて、違いと共通点を見つけましょう。(2)

┌─ 異なる点 ─────────
建物の材料　　乗り物　　人々の服装

建物の建て方

┌─ 共通点 ─────────
道にたくさんの人がいる
交通手段を使って移動している人がいる
道に沿って建物が建っている
活気がありにぎやか
富士山が見える

本時の授業展開

1　導入

数枚の男女のイラストの違いを見つけさせる。衣服や髪型の違いに気が付いたら、なぜ違っているのか理由を考えさせ、意見を出し合う。

2　展開

各時代の特色を自分なりに捉えて表現するために、どのような時代の流れになっていたかを年表で確認する。

異なる時代に描かれた資料を提示して比較させ、違いや共通点を読み取って、ワークシートに書く。

さらに、各自が読み取ったことをグループで出し合ってワークシートに書き加える。

例えば、東京書籍の教科書には、江戸時代と

明治時代と現在の高輪（東京都港区）の資料で比較しているが、異なる時代の身近な地域の絵や写真、古地図などの資料を活用すると、次の単元の身近な地域の学習につなげることができる。

資料を比較して読み取れる共通点を見付けさせる。違っている点から、変化がどのような出来事を原因として起こったのだと思うか、年表からきっかけとなったと思われる出来事を探す。どの出来事を選んだか、選んだ理由を含めてグループで意見交換させる。

歴史上の出来事には背景や原因があり、一つの出来事に関連していろいろな出来事がつながっていることに気付かせる。資料から分かる時代の特色をワークシートに書かせる。

3

4. 変化の原因となっていると考えられる出来事を年表から抜き出し、選んだ理由も述べなさい。　(3)

出来事	理由
ペリーの来航	貿易が始まって外国のものが入ってきた
江戸幕府の滅亡	政治がかわり、社会も変化した
明治維新	政治がかわり、社会も変化した　欧米のものを取り入れた
文明開化	西洋風の文化を取り入れた

4

5. 形を変えて、現在の私たちの生活の中でも見られるものを挙げましょう。　(4)

・舗装されている大きな道が見られる。
・ビル化しているが道の左右に店がある。
・乗り物が自動車になっている。

現在の日本橋近くの様子

5

6. 江戸時代、明治時代、現在の資料からわかることから時代の特色を考えてみましょう。

江戸時代は、二階建ての木造の建物が道に面して建っている。歩く人とかごや馬に乗って移動している人がいる。樹木もある。服装は着物である。

明治時代は、木造の建物と近代的な西洋風の建物がみられる。馬車や人力車に乗っている人がいる。洋服を着ている人がたくさん見られる。

現在は、車の通る道路と人が歩く歩道が整えられ、横断歩道も作られている。たくさんのビルが道路の沿って並んでいる。土の地面や樹木など自然のものは少ない。

3　まとめ

　他の時代との比較や、出来事の関連性を見ていくことで、その時代の特色が明らかになってくることを理解させる。

　時代の特色を捉えるときの3つの視点である「比較」「相互の関連」「現在とのつながり」を確認する。これからの各時代の学習で、これらの視点をもって歴史を学ぶと、より深く歴史を理解できることを説明し、視点をもって考えることの大切さを理解させる。

ワークシートを使用する際のポイント

⑴導入の学習として、平安時代の貴族、江戸時代の武士、明治時代の政治家のイラストの違いを考えさせる。時代の違いや当時の社会や身分の違いが服装や髪型の違いになっていることに気付かせる。

⑵江戸時代と明治時代の絵から変化の様子を読み取らせる。点線から下の枠には、グループの他の人が読み取ったことを追加して書かせる。

⑶グループで意見交換しながら、資料のような変化のきっかけとなった出来事を年表から選択させる。どうしてきっかけと考えたのか、選んだ理由も書かせる。

⑷乗り物や店など、江戸時代と明治時代で見られたもので、現在も見られるものから現在とのつながりを捉えさせる。

ICT 活用のアイディア

1 3枚の絵を電子黒板に映し、違っているところと、違っている理由を発表させる。

2 2枚の異なる時代の絵を電子黒板に映し、それらを見比べて違いと共通点を考えさせる。

4 現在の写真を電子黒板に映し、過去の時代と現在の様子と比較させる。

板書活用のアイディア

3 変化の原因となっている出来事を発表させ、それを選んだのはなぜかと問いかけ、生徒の発言を板書する。

5 江戸時代、明治時代、現在の同じ場所の資料を見比べてわかったことから、各時代の特色を考えて発表させ、意見を分類しながら板書する。

2 身近な地域の歴史

単元の目標

生活する身近な地域や受け継がれてきた伝統や文化への関心を持って、様々な手段で地域の歴史について調べたり、収集した情報を年表などにまとめたりするなどの技能を身に付ける。

比較や関連、時代的な背景や地域的な環境、歴史と私たちとのつながりなどに着目して、身近な地域の歴史的な特徴を多面的・多角的に考察し、表現する。

単元を貫く問い　身近な地域にはどのような歴史があるのだろうか

第 1 時〜第 4 時

テーマを決めて調査・考察しよう

〔第 1 時〕テーマを設定しよう

〇地域に残る史跡や受け継がれてきた伝統・文化などから調べたいテーマを設定させる。

• 自分で調べてみたいテーマを複数書き出し、他の生徒が考えたテーマの例と比較して、自分のテーマを決定する。ワークシートに調査計画を記入し、調査方法やまとめ方、発表までの見通しを持たせる。

〔第 2 〜 3 時〕調査しよう

〇設定したテーマに基づいて、さまざまな手段を用いて情報を収集させる。

• 身近な資料（書籍、インターネットなど）から基本的な情報を集める。調べる視点を明確にして、予想（仮説）をたてる。
調べたことは、ワークシートにメモしたり、イラストや図などで表現しておくのもよい。

校外に出て聞き取り調査に出かけるグループには、マナーを守り、安全に注意するよう指導する。

〔第 4 時〕調査内容から考察しよう

〇調べた内容を整理し、「相互の関連」「推移」「比較」「現在とのつながり」などの見方・考え方を使って、歴史的な背景について考えさせる。

• 調べた内容が「どの時代に関わっているか」「なぜ作られ、残っているのか」や現在の私たちの生活とどのように関わっているかなどを様々な角度から考える。

学習活動のポイント

　身近な地域の歴史について調べるには、どのような手順で進めればよいのか、課題を追究したり解決したりする活動を通して、情報を読み取りまとめる技能を身に付けさせる。

　テーマ設定から調査、考察、まとめ、発表の一連の活動を行うことで、情報の収集や、それをまとめ、考え、発表するまでの技能を身に付けさせ、地域に残る文化財や地域の人物の業績などを調査することで、自らが生活する地域の歴史に対する関心を高めさせる。

　時代的な背景や地域的な環境、現在の私たちとのつながりなどに着目して、身近な地域の歴史的な特徴を多面的・多角的に考察し、表現させる。

　身近な地域の歴史について調べる活動は、地域の歴史教材に応じて適切な単元で行う。

単元の評価

知識・技能	思考・判断・表現	主体的に学習に取り組む態度
○様々な手段で地域の歴史について調べたり、収集した情報などを年表などに適切にまとめている。	○比較や関連、時代的な背景や地域的な環境、歴史と私たちとのつながりなどに着目して、身近な地域の歴史的な特徴を多面的・多角的に考察し、表現している。	○自らが生活する地域や受け継がれてきた伝統や文化への関心をもって、身近な地域の歴史について、よりよい社会の実現を視野にそこで見られる課題を主体的に追究し、解決しようとしている。

○：ねらい　・：主な学習活動

第5時～第9時

まとめと発表をしよう

〔第5時〕調査内容をまとめよう
○調査内容を記録したワークシートを基に、主体的に課題を追究させる。
・テーマに沿ったまとめを年表や地図なども入れて報告書（レポート）にまとめる。テーマ設定の理由や調べた方法などレポートに書く内容の例を示し、最後に感想と反省を書く。
・グループで発表する場合は、発表の分担や手順を確認するなど発表準備の時間を確保する。

〔第6～7時〕発表しよう
○調査した身近な地域の歴史を、発表方法を工夫して分かりやすく伝えさせる。
・模造紙やICT機器など、様々な手段を活用して、調べて分かったことや考えたことをテーマや予想（仮説）に沿って発表する。

・発表を聞く側は、発表のポイントをメモしたり、発表者（発表グループ）への評価表を付ける。発表した内容に対して、短時間で質疑応答を行う。
・発表時間は発表者（グループ）数に応じて事前に何分以内と決めておく。

〔第8時〕調査全体を振り返ろう
○調査活動全体を振り返って、評価表に自己評価を記入させる。
・各自で「学習を振り返って」の評価表に記入させる。テーマ設定から発表までの一連の学習全体を振り返らせて、良かった点や悪かった点、身近な地域の歴史について分かったり、考えたりしたことを具体的に文章で書く。グループで発表した場合は、自分たちの学習の取り組み全体についての振り返りを話し合う。

課題解決的な学習展開にする工夫 ・・・・・・・・・・・・・・・・・・・・・・・・・・・・・・・

○現地調査と聞き取り調査
　野外調査の時間を設定して、調査対象の現地に出向き、実物を見たり、聞きとりをしたり、写真を撮ったりして調べたことを自分の目で確かめさせることで学習を深める。
○まとめ方の工夫
　まとめの方法として、年表やレポート、歴史新聞など以外にも、イラストマップやポス

ター、絵巻物、パソコンでまとめるなどの工夫を考えさせることができる。
○発表の工夫
　ICTを活用した発表として、プレゼンテーションソフトを使うと、地図や写真を効果的に使って見やすい画面構成の工夫ができる。どのような方法の発表でも、発表全体の筋書きを作り、分かりやすい発表を心掛けさせたい。

テーマを決めて
調査・考察しよう

身近な地域の歴史

私たちの住む地域の歴史を調べ、日本の歴史との関連をまとめて発表しましょう

1　1. 現在の文京区に残る「史跡」「祭り」「年中行事」「歴史的人物」などを挙げよう。

(1)

> 湯島聖堂、湯島天神、護国寺、春日局の墓、徳川家康の母の墓、
>
> 根津神社つつじ祭り　　湯島天満宮菊祭り　　こんにゃくえんま
>
> 東大赤門、六義園、小石川後楽園　小石川植物園
>
> 弥生土器名称由来の地
>
> 　　　　　　　　　　　　　　　　　　　　　その他いろいろ

2　2. 調べるテーマを決めよう (2)

テーマ
> 文京区の民間信仰

テーマ設定の理由
> 文京区にはたくさんの有名な寺社や祭りなどの行事がある。
> 寺社がいつどんな理由で作られたのか、どんな行事を行っているかを調べてみようと思った。

予想（仮説）　歴史や現在の私たちとの関わりを予想する
　　　　　　　（例　……ということでこの建物をつくったのだろう）
> 当時の人々は楽しみとしていろいろな行事を行うようになったのだろう。
> 病気や災害が起きたときに祈願するということでお寺つくったのだろう。

3　3. 調べ方を決めよう (3)

　①何を調べるか　　②何で調べるか　　③どのように調べるか

> ①護国寺、湯島天満宮、こんにゃくえんま、林泉寺
> ②文京ふるさと学習副読本、本、インターネット
> ③図書室の書籍、文京区のホームページ、現地の聞き取り

本時の目標

　身近な地域の歴史についての関心を高めながら、設定したテーマに基づいて情報を収集し、どの時代の歴史と関わっているか考えることができるようにする。

本時の評価

　身近な地域の歴史についてのテーマを設定し、さまざまな方法で課題を主体的に追究しようとしている。

本時の授業展開

1　導入

　自分の生活する地域に残る史跡や歴史的な建造物、伝統的な行事や地域の発展に尽くした人物の業績などで知っているものを挙げさせる。

　テーマの設定や調査、考察をどのように行っていったらよいか、活動の手順を説明する。

2　展開

○テーマの設定

　どのようなテーマを設定できるか、地域について自分の興味のある事柄や疑問に思ったこと、知っていることなどを書き出す。

　グループの人と書き出したことを出し合い、地域の歴史について考えたことを話し合う。

　グループのテーマを決めてから、各自が担当するテーマを絞り込み分担する。

　地域に残る史跡や文化財、伝統や文化が日本の歴史の大きな流れとどのように関わっているか、なぜ現在に残っているのかなどの視点からいくつかの予想（仮説）を立てる。

　どのような方法で調査をすすめるのか、ワークシートに班の調査計画を立てさせる。

○調査の実施

　テーマに基づき、図書室の書籍、インターネットなどの ICT 機器の活用など、多様な資料を使って、多面的・多角的に調べさせる。

　地域の図書館や博物館、資料館等の関連施設を紹介し、見学や調査の支援を行っていく。授業時間外で野外調査を行う以外に休日の課題と

地域の調査計画

(4) ☐ 組 ☐ 班 班長 ☐

	氏名	調べる内容の分担 (何を調べるか)
1		
2		
3		
4		
5		
6		

調査予定

①誰が、どこで、何を調べるのか

2 人……図書室の本で調べる　　　4 人……パソコンで情報を集める
全員……2 人ずつ校外の分担場所へ出かける

②校外調査計画

学校出発 →
目的地
到着 ：
調査時間 分
出発 ：
→
目的地
到着 ：
調査時間 分
出発 ：
→
帰校
時 分

時 分

③質問 (聞き取り) の内容

・どうしてここにお寺をつくったのか
・どんな行事をいつから行っているのか
・建物・仏像・行事などの由来

調査カード (5)

林泉寺　「しばられ地蔵」がある
　　　　願掛けのときに地蔵をしばり、願いがかなうとほどく
　　　　江戸時代初期に建てられた寺

湯島天満宮 (湯島天神)　室町時代に菅原道真を神としてまつる
　　　　　　　　　　　　江戸時代にはたくさんの人が来て富くじを売っていた
　　　　　　　　　　　　現在、受験生がたくさんお参りする

「地蔵」は庶民から親しまれ、敬愛された仏像です
○どんな呼び名があるか？
○いつ頃から信仰が広まったのか？
○どうして人々から信仰されたのか？

することもできる。校外での調査を計画する場合は、テーマに沿った質問を事前に作らせ、行動予定を書かせて提出させる。現地では、聞き取りだけでなく写真を撮影したり、資料を集めたりする。

　調べたことは、ワークシートの「調査カード」に記録させていく。

○調査結果の考察

　調査したことから、身近な地域の歴史と現在の私たちの生活とどのようにつながっているかを考えさせる。

　各自で担当したことをグループで意見交換しながら、予想（仮説）の検証結果についても話し合わせる。

ワークシートを使用する際のポイント

⑴グループで話し合いながら、思いつくものをたくさん挙げさせる。

⑵調べるテーマを絞り込む際には、必要に応じてグループに助言を与え、調べることが難しいテーマ設定にならないように支援したい。

⑶調べ方は、書籍、ICT の利用、現地調査などいろいろあることを理解させ、さまざまな方法を活用させるように支援する。

⑷グループで調べる内容を分担させて、調査計画を作らせる。

⑸調査カードに調べたことを随時記録させていく。また、考えたことや疑問点なども書かせておく。

ICT 活用のアイディア

1 自分が生活する地域の歴史に関して、タブレットを使って史跡や年中行事などを調べてどのようなものがあるかをまとめさせる。

3 タブレットの地図で史跡の位置を確認させ、どこをどのように調べるかグループの分担を決めさせる。

5 調査カードの書き方の例を電子黒板に映し、ポイントを説明する。

板書活用のアイディア

2 グループで決めたテーマを発表させて板書し、他グループのテーマを参考にして自分たちのテーマを修正して決定させる。

4 グループで考えた取材内容を発表させて板書し、どのような内容がでたかを確認して追加・修正など再検討させる。

まとめと発表を
しよう

本時の目標

- 調査結果をまとめて発表の準備を行い、発表と意見交換をできるようにする。
- 調査活動から発表までの学習を振り返り、自己評価をできるようにする。

本時の評価

　調べたり考えたりしたことを整理し、まとめのレポートの作成と発表・振り返りの学習に意欲的に取り組もうとしている。

1
2

身近な地域の歴史

1. 調べたことのまとめと発表の準備をしましょう。（1）

①自分の分担したテーマの設定理由

こんにゃくえんま……かわった仏像にみんながお参りしてかいると聞いたので、どのような由来の仏像か調べてみようと思った

②調査方法と調査内容のまとめ

- インターネットの地図で場所と行き方を確認→「源覚寺」
- 「こんにゃくえんま」の実物の写真をとり、立て札の説明をメモしてきた
- こんにゃくえんまは閻魔大王で木彫りの彫刻。右目がない。鎌倉時代の作。
　おばあさんに右目をあげた→おばあさんは好物のこんにゃくを断った

③予想（仮説）と調べた結果を考察して

仮説……えんま様に地獄へ連れて行かれないようにみんなでお参りしていた
　　　　　　　　↓
考察……おばあさんに目をあげて、見えるようにしてあげたという由来があった

④調べた内容についての感想

現在も、6日に縁日があり多くの人たちがえんま様に願かけをしている。
鎌倉時代の仏像が今も信仰の対象となっていることに驚いた。縁日も江戸時代から続いているので、行ってみようと思う。

2. 調べたことから考えてみましょう。（2）

①当時の人々にとって、調べた文化財や伝統行事などは、どんな意味をもっていたのか。

平安時代の信仰は、死後の世界での幸せを願い、現在は生きている今の願いを祈願しにいろいろな場所に行っている。どの時代も人々には願いがある。

②信仰や伝統行事、文化財などがどうして現在まで残って（伝わって）いるのか。

親から子へ言い伝えたり、行事が途絶えないように尽くしてきた人々がいた。

③今後、あなたは地域の文化の保存や伝承にどのようにかかわっていける（いこう）と思うか。あなたの考えを書いてください。

お祭りなどで自分が楽しむだけでなく、地域の一員として行事を行う側で協力していきたい。

本時の授業展開

1　導入

　情報を整理するための方法を説明する。

- ワークシートに記入した内容を確認する
- 時系列や内容ごとに分類する
- 分かったことと分からなかったことに分ける
- 新たな疑問や課題をまとめる

2　展開
○まとめる

　各自やグループで記録したワークシートの情報を確認し、集めた資料を整理させる。

　テーマに沿ったまとめを年表や地図なども入れて一人一枚ずつのレポートにまとめる。それを基にしたグループのプレゼンテーション用の資料を作成させる。

〈レポートに書く主な内容〉

- 自分の分担したテーマの設定理由
- 調査方法と調査内容
- 予想（仮説）の検証結果の考察
- 感想と反省

○発表の準備をする

　グループ内で誰から内容を発表するのか、発表の手順を考えさせる。

　印象的な発表をするには、声の大きさ、話す速さ、メリハリのある話し方などを説明する。

○発表する

　発表の順番や評価の視点について確認する。発表の流れは、次のようなものを基本とする。

学習を振り返って

3

1. 自己評価　(3)

Aとてもよい　Bよい　Cあまりよくない　Dよくない

①	今回の「地域調査」学習の全体的な取り組み	A B C D
②	必要な資料をうまく集められたか	A B C D
③	ワークシートの記入はきちんとできていたか	A B C D
④	班で協力して学習活動を行えたか（計画やまとめ等）	A B C D
⑤	校外学習（地域調査）はうまくできたか	A B C D
⑥	調査した内容を報告書にまとめることができたか	A B C D
⑦	調査の報告会でうまく発表できたか	A B C D

2. 感想　(4)

①日本の歴史と現在の私たちとの結びつきについてわかったことは何ですか？

4
いろいろな行事は、やらなくなってしまえば消えてしまう。古いお寺もこわしてしまえばなくなる。私たちは地域のものを大切に守っていく必要があるとわかった。

②今回の学習全体についての感想を書きましょう。

5
知っているようで知らないことがいろいろあり、調べていくと地域への興味が高まっていった。学校の外で調べるのは、大変だった♥けど楽しかった。

等々

・初めのことば（あいさつ、発表の仕方など）
・グループのテーマ設定の理由
・調査内容の説明
・まとめた内容や地域の歴史についての感想
・質疑応答

○発表の見直し

個人で発表の見直しを行い、自分の発表の良かった点、悪かった点を考えさせる。

3　まとめ

調査活動全体を振り返り、評価表に記入させる。
身近な歴史を調べる学習を通して分かったことや活動から学んだ技能を、「学習を振り返って」の感想欄に学習のまとめを書かせる。

ワークシートを使用する際のポイント

(1)グループで分担した自分の調べことのまとめを書かせ、発表の元原稿とする。

(2)調べたことを基に考えさせる問いとなっている。調査対象が明確な場合（例：地域の民間信仰、江戸時代の建造物など）は、より具体的な問いに直す方がよい。

(3)自己評価は4段階としているので、集計するときにプラス評価とマイナス評価のどちらが多いか分かるようにしてある。

(4)「現在とのつながり」の見方・考え方を活用して考えさせる。全体の感想は自由記述とする。

ICT活用のアイディア

1調べたことから考えたことを、項目ごとにタブレットに記入して、集約したものを電子黒板に映し、互いの意見を比べる。
3学習を振り返っての自己評価をタブレット内のアンケート用紙に記入させて、データを集約して分析する。
5タブレットに感想を記入させて、後日、生徒の意見を集約したプリントを配布する。

板書活用のアイディア

2分担したテーマについて発表させてテーマと感想に着目して、内容を分類しながら板書する。
4日本の文化と現在との結びつきについて、考えたことを発表させて板書し、他者の意見を共有する。

2

古代までの日本

1 【8 時間】
世界の古代文明と宗教のおこり・日本列島の誕生と大陸との交流

単元の目標
- 世界の古代文明や宗教のおこりを基に、世界の各地で文明が築かれたことを理解させる。
- 日本列島における農耕の広まりと生活の変化や当時の人々の信仰、大和朝廷（大和政権）による統一の様子と東アジアとの関わりなどを基に、東アジアの文明の影響を受けながら我が国で国家が形成されていったことを理解させる。
- 古代文明や宗教が起こった場所や環境、農耕の広まりや生産技術の発展、東アジアとの接触や交流と政治や文化の変化などに着目して、事象を相互に関連付けるなどして、世界の古代文明や宗教のおこり、日本列島における国家形成と東アジアとの関わりについて、古代の社会の変化の様子を多面的・多角的に考察し、表現させる。
- 古代までの日本について、よりよい社会の実現を視野にそこで見られる課題を主体的に追究、解決しようとする態度を身に付けさせる。

単元を貫く問い
(1)世界の古代文明や宗教は、どのような地域や環境の下でおこったのだろうか

第1時〜第5時

世界の古代文明と宗教のおこり

〔第1時〕人類の出現と進化
○「人類はどのように進化し、どのような生活をしていたのか」を学習課題とし、人類の出現、旧石器時代、新石器時代を扱う。
- 打製石器や磨製石器、土器については簡単なスケッチをさせて、それぞれの用途や特徴を通して時代による生活の仕方の違いに気付く。

〔第2時〕古代文明のおこりと発展
○「古代の文明は、どのような地域でおこり、どのような特色を持っていたのだろうか」を学習課題とし、文明のおこり、エジプト文明、メソポタミア文明、インダス文明を扱う。
- 古代文明がおこった地域を地図に記入させ、緯度が同じ地域であったことなどに気付く。

〔第3時〕中国文明の発展
○「古代の中国では、どのような文明がおこったのか」を学習課題とし、中国文明の発生、秦の中国統一、漢の成立を扱う。
- 複数の国が一つにまとまるときに、何を統一する必要があったかなどに気付く。

〔第4時〕ギリシャ・ローマの文明
○「ギリシャやローマの文明は、どのような特色を持っていたのだろうか」を学習課題とし、ギリシャの都市国家、ヘレニズム、ローマ帝国を扱う。
- 民主政、王政、共和政、帝政の違いや国家が発展するための条件などに気付く。

〔第5時〕宗教のおこりと三大宗教
○「古代の宗教は、どのような地域でおこり、どのような特色を持っていたのだろうか」を学習課題とし、宗教のおこり、仏教・キリスト教・イ

学習活動のポイント

　歴史学習の導入でもあるこの単元は、そもそも国家はどのように形成され、発展していくのかを、まず世界の古代文明を通して理解させ、日本列島でも東アジアの文明の影響を受けながら国家が形成されていったことを学習する構造となっている。

　歴史的な見方・考え方のうち、前後の時代を比較して、共通する点や異なる点を考えることによって、その時代の特色を捉えさせたり、出来事の背景や原因、その影響といった相互の関連を考えることによって、歴史をより深く捉えさせたりする学習を重視する。

　なお、ギリシャ・ローマ文明については、民主政や共和政など現代につながる面と、現代の民主主義とは異なる面の両面を踏まえて理解できるようにする。

単元の評価

知識・技能	思考・判断・表現	主体的に学習に取り組む態度
○世界の古代文明や宗教のおこりを基に、世界の各地で文明が築かれたことを理解している。 ○日本列島における農耕の広まりと生活の変化や当時の人々の信仰、大和朝廷（大和政権）による統一の様子と東アジアとの関わりなどを基に、東アジアの文明の影響を受けながら我が国で国家が形成されていったことを理解している。	○古代文明や宗教がおこった場所や環境、農耕の広まりや生産技術の発展、東アジアとの接触や交流と政治や文化の変化などに着目して、事象を相互に関連付けるなどして、古代の社会の変化の様子を多面的・多角的に考察し、表現している。	○古代までの日本について、よりよい社会の実現を視野にそこに見られる課題を主体的に追究しようとしている。

(2)日本の社会は、大陸とのつながりの下で、どのように変化したのだろうか　　○：ねらい　・：主な学習活動

第6時〜第8時

日本列島の誕生と大陸との交流

スラム教のおこりを扱う。
・文明がおこった地域と宗教がおこった場所が重なる理由を考える。

〔第6時〕旧石器時代と縄文時代の暮らし
○「日本列島に住み始めた人々は、どのような生活をしていたのだろうか」を学習課題とし、旧石器時代と縄文時代の暮らしを扱う。
・気候の変化によって、各時代の食事や住居にどのような違いが生まれたかを、具体的に説明できるようにする。
・日本列島で国家が誕生する以前の社会であり、次時と比較することで、「国家とは何か」を理解させることができるようになる。

〔第7時〕弥生時代の暮らしと邪馬台国
○「稲作が始まって、社会はどのように変化したのだろうか」を学習課題とし、弥生時代の始まり、国々の成立、邪馬台国を扱う。

・弥生時代に国家が形成されていく過程を、稲作の始まりや東アジアとの関わりに着目して考えさせる。まだ当時の日本列島では文字が使われていないため、中国の文献などから考察する。

〔第8時〕大王の時代
○「大和政権はどのように勢力を広げ、中国や朝鮮半島とどのような交流をしたのだろうか」を学習課題とし、大和政権の発展、古墳時代の文化、中国・朝鮮半島との交流を扱う。
・前方後円墳の分布や鉄剣などの資料を通して、大和政権の国内統一とその過程を理解させる。前時と同様に、中国に使者を送っていたことに加え、朝鮮半島における戦乱の影響などで渡来人が増え、その後の日本の文化や信仰の一部となった多くのものが伝えられたことなど、その役割の大きさに気付く。

課題解決的な学習展開にする工夫

　遺物として発見されている道具などの具体物の写真をスケッチさせ、言葉で表現することが苦手な生徒でも、事物の特徴がつかめているかどうかを判断できる活動を取り入れる。道具については、素材の変化にも着目させる。
　文字を用いずに、人々が自分の意思をどのように伝えようとしたのかを想像させることができる資料を重視する。

　まとめの段階では、前後の時代の違いに着目させ、「タイムマシンで旅行をして、特に印象に残ったこと」をインタビュー形式で表現させる活動を多く計画している。自分の言葉で時代の特色を表現させる機会をできるだけ増やしておくことで、「古代までの日本」といった長い期間の時代の特色も説明できるよう、計画的に思考力・表現力を育成していく。

人類の出現と進化

本時の目標

- ・人類が進化してきた過程や、人類の特徴を理解できるようにする。
- ・土器や石器の発明によって、人々の生活が変化したことを理解できるようにする。

本時の評価

- ・人類の進化の過程や、人々の生活の変化を理解している。

人類の出現と進化

1. 人類の進化

(1) 猿人・原人・新人の特徴を表にまとめよう。

	猿人	原人	新人
現れた時期	約700万年前〜600万年前	200万年ほど前	20万年ほど前
★脳容積	400〜600 ㎤	800〜1300 ㎤	1400〜1800 ㎤
特徴	後ろ足で立って歩く。道具を使う。	火や言葉を使う。	現在の人類の直接の祖先である。

(2) 【問いを立てよう】 なぜ人類の脳は大きくなっていったのだろうか。

【自分の考え】 立って歩くようになったことで、重くて大きな脳を支えられるようになり、さらに道具や言葉を使うことで、脳が発達したから。

2. 旧石器時代

(1) 旧石器時代に使われていた道具は何だろう。道具をスケッチしよう。

(2) 2万年前と現在の陸地を比べると、どのような違いがあるだろう。

現在の方が、陸地が広い。

(3) (2)の理由は何だろう。

2万年前は氷期にあたり、海水面が今より低かったから。

(4) 2万年前の新人の生活で、最も興味を持てることは何だろう。

洞窟にえがかれた動物の絵。どのようにして色をつけたのか、知りたい。

打製石器

スケッチ

本時の授業展開

1 導入

　レジ袋などの3枚のビニール袋に500、1000、1500ccの水を入れておき、それぞれ何の容積を示すためのものか、予想させる（順に猿人、原人、新人）。また、現代の人々の脳の容積は、3万年前と比べると1割ほど縮小していると言われている。その理由を考えさせる（生存の危機が減り、生き残るための知能を使う必要がなくなったからという考えがある一方で、知性と脳の大きさとの関連性はないという見解もある）。

2 展開
〇人類の出現

　猿人、原人、新人の特徴を現れた時期、脳容

積、使えるようになったものなどを表にまとめさせ、推移を見やすくしておく。脳の容積が次第に増加している点に着目させ、それはなぜかという問いを引き出し、予想をグループで話し合わせる。

〇旧石器時代

　打製石器を使い、狩りや採集を行って移動しながら生活していた時代であり、1万年ほど前まで続いていたことを理解させる。

- ・打製石器をスケッチさせる。
- ・2万年前ごろは氷期にあたり、海水面が現在より低く、大陸と大陸、大陸と日本列島のような大陸周辺の島が陸続きだったことを資料（地図）から読み取らせる。
- ・旧石器時代の洞窟の壁画を見て、当時の人類

3. 新石器時代
(1) 1万年ほど前に起こった環境の変化とは何だろう。
　　氷期が終わって気温が上がり、魚、貝、木の実などの食料が増えた。

(2) 移動しながら生活した人々のほか、定住生活を送る人々が現れたのはなぜだろう。
　　麦や稲を栽培し、牛や羊などの家畜を飼って生活できるようになったから。

(3) 新石器時代に使われていた道具は何だろう。2つの道具をスケッチしよう。

3

磨製石器	土器
スケッチ	スケッチ

4 4. まとめ【タイムマシンに乗って旅行したあなたへのインタビューに答えよう】(1)
　　質問：旧石器時代と新石器時代への旅行で、特に印象に残ったことは何ですか。

旧石器時代はとにかく寒かったです。知り合いになった「新人」さんから、動物の毛皮を借りましたが、火の近くにいないとすぐに風邪を引きそうでした。新石器時代は暖かく、食べ物の種類が増えていました。土器に描かれていた、きれいな絵が特に印象に残っています。

5. ○×テスト (2)
(1) 猿人、原人、新人のうち、最も脳容積が大きいのは新人である。　　　　　（ ○ ）
(2) 旧石器時代の洞窟の壁画には、麦や稲などの農作物がえがかれていた。　　（ × ）
(3) 打製石器と磨製石器を比べると、表面がつるつるしていて木を切ったり加工したりしやすいのは、
　　磨製石器である。　　　　　　　　　　　　　　　　　　　　　　　　　（ ○ ）

の考えていたことやどのような生活を送って
いたのかを想像させる。

○新石器時代
　土器や磨製石器を使い、農耕や牧畜を始めた
時代であることを理解させる。
・磨製石器と土器を簡単にスケッチさせ、それ
　ぞれの作り方や用途も考えさせる。

3　まとめ
　旧石器時代と新石器時代の違いがわかるよう
に、気候や道具、生活などの変化に着目して特
色をまとめさせて、説明できるようにする。
　小学校で学習した縄文時代や弥生時代の遺跡
からの出土品と、本時で学習した内容の共通点
（土器など）を挙げさせる。

ワークシートを使用する際のポイント

⑴隣の席の生徒とペアにして、旧石
器時代と新石器時代を分担し、お互
いにインタビューし合うという設定
にしてもよい。

⑵○×テストの答え合わせは、次時
の最初に本時を振り返るタイミング
でもよい。また、○×テストは生徒
につくらせてもよい。

ICT活用のアイデア

2日本列島における旧石器時代の暮
らしを扱う時間でも使用するが、2
万年前の海岸線（陸地）だけをえが
いた地図を提示し、何を示している
かを考えさせる。氷期の日本列島は
大陸と陸続きであった。旧石器時代
の洞窟の壁画は大画面で紹介したい。

板書活用のアイデア

1猿人・原人・新人の特徴をまとめ
る表は、枠を板書し、生徒に分担さ
せて記入させる。

3打製石器や磨製石器のスケッチ
は、特徴をつかんで、できるだけ短
時間で何人かの生徒に黒板に描かせ
る。打製石器は尖った角が表現でき
ていればよい。磨製石器は表面が磨
かれて滑らかなので、光を反射して
いるように描いた生徒に、どのよう
な工夫をしたかを説明させる。

4旧石器時代と新石器時代を比較す
るために、黒板の残りのスペースを
大きく2つに分けて、それぞれの時
代の特色を比較できるように工夫す
る。

古代文明のおこり
と発展

本時の目標

・古代文明がおこった地域の特徴について、成立した位置や場所に着目して考察し、表現できるようにする。

本時の評価

・古代文明がおこった地域の特徴について、大河のほとりに成立し、ほぼ緯度が同じであるという共通点に着目して考察し、表現している。

1

古代文明のおこりと発展

1. 文明のおこり
(1) どのようにして文明は誕生したのでしょうか。下の図を完成させよう。(1)

① 人口が増えていった理由は、
農耕や牧畜が発達し、集団で食料を計画的に生産し、貯蔵するようになったから。

② 集団を率いて富を持つ者と、支配されて働く貧しい者との区別が生まれた。

③ 国のまとまりができた理由は、
集団の間で争いが生まれ、強い集団が弱い集団を従えて大きくなっていったから。

④ 国の支配者は政治や戦争を指揮する王となり、ほかの有力者は貴族となった。

⑤ 神殿や宮殿などをもつ都市を中心に文明がおこった。発明されたものは、
青銅器や鉄器、貨幣、文字、法律など。

2

(2) 次の地図に四つの古代文明の名前を記入し、中心地域を囲んで塗ってみよう。

(3) 文明がおこった場所や環境に共通する特徴は何でしょうか。

大河のほとりでおこった。ほぼ緯度が同じ地域で、気候は乾燥帯や温帯の地域であること。

本時の授業展開

1 導入

黒板のやや上の方に、同じ高さで直径50cmくらいの円を4つ描く。左の2つの円の間隔は50cmくらい。3番目の円は70cmくらい間隔をとって、一番右の円はさらに1mくらいの間隔で描く。本時で扱うあるものの位置を示しているというヒントを与える。四つの古代文明の名称が出てきたら、それぞれ円に板書し、今度は赤道を示す直線（丸い地球をイメージさせるために少しカーブさせてもよい）を描き、何を示しているか問う。

エジプト文明の真下（南）の方に、円を2つくらい描いてみる。同じ大陸なのに、なぜこちらでは文明がおこらなかったのかを問う。もちろん導入では答えられなくてもよい。もし

「川が流れていない」という答えが出た場合は、ナイル川を描いてみる。「気候が異なる」という点については、地理的分野で学習することを伝えておく。

2 展開

○文明のおこり

農耕・戦争・王・都市などを手がかりにして、ワークシートの図（チャート）に従って、考えさせる。なお、青銅器や鉄器の役割については、次時の中国文明で触れることとする。

白地図に四つの古代文明の位置を記入させることで、本時の目標である「文明がおこった地域の特徴が大河のほとりであり、ほぼ緯度が同じである」という共通点に気付かせる。

3

2. 3つの古代文明　(2)
(1) エジプト文明・メソポタミア文明・インダス文明の特徴を表にまとめよう。
また、各文明で使われていた文字を書いてみよう。

	エジプト文明	メソポタミア文明	インダス文明
誕生した時期	紀元前 3000 年ごろに統一王国	紀元前 3000 年ごろ	紀元前 2500 年ごろ
河川名	ナイル川	チグリス川、ユーフラテス川	インダス川
主な建造物や都市遺跡	ピラミッド	ジッグラト	モヘンジョ＝ダロ
文字	象形文字	くさび形文字	インダス文字
特色	天文学が発達し、太陽暦を使用	太陰暦を使用　ハンムラビ法典	整備された道路や水路を持つ都市

3. まとめ【タイムマシンに乗って旅行したあなたへのインタビューに答えよう】(3)
質問：エジプトとメソポタミアの生活で、特に印象に残った共通点と違いは何でしたか。

4

エジプトにもメソポタミアにも、大きな神殿がありました。印象に残っている違いは、カレンダーの種類です。エジプトは今の私たちが使っている太陽暦で、メソポタミアは月の満ち欠けを基にした太陰暦でした。

4. ○×テスト　(4)
(1) 古代文明は、アフリカとアジアの大河のほとりで発展しました。　　　　　　　　（ ○ ）
(2) エジプトでは、ナイル川のはんらんや種まき、収穫の時期を予測するために、1 年を 365 日とする太陽暦が作り出されました。　　　　　　　　　　　　　　　　　　　　（ × ）
(3) エジプトやメソポタミアをふくむオリエントとよばれる地域では、象形文字やくさび形文字をもとに、アルファベットの原型が発明されました。　　　　　　　　　　　　　　　（ ○ ）

○三つの古代文明

　中国文明を除く三つについて、それぞれの特徴を表にまとめさせる。建造物の用途やピラミッドの高さなど、教科書等から分かる情報を表中に書き込ませてもよい。

　象形文字やくさび形文字、インダス文字を資料から選んでスケッチさせ、アルファベットとの違いが何か（やや複雑な形や絵そのものであることなど）を考えさせる。

3　まとめ

　エジプト文明とメソポタミア文明の共通点と違いが分かるように、建造物や文字、暦などに着目して特色を説明できるようにする。

ワークシートを使用する際のポイント

(1) どの文明でも、記録のための文字が発明されたことについては必ず触れておく。

(2) 「文字はたくさんあるのでどれを選んだらよいか分からない」という質問が出た場合は、「繰り返し使われている文字を探してみよう」と助言する。

(3) 旅行ではなく、友好的な他国の王の表敬訪問と仮定して、どのようなおもてなしを受けたかを想像させてもよい。

(4) 太陰暦は、月の満ち欠けに基づいてつくられたことをおさえておく。

ICT 活用のアイデア

■ 文明が誕生した理由は本時の主な目標ではないので、生徒には考えさせず、簡単に説明するためのスライドを用意しておく。

４ まとめの段階で、遺跡や文字などの写真をランダムに表示して、どの文明にあてはまるものか答えさせてもよい。

板書活用のアイデア

２ 黒板の幅を広く使い、4 つの古代文明がほぼ同緯度の地域で発生したことを示す。黒板面を球体に見立てられるように、赤道をカーブさせて、位置はずれていても同じ緯度を示しているように見せる工夫も考えられる。エジプト文明については、ナイル川の上流をたどり、ただ川が流れているだけで文明が起こるわけではないことに気づかせる。

３ 表でまとめる 3 つの古代文明のまとめや文字の例は、2 の板書を生かして生徒に書き込ませてもよい。

中国文明の発展

本時の目標

・中国の古代文明の特徴を、様々な資料を通して理解できるようにする。
・中国の古代文明が日本に与えた影響について理解できるようにする。

本時の評価

・中国の古代文明について、殷から漢までの大きな流れを理解している。
・中国から日本へ伝わった文物の特徴を理解している。

中国文明の発展

1　1. 中国文明の発生

(1) 古代の中国ではどのような文明がおこったのだろう。下の①〜③を完成させよう。

① 今から1万年ほど前に農耕文明が生まれた場所と作物の名を書こう。
黄河の中・下流域では粟など、長江の下流域では稲。

↓

2 ② 紀元前16世紀ごろに生まれた「殷」という国の特色をまとめよう。
・黄河流域でおこった。
・優れた青銅器が造られた。
・占いによって戦争や農業など政治の決定が行われていた。
・占いの結果は亀の甲や牛や鹿の骨に甲骨文字で刻まれた。

③ 紀元前11世紀に周によって殷がほろぼされた後、周の支配力が弱まった紀元前8世紀には、どのような時代になったのか、まとめよう。
多くの国々が争う戦乱の時代（春秋・戦国時代）となった。

(2) 春秋・戦国時代の中国では、道具や産業にどのような変化があったのか、まとめてみよう。
【道具の変化】　鉄製の兵器や農具が広まった。
【産業の発達】　農業や商業が発達した。

(3) 儒学（儒教）と呼ばれる孔子の教えであなたが大切だと思うことと、その理由を考えて書いてみよう。(1)
【教え】　支配者は、思いやりの心である「仁」と相手との関係にふさわしいふるまいをする「礼」を基本にした政治をするべきである。

【理由】　当時だけでなく今の時代でも、政治家にとって欠かせないものだと思うから。

本時の授業展開

1　導入

　兵馬俑坑と兵馬俑の写真を提示して、兵が皆、同じ方を向いて立っていることに気付かせ、その方角を予想させる。さらにヒントとして、春秋・戦国時代の「戦国の七雄」の地図を提示して、秦が最も西に位置する国であったことから、予想が合っていたかどうかを確かめる（東を向いている）。

2　展開
○中国文明の発生

　黄河・長江・青銅器・占い・甲骨文字などをキーワードにして、ワークシートの殷から春秋・戦国時代までの流れをまとめさせる。

　儒学（儒教）の政治に対する考え方に着目

し、その価値を考えさせるとともに、日本に伝わり、江戸時代には幕府の学問になったことにも触れる。

○秦の中国統一

　政治については、「皇帝」という名称の意味、始皇帝が統一したものとその目的を考えさせる。

　日本では、全国統一を成し遂げた豊臣秀吉がものさしやますを統一して検地を行い、全国を石高という基準で示すようにした。「京ます」は1杯分が1升で、100升が1石にあたることを紹介しておいてもよい。

　統一したおもりは、理科の実験で使う器具では「分銅」にあたることに気付かせたい。

○漢の成立

どのような国として発展していったのか、地図で国の範囲の広がりやシルクロードも確認させながら、まとめさせる。地図では、古代文明が栄えた地域にどのような国があるかも読み取らせる。

3　まとめ

　前時に学んだ3つの文明との共通点を踏まえながら、中国文明独自の発展について、特に秦から漢への移り変わりを「秦が短期間にほろび、その後の漢が発展した理由」を考えさせながらまとめていく。中国文明では、後に日本などの周辺国の人々や社会の在り方に影響を与える儒学（儒教）が生み出されたことを説明できるようにする。

ワークシートを使用する際のポイント

⑴現在の価値観でも同じように良いと言えそうな孔子の教えとは何か、という視点で考えさせる。

⑵授業時間の残りを見ながら、「3つ書いてみよう」などと指示する。

⑶答え合わせのときに、漢字の「漢」は国名ではなく、民族名であること、戦国時代に、隣国との間に長城を築く国はあったらしいことを教えておく。

ICT活用のアイデア

1 現在の中国の地図でかまわないので、黄河と長江の位置を確認させる。日本列島も同時に示し、中国だけで見ると、黄河と長江はそれほど南北に離れているように見えないが、日本列島に置き換えると黄河と長江の流域の気候には違いがあり、育つ穀物が異なることに気付かせる。

板書活用のアイデア

2 殷から漢の時代に至る中国の歴史の流れを黒板全体で表現できるように工夫する。

3 秦と漢の違いについては、小学校で学習した、戦国時代を統一した豊臣秀吉の政治（ますの統一、天正大判など）と徳川氏による江戸幕府の政治（儒学を幕府の学問としたこと）との共通性と重ね合わせて理解できるよう、板書で示しておく。

4 漢の繁栄を他の地域との結び付きも踏まえて理解できるように、春秋戦国時代までの板書を消して、漢と西方との結ぶ付きを示す略地図を描き、シルクロードの意義に気付かせる。

ギリシャ・ローマの文明

本時の目標

・ギリシャ・ローマの文化と政治や社会の仕組みの特色を理解できるようにする。
・ギリシャ・ローマ文明の特徴について、現在のヨーロッパ文化との関係に着目して考察し、表現できるようにする。

本時の評価

・写真資料などを通して、ヘレニズムの文化がインド・中国・日本の美術に影響を与えたことを理解している。
・ギリシャ・ローマ文明の特徴について、現代ヨーロッパとの共通点に着目して考察し、表現している。

ギリシャ・ローマの文明

1. ギリシャの都市国家

(1) 大河の流域で発達した文明との違いを考えよう。
　① ギリシャで発達した都市国家を何といいますか。　　　　ポリス
　② ギリシャの都市国家の例を2つ挙げましょう。　アテネ　スパルタ
　③ ギリシャではなぜ支配する領域が狭い「都市国家」が多数生まれたのか、地形や気候の特色を地理の教科書なども参考にして考えてみよう。　(1)

> ギリシャには大河がなく、平地が少なく山地が多いこと。また、地中海性気候で夏に乾燥するため、果樹栽培には適しているものの、穀物が多く生産できないため、多くの人口を養うことが難しいこと。

　④ ギリシャの都市国家は海に面した沿岸地域にあり、文明が繁栄した要因の1つに活発な交易活動があったと考えられます。交易が広く行われた「海」を何といいますか。　　　　地中海
　⑤ ギリシャの都市国家で行われていた政治の特色を、最も栄えた都市国家を例にまとめてみよう。

> アテネでは、成人男性からなる市民全員が参加する民会で、国の方針を話し合って決めていた。

　⑥ ギリシャ文明で発達した芸術や学問の例を挙げましょう。
　　　芸術　演劇や彫刻　　学問　哲学や数学、医学
(2) 現代につながる政治や芸術、学問が生まれたギリシャ文明の中で、今日ではあってはならない社会の仕組みがあります。それは何でしょうか。　　　　奴隷がいること

2. ヘレニズム

(1) ギリシャ文明が東方に広まるきっかけとなった出来事は何ですか。　(2)

> マケドニアのアレクサンドロス大王が東方に遠征してペルシャを征服し、インダス川までを支配したこと。

(2) ギリシャのミロス島で発見された、ヘレニズム期の彫刻を何といいますか。　　　　ミロのビーナス
(3) ヘレニズムの文化はその後、どのような国の美術に影響を与えましたか。　　　　インド、中国、日本

本時の授業展開

1　導入

　柱の下から3分の1くらいの高さの部分に膨らみを持たせる技法をエンタシスと呼び、下から見たときに太さが一定の円柱よりも安定して見える効果があること、古代ギリシャのパルテノン神殿に用いられていること、エンタシスが、日本の法隆寺の金堂などにも見られることを写真資料を見せながら説明する。

2　展開
○ギリシャの都市国家

　なぜ小規模の都市国家が多く生まれたのか、繁栄できた理由は何かを地理的な見方・考え方も働かせて考察させる。前時までに学んだ文明が栄えた場所は乾燥地域が多かったが、パルテノン神殿の写真には樹木も写っていることに着目させ、地中海性気候の特色も理解させたい。

　本時では、第3学年の公民的分野の学習とも関連があることに特色がある。「民主政」の原則は教科書本文から確認させることができる。ギリシアの市民には戦闘の義務が課せられていたが、徴兵制がある国もあり、兵役の義務を「今日あってはならない社会の仕組み」として挙げられないことに注意する。

○ヘレニズム

　古代ギリシアの世界が終わりつつ、ローマ帝国の時代が始まるまでの時期として捉えさせる。ミロのビーナスはヘレニズム期を代表する彫刻で、美術科の学習として、両腕を復元するとどうなるかを想像して描くという活動も考え

4

3．ローマ帝国

(1) ギリシャの民主政、ローマでの王政、共和政、帝政の特徴をそれぞれまとめてみましょう。(3)

民主政	専制政治に対して、権力は人々に由来し、人々が行使するという政治。
王政	国王を元首とする政治。共和政と対比される。
共和政	国王など一人または少数の人々が政治を行うのではなく、多数の人々の意思によって行う政治。ローマでは、貴族が率いていた。
帝政	皇帝が政治の主権を持って人々を支配する政治。王政と主権者の名称は異なるものの、ほぼ同じ仕組み。

(2) ローマが共和政から帝政に変わったきっかけとして考えられることをまとめてみましょう。

周辺地域を征服するための戦争が度重なったため、平民が没落して貧富の差が広がり、内乱が起こったこと。

(3) ローマ帝国を代表する建造物を２つ書きましょう。

水道橋   コロッセオ（闘技場）

4．まとめ：ギリシャの都市国家やローマ帝国が発展する上で、共通した条件は何だったでしょうか。(4)

ともに地中海に面した国であり、交易を活発に行うことによって利益を上げ、戦力を向上させることができた。

5．○×テスト

(1) ギリシャの都市国家は、防衛のために連合して戦うこともあった。 （ ○ ）
(2) ギリシャで生まれた政治形態は、ローマ帝国にそのまま引き継がれた。 （ × ）
(3) ローマ帝国の法律や暦は、後のヨーロッパでも長く使われた。 （ ○ ）

られる。

○ローマ帝国

　成立するまでに変化していった政治形態の意味を調べさせ、共和政から帝政に変わったきっかけも考えさせる。

3　まとめ

　地中海沿岸で栄えたギリシャ・ローマの文明を、「交易」という他の地域とのつながりに着目して共通点をまとめさせて、説明できるようにする。

　ヨーロッパに引き継がれたものだけでなく、「ローマ字」のような便利な文字を発明したことに目を向けさせてもよい。

ワークシートを使用する際のポイント

⑴ギリシャで大きな国ができなかった要因を、地図帳などを活用し、自然条件をもとに考えさせる。

⑵アレクサンドロス大王が遠征した範囲の広さを、古代文明の発祥地を示した地図などで確認させる。

⑶教科書の本文だけでは分からないので、辞書等で調べさせる。

⑷地理的な条件のほか、社会のあり方にも着目し、現在で考えれば決して望ましくない生活を送っていた人々がいたことにも気付かせたい。

ICT 活用のアイデア

2 現在の地図（空中写真等）でかまわないので、ギリシアには４つの古代文明が起こった地域にあるような大河がなく、多くの穀物生産が期待できないことが分かるようにしておく。

3 エンタシスの説明ができるように、パルテノン神殿や法隆寺金堂の写真をスライド等で用意しておく。

板書活用のアイデア

1 導入で、板に太さが一定で垂直に立つ柱を３本、下から３分の１くらいの高さの部分に膨らみを持たせた柱を３本、中央が細くなっている柱を３本、合計３種類９本の柱を描き、それぞれの印象を述べさせる。

4 現代に受け継がれている民主政や共和政という政治の原則をしっかりと理解させるために、生徒に自分の言葉で表現させた内容を板書し、足りない部分を補足できるようにする。

宗教のおこりと三大宗教

本時の目標

- ・古代の宗教のおこりについて、その概略を理解できるようにする。
- ・宗教がおこった地域の特徴について位置や場所に着目して考察し、表現できるようにする。

本時の評価

- ・仏教、キリスト教、イスラム教の特徴を理解している。
- ・三大宗教が成立した地域が、西アジアやインドなど、古代文明が発展した地域と重なっていることを考察し、表現している。

宗教のおこりと三大宗教

1　宗教のおこり

1　宗教のおこり

(1) 古代の人々は、人間をこえる力をどのようなものに感じていたでしょうか。

太陽や月、星の動き、季節や天候の移り変わりなどの自然の働き

(2) 古代の人々は、どのようなことを神に祈るようになったのでしょうか。

病気や貧しさからのがれること、自分と一族の成功や発展など

(3) 宗教は、神の教えを説く者が現れ、儀式のほかにどのようなものが整えられて、成立したと言えるのでしょうか。
　　　　　　　　　　　　　　　　　　　　　　　　　　　　　聖典

(4) 世界の三大宗教がおこった場所は、これまで学習してきた文明のおこった地域とどのような関係にあるか、まとめてみましょう。

仏教はインダス文明がおこった地域、キリスト教とイスラム教はエジプト文明やメソポタミア文明がおこった地域に近い場所でおこっている。

(5) 文明と宗教の誕生の関係について、次の図の[　]にあてはまる言葉を考えて記入しよう。(1)
　　　　　　　　　　　　　　　　　　　　　　　　　　　　　差別

文明の誕生　→　国家の成立　→　貧富の差や、民族や身分の違いによる[　]で人々が苦しむ　→　人々は皆、平等であるという考えが生まれる　→　苦しみから救われる教えが示される　→　宗教の誕生

2

(6) 世界の三大宗教がおこった場所、時期、教えを説いた人物名を表にまとめよう。

宗教	仏教	キリスト教	イスラム教
場所	インド	パレスチナ地方	アラビア半島
時期	紀元前5世紀ごろ	紀元前後	6世紀
教えを説いた人物名	シャカ（釈迦）	イエス	ムハンマド

本時の授業展開

1　導入

　「世界の三大宗教は何か」と問い、世界では仏教よりもヒンドゥー教を信仰している人が多いにもかかわらず、「三大宗教」に数えられない理由は何かを考えさせる。三大宗教は、「地域をこえて多くの人々に信仰されている」ことに気付かせたい。

2　展開

○宗教のおこり

　主な働きの一つに、政治的・物質的にではなく、精神的に「人々を苦しみから解放すること」があり、文明が誕生した地域に近いところで宗教がおこったということは、「文明の誕生によって人々にどのような苦しみが生まれたの

か」を考える必要があることに気付かせる。

　前時までの学習を振り返ることで、「国家により支配され、差別される人々の苦しみ」が宗教の誕生の背景にあることが想像できる。

○三大宗教

　宗教がおこった場所、時期、説いた人物をまず表にまとめた上で、各宗教の特色を考えさせる。表には「その他」として、「聖典」や「聖地」を加えて書かせてもよい。

　シャカやイエスについては、シャカが王子として生まれ、不自由のない生活を送っていたものの出家したこと、イエスはユダヤ教の指導者やローマ帝国からうとまれ、十字架にかけられて処刑されてしまったことなどを紹介してもよい。

> 2. 仏教のおこり （2）（3）
>
> (1) シャカが実践し、自ら説いた、苦しみからのがれる方法を簡単に説明しよう。
>
> 修行を積んで、さとりを開けば、安らぎを得ることができること。
>
> (2) 仏教が伝えられた国や地域を3つ挙げましょう。
>
> 　　　東南アジア　　　　　　　中国　　　　　　　日本
>
> 3. キリスト教のおこり
>
> (1) イエスが説いた教えを簡単に説明しよう。
>
> 人はみな罪を負っているが神の愛を受けられること。
> 隣者を思いやること。
>
> (2) キリスト教を国の宗教に定めた国はどこで、いつのことですか。
>
> 　　　国名　ローマ帝国　　時期　4世紀末
>
> 4. イスラム教のおこり
>
> (1) ムハンマドが説いた教えを簡単に説明しよう。
>
> 世の全てを定めるアラーに従うこと。
> 神の像をえがいたり拝んだりしてはならないこと。
>
> (2) イスラム教が伝えられた地域を3つ挙げましょう。
>
> 　　　西アジア　　　　北アフリカ　　　　東南アジア
>
> 5. まとめ：仏教とイスラム教の後世への伝わり方を比較すると、どのような違いが見られますか。（4）
>
> 仏教は新しい教えが生まれたり、伝えられた地域で独自の発展をとげたりしたが、イスラム教は今でも聖典に基づいた生活が重視されている。
>
> 6. ○×テスト
>
> (1) 世界の三大宗教は、どれもアジアで誕生した。（ ○ ）
>
> (2) キリスト教の聖典を新約聖書、イスラム教の聖典をコーランと言う。仏教の聖典は伝えられていない。（ × ）
>
> (3) キリスト教が現在でもヨーロッパで広く信仰されているのは、ローマ帝国が国の宗教に定めたことと関係が深い。（ ○ ）

3　まとめ

　ここでは仏教とイスラム教の違いを題材としたが、三大宗教に共通することとして、仏教だけでなく、キリスト教・イスラム教ともに神の前では人々は平等であると説かれたことを紹介してもよい。

　また、エルサレムがユダヤ教、キリスト教、イスラム教という3つの宗教の聖地となっていること、これらの宗教が重なり合う中東では現在でも紛争が続いており、宗教が国々や人々の対立の背景にあることに気付かせておきたい。本時も、地理的分野や公民的分野と密接な関係がある内容を扱っていることを自覚しておきたい。

ワークシートを使用する際のポイント

(1)図の中に、□の反対語（平等）があることをヒントとして示す。

(2)仏教なら「修行」、やや難しい言葉だが、キリスト教なら「原罪」、イスラム教なら「偶像崇拝の禁止」というキーワードを紹介してもよい。

(3)ヒントとして、自分だけでなく他も救う大乗仏教、自らがさとりを得る小乗仏教、仏の力を借りて自らが仏になる密教、鎌倉時代の新し仏教の宗派などを紹介してもよい。

(4)仏教には聖書やコーランのような唯一の聖典はないが、様々な「お経」が聖典にあたる。遣隋使や遣唐使が日本に持ち帰ったものは何か、小学校の学習内容を振り返らせる。

ICT活用のアイデア

　導入では、スライドで世界の宗教人口の割合を示すグラフを示し、上位から宗教名を予想させる。さらに、宗教地図を提示して、ヒンドゥー教徒がインドの特定の地域に限定されていることで、「三大宗教」には数えられていないことを理解させる。

■宗教のおこりに関するワークシートの内容は、スライドで提示するが、三大宗教がおこった場所については、4つの古代文明発祥地の地図と重ね合わせて関連性を考えさせる。

■まとめの段階で三大宗教に関連のある写真を提示し、どの宗教を示しているか答える。

板書活用のアイデア

■黒板を3つに分割し、三大宗教に関する内容をすべて生徒に板書させてもよい。ワークシートの学習活動にはないが、各宗教の信徒を示すピクトグラムを描かせてもよい。仏教は合掌する姿、キリスト教は十字架、イスラム教はひざまずいて礼拝する姿を示す方法が考えられる

旧石器時代と縄文時代の暮らし

本時の目標

・日本列島における旧石器時代と縄文時代の人々の生活の様子を理解できるようにする。

本時の評価

・様々な資料から、日本列島で狩猟・採集の生活を行っていた人々の生活の特徴について捉えている。

旧石器時代と縄文時代の暮らし

1 1. 旧石器時代の暮らし （1）

(1) 旧石器時代、現在の日本列島があった場所には、大形の動物が大陸と同じように住んでいました。この理由を、現在との気候の違いをふまえて説明してみましょう。

> 氷河時代には現在よりも海面が100m以上も低く、現在の日本列島はユーラシア大陸と陸続きだったから。

(2) 旧石器時代、現在の日本列島があった場所に住んでいた大形の動物の例を3つ挙げましょう。

> マンモス　　ナウマンゾウ　　オオツノジカ

(3) 数万年前の地層から、大形の動物の化石が発見されたのは、現在のどの県の何という湖ですか。

> 長野 県　野尻 湖

(4) 旧石器時代の人々が使っていた石器を何といいますか。日本では、現在のどの県の何という遺跡で発見されましたか。

> 打製 石器　群馬 県　岩宿 遺跡

(5) 旧石器時代、大陸から大形の動物を追って大陸から移り住んできた人々が、どのような生活を送っていたか、食事と住居の特徴についてまとめましょう。

食事	住居
火を使い、とらえた動物を焼いて食べていた。	簡単なテントや岩かげに住み、食べ物を求めて移動しながら生活していた。

2 (6) ある出土品によって、旧石器時代の人々が、かなり広い範囲を移動し、交流していたことがうかがえるといいます。なぜそういうことが言えるか、説明してみよう。

> ナイフのようにするどい石器をつくるための黒曜石やサヌカイトが、原産地から100km以上離れた広範囲の場所で見つかっているから。

(7) (6)の出土品が見つかった範囲を見て、疑問に思ったことを書いてみよう。

> 現在よりもさらに寒かった北海道にも人々が住んでいたのだろうか。

本時の授業展開

1　導入

　2万年前の海岸線（陸地）だけをえがいた地図を見せて、どこを示しているかを考えさせる。温暖化では海面が上昇することが懸念されているが、逆に寒冷化が進むと、日本列島は再び大陸とつながる可能性があることにも気付くことができる。

　本時は、第1時で学習した旧石器時代の特徴を復習できる機会でもある。縄文土器、土偶などのレプリカにより、当時の人々の生活の実感をともなう学習が期待できる。

2　展開

○旧石器時代の暮らし

　現在の日本列島で人々がどのような生活を送っていたか、小学校で学んだ縄文・弥生時代の生活との違いを想定しながら考えさせる。

　特定の場所でとれる黒曜石（火山活動でできたガラス質の石で、加工がしやすい）やサヌカイト（楽器としての用途もある）が広範囲から見つかっていることから、旧石器時代の人々の行動範囲が広かったことが想定される。食べ物を求めて広い範囲を移動しなければならない厳しい生活であったことも予想できる。

○縄文時代の暮らし

　各地の博物館などのウェブサイトを閲覧し、旧石器時代や縄文時代の出土品の写真を見せたり、その解説などを紹介したりしてもよい。

　土器の用途として意外なものは、縄文時代後期、幼児の骨をおさめるための道具（甕棺）と

2. 縄文時代の暮らし

(1) 土器を使うことによって、できるようになったことを1つ書いてみよう。

木の実を煮て食べることができるようになった。

(2) 縄文土器の特徴をいくつか挙げましょう。(2)

厚手である。低温で焼かれたため、黒褐色をしている。
表面に縄目のような文様が付けられている。

(3) 縄文時代の人々の食事と住居の特徴についてまとめましょう。(3)

食事	住居
くり・どんぐりなどの木の実、鹿・いのしし・鳥などのけもの、魚や貝などを食べていた。	ほり下げた地面に柱を立てて屋根をかけた、たて穴住居を造って定住していた。

(4) 縄文時代、海に近い場所で人々が暮らしていたことが、あるものが発掘されることによってわかることがあります。あるものとは何ですか。　　　　　貝塚

(5) 縄文時代の人々が、食物が豊かに実ることなどを祈るために作ったと考えられる土製のものを何といいますか。　　　　　土偶

3　まとめ【タイムマシンに乗って旅行したあなたへのインタビューに答えよう】

質問：旧石器時代と縄文時代を行ったり来たりして生活してみて、2つの時代の最も大きな違いは何だと思いますか。

縄文時代は気温が上昇したので過ごしやすい。森林が広がり、木の実や動物の数も増えたので食料が豊富になったので、飢えに苦しむことがなくなったことが最も大きな違いである。

4. ○×テスト

(1) 旧石器時代とは、土器のない時代であるという説明もできる。　　　　　　　(○)
(2) 縄文時代には食べ物の種類が増えたが、冬には食料がなくなるため、穀物などを多めにたくわえておく必要があった。(4)　　　　　　(×)
(3) 縄文時代には、人が死ぬと、地面に穴をほり、手足を折り曲げて埋葬することもあった。　(○)

して、縄文土器が使われていたことなどがある。土偶は人物をかたどっており、女性を示すと考えられるものが多いことから、子孫繁栄を祈るための道具であるという解釈もあるが、確かなことは言えない。

3　まとめ

　旧石器時代と縄文時代の違いがわかるように、気候や食料、石器や土器などの道具、住居などの生活の変化に着目して特色をまとめさせて、説明できるようにする。

　小学校で学習した縄文時代の特色を振り返らせつつ、単なる繰り返しにならないように留意する。

ワークシートを使用する際のポイント

(1)旧石器時代の人々が広範囲で移動していたことが読み取れる、黒曜石の原産地と発見された場所の範囲を示す資料が必要。

(2)次時の学習で扱う弥生土器との違いを踏まえて書かせるという方法も考えられる。

(3)旧石器時代より縄文時代の方が過ごしやすい理由を述べさせる設定にしてもよい。

(4)土器は煮炊き用だけでなく食料を貯蔵する役割もあることを確認しておく。

ICT活用のアイデア

❶導入では、2万年前の海岸線（陸地）だけをえがいた地図をモニター等で提示する。
❷旧石器時代の人々が広範囲で移動していたことが読み取れる、黒曜石の原産地と発見された場所の範囲を示す資料をスライド等で提示する。

板書活用のアイデア

　黒板を大きく2つに分割して、旧石器時代と縄文時代の暮らしが対比できるようにする。
❸文字中心の板書にならないように、たて穴住居や縄文土器、土偶を描かせるなどの工夫をしたい。縄文時代を示すピクトグラムを考えさせてもおもしろい。

弥生時代の暮らし
と邪馬台国

本時の目標

- 弥生時代の人々の生活の様子と、日本における国家形成の過程を理解できるようにする。
- 弥生時代に日本の国家が形成されていく過程について、東アジアとの関わりに着目して考察し、表現できるようにする。

本時の評価

- 弥生時代の人々の生活の様子と、日本における国家形成の過程を理解している。
- 中国の文献などから、国家が形成されていく過程について大陸の影響に着目して考察し、表現している。

弥生時代の暮らしと邪馬台国

1 1. 弥生時代の始まり

(1) 紀元前4世紀ごろに、九州北部に住んでいた人々から生活の様子が変わり、日本列島では新たな歴史が始まったと考えられています。何をきっかけとして、生活する場所がどのように変化したのかを説明してみましょう。(1)

> 朝鮮半島から稲作が伝わったことをきっかけに、人々は水が得やすい場所で水田を設け、その近くにむらを造って生活するようになった。

2 (2) 大陸から伝わった青銅器で作られたものの例を4つ挙げ、これらのうちの1つをスケッチしましょう。(2)

銅鏡	銅鐸
銅剣	銅矛

銅鐸

スケッチ

(3) 本来は武器として使用された青銅器が、日本では主に祭りのための宝物として使われたのは、なぜでしょうか。
その理由を、大陸から同時期に伝えられた青銅器とは別のものをもとに説明しましょう。

> 青銅器よりもかたい鉄器も同時期に伝わったため、武器は鉄製のものが使用されたから。

(4) 縄文土器との違いがわかるように、弥生土器の特徴を書きましょう。

> 縄文土器よりも高温で焼かれたため、色は赤褐色で、薄手でかたい土器である。

(5) 弥生時代という名前のもとになった弥生土器ですが、なぜ弥生土器と呼ばれるようになったのか、理由を書きましょう。

> 東京都文京区弥生で初めてこの土器が発見されたから。

本時の授業展開

1 導入

縄文時代と弥生時代の暮らしの違いは小学校での既習事項なので、生徒たちから多くの発言を引き出せるはずである。教科書で比較し、弥生時代特有の建造物等を黒板に簡単に描かせた上で、生徒に説明させてもよい。

2 展開

青銅器のスケッチで銅鏡を生徒が選んだ場合、「鏡」の面ではなく、装飾が施されている面を描かせる。

青銅器が宝物として扱われるようになった理由を考えさせる上で、教科書にある出土品を見ても実感がわかない場合は、新しい十円玉か不要になったコード類のビニールをとって、酸化

していない新品の銅の輝きを見せてあげるとよい。なお、青銅とは銅とすずの合金である。

○弥生時代の始まり

国が形成されていく過程がなぜ中国の歴史書に記されているのかを理解する上で、まずは「歴史書」編纂のねらいに気付かせる。歴史書には、国の支配の正当性や、国の支配が及んだ範囲が記されている。ただし、歴史書には真実のみが書かれているとは限らない。だから、福岡県で江戸時代に金印が発見されたことの意義も考えさせたい。偶然に発見されることもある遺物だが、全国の遺跡では年間7000〜8000件の発掘調査が続けられている。

○国々の成立

日本で国が形成されていく過程で、大陸との

2. 国々の成立

(1) 縄文時代と弥生時代のむらの生活の様子を描いたイラストを比較して、弥生時代のむらで造られるようになったものをいくつか挙げてみよう。

- 水田と水路から水を引くための施設。
- 稲を収めておくための高床倉庫。
- むらを囲む柵や物見やぐら。

3

(2) 中国の歴史書に記された当時の日本の様子を次の表にまとめましょう。

書名・時期	漢書・紀元前1世紀ごろ	後漢書・1世紀半ば
内容	倭（日本）には100余りの国があり、漢の皇帝に使いを送る国もあった。	奴国の王が漢に使いを送り、皇帝から金印を授けられた。

3. 邪馬台国

(1) 中国の歴史書「三国志」魏書（魏志倭人伝）に記されていた国と女王の名前を書きましょう。

国名　邪馬台国　　女王　卑弥呼

(2) 卑弥呼が魏の皇帝からもらったものに着目して、朝貢した理由を説明してみよう。(3)

「親魏倭王」という称号とそれを証明する金印、銅鏡100枚をおくられたことから、女王としての権威を高めるという政治的な目的があったと考えられる。

4

4. まとめ【タイムマシンに乗って旅行したあなたへのインタビューに答えよう】(4)

質問：縄文時代と弥生時代を行ったり来たりして生活してみて、2つの時代の大きな違いは何だと思いますか。

弥生時代は稲作が始まり、むらには多くの人が住めるようになっていましたが、ほかの国から攻撃されることに備えて、戦いの訓練も行われていました。

5. ○×テスト

(1) 銅鐸などの青銅器は宝物として、鉄器は武器や農具に用いられた。　　　　（ ○ ）

(2) 弥生時代には有力者やいくつかの国をまとめる王が現れたため、争いはなく、縄文時代から変わらずに平和な時代が続いていた。　　　　（ × ）

(3) 卑弥呼も中国の皇帝に使いを送り、称号や金印を授けられた。　　　　（ ○ ）

特別な関係があったことに着目させ、「皇帝に使いを送ったこと」「金印を授けられたこと」のように繰り返された内容があることに気付かせる。

　銅鏡100枚をおくられたことになっている卑弥呼だが、「100枚の銅鏡をどうしたか」を予想させてみてもよい。資料がないため不明だが、「自分で保管した」「従えた国の王に与えた」などと想像させ、その理由も考えさせる。

3　まとめ

　縄文時代と弥生時代の違いが分かるように、稲作の開始と金属器の使用、それらに伴う生活の変化、国の成立と大陸との関係に着目して特色をまとめさせて、説明できるようにする。

ワークシートを使用する際のポイント

(1)弥生時代の人々の生活全般ではなく、「場所」の変化に着目させている。水田の近くに生活するため、水が得やすい場所であることが最低条件となる。なお2国々の成立(1)を先に記入させてもよい。

(2)導入の課題として、(1)の続きとして取り組ませてもよい。建造物は高さや大きさにも着目させる。

(3)朝貢とは皇帝に貢ぎ物をおくって王として認めてもらうことだが、皇帝の側も高い権威を示すため、貢ぎ物以上の価値がある「返礼品」を与えることに着目させる。

(4)むらで生活する上で果たさなければならない役割の変化を考えさせる。

ICT活用のアイデア

1導入では、縄文時代と弥生時代のむらの様子を描いたイラストを提示して比較できるようにし、縄文時代にはなかったが、弥生時代には見られるようになったものを説明させる。

板書活用のアイデア

2様々な種類の銅製品を黒板に描かせ、機能別に分類させてみる。銅鐸、銅剣など、名称をノートに記入できた絵から消していく。

3倭（日本）についての記述のある中国の歴史書名を3つ書き、それぞれに書かれていた主な内容を板書する。中国の皇帝に使いを送っているという共通点に着目させたい。

4まとめの活動として、縄文時代と同じように、弥生時代を示すピクトグラムを考えさせてもおもしろい。

大王の時代

本時の目標

・大和地方を中心に国内が統一されたことを理解できるようにする。
・大和政権の統一に関して、朝鮮半島の影響に着目して考察し、表現できるようにする。

本時の評価

・大和政権の国内統一の過程を、古墳の分布や鉄剣などの資料を通して理解している。
・大和政権の国内統一の動きが朝鮮半島との交流の影響を受けていることに着目して考察し、表現している。

大王の時代

1 1. 大和政権の発展

(1) 大和政権の勢力は、どのような人々によって支えられていた考えられていますか。
　強大な力を持つ王と有力な豪族たち

(2) 権力者の墓として古墳が造られていた時期で、古墳時代と呼ばれるのは、いつからいつまでですか。
　　3 世紀から 6 世紀末まで

(3) 大仙古墳は5世紀に造られた世界最大級の墓です。このような形の古墳を何といいますか。
　　前方後円墳

スケッチ

2 (4) 大仙古墳を真上から見ると、どんな形ですか。簡単なスケッチを描いてみよう。

3 (5) 5世紀の後半には、大和政権の王が、かなり広範囲にわたって各地の有力豪族を従えていたと考えられています。その理由を古墳の分布をもとに説明してみましょう。(1)
　前方後円墳が九州地方から東北地方南部まで分布しているから。

(6) 5世紀後半の大和政権の王が、「大王」と呼ばれていたことは、どこから発見されたどのような出土品に書かれた文字からわかりますか。
　稲荷山古墳から出土した鉄剣と、江田船山古墳から出土した鉄刀。どちらにも「(ワカタケル) 大王」の名前が刻まれていた。

2. 古墳時代の文化

(1) 古墳の上や周囲に並べられた、人や馬、家などをかたどった装飾品を何といいますか。
　　埴輪

(2) 古墳時代の人々が「神が降りてくる」「神がいる」として祭っていたものは何でしたか。いくつか挙げましょう。
　　山、大きな岩、高い樹木、川

本時の授業展開

1 導入

　大阪府堺市のホームページで2019年に世界遺産に登録された百舌鳥古墳群のリストや地図を紹介する。また、地理院地図等の写真で大仙古墳の大きさを実感させるとともに、周辺にある大きさの異なる前方後円墳でも形状が同じであることに気付かせることができる。年代別の写真を見せることで、古墳がよく保存されていることも分かる。

　なお、古墳については小学校の既習事項なので、本時は大和王権の特色や中国・朝鮮半島の国々との関係について、地図や出土品、歴史書などの資料をもとに考えることを主なねらいとする。

2 展開

○古墳時代

　基本的な事項を整理した上で、5世紀後半の大和政権の勢力範囲を前方後円墳の分布図をもとに考えさせる。豪族がどのような地域でなぜ勢力をふるっていたかを考えさせてもよい。九州北部に前方後円墳が集中している。奈良盆地を中心とする地域で勢力をもつ大和政権が、邪馬台国の卑弥呼と同じように中国との関係を重視し、さらに朝鮮半島南部から鉄を輸入していたので、九州北部は重要な地域となる。さらに、瀬戸内海沿岸にも前方後円墳が多く分布しているが、瀬戸内海は九州北部と近畿地方を結ぶ重要な海上交通路である。豪族は、大和政権が朝鮮半島から得た鉄や高度な技術を与えられ

3.　中国・朝鮮半島との交流

4

1)　5世紀から6世紀にかけて、朝鮮半島で勢力を争っていた国を3つ書きましょう。

　　　　高句麗　　　　　　　新羅　　　　　　　百済

(2)　大和政権が高句麗や新羅と戦うことがあった理由を説明してみよう。(2)(3)

> 朝鮮半島南部の伽耶地域（任那）の国々や百済との交流が深く、これらの国の援軍として、高句麗や新羅と戦ったから。

(3)　「宋書」倭国伝に書かれている倭王武が宋（南朝）の皇帝に送った手紙などから、大和政権の王たちが中国の皇帝に朝貢していた理由を説明してみよう。(4)

> 国内の地位をより確かなものにするだけでなく、朝鮮半島の国々に対しても有利な立場に立とうとしたから。

(4)　朝鮮半島から一族で移り住んだ渡来人が伝えたものを、いくつか挙げましょう。

・高温で焼いた黒っぽくかたい土器（須恵器）を作る技術。

・かまどを使う生活文化。

・漢字や儒学、仏教。

5

4.　まとめ【タイムマシンに乗って旅行したあなたへのインタビューに答えよう】

> 質問：弥生時代と古墳時代を行ったり来たりして生活してみて、2つの時代の大きな違いは何だと思いますか。

> 古墳時代には奈良盆地を中心とする地域に強力な国ができて、各地の豪族が大王に従うような時代になりました。各地に大きな古墳ができたので、どこに国があるのか目印にしやすくなりました。

5.　○×テスト

(1)　前方後円墳は大和政権の大王のための墓であって、有力な豪族であっても同じような墓を築くことは許されなかった。　　　　　　　　　　　　　　　（　×　）

(2)　5世紀後半の関東地方や九州地方の豪族が大和政権の大王に従っていたことは、古墳の出土品からでは説明することができない。　　　　　　　　　　　　（　×　）

(3)　大和政権は渡来人を積極的に採用し、書類の作成や財政の管理など政治の重要な役割を担当させた。　　　　　　　　　　　　　　　　　　（　○　）

るかわりに、大和政権に従い、兵士の動員などの義務を負っていた。大和政権からすれば、たとえば王であるワカタケルが大王を名乗り、鉄剣や鉄刀を関東や九州の豪族に与えたのは、国内の有力豪族との結び付きを強めることがねらいであった。

○中国・朝鮮半島との交流

　日本の国家形成に与えた影響が大きいので、丁寧におさえておく。

3　まとめ

　弥生時代と古墳時代の違いがわかるように、大和政権の成立、朝鮮半島の国々や中国との関係、渡来人が伝えた技術や文化などに着目して特色をまとめさせて、説明できるようにする。

ワークシートを使用する際のポイント

(1)大和政権の王と各地の有力豪族の結び付きを説明するために、他にどのような資料があるかを考えさせる。

(2)朝鮮半島の国々とは敵対関係だけでなく、協力関係もあったことを踏まえて考えさせる。

(3)隣り合っている国々は戦乱が起こりやすいが、日本は海で隔てられているという利点があることにも気付かせる。

(4)大和政権の時代になっても、日本の王が自らの権威を高めるために中国の皇帝に使いを送り続けているという共通点があることにも触れる。

ICT活用のアイデア

1導入では、兵馬俑と埴輪の写真を同時に提示して、その共通点を考えさせる。多くの副葬品が納められる大きな墳墓がつくられる背景には、強大な権力をもった統治者がいたことを想像させたい。

2ワークシートでは、空中写真で大仙古墳の周囲にある古墳も提示し、スケッチを一緒に描かせる。

3古墳の分布を示す地図や鉄剣をスライド等で提示する。鉄の延べ板の出土地が前方後円墳の分布と重なることも示しておきたい。

板書活用のアイデア

4朝鮮半島の略地図を板書し、生徒にとってはやや難しく感じられる国名を身近に感じられるようにする。

5まとめの活動で、古墳時代を示すピクトグラムを考えさせてもおもしろい。

2 (10時間) 古代国家の歩みと東アジア世界

単元の目標

- 律令国家の確立に至るまでの過程、摂関政治などを基に、東アジアの文物や制度を積極的に取り入れながら国家の仕組みが整えられ、その後、天皇や貴族による政治が展開したことを理解させる。
- 仏教の伝来とその影響、仮名文字の成立などを基に、国際的な要素をもった文化が栄え、それらを基礎としながら文化の国風化が進んだことを理解させる。
- 東アジアとの接触や交流と政治や文化の変化などに着目して、事象を相互に関連付けるなどして、律令国家の形成、古代の文化と東アジアとの関わりについて、古代の社会の変化の様子を多面的・多角的に考察し、表現させる。
- 古代までの日本を大観して、時代の特色を多面的・多角的に考察し、表現させる。
- 古代までの日本について、よりよい社会の実現を視野にそこで見られる課題を主体的に追究、解決しようとする態度を身に付けさせる。

単元を貫く問い
東アジアでの交流の中で、なぜ律令国家が成立し、変化していったのだろうか

第1時～第5時

古代国家の歩みと東アジア世界

〔第1時〕聖徳太子の政治改革
○「聖徳太子や蘇我氏は、どのような国づくりを目指したのだろうか」を学習課題とし、朝鮮半島の動乱と隋の中国統一、聖徳太子と蘇我氏、飛鳥文化を扱う。
- 当時の「先進国」「超大国」である隋の進んだ制度・文化に学びながら、日本では大王（天皇）を中心とする政治とするための改革が進められるとともに、日本初の仏教文化が生まれたことを理解する。

〔第2時〕東アジアの緊張と律令国家への歩み
○「東アジアの国々との関係の中で、日本はどのような改革を進めていったのだろうか」を学習課題とし、唐の成立と東アジアの緊張、大化の改新、白村江の戦いと壬申の乱を扱う。
- 国内外における戦いを通して、天皇家に権力が集中していく経緯を理解する。

〔第3時〕律令国家の成立と平城京
○「律令国家はどのようにしてできあがり、その仕組みはどのようなものだったのだろうか」を学習課題として、大宝律令、平城京、地方の仕組みを扱う。
- 律令制度の内容を基に、古代国家の仕組みを理解する。

〔第4時〕奈良時代の人々の暮らし
○「律令国家の下で、人々はどのような暮らしをしていたのだろうか」を学習課題とし、人々の身分と負担、土地の私有と荘園を扱う。
- 税や土地制度に着目して、奈良時代の人々の生活の特徴を考察する。

〔第5時〕天平文化
○「奈良時代の文化は、どのような特色をもっていたのだろうか」を学習課題とし、天平文化、

学習活動のポイント

　この単元は、中国における律令国家成立後に、遣隋使や遣唐使をたびたび派遣して中国の進んだ制度や文化を取り入れ、日本でも律令国家が成立し、歴史書の編纂など「国家」を特徴づける様々な条件の整備を経ながらも、やがて変化していった推移を学んでいく構造となっている。

　政治面では、天皇家が権力を集中させていった経緯に続き、貴族が権力を握るようになったきっかけを理解させる。

　中央集権国家の特徴として、「中央」と「地方」の政治の違い、人々の税負担の重さの問題、権力の及ぶ範囲の拡大などを扱う。

　文化面では、仏教が果たした役割の大きさを飛鳥文化や天平文化を通して理解させ、その後、国風文化が育っていく経緯を学んでいく。

単元の評価

知識・技能	思考・判断・表現	主体的に学習に取り組む態度
○律令国家の確立に至るまでの過程、摂関政治などを基に、東アジアの文物や制度を積極的に取り入れながら国家の仕組みが整えられ、その後、天皇や貴族による政治が展開したことを理解している。 ○仏教の伝来とその影響、仮名文字の成立などを基に、国際的な要素をもった文化が栄え、それらを基礎としながら文化の国風化が進んだことを理解している。	○東アジアとの接触や交流と政治や文化の変化などに着目して、事象を相互に関連付けるなどして、古代の社会の変化の様子を多面的・多角的に考察し、表現している。 ○古代までの日本を大観して、時代の特色を多面的・多角的に考察し、表現している。	○古代までの日本について、よりよい社会の実現を視野にそこに見られる課題を主体的に追究しようとしている。

○：ねらい　・：主な学習活動

第6時〜第10時

古代国家の歩みと東アジア世界

奈良時代の仏教、歴史書と万葉集を扱う。
・代表的な文化財を通して、天平文化が国際色豊かな文化であったことを理解する。

(第6時) 平安京と律令国家の変化
○「平安京に都が移り、政治や社会はどのように変わったのだろうか」を学習課題とし、律令国家の変化、新しい仏教の動きを扱う。
・政治面、外交面、文化面（仏教）の変化について考察させ、なぜそのような変化が起こったのかを説明できるようにする。

(第7時) 摂関政治の時代
○「平安時代の政治は、どのような特色をもっていたのだろうか」を学習課題とし、藤原氏と摂関政治、新しい税と国司の変化を扱う。
・系図から摂関政治の仕組みを理解させ、それまでの政治との違いを説明できるようにする。

(第8時) 国風文化
○「平安時代の貴族の文化は、どのような特色をもっていたのだろうか」を学習課題とし、唐の滅亡と宋の商人、国風文化、浄土信仰を扱う。
・大陸との交流が続く中での国風文化の形成について、仮名文字による文学作品や貴族の服装などの変化に着目して説明できるようにする。

(第9〜10時) 古代までの日本の大観
○「日本の国家形成、政治や文化の推移を東アジアとの関わりを踏まえてまとめよう」を学習課題として、古代までの日本を大観し、時代の特色を自分なりの言葉で表現させる時間とする。
・本時では、感謝状づくりなどの形式で表現させることにより、単元全体の評価ができるようにすることに重点を置くこととする。

課題解決的な学習展開にする工夫

　天皇家と蘇我氏や藤原氏との関係を示す系図の読み取りを通して、天皇中心の政治や摂関政治の成立とその課題について考えさせることができる単元である。特に、奈良時代までには多く即位していた女性の天皇が、平安時代には見られなくなった理由については、天皇が幼くして即位できるようになった当時の様子を、系図を用いて考察することができる。

　古代までの日本の大観については、日本での国家づくりを進める上で重要な役割を果たした人物を選び、特に大陸との関係も踏まえながら、功績に対する感謝状を作成するという学習活動を行う。中学校では学習事項が多くなるため、学習のまとめが羅列的にならないよう、生徒が主体的に選択する対象が異なってもかまわないという環境を大切にする必要がある。

聖徳太子の
政治改革

本時の目標

- 聖徳太子や蘇我氏が目指した政治や、この時代の文化の特色を理解できるようにする。
- 聖徳太子などの政治の特色について、大陸との関係に着目して考察し、表現できるようにする。

本時の評価

- 聖徳太子や蘇我氏が行った政治の特色を理解している。
- 聖徳太子などの政治の特色について、隋との関係に着目して、その影響を受けたことを考察し、表現している。

聖徳太子の政治改革

1　1. 朝鮮半島の動乱と隋の中国統一

(1) 6世紀の朝鮮半島と中国で起こった大きな変化をそれぞれ説明しましょう。

- ・朝鮮半島　新羅が伽耶地域の国々をほろぼした。
- ・中　国　隋が南北朝を統一し、強大な帝国を造りあげた。

(2) 隋は何という法律を整え、人々をどのようにして支配したか、書いてみよう。

律令という法律を整え、人々を戸籍に登録して、土地を分けあたえ、税や兵役を負担させた。

2. 聖徳太子と蘇我氏　(1)

2　(1) 天皇と聖徳太子、蘇我氏の関係を調べるために、系図の見方を整理しよう。

① まず、系図で上と下に書かれて線で結ばれている人物はどのような関係ですか。　親子

② 横に並んで直線で結ばれている人物はどのような関係ですか　兄弟姉妹

③ 横に並んで二重線で結ばれている人物はどのような関係ですか　夫婦

(2) 系図を見て、次の各組の人物の関係を、下の欄にそれぞれ書きましょう。なお、推古天皇は女性です。

① 用明天皇と聖徳太子	② 推古天皇と聖徳太子	③ 欽明天皇と聖徳太子
親（父）と　子	おば　と　おい	祖父　と　孫
④ 蘇我稲目と用明天皇	⑤ 蘇我馬子と推古天皇	⑥ 蘇我馬子と聖徳太子
祖父　と　孫	おじ　と　めい	義父　と　娘むこ

(3) 聖徳太子の父（用明天皇）と母の関係は、系図からはどのように説明することができますか。

母親は異なるが、父親は同じ欽明天皇なので兄弟姉妹の関係である。

(4) 蘇我氏が対立する有力豪族である物部氏をほろぼして勢力を伸ばすことができた背景には、天皇家とのつながりの他に、どのような人々との結び付きによる強みがあったからか、書いてみよう。

渡来人と結び付き、新しい知識と技術を活用することができたから。

本時の授業展開

1　導入

　まず、小学校で学んだ聖徳太子による政治改革について、特に重要だと思ったものから発表させてみる。十七条の憲法や冠位十二階、遣隋使の派遣などが説明できると考えられる。それらの改革のねらいは何かと聞けば、「天皇中心の政治を目指した」と答えるので、大王が天皇と呼ばれるようになった時期について、どのような説があるかを説明し、授業では呼び方を「天皇」に統一するなどの配慮を行う。

2　展開

　聖徳太子や天皇家と蘇我氏の関係を、読み取りがやや難しい系図の見方を習得することを目標として、ワークシートの問いに答えさせてい

く。聖徳太子は天皇の子であるとともに、蘇我氏とは親戚関係であったことを確認する。今後、平安時代の藤原氏や源氏と平氏、鎌倉幕府以降の将軍家などの系図を読み取る機会があることを伝えておく。

　蘇我氏が実力をつけていく過程では、仏教の導入に反対だった有力豪族（物部氏）を倒したり、対立する大王（崇峻天皇）を殺害したりするなどの面があったことにも触れる。

○聖徳太子と蘇我氏

　両者の政治改革については既習事項なので簡単に触れ、本時では隋が遣隋使とともに、政治や仏教を学ぶための留学生や僧の受け入れを許可した理由について考えさせたい。

○飛鳥文化

3

(5) 天皇を中心とする政治の仕組みを作ろうとした改革の中で、次の3つのねらいを書きましょう。
(2)

①	冠位十二階	家柄にとらわれず、才能や功績のある人物を役人に取り立てるため。
②	十七条の憲法	仏教や儒学の考え方を取り入れて、天皇の命令に従うべきことなど、役人への心構えを示すため。
③	遣隋使の派遣	隋の進んだ政治のしくみや文化を取り入れるため。また、正式な国交を目指すため。

(6) 隋が日本からの留学生や僧を受け入れた理由を、当時の国際情勢をふまえて予想してみよう。(3)
隋は高句麗と対立していたため、日本との関係を重視したから。

3. 飛鳥文化

(1) 飛鳥文化を代表する寺院と仏像の名前を書きましょう。
寺院　　法隆寺　　仏像　　釈迦三尊像

(2) 飛鳥文化には、中国以外の文化の影響も見ることができます。どの国や地域でしょうか。
西アジアやインド

4. まとめ【タイムマシンに乗って旅行したあなたへのインタビューに答えよう】(3)

質問：古墳時代と飛鳥時代を行ったり来たりして生活してみて、2つの時代の大きな違いは何だと思いますか。

仏教が果たす役割が大きくなり、古墳の代わりに寺院が有力者の権力の象徴となった。聖徳太子が蘇我馬子と協力して大王中心の政治を目指し、さまざまな改革に取り組んでいた。

5. ○×テスト

(1) 聖徳太子が推古天皇の摂政になったのは、隋が中国を統一し、朝鮮半島では新羅や百済が勢力を強めたころであった。（　○　）
(2) 蘇我氏は大王から政治の実権をうばうために、聖徳太子を利用して政治改革を進めていった。（　×　）
(3) 飛鳥地方とその周辺に寺がいくつも造られるようになり、日本で初めての仏教文化が生まれた。（　○　）

　仏教建築として法隆寺を紹介する場合、金堂などが現存する最古の木造建築であること、五重塔を支えている柱の技術が、現在の東京スカイツリーにも利用されるような高度なものであったことに触れておきたい。

3　まとめ

　古墳時代と飛鳥時代の違いが分かるように、聖徳太子と蘇我氏の政治改革、日本で最初に仏教文化が誕生したこと、遣隋使の派遣などに着目して特色をまとめさせて、説明できるようにする。

　古墳が造られなくなった理由として、仏教の広まりとともに、寺院や仏像が新たな権力（権威）の象徴となったことをおさえる。

ワークシートを使用する際のポイント

(1) 系図からは、現在ではあり得ない人同士が夫婦になっていることが読み取れる、などと説明して興味を抱かせる。

(2) 中国の歴史書には、607年だけでなく、冠位十二階や十七条の憲法を制定する前の600年にも遣隋使が派遣されたことが記されているが、日本の歴史書には書かれていない。この理由を予想（交渉に失敗したので記録に残さなかった、など）させてみてもよい。

(3) 古墳時代と飛鳥時代に共通して活躍した人々として、高い技術を持つ渡来人の存在があったことにも触れておく。

ICT活用のアイデア

1 スライドでは朝鮮半島や中国の動向、それぞれの国との関係（仏教の伝来や遣隋使など）を示し、聖徳太子の政治改革については板書で示すなど、テーマごとにメリハリをきかせた指導が効果的である。政治改革の背景には、豪族の争いだけでなく、東アジア情勢の変化がかかわっていたことをスライドで示しておく。

板書活用のアイデア

2 本時では、初めて系図の読み取り方を扱うため、例えば聖徳太子を「私」として、「父」「祖父」「おじ」「おば」など系図上で血縁関係にある人物の呼び名を板書すると分かりやすくなる。

3 聖徳太子による政治改革の内容は、導入の段階で生徒の発表を板書し、ワークシートに書き込ませる。

東アジアの緊張と律令国家への歩み

本時の目標

・大化の改新から律令国家の確立に至るまでの過程を理解できるようにする。

・7世紀の国内の情勢を、東アジアの動きに着目して考察し、表現できるようにする。

本時の評価

・大化の改新と、その後の律令国家への展開を理解している。

・律令国家を目指す国内の情勢を、中国や朝鮮半島の動きに関連付けて考察し、表現している。

東アジアの緊張と律令国家への歩み

1 1. 唐の成立と東アジアの緊張

(1) 隋がほろび、唐が中国を統一した後、日本が隋のときと同じように行ったことは何でしょうか。

使者（遣唐使）をたびたび送り、進んだ唐の制度や文化を取り入れた。

(2) 唐が隋と同じように周辺国に対して行っていたことで、東アジアはどのような情勢になったでしょうか。

唐が高句麗に攻め込んだことで、百済や新羅、日本で緊張が高まった。

2. 大化の改新

2 (1) 天皇家と藤原氏の関係について、系図をもとに調べてみよう。(1)

① 天智天皇と天武天皇はどのような関係ですか。 ……… 兄弟

② 天智天皇と持統天皇はどのような関係ですか。 ……… 親子

③ 天武天皇と持統天皇はどのような関係ですか。 … 夫婦 … おじとめい

④ 藤原氏の娘と結婚した天皇はだれですか。2人書きましょう。

… 文武天皇 … 聖武天皇

⑤ 聖武天皇の義理の父はだれですか。 ……… 藤原不比等

(2) 中大兄皇子と中臣鎌足が政治改革に着手するために最初に行ったことは何ですか。

独断的な政治を行っていた蘇我蝦夷・入鹿の親子をほろぼした。

(3) 大化の改新で目指していた政治改革のうち、「公地・公民」とはどのような政策で、そのねらいは何だったか、説明してみよう。

各地の豪族が支配していた土地と人々を、国家が直接支配することとし、権力を天皇家に集中させようとした。

(4) 日本で「朝廷」とは、どのようなことを意味するか、説明してみよう。

天皇と豪族や貴族とから成る政府のこと。

本時の授業展開

1 導入

隋が滅んで唐が中国を統一した後も、日本は引き続き遣唐使を派遣するなど、これまでの方針を続ける一方、唐が高句麗を攻撃するなど、東アジアでは軍事的な緊張が高まっていたことが、小学校で学んだ大化の改新の背景にあったことを理解させる。

2 展開

前時で学習した系図の読み取り方を使って、本時では、「直系」という祖父→親→子→孫と子孫へまっすぐつながる関係を探させる。天武天皇からの直系は、聖武天皇の子で途絶え、桓武天皇は、天智天皇の直系の子孫である。

○大化の改新

天皇の権力をしのぐような勢力をもっていた蘇我氏を滅ぼしたことだけでなく、その後、権力を天皇家に集中するために、豪族の土地や人々を国家が直接支配する方針（公地・公民）に変えた「大化の改新」は、ワークシートにより簡単に振り返るとよい。

○唐の成立と東アジアの緊張

日本の「律令国家への歩み」にどのような影響を与えたか。唐と朝鮮半島をめぐる情勢で最も大きな出来事であった白村江の戦いの敗戦が、「国をまとめる」上でどのような意味があったのかを考えさせる。なお、モンゴルの襲来も既習事項であるので、鎌倉時代にはどのような防衛施設が作られたか（防塁）を振り返らせてもよい。本時では、水城の役割について、

⑴系図をもとに、飛鳥時代と奈良時代には女性の天皇が何人即位したか、数えさせてもよい。

⑵「壬申の乱」については、「天武天皇が大きな権力をもって即位することができたのはなぜか」という問いをもとに書かせてもよい。

⑶飛鳥→難波京→大津宮→飛鳥→藤原京と移っていった経緯を確認しておく。

⑷政治の中心を大津に移した理由を記述させてもよい。大津がそれまでの中心地と比べると最も内陸部にあることに着目させる。

---

3. 白村江の戦いと壬申の乱

⑴ 663年に起こった白村江の戦いの目的と結果をそれぞれ書きましょう。

目的　ほろんだ百済の復興を助けるため。
結果　唐と新羅の連合軍に大敗した。

3

⑵ 白村江の戦いの後、緊張が高まる中、日本でとられた対策を2つ書きましょう。

九州の防衛のために、大野城と水城を造った。
西日本の各地に山城を築き、唐や新羅の侵攻に備えた。

4

⑶ 天智天皇、天武天皇、持統天皇が行ったことを、それぞれ説明しましょう。

① 天智天皇	初めて全国の戸籍を作るなど、天皇の下に権力を集中するための改革を進めた。
② 天武天皇	中国にならった律令や都、歴史書を作るように命じた。
③ 持統天皇	日本で最初の本格的な都である藤原京を完成させた。

⑷ 壬申の乱が起こった原因と結果を説明しましょう。（2）

原因　天智天皇のあとつぎ争い。
結果　天武天皇が即位した。

5

4. まとめ【タイムマシンに乗って旅行したあなたへのインタビューに答えよう】（3）（4）

質問：大きな出来事をきっかけに移っていく都（政治の中心地）を訪問してみて、あなたの印象に強く残る場所はどこでしたか。また、それはなぜですか。

藤原京。中国の都にならって、とても広い場所が碁盤の目のようにきれいに区画されており、それまでの日本にはなかった都なので、強く印象に残った。

5. ○× テスト

⑴ 中大兄皇子が中臣鎌足らとともに蘇我氏をほろぼし、新しい支配の仕組みを作る改革を始めた。これを大化の改新という。　　　　　　　　　　　（　○　）

⑵ 白村江の戦いで唐と新羅の連合軍に敗れると、中大兄皇子は大津（滋賀県）から難波（大阪府）に政治の中心を移し、唐や新羅を迎え撃てるようにした。　　　（　×　）

⑶ 天武天皇の死後、持統天皇が即位すると、日本で初めての戸籍や律令、歴史書、本格的な都である藤原京が完成した。　　　　　　　　　（　×　）

断面図などを用いて理解させる。

　律令国家の成立に至るまでの過程として、全国の戸籍の作成（庚午年籍、天智天皇）、藤原京の完成（持統天皇）などが実現していったことを整理しておく。万葉集には、壬申の乱に勝利し、大きな権力を得た天武天皇を神に例えてたたえる歌がおさめられていることも触れておく。

3　まとめ

　さまざまな出来事をきっかけに都が移されていくにつれて、天皇家の権力が次第に高まっていく経緯をまとめられるとよい。本格的な律令国家はどのようにして完成したのか、次時で取り上げる内容についての関心を高めておく。

1前時と同様に、スライドでは朝鮮半島や中国の動向、白村江の戦いなどを示し、大化の改新などの国内の政治については板書で示し、メリハリをきかせる。

5スライドを活用して、飛鳥→難波京→大津宮→飛鳥→藤原京と都の場所が短期間で移っていくことを理解させる。

2本時では、系図の読み取り方が習得できているかどうかを確かめるため、登場人物たちを系図で示し、藤原氏が政治に深くかかわってくる理由も理解できるようにしておく。

3水城については、唐・新羅の連合軍が攻めてきたときに、防衛上どのような利点があったかを、板書した断面図をもとに説明させる。

4律令国家を目指したさまざまな政策（戸籍の作成、富本銭の鋳造、都の建設など）が時系列で分かるように、系図の隣に板書していく。

律令国家の成立と平城京

本時の目標

・律令制度の内容を基に、古代国家の仕組みを理解できるようにする。

・古代国家の仕組みについて、中国の影響に着目して考察し、表現できるようにする。

本時の評価

・律令制度による古代国家の仕組みを理解している。

・律令による古代国家の仕組みについて、中国の影響と関連付けて考察し、表現している。

律令国家の成立と平城京

1 1. 大宝律令

(1) 律令の「律」と「令」とはそれぞれどのようなものか、説明しましょう。

律　刑罰の決まり

令　政治を行ううえでのさまざまな決まり

(2) 律令国家の政治の仕組みを示した図を見て、「太政官」と「神祇官」の「二官」のうち、あなたがより重要だと考えるのはどちらですか。その理由も書いてみよう。(1)

太政官の方が重要だと考える。太政官には、その下で政治の実務に当たる八省など、多くの役所が設けられていたから。

(3) 律令国家の役所で働く役人は、「位」によって、どういう人とどういう人に分けることができますか。

天皇から高い位をあたえられた貴族と、貴族より身分の低い人たち。

(4) 前回の派遣から30年以上が経過した702（大宝2）年に遣唐使が派遣されましたが、この派遣には、どのようなねらいがあったと考えられるでしょうか。(2)

白村江の戦いで損ねた関係を修復し、引き続き唐の進んだ制度や文化を取り入れること。

2 2. 平城京

(1) 平城京は、どの国の何という都にならって造られましたか。

国　唐　　都　長安

(2) 天皇の住居や役所が置かれた場所を何といいますか。　平城宮

(3) 708（和銅元）年に発行された貨幣を何といいますか。この貨幣をスケッチし、文字も書き込もう。　和同開珎

スケッチ

本時の授業展開

1　導入

　地図帳で、平城京や後に移される長岡京、平安京などの位置を確認しておく。大和国（現在の奈良県）北部に平城京があり、西の生駒山地を越えると大阪平野が広がっている。古代の政治の舞台は、それほど広くない地域に集中し、多くが交通の便のよい場所である。

2　展開

○大宝律令

　律令国家を例に、政治の仕組み図の見方を説明する。上の方にあるほど政治の権力が強い立場で、「国」「郡」「里」のように、下に延びている線で上が下の機関の支配を行うことを示している。幕府や明治新政府の仕組みと比べても

よい。生徒は古代の「太政官」や「省」が近代に復活していることに驚くかもしれない。「王政復古の大号令」の意味を確認することもできる。

○平城京

　単に唐の都の長安にならってつくられたことだけでなく、遣唐使が果たした役割を予想する学習も考えられる。例えば、702年に派遣した遣唐使は704年に帰国しているが、その直後に和同開珎の鋳造や平城京遷都が行われている。このとき派遣された使節は、大宝律令の編纂にかかわった人物である。

○地方の仕組み

　まずは地図で「五畿七道」を確認し、「近畿地方」という地方名の由来（畿内）を説明す

3. 地方の仕組み

3

(1) 現在の次の各県は、古代には「○○道」に属していたでしょうか。「五畿七道」の地図から読み取ってみよう。(3)

① 福岡県	② 島根県	③ 岡山県	④ 高知県
西海道	山陰道	山陽道	南海道
⑤ 石川県	⑥ 静岡県	⑦ 茨城県	⑧ 宮城県
北陸道	東海道	東海道	東山道

(2) 国司、郡司、大宰府の役割を、それぞれ説明しましょう。

① 国司	国ごとに都から派遣され、郡司たちを指揮して人々を治める。
② 郡司	地方の豪族が任命され、郡の人々を治める。
③ 大宰府	九州地方全体の政治のほか、外交・防衛に当たる。

4

(3) 古代に最も重要な交通路として栄えたのは、七道のうちのどれだと思いますか。予想してその理由も説明してみよう。

山陽道。大陸に最も近い西海道と都を結んでいるから。

4. まとめ【タイムマシンに乗って旅行したあなたへのインタビューに答えよう】

質問：飛鳥時代と奈良時代を行ったり来たりして都のようすを比べてみて、2つの時代の大きな違いは何だと思いますか。(4)

平城京は人口も多く、にぎわっていた。中国の都にならって、碁盤の目のように区画されており、それまでの日本にはなかった都なので、強く印象に残った。

5. ○×テスト

(1) 大宝律令が完成し、日本で律令国家の仕組みが整うと、唐との関係は薄れ、遣唐使は送られなくなった。　　　　　　　　　　　　　　　　　　　　　　　　（ × ）

(2) 平城京には市が設けられ、全国各地から送られてきた産物などが売買された。　　　　　　　　　　　　　　　　　　　　　　　　（ ○ ）

(3) 東海道や山陽道などは、都から地方にのびた道路の名前であると同時に、道路沿いの国々のまとまりを表す言葉である。　　　　　　　　　　　　　　　　　　（ ○ ）

る。都から地方の国々への命令や情報の伝達が確実に行えるようにするために、どのような施設（駅）や制度（駅馬）があったのか、どこが最も重要な交通路（山陽道）だったのかを予想させてみる。

3　まとめ

飛鳥時代と奈良時代の都の人々の生活の違いが分かるように、政治の仕組みなどの変化に着目して特色をまとめさせて、説明できるようにする。

また、戸籍に基づいて各地の税がどのように納められたのか、どのような寺院や文化財が残っているのかなど、次時の内容への意識づけもする。

ワークシートを使用する際のポイント

(1)二官八省のうち、明治時代以降の政治でも実際にあった役所がないか、探させてみる。

(2)遣唐使派遣の前後の出来事に注目させる。665年、667年、669年に派遣されているが、当時、日本と唐との間には、軍事的な緊張があったと考えられる。

(3)現代では東京と京阪神地域を結ぶ東海道が新幹線で結ばれているように、奈良時代には、都とどこを結ぶ道が最も重要だったかを考えさせる。

(4)小学校での既習事項である聖武天皇の政治に関する学習で、仏教文化の知識がある生徒にも、本時では仏教以外の要素で考えさせる。

ICT活用のアイデア

1本時では、律令国家の仕組み図をスライド等でいつでも提示できるようにしておく。

2平城京の復元模型を見ただけでは大きさの実感がわからないので、地理院地図などを活用して、学校周辺の地図上で同じ範囲を示したり、幅が70mあったとされる朱雀大路を校舎の部分などに重ねてみたりする。

板書活用のアイデア

3板書は時間の制約もあるので、大和国（平城京）から各地へ向かう「七道」を線だけで示し、陸地を想像させて、現在の県が古代にはどの地方に属していたかを考えさせる。

4大宰府の位置を示して、現代の「東海道」にあたる古代の重要な交通路を考えさせる。

奈良時代の人々の暮らし

本時の目標

・奈良時代の人々の生活を理解する。
・奈良時代の人々の生活について、
税や土地制度に着目して考察し、
表現できるようにする。

本時の評価

・奈良時代の人々が様々な税を負担
していたことを理解している。
・奈良時代の人々の生活について、
税や土地制度の変化と関連付けて
考察し、表現している。

本時の授業展開

1 導入

長屋王とはどのような人物か、系図から読み取れること（天武天皇の孫）を調べさせてみる。1988年に大型商業施設の建設地から、大量の木簡が発見されたことなどから、大きな権力をもった長屋王のような貴族の暮らしが垣間見えたことを説明する。木簡には、鶴のえさ（米）や飼育係（鶴司）の記述があったことから、長屋王の邸宅の庭園で鶴が飼われていたことがわかる。鶴は、神仙世界で仙人が乗る鳥とされていた。

2 展開
○人々の身分と負担

「物で納める負担（租・調・庸）」と「労働で納める負担（労役・兵役）」や「地方の財源になるもの（租）」と「朝廷の運営のためのもの（調・庸）」といった分類を考えさせてもよい。全体を把握した上で、「負担の重さを金額（労役は実際には給与が支払われないが、例えば時給1000円で計算）に換算して比較する」などの学習活動も考えられる。

地方から都までどのくらいの日数で運ぶことができたのかを示す資料を見せると、負担の大きさをさらに強く実感させることができる。東日本のほとんどは、20日以上かかる。九州地方の場合は大宰府まで運べばよいので、比較的負担は少ない。

○土地の私有と荘園

墾田永年私財法が出された理由は、実際の法

4

(6) 調や庸を都に運ぶときには、品物名などが書かれた短冊状の木の板をくくりつけていました。この木の板を何といいますか。
　　　　　　　　　　　　　　　　　　　　　　　　　　　　　　…………　木簡

2. 土地の所有と荘園

(1) 人々が重い負担に苦しみ、逃亡する人々が現れた一方で、人口が増加したり、自然災害によって耕作できない場所が増えたりして、朝廷は口分田の不足に悩まされました。723年に出された三世一身法では、どのようなことが決められましたか。

　人々が新しく開墾した土地は、租を納めていれば、一定の期間、自由に売ったりゆずったりしてよいことにした。

(2) さらに743年に出された法を何といいますか。また、その法ではどのようなことが決められましたか。
　　　　　　　　　　　　　　　　　　　墾田永年私財　法

　新しく開墾した土地は、租を納めることと引きかえにいつまでも私有地としてよいことにした。

(3) (2)の後に、盛んに私有地を広げたのは、どのような人々でしたか。また、彼らの私有地はやがて何と呼ばれるようになりましたか。
　私有地を広げた人々　貴族や大寺院、郡司など　　私有地　荘園

3. まとめ【タイムマシンに乗って旅行したあなたへのインタビューに答えよう】(3)

　質問：律令国家で暮らす人々が、国に対して多くの負担を担っているのを見て、現在では考えにくいいい意味であなたの印象に強く残ったことは何ですか。

　重い負担から逃れるために、住んでいる場所から逃げてしまう家族がいるということが、強く印象に残りました。

4. ○×テスト

(1) 律令国家の人々は、貴族と賎民という身分に分かれ、賎民の中には奴婢（奴隷）とされた人々もいた。（×）

(2) 6年ごとに作られる戸籍に登録された6歳以上の人々は、性別や身分の違いによらず、同じ広さの口分田があたえられた。（×）

(3) 口分田の不足を補うために、開墾した土地の私有を朝廷が認めたため、公地・公民の原則がくずれ始めた。（○）

令の資料から読み取らせることができる。「私有地を認めることは、どんな改革の逆だったか」という質問で「公地・公民」という言葉を思い出させる。

3　まとめ

　現代の納税制度と比較して、奈良時代から平安時代前期まで実施された班田収授法の仕組みや人々に課した負担にはどのような課題があったのかを考えさせ、その解決に向けて朝廷がとった対応及びその影響とともに説明できるようにする。

　次時に扱う万葉集に収められた「防人の歌」は、本時で取り上げておいてもよい。

---

(1)良民男子の口分田は2段（720歩）、良民女子はその3分の2、奴婢の男女はそれぞれの3分の1と説明する。

(2)調・庸の負担は、地域によって異なっていたと考えられるが、その理由を説明させてもよい。

(3)奈良時代の人々にインタビューするという形式で、質問者と回答者に分けて、ペアで質疑応答をさせてみてもよい。

ICT 活用のアイデア

❶正倉院宝物の戸籍の資料を提示して、姓名の前に書かれている文字を拡大して注目させる。「戸主」「母」「妻」に続き、子どもは「男」と性別が書かれていることに気付かせる。性別によって負担が異なるため、男性を女性と偽ったり、生まれても登録しなかったりという「偽籍」が作成されたことにも触れる。

❷良民・賎民、男女による口分田の違いは、板書でもかまわないが、エクセル等の表計算ソフトを使って、セルの数で面積の違いを示す方法も考えられる。良民男子の口分田は2段（720歩）、良民女子はその3分の2、奴婢の男女はそれぞれの3分の1である。

板書活用のアイデア

❸板書では、人々に課せられた負担を分類して示し、その重さを実感させる。

❹墾田永年私財法によって私有地を正式に認めたことで、天皇の権力の強さにどのような影響が出たかを予想させ、発言を板書しておく。

天平文化

天平文化

1 1. 天平文化

(1) 天平文化を代表する宝物（文化財）の多くは、何という寺のどこに収められていましたか。
　　　　　　　　　　　　　　　東大　　寺の　　　正倉院

(2) 天平文化は、飛鳥文化と同じように西アジアやインドの影響も受けた、国際色豊かな文化でした。この理由を「唐」と「遣唐使」という言葉を使って説明しましょう。(1)
　西アジアやインドとの交流が盛んだった唐の文化が、遣唐使によって伝えられたから。

(3) (1)の宝物である螺鈿紫檀五絃琵琶には、西アジアとインドとの関係が深い特徴があります。それはどんな特徴か、説明してみよう。
　らくだに乗った人の装飾があることと、琵琶は一般的に絃が四本だが、インドが起源といわれる五絃の琵琶であること。

2 (4) (1)の宝物である鳥毛立女屏風は日本でえがかれたものですが、唐の時代のどの場所でえがかれた何という絵画と似ていることがわかりますか。
　　　　　　　　　　　トルファン　　の　　樹下美人図

(5) 阿修羅像という有名な仏像がある寺はどこですか。
　　　　　　　　　　　　　　　　　　興福　寺

2. 奈良時代の仏教

(1) 聖武天皇と光明皇后は、仏教の力でどのようなことを実現しようと考えましたか。
　伝染病や災害などから国を守り、不安を取り除こうとした。

(2) (1)を実現するために、どのようなものを国ごとや都に造らせましたか。
　国ごとに国分寺と国分尼寺を建て、都には東大寺を建てて金銅の大仏を造らせた。

(3) 一般の人々に布教して歩き、人々とともに橋やため池を造った僧で、(2)にも協力した人物はだれですか。
　　　　　　　　　　　　　　　　　　　　　行基

本時の授業展開

1　導入

　正倉院（奈良）がなぜ「シルクロードの終着駅」とよばれるか、地図をもとに説明させる。８世紀は、ローマから平城京までのルートがつながっていた「国際交流の時代」だったことを実感させるために、唐の範囲の広さ、「国際都市」としての長安やバグダッドの位置を地図上で確認する。平城京が国際都市だったのではなく、唐の長安などが国際交流の中心であった。

2　展開

　奈良時代における遣唐使の派遣の頻度について説明し、その役割の大きさに気付けるようにしておきたい。渡航に失敗したり中止したりし

た回を除くと、遣唐使の出発年は717年、733年、752年、759年、777年、779年である。

○天平文化

　螺鈿紫檀五絃琵琶や鳥毛立女屏風などの正倉院宝物の写真を見せながら、アジアの諸地域との関係を読み取らせる。螺鈿紫檀五絃琵琶には、装飾でらくだに乗る人物が描かれている。この人物が持っている琵琶は、四絃である。樹下美人図が発見されたトルファンは、現在の中国の新疆ウイグル自治区の都市で、地名の意味はウイグル語で「人と物が豊かな地域」である。なお、正倉院宝物の大部分は国産品であるが、まるで唐から伝わった宝物に見えるような工芸品も残されている。

(4) 唐で尊敬を集めていた僧で、日本からの要請に応えて来日し、日本に正式な仏教の教えを伝えた人物はだれですか。　　　　　　　　　　　　　　鑑真

(5) (4)の僧が開いた寺を何といいますか。　　　　　唐招提　寺

3 3. 歴史書と万葉集

(1) 日本で歴史書が作られるようになった背景を考えて、説明しましょう。

> 国家の仕組みが整い、国際的な交流が盛んになったこと。

(2) 歴史書を作るねらいを考えて、説明しましょう。

> 天皇が国を治めることの由来（正統性）を示すこと。

(3) 古事記と日本書紀、風土記、万葉集について、それぞれ説明しましょう。

① 古事記と日本書紀	神話や伝承、記録などを基に作られた歴史書。
② 風土記	日本各地の自然・産物・伝承などの地理的な情報を記したもの。
③ 万葉集	大伴家持らが天皇や貴族のほか、防人や農民が作ったとされる歌を収めた歌集。

4 4. まとめ：奈良時代の文化面の発展に最も貢献した人はだれだと思いますか。あなたの考えを書いてみましょう。(3)

> 困難が伴う航海によって唐から進んだ文化を取り入れ続けた遣唐使が最も貢献したと考える。

5. ○×テスト

(1) 奈良時代の文化は、聖武天皇のころの元号である「天平」を採って、「天平文化」という。　　　　　　　　　　　（ ○ ）

(2) 聖武天皇と光明皇后は、仏教の力で国を守ろうとしたため、寺院や僧、尼は国家から保護を受けるようになって力をつけ、多くの仏像や建物が造られた。　　　　　　　　　　（ ○ ）

(3) 古事記と日本書紀は、天皇が唐の皇帝に日本における自分の地位を認めてもらうために作ったものである。　　　　　　　　　　　　　　　　　　　　　（ × ）

○奈良時代の仏教

　大仏の建立など、奈良時代の仏教に関する内容の多くは小学校の既習事項である。そのため、長岡京や平安京への遷都が行われた理由について次時で説明することができるように、寺院の勢力が強くなった経緯を理解させる。

3　まとめ

　奈良時代の文化面の発達に貢献した人物を発表させながら、天平文化の特色をまとめるときに、天平文化と飛鳥時代の共通点（西アジアやインドなどの影響も受けた文化であること）も確認し、国風文化を学習するときに天平文化との比較ができるようにする。

ワークシートを使用する際のポイント

⑴本時の最も重要な内容である天平文化の特色を問題文で示し、その特色が見られる理由を答えさせる問いである。問いと答えを逆にして、天平文化の特色を飛鳥文化との共通点に着目して答えさせる問題にすることもできる。

⑵歴史書が作られる背景については、国内の政治状況と、海外との関係に分けて説明できるように指示しておく。

⑶天平文化の特色を整理し、まとめることをねらいとして扱うので、正解は一つではないと説明しておく。

ICT活用のアイデア

❶正倉院の外観と宝物（奈良国立博物館のホームページ等を活用）、東大寺の大仏、鑑真像などを最初に提示してもよい。本時の導入では、ローマから日本までの範囲が示された歴史地図を提示し、日本（正倉院）がシルクロードの終着駅と呼ばれる理由、西アジアやインドとの交流があったことが分かるようにする。

❷トルファンの樹下美人図と正倉院宝物の鳥毛立女屏風のような絵画資料は大画面で示すなどして、両者の共通点を分かりやすくしたい。

板書活用のアイデア

❸板書では、古事記と日本書紀の「記」「紀」を大きく書いて、表記を間違えないように注意しておく。

❹まとめの課題については、「聖武天皇・行基・鑑真以外で」と制約をかけ、奈良時代での遣唐使の出発年を板書し、「この数字は何を示しているか」と聞いてみる方法もある。

平安京と律令国家の変化

本時の目標

・平安遷都によって、政治や社会にどのような変化があったかを理解できるようにする。

・平安時代初めの政治について、奈良時代までの政治と比較して考察し、表現できるようにする。

本時の評価

・桓武天皇の行った政治の目的、内容などについて理解している。

・平安時代初めの政治について、支配領域の拡大や仏教の広まりなどと関連付けて考察し、表現している。

平安京と律令国家の変化

1．平安京

(1) 桓武天皇のとき、784年と794年に移された都をそれぞれ何といいますか。

784年 ___長岡___ 京 794年 ___平安___ 京

(2) 桓武天皇が都を移した理由を、「仏教」と「僧」という言葉を使って説明してみましょう。(1)

> 仏教と僧を天皇が特に重んじたため、貴族や僧の間で勢力争いが激しくなり、混乱してしまった政治を立て直すため。

(3) 地図で平城京、長岡京、平安京の位置を確認し、都が移るたびに、より便利になっていったことは何か、理由を考えて説明してみよう。

> 各地方からの道が集まるところであり、川も流れているため、陸上交通と水上交通の便がよくなっていった。

2．律令国家の変化

(1) 桓武天皇が律令国家の立て直しを図るために、平安時代の初めに中央（朝廷）と地方（国々）に対して行った政治の改革は、どのようなものでしたか。

> 朝廷の役所を整理したり、国司に対する監督を強めたりした。

(2) 平安京の造営とともに、桓武天皇が朝廷の勢力範囲を広げるために力を入れていたのはどのようなことでしたか。(2)

> 東北地方で朝廷に抵抗する蝦夷と呼んでいた人々を従わせるため、大軍を派遣していた。

(3) 坂上田村麻呂が任じられた「征夷大将軍」の役割を、「征」と「夷」の文字を別々にして作った熟語を用いて書いてみよう。

> 蝦夷を征服するための総司令官

(4) 坂上田村麻呂が801年に降伏させた指導者で、捕虜として都に連れて行かれた人物はだれですか。

> アテルイ（阿弖流為）

本時の授業展開

1　導入

系図で桓武天皇の皇統（天智系）にも着目させ、天武系の反桓武勢力や仏教勢力を排除して政治を立て直すために、平城京よりも水陸交通の便のよい長岡京に遷都したことを説明する。長岡京での大洪水の被害などを理由にして、さらに平安京に遷都したときは、「山背国」という地名は「山城国」に改められた。

2　展開

○平安京と律令国家の変化

長岡京と平安京という二つの都の造営を行うことは、人々にとっては大きな負担となったはずである。また、蝦夷を支配するためにたびたび東北地方に大軍を送ったことも、人々を苦しめていた。桓武天皇は、805年に高い位の貴族に方針を議論させ、この二大事業を停止する意見を取り入れた。

征夷大将軍の坂上田村麻呂が胆沢城と志波城を築いた年（802年と803年）とそれぞれの場所を確認する。志波城（現在の岩手県盛岡市）は最も北に位置する城柵であり、朝廷の勢力範囲がこの地域まで広がったことが分かる。

国司の監督を厳しくしたり、労役の日数を減らす措置をとったりしたが、農民の逃亡や戸籍を偽る行為は続き、班田収授の実施が困難となっただけでなく、地方の治安が悪化した。

○新しい仏教の動き

遣唐使とともに804年に留学生として派遣された最澄や空海が、帰国後、どのような場所に

4

3. 新しい仏教の動き　(3)
(1) 天台宗と真言宗はだれが開き、どこに何という寺が建てられましたか。それぞれ書きましょう。

| ① 天台宗 | 最澄が開き、比叡山に延暦寺を建てた。 |
| ② 真言宗 | 空海が開き、高野山に金剛峯寺を建てた。 |

(2) (1)の新しい仏教の特色と、どのような人々に信仰されたかを説明しましょう。

> 山奥の寺で学問や厳しい修行を行うことを重んじ、貴族の間で広く信仰された。

4. 東アジアの変化
(1) 国内で反乱が続いたために唐がおとろえてきたことと往復の危険とを理由に、遣唐使の派遣の延期を訴えた人物はだれですか。　　　　　　　　　　　　　　　菅原道真
(2) 遣唐使の派遣が停止された後も、どのような人々が両国間を行き来しましたか。　　　　　　　　　　　　　　　　　　　　　　　　　　貿易を行う商人や僧

5. まとめ【タイムマシンに乗って旅行したあなたへのインタビューに答えよう】(4)
質問：奈良時代と平安時代の初めころに行ったり来たりして、政治や人々の税負担などを比べてみて、2つの時代の違いや共通点は何だと思いますか。

> 唐の勢力が弱まって、戦争の危機が小さくなったため、東北地方と九州地方を除いて一般の人々の兵役をなくすなど、朝廷は人々の負担の軽減を図ったが、平安時代になっても重い税や負担から逃れようと、土地から離れたり、男子を女子と偽って戸籍に登録したりすることが続いていた。

6. ○×テスト
(1) 桓武天皇は仏教勢力を排除するなどの目的で、現在の奈良県から京都府に都を移し、律令国家の立て直しを図った。　　　　　　　　　　　　　　　　　　　（ ○ ）
(2) 東北地方で朝廷に従わず、蝦夷と呼ばれた人々は、征夷大将軍になった坂上田村麻呂の働きによって支配を受け入れ、抵抗することがなくなった。　　　　（ × ）
(3) 唐が国内で反乱が続いたため、商人たちは日本との行き来ができなくなり、僧の交流もなくなったので、菅原道真は遣唐使も停止することを提案した。　（ × ）

寺を建てたかを知ることで、奈良時代以来の教えを守る仏教勢力との違いが分かる。密教に対する考え方の違いによって最澄と空海は対立するが、山奥での修行や学問を重視することは共通している。空海はため池の修築などの社会事業にも力を尽くし、各地に井戸などを開いた伝承が残されている。

3　まとめ

奈良時代と平安時代初めの政治や人々の生活の違いと共通点が分かるように、税負担の変化、農民がとった行動、新しい仏教の動きなどに着目して特色をまとめさせて、説明できるようにする。

ワークシートを使用する際のポイント

⑴長岡京、平安京への遷都には、政治の刷新という桓武天皇の強い思いが込められていたことを説明しておく。

⑵東北地方全体を支配する役割を担う多賀城ができたのが724年。新たな城柵が少しずつ北の方に設置されていく様子から、朝廷の勢力範囲の広がりが分かることを説明する。

⑶なぜ天台宗は桓武天皇の援助を受けて公認されたのかを考えさせてみる。

⑷違いと共通点が両方とも書かれていれば正解にすると説明しておく。

ICT活用のアイデア

1 平安京と平城京の復元模型を大画面で提示して比較させ、共通点（平城宮と平安宮の位置、朱雀大路、碁盤目上の道路など）と違い（平安京には大きな寺院がない）を読み取らせる。また、都との位置と主要な道と河川との関係が分かる地図を提示して、長岡京や平安京の交通の便のよさに気付かせる。

4 東大寺などの位置と延暦寺や金剛峯寺の位置を地形が分かる地図上で比較させて、新しい仏教が持つ特色の一端に気付かせる。

板書活用のアイデア

2 板書では平城京から長岡京、平安京への遷都の流れを示して、奈良時代の政治上の課題と、桓武天皇が実現したかった政治の刷新、新しい仏教の特色が一目でわかるように工夫し、生徒がまとめの課題に取り組みやすくなるよう配慮する。

3 東北地方への勢力拡大についても桓武天皇の政策の一つだったので、略地図を描いて、主な城柵の位置を示しておく。

摂関政治の時代

摂関政治の時代

1. 藤原氏と摂関政治（1）

（1）天皇家と藤原氏の関係について、系図をもとに調べてみよう。
　① 娘が文徳天皇のきさきとなり、清和天皇の義理の父となったのはだれですか。
　　　　　　　　　　　　　　　　　　　　　　　　　　　　藤原良房
　② 娘が醍醐天皇のきさきとなり、朱雀天皇と村上天皇の義理の父となったのはだれですか。
　　　　　　　　　　　　　　　　　　　　　　　　　　　　藤原基経
　③ 藤原道長の娘をきさきとしてむかえた4人の天皇はだれですか。
　　　一条　天皇　　三条　天皇　　後一条　天皇　　後朱雀　天皇
　④ 藤原道長を祖父とする2人の天皇はだれですか。
　　　　　　　　　　　　　　　　後冷泉　天皇　　後三条　天皇

（2）摂政と関白はどのような職ですか。それぞれ説明しましょう。
　　　摂政　　　幼い天皇のかわりに政治を行う職。
　　　関白　　　成長した天皇を補佐する職。

（3）藤原氏はどのようにして勢力をのばし、政治の実権をにぎりましたか。（1）、（2）をふまえて説明しましょう。（2）
　　　娘を天皇のきさきにし、その子を次の天皇に立てることで勢力をのばし、摂政や関白の職に就いて、政治の実権をにぎった。

（4）摂関政治の頂点を極めた藤原道長が詠んだとされる次の歌の①～③にあてはまる言葉を書きましょう。
　　　①　この世　をば　②　わが世　とぞ思う　③　望月　の欠けることも無しと思えば

（5）藤原道長やその子の頼通だけでなく、藤原氏の一族は多くの給料を得ていました。この理由を、「太政官」という言葉を使って説明しましょう。
　　　太政官の役職の多くを藤原氏が独占したから。

（6）藤原道長の直筆の日記が残されています。この日記は何と呼ばれていますか。
　　　　　　　　　　　　　　　　　　　　　　　　　　　　御堂関白記

本時の目標

・摂関政治や地方政治の変化から、平安時代の政治の特色を理解できるようにする。

本時の評価

・10世紀に、摂関政治や土地制度など政治の在り方が変化したことを理解している。
・摂関政治の特色を系図から読み取り、それまでの政治との違いを捉えている。

本時の授業展開

1 導入

　古代の学習では、系図の読み取りを何度も繰り返すことができるので、技能を確実に定着することが期待できる。

　貴族の暮らしぶりや藤原道長については小学校の既習事項なので、中学校ではユネスコの「世界の記憶」にも登録されている『御堂関白記』から道長の人柄を想像させるなど、発展的な課題に取り組ませる。

2 展開

○藤原氏と摂関政治

　政治の実権をにぎるには、娘を天皇のきさきにするだけでは不十分で、きさきが子（男子）を産むこと、その子が天皇として即位すること

が求められるため、藤原氏の政治権力は決して安定的なものではなかったことにも気付かせておきたい。生母（三条天皇の子）が藤原氏の出身ではない後三條天皇は、即位前に関白だった藤原頼通からうとまれていた。しかし即位すると、藤原氏の影響力を受けずに、荘園整理事業などの改革が実施できた。

○新しい税と国司の変化

　朝廷では天皇が幼くして即位しても、藤原氏が政治の実権をにぎって多くの儀式や行事などを行うことができた一方で、地方では政治が乱れていったことを国司の権限や税の取り立て方の変化を通して理解させていく。

　税の対象が人ではなく土地に変わることで、土地は財産としての価値が重視され、自分の領

3

2. 新しい税と国司の変化

(1) 班田収授法が行われなくなると、朝廷は、人々を戸籍に登録して、租・調・庸の税を取り立てる方法から、どのように税を課す仕組みに改めましたか。「土地」という言葉を使って説明してみよう。

> 実際に耕している田の面積に応じて、租・調・庸・労役に当たる分の米を納めさせるという、土地に対して税を課す仕組みに改めた。

4

(2) 朝廷が国司の権限を強め、税の取り立て方などをほとんど国司に任せるようになった結果、どのような利点が生まれましたか。また、どのような問題が起こり、地方の政治が次第に乱れていきましたか。問題については、2つ以上書きましょう。(3)

利点	朝廷にとって必要な最低限の収入が確保された。
問題①	税の一部を朝廷に納め、残りは自分の収入にする国司が多くなった。
問題②	任命された国に代理人を送り、収入を得るだけの国司が多くなった。
問題③	定まった税以上の不法な税を取り立てる国司が現れた。

3. まとめ【タイムマシンに乗って旅行したあなたへのインタビューに答えよう】

質問：10世紀以降の朝廷（平安京）と地方の政治のようすを、平安時代の初めころと比較すると、どのような違いが強く印象に残りましたか。(4)

> 朝廷では藤原氏という貴族が政治の実権を握るようになったことが大きな変化である。政治を任された国司が不法な税を取り立てたり、任命された本人は現地におもむかず、代理人に任せたりするなど、地方では政治が乱れてきている。

4. ○×テスト

(1) 藤原道長は、藤原氏の中で初めて自分の娘を天皇のきさきにして、その子を天皇に立てることで摂政となった人物である。　　　　　　　　　　　　　　（ × ）

(2) 地方を任された国司たちは、朝廷の収入を確保するために税の取り立てを強化し、調・庸が確実に朝廷に届くように政治を立て直した。　　　　　　　　　（ × ）

(3) 国司の中には、不法な税の取り立てなどの暴政を郡司や民衆によって朝廷に訴えられ、解任させられた人物もいた。　　　　　　　　　　　　　　　　（ ○ ）

地を必死に増やそうとする人々が生まれたことを、この時代の大きな変化として捉えさせる。

3　まとめ

平安時代初めと10世紀以降の朝廷と地方の政治の違いが分かるように、藤原氏の摂関政治、税の取り立て方の変更、国司の役割の変化などに着目して特色をまとめさせて、説明できるようにする。

次時で扱う紫式部や清少納言のような家庭教師に当たる人物が、なぜ天皇のきさきにつけられていたのか、現代のような一夫一婦制ではなかったことを踏まえて考えさせてもよい。

ワークシートを使用する際のポイント

(1)天皇家と藤原氏の系図から、摂政と関白の両方に就任した人物が多いことにも気付かせておく。奈良時代と平安時代の天皇の系図を比較して、どんな違いがあるかを考えさせてもよい。

(2)政治の実権をにぎるには、娘を天皇のきさきにすることに加え、あと2つのステップが必要だというヒントをあたえてもよい。

(3)国司の暴政について訴え出た文書の資料も参考にさせる。

(4)2つの異なる時期の中央と地方の変化を比較しなければならないので、表の形式で整理させてから、文章にまとめさせるという方法も考えられる。

ICT活用のアイデア

❶藤原冬嗣からの天皇家と藤原氏との関係がわかる系図を大画面で示してさらに「藤原氏で初めて摂政になった藤原良房は、どの天皇の摂政として任命されたか」といった高度な内容も読み取らせてみる。

❷系図を見ながら、摂政と関白の両方についた人物が多いこと、女性の天皇がいないことにも気付かせる。奈良時代の天皇の系図も同時に示して比較させてもよい。

板書活用のアイデア

❸地方の政治の変化は、板書でていねいに整理していく。税の取り立て方が変わったことで、土地に対する考え方や態度に変化が見られたことに気付かせたい。

❹国司の暴政について訴え出た文書の資料も参考にしながら、地方政治の問題点を考えさせ、ワークシートの答えが分かった生徒に板書させていく。

国風文化

本時の目標

- 国風化した文化の特色を理解できるようにする。
- 国風文化の形成について、大陸との関係に着目して考察し、表現できるようにする。

本時の評価

- 仮名文字の成立や文学作品などから、日本独特の国風文化の特色を理解している。
- 国風文化の形成過程について、大陸からの影響に着目して考察し、表現している。

国風文化

1

1. 唐の滅亡と宋の商人

(1) 唐がほろび、宋が中国を統一した後、天皇や貴族がそれまでと変わらずにできたことは何でしょうか。 (1)

> 大宰府にやってくる宋の商人と貿易を行い、優れた絹織物や香料、薬品などを手に入れることができた。

(2) 唐がほろんでまもなくおこり、新羅をほろぼして朝鮮半島を統一した国を何と言いますか。 高麗

2

2. 国風文化

(1) 仮名文字の基になっている漢字を、「あ」～「お」についてそれぞれ書きなさい。片仮名は、基になっている漢字の部首の部分を赤でなぞろう。

平仮名	あ	い	う	え	お
基になっている漢字	安	以	宇	衣	於
片仮名	ア	イ	ウ	エ	オ
基になっている漢字とその部首	阿	伊	宇	江	於

(2) 唐風の文化を好んだ男性貴族が盛んに作ったものは何ですか。 漢文の詩

(3) 女性が仮名文字を使って書いた2つの代表的な文学作品名と作者名を書きなさい。
作品名 源氏物語 作者名 紫式部
作品名 枕草子 作者名 清少納言

3

(4) 平安時代の天皇や貴族の服装には、奈良時代と比べてどのような変化がありましたか。絵画資料などから読み取って、説明してみましょう。

> 唐風だった服装が、省略されたり変形されたりして、ゆったりとした独自なものになった。

本時の授業展開

1 導入

本時では、平安時代の貴族の暮らしなどについて、大陸との関係に着目して、国風文化の形成を学習するというねらいを明確にしておく。例えば冒頭で、「国風文化とは、国際色豊かな文化だった」という文は、正しいか、誤っているかと聞いてみる。「国際色豊か」というのは天平文化の特色であり、「国風」と呼んでいるのだから、誤りだと考える生徒が一般的だろう。しかし、源氏物語に実際に登場する高級品は「唐物」_{からもの}（すべてが中国製とは限らない）という舶来品（高麗紙、絹織物、染料、ガラス器、紫檀などの貴重な木材など）ばかりであり、平安時代の貴族の生活はこうした外国製品によって彩られていたことを説明する。

2 展開

本時の学習で最も留意すべきことは、遣唐使の停止以後、唐の文物が日本に入ってこなくなったから文化が国風化したという誤解を抱かせないことである。そもそも遣唐使が停止された背景には、貿易などによって文物が自由に入手できる環境に変化したことがあった。

○国風文化

唐風の文化を基礎にしながら、より日本らしくなっていく文化をさまざまな面から考察させる。例えば、貴族の服装は、「源氏物語絵巻」などから読み取るが、どのような姿勢を取っているかに着目させる。とてもゆったりとした仕立てになっていた理由は、貴族の生活が座ることを基本の形（ひな人形をイメージさせる）に

4

(5) 国風文化の特徴を、「唐風」と「日本」という言葉を用いて説明しましょう。

> 唐風の文化を基にしながらも、日本の風土や生活、日本人の感情に合った文化。

3．浄土信仰

(1) 社会の変化にともなって人々の心に不安な気持ちが高まり、10世紀半ばに都でおこり、11世紀には地方にも広まった浄土信仰とは、どのようなものでしたか。

> 念仏を唱えて阿弥陀如来にすがり、死後に極楽浄土へ生まれ変わることを願う信仰。

(2) 藤原頼通が造らせた、極楽浄土の姿を表した建物を何といいますか。また、この建物のおおまかな輪郭をスケッチしてみよう。（2）

平等院鳳凰堂

> スケッチ

4．まとめ【タイムマシンに乗って旅行したあなたへのインタビューに答えよう】

質問：平安時代の摂関政治のころの国風文化と奈良時代の天平文化を比べてみて、2つの文化の違いと共通点は何だと思いますか。（3）

> 国風文化は、仮名文字の文学などそれまでにはない日本独自の文学が作られるようになった。中国の絹織物などの高級品は相変わらず重視され、男性貴族は漢文の詩を作っていた。

5．○×テスト

(1) 唐がほろぶと、中国の進んだ文物が日本にもたらされなくなったため、仮名文字が作られるなど日本では独自の文化が栄えていった。　（×）

(2) 日本語を書き表すために漢字を変形して作られた文字を仮名文字といい、「竹取物語」や「古今和歌集」などは仮名文字による文学作品である。　（○）

(3) 寝殿造という貴族の邸宅の多くは、浄土信仰の極楽浄土の姿を表すために、広い庭や池を備えている。　（×）

していたことや、湿度が高く蒸し暑い京都の夏の気候の影響があったと考えられている。

3　まとめ

　国風文化と天平文化の違いが分かるように、文字や生活などの変化に着目して特色を説明できるようにし、引き続き中国からもたらされる優れた絹織物などの舶来品が重視されていたことや、男性貴族が漢文の詩を作っていたことを確認しておく。例えば寝殿造という平安時代以後の建築様式に触れて、屋根が瓦葺きから檜皮葺となったことや、室内のふすまや屏風の絵が中国の風景だけでなく、日本の風景も描かれるようになった（大和絵）ことも、「国風化」の要素として紹介する。

ワークシートを使用する際のポイント

(1)遣唐使が停止されたのは894年だが、そもそも9世紀には805年と838年の2度しか派遣されていなかったことを説明する。

(2)十円玉を生徒に1枚ずつ貸し出して、硬貨に描かれたものを書き写させてもよい。

(3)異なる時代の文化の違いだけでなく、共通点を説明しなければならないことを注意しておく。

ICT活用のアイデア

2ひらがなはもともと1つの音についていくつかの形があったが、1900年以降、学校教育では用いられなくなった（今は用いていないものを変体仮名という）。この知識がないと、江戸時代までに書かれたかな文字が読めないことを、いくつかの資料を提示しながら説明する。

3平安時代の衣服は、多くの絵画資料が残されており、ひな人形などもあって生徒は見慣れているため、奈良時代以前の衣服を博物館のホームページなどで紹介して比較できるようにする。

板書活用のアイデア

1遣唐使が、9世紀には805年と838年の2度しか派遣されていないことを板書する。中国の商人との貿易は続けられていた。

4平等院鳳凰堂については、大ざっぱな輪郭を大きく板書する。十円玉を貸し出して、硬貨に描かれたものを書き写させてもよい。

古代までの日本の大観

・日本の国家形成、政治や文化の推移を東アジアとの関わりをふまえてまとめ、古代までの日本を大観し、時代の特色をとらえることができる。

本時の評価

・古代の日本でどのように国家が形成されたかを、東アジアとの関わりと関連付けて考察し、表現している。

・古代までの日本を大観して、時代の特色を多面的・多角的に考察し、表現している。

本時の授業展開

1　導入

　最も長い年月のある古代という時代の特色を表現させるにあたっては、主な人物や文化財を振り返り、その働きについての意味や意義を年表形式で整理させる学習も有意義だが、本時では「感謝状づくり」や「インタビューへの回答」という形で表現させることにする。

　時間に余裕があれば、インタビューの質問項目を生徒が作り、ペアワークなどで質疑応答をさせる方法も考えられる。

2　展開

　古代までの日本が、中国や朝鮮からどのような影響を受け、どのように国家の形成が進んだのかを考えさせるために、大和政権の時代の渡来人から奈良時代の遣唐使までに着目させて、最も重要な役割を果たした人々を選んで感謝状を作らせてみる。遣唐使だけでなく、渡来人や遣隋使も選ばせてみたい。

　隋という帝国への正式な使者として初めて派遣された遣隋使にも、相当な苦労があったことが予想される。聖徳太子の手紙の内容を知った皇帝が「国際儀礼をわきまえていない」と激怒したものの、高句麗と対立していた隋は、日本との関係を重視し、政治の制度を学ぶための留学生や仏教を学ぶ留学僧を受け入れてくれた。

　後半では、大化の改新以後の歴史を藤原氏の立場を通して振り返らせ、変化した政治と文化の特色を表現させる。

2. 藤原氏から見た政治と文化の変化　（3）

中臣（藤原）鎌足やその子孫にインタビューをしています。質問①〜④の答えとして予想できることを書き入れてみよう。

① 鎌足さんが日本の国家づくりに最も貢献したことは何だと思いますか。

中大兄皇子とともに、独断的な政治を行っていた蘇我氏をほろぼして、天皇の下で新しい支配の仕組みを作る改革をしたことですね。

② 奈良時代には女性の天皇が多かったですが、平安時代には女性の天皇はいなくなり、幼くして即位する天皇が増えました。道長さん、これはなぜでしょうか。

天皇が幼くても、私たち藤原氏が代々摂政を務めて政治を行うようになったからです。

③ 道長さんの時代には、文学で活躍した女性がいたそうですね。そうした女性が文学という分野で活躍できるようになった理由はなぜでしょうか。

私たち男性は使いませんが、仮名文字という、漢字を変形させて日本語を書き表せる文字を女性が使うようになったからでしょう。

④ 社会の変化にともなって、人々の不安な気持ちが高まり、仏教に新たな信仰が広がり始めたようですね。頼通さんはこの信仰とどうかかわっていますか。

浄土信仰のことですね。私は平等院鳳凰堂と呼ばれるようになった阿弥陀堂を建て、極楽浄土をこの世に示すことにしました。

4

3. 古代という時代の主役とその責任　（4）

ここまでの学習を終えたあなたへのインタビューです。質問①、②の答えを書き入れましょう。

① 古代の日本の歴史の主役はだれだったと思いますか。それはなぜですか。

天皇と貴族です。大陸から進んだ政治の仕組みなどを取り入れつつ、日本に合った制度や文化をつくっていった中心だったからです。

② 地方の政治が乱れたことについて、①で選んだ人々にはどのような責任があると思いますか。また、あなたが問題を解決するとしたら、どのようにしたいですか。

地方の政治を国司に任せきりにしたことが問題だった。自分たちに多くのおくり物を届けてくれるような人物ではなく、政治の能力が高い人物を国司に任命し、正しく税を取り立てているかどうかの調査も実施する。

3　まとめ

　おおまかな時代像を表現させるときに、「だれが時代の主役だったか」を振り返らせると、特色が効果的に浮かび上がってくる。古代までの日本の場合、天皇が中心で、摂関政治の始まりによって藤原氏のような貴族も主役として登場する。天皇や貴族は、政治・文化の両面で時代像にせまることができるという特徴がある。

　なお、本時の課題は、単元の冒頭か適切な時期に提示しておくことで、生徒の主体的に学習に取り組む態度を養い、見通しと振り返りをより重視した学習とすることが期待できる。

　政治の改善策を提案する課題については、天皇や摂政・関白に対して送る「意見文」や「提案書」の形式にすることも考えられる。

ワークシートを使用する際のポイント

⑴「どのような苦労があった」かという条件を入れることで、多くの生徒が遣唐使を選ぶと想定されるが、渡来人や遣隋使を選んだ生徒にも感謝状の内容を発表させたい。

⑵埴輪と仏像の写真を提示し、美術や技術の面から考えても、高度な文化に変わったことをヒントとする。

⑶系図の資料を用意して、天皇家と藤原氏の関係を俯瞰させてもよい。

⑷「政治面でも文化面でも功績がある人々」という条件から選ばせる。

ICT活用のアイデア

❶生徒が情報端末で打ち込んだ手紙の文面の部分だけをテキストベースで大画面で提示し、だれに対する感謝状かを他の生徒に考えさせるなどの工夫をしながら、古代までの時代の特色を示すキーワードをまとめられるようにする。

❷古墳時代から飛鳥時代への変化については、古墳と仏教寺院、埴輪と仏像の画像をそれぞれ隣り合わせで提示して、技術や美術の面から考えても、高度な文化に変わったことに気付かせる。

板書活用のアイデア

❸「東アジアとの関わりを踏まえる」ことが重要なので、渡来人・遣隋使・遣唐使の役割を振り返るとともに、仏教をキーワードにして時代の移り変わりを板書で整理する。

❹本時の学習を2時間で構成する場合には、「主役」候補を板書させ、説明のあとに「貢献度」などのランキングを考えさせる展開も考えられる。

3

中世の日本

1 武士の政権の成立

単元の目標

鎌倉幕府の成立など、武士が台頭して主従の結びつきや武力を背景とした武家政権が成立し、その支配が広まったこと、民衆の成長を背景とした社会や文化が広まったことを理解する。

農業など諸産業の発達、武士や民衆などの多様な文化の形成などを基に、民衆の成長を背景とした社会や文化が生まれたことを理解する。

単元を貫く問い
武士が政治を動かすようになった最も重要な出来事は何だろうか

第 1 時〜第 3 時

武家政権の成立

〔第 1 時〕武士の成長

〇武士の立場を、平時と戦時の役割、公領と荘園での役割から理解させる。また、武士が政治的に力を付けてきたことを、地方で起きた戦乱と関連付けて理解させる。

・武士が公領や荘園の現地管理者として徴税を請け負い、国司や荘園領主によって任免されるなど弱い立場にあったことに気付く。

・武士が国司と対立するほど力を付けていった様子を、具体的な事象をもとにして気付く。また、武士の反乱を抑えるために同じ武士が朝廷によって用いられたことにも気付く。

〔第 2 時〕院政から武士の政権へ

〇院政の特色から、上皇と天皇の対立が起こる可能性があることを理解させる。また、武士が政治へ進出する過程を、都の戦乱の歴史的意義を踏まえて理解する。さらに、平氏政権の特色とその政権が30年あまりの短期間で終わった理由

を理解させる。

・朝廷内で起こった対立の解決に初めて武士が動員され、決定的な役割を果たしたことに気付く。

・平氏政権と摂関政治を比較させて、平氏政権が基本的に前代までの政治を踏襲したものであり、その一方で武力を背景に院政を停止させるなどの面もあったことにも気付く。

〔第 3 時〕鎌倉幕府の成立と執権政治

〇鎌倉幕府の特色について、将軍と御家人の主従関係、守護・地頭の権限、幕府の仕組みなどを基に理解させる。

さらに、鎌倉幕府の勢力が拡大していく過程を、承久の乱の歴史的意義を踏まえて理解する。また、幕府の政治が安定してくる様子を、御成敗式目の意味を踏まえて理解させる。

学習活動のポイント

本単元では、主として武家政権の成立と鎌倉時代の産業と文化を学習する。その際、次の3点に留意したい。

①平氏政権の特色

平氏政権については既習事項である摂関政治と比較し、共通点を考察させる。

②鎌倉幕府の特色

鎌倉幕府については、平氏政権との違いに気

付かせる。また、鎌倉幕府は頼朝と主従関係を結んだ御家人の利益のみを守る組織であり、朝廷と対立するものではないことを理解させる。

③産業の発達と文化

農業や商工業の発達が民衆の経済力を高め、貴族、武士に加えて文化を担う存在になってきたことに気付かせる。

単元の評価

知識・技能	思考・判断・表現	主体的に学習に取り組む態度
○武士が台頭して主従の結びつきや武力を背景とした武家政権が成立し、その支配が広まったことを理解している。 ○鎌倉時代の農業と商工業の発達、民衆の成長を背景とした文化が広がったことを理解している。	○武士の政治への進出に着目して、中世の社会の変化の様子を多面的・多角的に考察し、表現している。 ○鎌倉時代の産業の発達、文化の広がりに着目して、中世の社会の変化の様子を多面的・多角的に考察し、表現している。	○鎌倉時代の日本について、よりよい社会の実現を視野にそこで見られる課題を主体的に追究しようとしている。

○：ねらい　・：主な学習活動

第4時〜第5時

農業など諸産業の発達、武士や民衆などの多様な文化の形成

・鎌倉幕府が御家人の利益を守る組織であることに気付く。また同時に国司や荘園領主の利益も守っていることに気付く。
・承久の乱の結果、鎌倉幕府の政治的な力が朝廷を上回るようになった様子を捉える。

（第4時）武士と民衆の生活
○鎌倉時代の武士の生活について、武士の館、地頭の権限、武士の技能、相続の仕方などから理解させる。
鎌倉時代の民衆の生活について、農業の発達やそれに伴った商工業の発達から理解させる。
・武士の館の様子、地頭の収入、武士の技能の理解から、武士が常に戦いに備え、馬に乗って弓矢を射るという特殊技能を持つ存在であること、また公領や荘園の税を請け負う現地管理者として存在することの多面性を捉える。
・農業の発達を土台として商工業が発達したこ

とに気付く（民衆の生活の向上は、鎌倉仏教が民衆も対象とすることができた理由にもつながる。）

（第5時）鎌倉時代の文化と宗教
○鎌倉時代の文化や宗教の特色について、文化の担い手が武士や民衆であることから、武士の政治的な地位の向上や領地の保障による経済力の強まり、産業の発達による民衆の経済力の強まりなどと関連付けて理解させる。
・鎌倉時代の文化がそれまでの貴族の文化に加えて、武士と民衆の文化でもあることに気付く。
・武士と民衆が文化を担えるほどの経済力を持った理由を今までの学習から考察する。

課題解決的な学習展開にする工夫

　第1時から第3時までの学習を踏まえて、時代の変革を捉える学習などが考えられる。
　課題を「武士が政治を動かすようになった最も重要な出来事は何か」として、「将門・純友の乱」「前九年・後三年合戦」「保元の乱・平治の乱」「平氏政権」「鎌倉幕府の成立」「承久の乱」「御成敗式目の制定」などの出来事から選ばせる。その際、選んだ出来事の意義を明示さ

せて、理由を明確にさせることが不可欠である。まず個人で考えさせ、グループやクラスで意見交換させ、他者の意見も踏まえた上で最終的にレポートなどにまとめさせる。
　また出来事を3つ程度選択させてランキングさせてもよい。その際、選んだ理由を明確にさせるとともに、合わせてランキングの1位にしなかった理由を考察させてもよい。

武士の成長

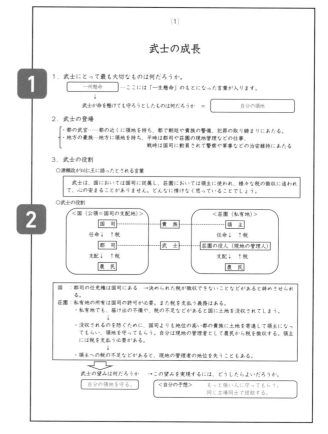

本時の目標

　武士の立場を、その役割に着目して理解できるようにする。

本時の評価

　武士の立場を、平時と戦時の役割、公領と荘園での役割から考察し、表現している。

本時の授業展開

1　導入

　「一生懸命」の元になった言葉が「一所懸命」であり、「一所（自分の領地）に命を懸ける」という意味であったことを示し、武士にとって自分の領地を守り、子孫に伝えていくことが重要であったことを理解させる。

2　展開

〇武士の登場

　武士の発生についてはあまり深入りせず、都の下級貴族や地方の郡司クラスの豪族が軍事・警察的な役割を果たすようになった程度の理解にしておく。武士の発生については諸説あり、様々な場所で様々な地位から複合的に発生したことが想定されている。

〇武士の役割

　武士は貴族に従う立場であることを資料から読み取らせる。

　武士は朝廷の下で武力をもって軍事・警察の役割を果たしたが、日常的には国司や荘園領主の下で郡司や荘官（荘園の現地管理者）として徴税などを行う存在である。その地位の保障は不十分であり、貴族に支配される存在であることに気付かせる。

〇武士の成長

　それぞれの争乱の歴史的意義を理解させる。

　武士同士の私的な争いとは異なり、将門の乱と純友の乱は歴史上初めて武士が国司（天皇の役人＝朝廷）に反乱を起こしたという歴史的意義を理解させる。また、この乱の鎮圧に派遣さ

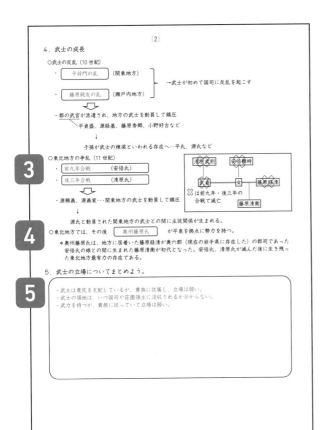

(1)左側では、武士の立場を考察する。武士に対する生徒のイメージは戦国時代や江戸時代のもので、戦闘者や支配者などとしてのイメージが強いと思われる。しかし元々の武士は、貴族に従属し、いかにして自分の領地を守るかに汲々とする姿を読み取らせたい。この後の歴史における武士は、自分の領地を守ってくれる存在を支持するように動く。承久の乱、建武の新政の成立と失敗などから廃藩置県にまで関わってくる。従って、ここで武士と領地との関係をしっかりと捉えさせたい。

(2)右側では、武士が発生して成長していく過程とその歴史的意義を理解させる。空欄については、当てはまる語句を考えさせたり、教科書などで調べさせたりしながら、基本的な語句をおさえていく。

ICT活用のアイディア

2 ワークシートの武士の役割の模式図を電子黒板に映し、武士の役割と立場を考察させる。

3 系図を電子黒板に映し、前九年合戦と後三年合戦で滅亡した一族を確認させる。

4 教科書などにある中尊寺金色堂などの映像を電子黒板に映し、世界遺産に登録されていることを確認させる。

板書活用のアイディア

1 武士の望みを実現するための方法を問いかけ、生徒の発言を分類しながら板書する。

5 武士の立場について生徒に問いかけ、生徒の発言を板書する。

れた都の武士とその子孫の武士が地方の武士をまとめる役割を朝廷から求められ、その中で源氏と平氏が都の政争を勝ち残り、「武士の棟梁」とされる存在になる。

　前九年合戦と後三年合戦は、鎮圧した源氏と動員された関東地方の武士達の間に主従関係があると後に認識されるようになる。これが源頼朝と御家人の主従関係が結ばれる際に再認識されてくるという歴史的意義があることを理解させる。

3　まとめ

　武士の立場について資料を読み取って考察した内容をまとめさせる。

院政から武士の政権へ

本時の目標

平氏政権が成立し、また短期間で終わった理由を理解できるようにする。

本時の評価

平氏政権が成立し、また短期間で終わった理由を、上皇、貴族、武士などの立場から多角的に考察し、表現している。

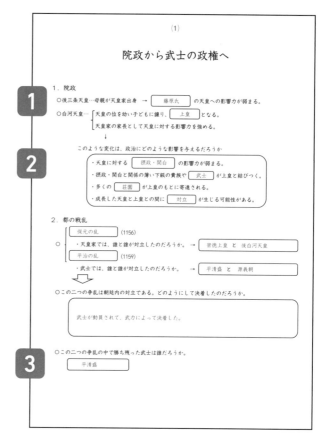

本時の授業展開

1　導入

小学校で学習した平清盛について覚えていることなどを挙げさせる。しかし、その歴史的意義は十分に理解できていないと思われるので、教師はそれを問うことで疑問を持たせ、学習意欲を喚起したい。

2　展開
○院政

ここでは院政の歴史的意義を理解させる。

院政が当時の社会にどのような影響を与えたかを考察させ、摂政・関白の天皇への影響力が弱まったこと、上皇への求心力が高まったこと、成長した天皇と上皇との対立が生まれることなどに気付かせる。

○都の戦乱

ここでは保元の乱と平治の乱の歴史的意義を理解させる。

それまでの朝廷内の対立は、負けた方がその地位を失ったり、都から追放されたりすることで終わっていたことを、菅原道真の大宰府への左遷などの例として理解させる。その上で保元の乱と平治の乱の経緯と結果から、これらの戦乱における武士の役割を考察させる。そして、武士を無視して政治を行うことができなくなったことで平氏政権が成立したことを捉えさせる。

○平氏政権

ここでは平氏政権の特色を、摂関政治との比較から考察させる。

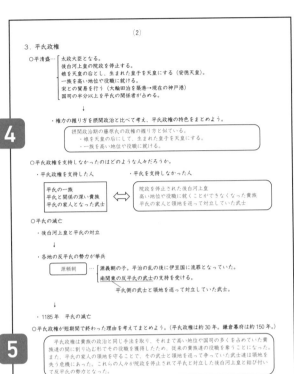

⑴左側では、「院政」と「都の争乱」の歴史的意義を理解させる。歴史の学習で大切なことは出来事の表面だけでなく、それがその当時や後の時代に与えた影響を知ることである。それはその出来事をなぜ学ぶ必要があるのかを捉えさせることにもなる。「院政」が保元の乱や平治の乱の遠因になること。「保元の乱」と「平治の乱」が平氏政権を生み出すことにつながる様子を捉えさせたい。

⑵右側では、「平氏政権の特色」と、そこから導き出される「反平氏勢力との対立点」、「平氏政権が短期間で終わる理由」を考察させたい。ここでの考察が、平氏政権の特色とともに鎌倉幕府の特色の理解につながる。

ICT活用のアイディア

1 院政期の天皇家の系図を電子黒板に映し、上皇が政治の実権を握る様子を考察させる。

2 平治物語絵巻を電子黒板に映し、朝廷の争いに武士が動員されたことを確認させる。

3 平氏政権について、系図を電子黒板に映し、平清盛が政治の実権を握る方法を考察させる。

板書活用のアイディア

4 平氏政権と摂関政治の共通点や相違点を問いかけ、生徒の発言を板書する。

5 平氏政権が短時間で終わった理由を問いかけ、生徒の発言を板書する。

平氏政権は従来の貴族の手法を踏襲した政権であることを、系図などを参考にして捉えさせる。その一方で、武力を背景に院政を停止するなど武士的な手法も用いていることにも留意させる。また、反平氏の人々がどのような点で平氏と対立していたかも平氏政権の性格から考察させる。

3　まとめ

平氏政権が短期間で終わった理由を考察させてまとめさせる。

ここでまとめたことは、鎌倉幕府が朝廷と距離を置いて御家人の利益を守ることに特化した組織となったという理解の布石となる。

鎌倉幕府の成立と執権政治

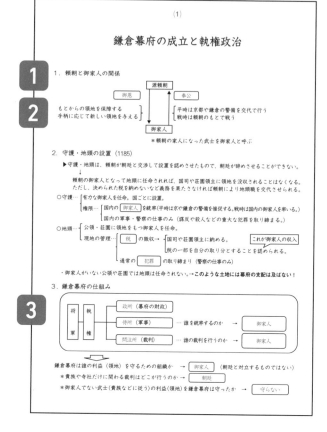

本時の目標

鎌倉幕府の特色について、御恩と奉公の関係、守護・地頭の設置、鎌倉幕府の仕組み、承久の乱から理解できるようにする。

本時の評価

鎌倉幕府の特色を理解し、幕府政治が150年間続いた理由を考察し、表現している。

本時の授業展開

1　導入

平氏の政治が約20年に対し、鎌倉幕府が約150年間続いた理由を考えさせる中で、疑問を持たせ、学習意欲を高める。

2　展開

○頼朝と御家人の関係

鎌倉幕府の支配の土台となる御恩と奉公の関係を理解させる。この関係は武士身分がなくなる明治維新まで続くため、ここでしっかりと理解させる。

○守護・地頭の設置

地頭の役割と立場をワークシートを通して理解させる。その上で単元の最初の武士と比較させる。また、地頭が誰によって任命されるかを

読み取らせて鎌倉幕府成立の意義を考察させる（鎌倉幕府の力が及ぶのはこの土地に対してのみで、その権力も徴税権と軍事・警察権のみである）。

○鎌倉幕府の仕組み

鎌倉幕府の特色を理解させる。鎌倉幕府は御家人の利益を守るための組織である。頼朝と主従関係を結んでいない非御家人の武士も存在し、このような武士の利益を幕府は守らないことに気付かせる（幕府が全ての武士を掌握するのは室町幕府からである）。

○執権政治

北条氏が御家人の中で力をもつ存在となった理由を北条政子の存在から考察させる。

○承久の乱

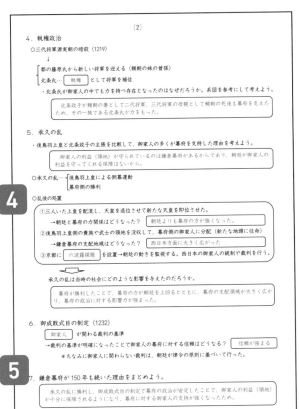

ワークシートを使用する際のポイント

(1)左側では、鎌倉幕府の基本的な性格を考察させ、その特色を捉えさせる。空欄については教科書や資料集などで調べさせたり、教師と生徒のやりとりの中で確認したりして基本的な知識をおさえたい。

(2)右側では、承久の乱の歴史的な意義を捉えさせる。御家人の多くが幕府を支持した理由は左側で学習した内容をもとに考察させたい。乱の影響については、幕府の力が朝廷を上回ったこと、幕府の勢力範囲が西日本へ大きく広がったことの二点を捉えさせたい。

鎌倉幕府は全国政権ではなく、御家人というごく一部の武士の利益を守るために、朝廷の外側にできた組織である。従って、朝廷に取って代わる存在ではなく、また非御家人の武士の利益を守る存在でもない。御成敗式目も律令に代わるものではなく、御家人に関係する裁判に適応されるに過ぎないことを捉えさせたい。

ICT活用のアイディア

1 御恩と奉公の関係図を電子黒板に映し、頼朝と御家人の関係を捉えさせる。

3 鎌倉幕府の組織図を電子黒板に映し、鎌倉幕府が御家人の利益を守るための組織であることを捉えさせる。

4 承久の乱後の鎌倉幕府の勢力範囲の図を電子黒板に映し、乱後の幕府の勢力が西日本方面に大きく広がったことを捉えさせる。

板書活用のアイディア

2 鎌倉幕府が誰のための組織か問いかけ、生徒の発言を板書する。

5 鎌倉幕府が150年も続いた理由を問いかけ、生徒の発言を分類して板書する。

承久の乱の歴史的意義を理解させる。関東地方の御家人の利益を守る存在であった鎌倉幕府の力が、この乱をきっかけに朝廷を上回って政治に対する影響力が強まり、またその勢力範囲が西日本方面に大きく広がった。

○御成敗式目

御成敗式目制定の意義を理解させる。御成敗式目の内容などから誰を対象とした法令かを考察させ、御家人の利益を守るという性格を確認させる。

3　まとめ

鎌倉幕府が長く続いた理由をまとめさせる。
幕府はあくまでも御家人の利益を守る存在であり、承久の乱後も基本的性格は変わらない。

武士と民衆の生活

本時の目標

鎌倉時代の武士や民衆の生活について、武士の役割や産業の発達に着目して理解できるようにする。

本時の評価

鎌倉時代の武士が戦士であるとともに土地の管理者であるという点を、資料に基づいて考察し、表現している。

鎌倉時代の産業発達から民衆の生活が向上してきたことを捉えている。

---

(1)

武士と民衆の生活

1. 武士の館

○「武士の館」と「寝殿造」を比べて、「武士の館」の特色を読み取ってみよう。

- ・堀で囲まれている（門の前に橋がある）　・塀で囲まれている　・鷹を飼っている
- ・門の上に見張り台（やぐら）がある　・見張り台に楯や弓矢がある
- ・門に見張りの武士がいる　・竹が植えてある（矢の材料）　・馬を飼っている

なぜこのような特色が見られるのだろうか。

武士は常に戦いに備えているため。

2. 地頭

○地頭となった御家人の収入は何だっただろうか。

国司や荘園領主に納める税を農民から徴収する際に、一部を自分の取り分とした。

農民からより多く税を集め、荘園領主に納める分を減らして収入を増やそうとする地頭もいた。

→このような場合、荘園領主はどこに訴えるだろうか。　→　幕府（の問注所）

→裁判の結果、土地を半分に分けて地頭分・領主分とするなどの方策も採られた。

これを 下地中分 という。

3. 武士の技能と相続

- ・当時の戦いにおいて最も強い武器は何だろうか。　＜ 長刀（なぎなた）・ 弓矢 ・ 刀 ＞
- ・馬に乗る場合と乗らない場合では、どちらの方が戦いで強いだろうか、考えてみよう。

○武士の技能で重要なのは、 馬 に乗って 弓矢 を使う技能。

○武士の領地の相続

- ・兄弟3人、姉妹2人で相続する場合を予想してみよう。

男子（総領＝嫡継ぎ）	男子	男子	女子	女子

→このような相続の仕方を 分割相続 という。

- ・この相続を何代も続けると、一人分の領地はどうなるだろうか。

分割に分割を重ねるため、一人分の領地は狭くなる。

4. 武士について分かったことをまとめよう。

- ・武士は常に戦いの備え、自分の館を防御し、弓馬の技能を磨いていた。
- ・また公領や荘園の現地の管理者として年貢の徴収などを行っていた。
- ・領地の相続は分割相続で、女子にも相続権があった。

本時の授業展開

1　導入

武士の戦いのイメージについて答えさせる。刀で戦うというものが多いと予想されるが、これは戦いのない江戸時代のイメージである。

2　展開

○武士の館

武士の館の特色を絵図から読み取らせる。平安時代の貴族の館である「寝殿造」と比較させ、戦いに備えた館であることに気付かせる。

○武士の生活

地頭の収入、武士の技能、相続から、武士の生活の様子を理解させる。地頭の収入については、領地からどのようにして収入を得ていたかを読み取らせる。その際に、農民から税を徴収し、国司や荘園領主に支払う義務があったことや、支払う税と地頭の取り分を巡る争いの妥協点の一つとして「下地中分」などの処置が執られたことに触れる。

中世の武士の技能が騎射という、習得するのが難しい技能であることに触れる。相続については、総領の取り分が多いが、女子も含めた分割相続である。これを繰り返せば一人分の領地が狭くなり、収入が少なくなって武士の生活が成り立たなくなることは容易に想像できる。鎌倉幕府が御家人の生活を保証できなくなったら何が起こるかを考えさせる。

○産業の発達

農業の発達から始まって様々な産業が発達し、それが関連していることを理解させる。農

⑴左側では、武士の生活を理解させる。特に武士の相続については、鎌倉幕府の滅亡にも関わってくるのでここで理解させておく。

⑵右側では、産業の発達について理解させる。様々な産業の発達は別個にあるのではなく、相互に関連している。農業生産力の向上により売買される農作物が増えると、食料を購入することが可能になって手工業・商業などの他の産業が発達する。商工業が発達すれば市が開かれるようになり、職人や商人が住む都市が発生する。諸産業が発達して民衆の経済力が強くなれば、文化を担える存在に成長してくることも見通して指導したい。

4

(2)

5．産業の発達

○鎌倉時代の農業技術の進歩について調べてみよう。

| ・牛馬耕　・鉄製農具の普及　・草木灰の使用　・二毛作 |

↓

| 農作物の生産量が増えると、年貢や農家で消費する分以上に生産され、売り出される作物が出てくる。そうすると、農業をしなくても、食料を買って生活することが可能になり、農業以外の産業も発展する。 |

○農業以外の産業の発達について調べてみよう。

| ・農具などを作る鍛冶屋　・藍で染め物をする紺屋 |

○モノの売買が盛んになると、人の集まりやすいところや輸送に便利な場所などに　定期市　が開かれるようになる。

| ・定期市は月に三回開かれる市が一般的だった。 |
| ・例えば、【四のつく日】→四日、十四日、二十四日 |
| 　　　　　地名として残っているところがあります→　四日市 |

○職人や商人が集まって住む　町（＝都市）　が生まれた。

　＊都市と農村

| 都市 →主な産業が工業や商業　＝職人・商人が住む |
| 農村 →主な産業が農業　　　　＝農民が住む |

それまで日本にあった都市は2箇所のみ。それはどこだろうか。　京　鎌倉

▶産業の発達によって、民衆の生活はどのように変化したと考えられるか。

| それまでよりも収入が増え、モノの取引も便利になり、生活全体が良くなってきた。 |

5

6．産業の発達について分かったことをまとめよう。

| ・農業が発達し、農業生産量が増えた。 |
| ・手工業も発達し、モノを売買する定期市が開かれ、職人や商人が集まる都市も生まれた。 |

業生産量が増加すると食料の入手が容易になり、農業以外の産業も発達する。「一遍上人聖絵」には様々な商品が売買されている市の様子が描かれているが、その背景がここにある。多くの商品が生産され、売買が増加すると定期市が開かれるようになり、また職人や商人が集住する都市が形成されてくる。都市と農村はこの後の学習でも必要となるので、その違いも理解させておきたい。

3　まとめ

　武士の生活と民衆の生活についてまとめさせる。武士については、地頭と戦士であることを捉えさせる。民衆については、産業の発達と生活の向上を捉えさせる。

1 武士の館の図を電子黒板に映し、寝殿造と比較させて武士の生活の様子を捉えさせる。

2 武士の技能のイラストを電子黒板に映し、どの武器が一番強いかを考えさせる。

3 武士の領地の相続の図を電子黒板に映し、分割相続の様子を示す。

4 武士の生活の様子について問い、生徒の発言を板書する。

5 産業の発達について分かったことを問い、生徒の発言を分類して板書する。

鎌倉時代の文化と宗教

本時の目標

鎌倉時代の文化や宗教の特色について、これまでの時代との違いに着目して理解できるようにする。

本時の評価

鎌倉時代の文化や宗教にそれまでの貴族に加えて武士や民衆の姿が見られるようになる理由を、既習事項を基に考察し、表現している。

（1）

鎌倉時代の文化と宗教

1 1．鎌倉時代の文化

○建築と彫刻

・東大寺の再建の歴史

| 奈良時代に建立される。 |
| 1181年 平氏と対立したため焼き討ちに遭い、多くの建物を失った。 |
| 1195年 再建された大仏殿が完成。 |
| （大仏殿は戦国時代の1567年に再び兵火で焼失。江戸時代の1709年に再建。） |
| 1199年 南大門が完成。 |
| 1203年 南大門に金剛力士像が完成。 |

↓

2 ・東大寺南大門……　宋　の建築様式を取り入れる。構造は簡単だが、「力強さ」を感じさせる。

・金剛力士像………怒りの表情など、全身から「力強さ」が感じられる。
盛り上がった筋肉などには鎌倉彫刻の特徴である「写実性」が見られる。

○文学

・　平家物語　……平氏の栄華から滅亡までを描く。武士の戦いの様子を描く。

⇩

▶ここまでの所をまとめよう

建築や彫刻に見られる「力強さ」や「写実性」を好み、平家物語に描かれる「武士の生き様」に共感したのは、どのような人々だろうか。　→　武士

○和歌集

・　新古今和歌集　……後鳥羽上皇の命で編纂される。平安時代の伝統を受け継ぐ。

⇩

▶これはどのような人の好みを反映しているだろうか。　→　貴族

3 ○その他

・方丈記（鴨長明）………人の世のはかなさを記す。
・平治物語絵巻…………平治の乱を描く。
・徒然草（兼好法師）……民衆の姿を伝える。
・似絵……………………肖像画。写実性が見られる。

本時の授業展開

1　導入

小学校でも「平家物語」を学習しているので、どのようなことが描かれているかを思い出させ、それがどのような人々に受け入れられたのかを考えさせる。それによってどのような人々が文化を支えたのかを意識させる。

2　展開

○鎌倉時代の文化

鎌倉文化の特色を理解させる。文化の学習はとかく作品や人物を羅列的に挙げるだけになってしまう傾向がある。しかし文化は、政治や産業、対外関係など様々なものの影響を受けて成立するものであり、その時代を象徴的に表すものである。そのために各時代の学習の最後に位置付けられている。文化の学習では、文化を担った人々が、どのようにして経済的な力を付けたのかを、それまでの学習に基づいて考察させる。ここでは鎌倉時代の文化が「写実性」や「力強さ」、「軍記物」に象徴されるような武士の好みが反映されてくることをおさえさせる。

○鎌倉時代の宗教

鎌倉時代の宗教の特色を理解させる。鎌倉時代には現代までつながる仏教の宗派がほぼ出そろった。それは前代までは仏教における救済の対象とはされなかった武士や民衆を対象とする宗派が生まれたからである。特に念仏や題目を唱えるという易行（取り組みやすい修行）によって救われるという教えは一般の民衆に広まっていく。また自らの力で心身の安寧を目指

4

2．鎌倉時代の宗教

〇鎌倉時代に新たに興った仏教の宗派を調べてみよう。

宗派名	人物名	どんなことをするのか	主な信者
浄土宗	法然		貴族、武士、民衆
浄土真宗	親鸞	念仏 を唱える「南無阿弥陀仏」	武士、民衆
時宗	一遍		武士、民衆
日蓮宗	日蓮	題目 を唱える「南無妙法蓮華経」	武士、商工業者
臨済宗	栄西	座禅 をする	貴族、武士
曹洞宗	道元		武士

・浄土宗、浄土真宗、時宗
　「南無」は、仏を信仰し、その力に頼ることを表す言葉。
　人々を死後に極楽浄土に導くという阿弥陀仏（阿弥陀如来）を信じる。

・日蓮宗
　仏教の真理である「妙法蓮華経（法華経）」を信じることで人は救われる。

・臨済宗、曹洞宗
　栄西も道元も宋に留学して、その地の禅宗を伝えた。
　座禅により自らの力で心身の安寧を目指す。

5

3．鎌倉時代の文化や宗教についてまとめよう。

　お寺を建てたり、維持したりするにはお金が必要である。それは信者からの寄付などで賄われる。また建築や彫刻、文学などもそれを注文したり読んだりする人々がいるから作られる。それには関わった人々の立場や好みが反映される。鎌倉時代に、それまでの貴族に加えて武士、民衆がそれらを担うことができたのはなぜだろうか。これまでの学習を踏まえて考えよう。

・武士…領地の保障がなされることで収入が増えて生活が向上し、また政治的にも影響力が強まった。

・民衆…農業や手工業、商業などが発達し、それまでよりも収入が増え、生活が向上してきた。

す禅宗は、戦いを専門とする武士の心情に合う教えであった。これによって、社会のあらゆる身分の人々が仏教の救済の対象となった。これらの点をおさえる。

3　まとめ

　鎌倉時代の文化と宗教の特色とその背景をまとめさせる。前代までの貴族に加えて、武士や貴族が文化や宗教を担うことができるような経済力を付けた理由を、今までの学習を踏まえて考察させる。

ワークシートを使用する際のポイント

⑴左側の鎌倉時代の文化では、まずこの時代の文化の特色を教師が示す。写真から「雄大さ」や「写実性」に気付かせようとしても無理である。むしろ特色や担った人々は教師が明示し、そのような特色が生まれた理由をつかませたい。

⑵右側の宗教についても文化と同様である。それまでのように、造寺造仏や、経典理解をする必要がなく、念仏や題目を唱えるという取り組みやすさが武士や民衆を信者として獲得できた要因である。
最後に、武士や民衆がこの時代の文化や宗教を担うような経済力をもつことができるようになった理由を考察させる。

ICT活用のアイディア

2 東大寺南大門と金剛力士像の写真を電子黒板に映し、南大門の構造（木組み）や金剛力士像の写実性を読み取らせる。

3 鎌倉時代の彫刻や似絵を電子黒板に映し、写実性について補足する。

4 法然の説教や一遍の踊り念仏の図を電子黒板に映し、集まっている人々から鎌倉仏教が貴族だけでなく武士や民衆に広まった様子を読み取らせる。

板書活用のアイディア

1 鎌倉時代の文化を担った武士が経済力を持った理由を、既習事項を基に考えさせ、生徒の発言を板書する。

5 民衆が経済力を持った理由を、既習事項を基に考えさせ、生徒の発言を板書する。

ユーラシアの動きと武士の政治の展開

単元の目標

元寇（モンゴルの襲来）、南北朝の争乱と室町幕府、日明貿易、琉球の国際的な役割などを基に、武家政治の展開とともに、東アジア世界との密接な関わりが見られたことを理解する。

農業など諸産業の発達、畿内を中心とした都市や農村における自治的な仕組みの成立、武士や民衆などの多様な文化の形成、応仁の乱後の社会的な変動などを基に、民衆の成長を背景とした社会や文化が生まれたことを理解する。

単元を貫く問い　中世の日本はどんな時代だろうか

第 1 時〜 2 第時	第 3 時〜第 4 時
元寇（モンゴルの襲来）	南北朝の争乱と室町幕府 日明貿易、琉球の国際的な役割
〔第 1 時〕モンゴル帝国とユーラシア世界 ○モンゴル帝国がユーラシア世界に与えた影響について、大陸内の結び付きに着目して理解させる。 ・モンゴル帝国の社会が安定したり東西交流が活発になったりしたことを生徒に示し、その要因を追究する。 〔第 2 時〕モンゴルの襲来 ○モンゴルの襲来の日本への影響について、御恩と奉公の関係が崩れて幕府が御家人の生活を保障できなくなったことから理解させる。 ・鎌倉幕府が御家人の支持を失ったのは、幕府が御家人の生活を保障できなくなったからであるが、その理由を既習事項である領地の分割相続やこの時間で学習するモンゴルの襲来、徳政令などの影響から考察する。	〔第 3 時〕南北朝の争乱と室町幕府 ○建武の新政の失敗と南北朝の争乱が長期化する理由、室町幕府の特色について理解させる。 ・室町幕府の特色を、守護の権限に着目して鎌倉幕府と比較させて考察する。 〔第 4 時〕 ○民間貿易の活発化と倭寇、明や朝鮮、日本の貿易統制、琉球の中継貿易などから、東アジア世界の密接な関係について理解する。 ・他国との交流について、民間貿易の活発化という中世の特色を古代との比較からを捉える。 ・琉球の貿易の特色を、その位置から考察する。

学習活動のポイント

　本単元では鎌倉幕府の滅亡から応仁の乱後の社会的な変化、民衆の成長の様子について学習する。その際、次の 2 点に留意したい。

①鎌倉幕府の滅亡から応仁の乱後の社会の変化

　政治的な動きの背景に武士の領地の保障があることに気付かせる。武士の支持を得られずには政権は維持できず、武士は自分の領地を守ってくれる存在を支持するのである。

②産業の発展と室町文化

　文化の担い手には経済的な力が必要である。

　室町時代の文化が武士と民衆の文化である背景を、武士の政治的・経済的な成長、諸産業の発達における民衆の経済的な成長があったことから気付かせる。この視点は今後の文化の学習でも有効である。

単元の評価

知識・技能	思考・判断・表現	主体的に学習に取り組む態度
○ユーラシア世界の変化と東アジアの交流、鎌倉幕府の滅亡から応仁の乱後の社会の変化、産業の発達、自治的な仕組み、武士や民衆の文化などを基に、東アジアとの密接な関わりや民衆の成長を背景とした社会や文化が生まれたことを理解している。	○武士の政治への進出と展開、東アジアにおける交流、諸産業の発達などに着目して、事象を相互に関連付けるなどして、中世社会の変化の様子を多面的・多角的に考察し、表現している。また中世の日本を大観して時代の特色を考察し、表現している。	○中世の日本について、よりよい社会の実現を視野にそこで見られる課題を主体的に追究しようとしている。

○：ねらい　・：主な学習活動

第5時～第6時	第7時～第9時
諸産業の発達、自治的な仕組みの成立、応仁の乱後の社会的な変動	武士や民衆などの多様な文化の形成、時代の特色、中世の大観
〔第5時〕産業の発達と民衆の生活 ○畿内を中心に農業や諸産業が発達し、また自治的な活動が見られたことについて理解させる。 ・農業の発達が商工業の発達の土台となることを捉える。 ・中世の町や村の自衛や自検断の様子を資料に基づいて捉える。 〔第6時〕応仁の乱と戦国大名 ○応仁の乱後の社会の変化について、室町幕府の守護の権限が強いこと、その守護を将軍が統制できなくなることから理解させる。 ・室町時代の守護の権限が鎌倉幕府よりも強く、その守護を将軍が統制できなくなる様子を考察する。 ・戦国大名が出現し、戦国時代が始まった様子を、応仁の乱後の社会の変化から考察する。	〔第7時〕室町文化とその広がり ○室町時代の特色を、武士の政治的・経済的な成長、農業を初めとする諸産業の発達による民衆の経済的な成長から理解する。 ・武士の文化がみられた理由を、政治的・経済的な成長について学習を踏まえて考察させる。 ・民衆の文化がみられた理由を民衆の経済的な成長についての学習を踏まえて考察させる。 〔第8～9時〕中世の大観 ○古代と比較して中世の日本を大観し、時代の特色を考察し、表現する。 ・中世の学習の初めからの学習を振り返らせ、さまざまな歴史的事象の関連性をつかませて考察させる。いくら知識を集積してもバラバラでは理解につながらないため、それぞれの事象の関連性を深く考察する。

課題解決的な学習展開にする工夫

　時代の最後に行う大観の授業に向けて、時代の特色を捉える学習が考えられる。

　課題を「中世の日本はどんな時代だろうか」として、中世の学習全体を振り返らせる。その際、生徒は直近の学習に大きく影響されるので、時代全体を振り返る年表を用意したい。生徒に作らせてもよいが時間がかかるので教師が準備してもかまわない。中世の学習の主な内容を一覧にし、それぞれの出来事の因果関係をつかませた上で中世の特色を個人で考えさせる。その後、グループやクラス全体で意見交換を行い、他者の意見も参考にしながら最終的な考えを個人でまとめさせる。その際、大切なのは根拠を明確にさせることである。あくまでも既習事項を踏まえて根拠に基づいて考察をさせ、理由をいくつかにまとめさせて表現させたい。

モンゴル帝国と
ユーラシア世界

本時の目標

　モンゴル帝国がユーラシア世界に与えた影響を、大陸内の結び付きに着目して理解できるようにする。

本時の評価

　モンゴル帝国がユーラシア世界に与えた影響について、帝国内の社会の安定と東西貿易の活発化から考察し、表現している。

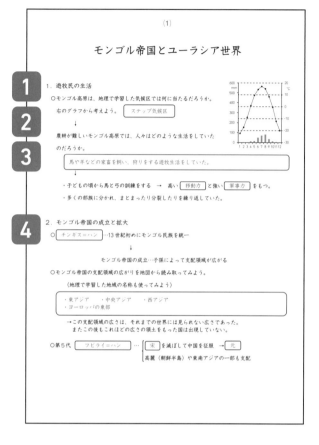

本時の授業展開

1　導入

　ジンギスカン料理の肉について発問する。ただし、ジンギスカン料理は日本の焼き肉料理であり、モンゴルとは無関係である。偉大な英雄チンギス・ハンの名前を使うことに嫌悪感を持つモンゴル国民もいることには注意しておきたい。

2　展開

○遊牧民の生活

　地理の学習を踏まえてモンゴル高原での生活の様子について予想させる。羊を飼う遊牧生活であり、馬が重要な移動手段である。

○モンゴル帝国の成立と拡大

　モンゴル帝国が急速に拡大していく様子を捉

えさせる。モンゴル帝国の支配領域は空前絶後の広さを誇る。その背景にはモンゴル軍の機動力もあるが、支配領域の大半が乾燥帯であり、従って面的な支配ではなく線の支配であることも理解させる。日本との関係ではフビライの事績を確認する。

○ユーラシア世界の形成

　モンゴル帝国の成立により、ユーラシア世界が一体化したことを理解させる。モンゴル帝国は、支配下に入った民族の文化を認めたため激しい抵抗は少なく、社会は安定した。加えて陸上・海上の交通路が整備されたことで、東西貿易が活発化したことに気付かせる。

　この時期に西方に伝わったものはイスラム帝国を経てヨーロッパにも伝わり、その後世界へ

（2）

3．ユーラシア世界の形成

○モンゴル帝国の支配

・支配下に入った各民族の自治を認める（言葉、宗教など、それぞれの民族の文化を認める）

　↓

・支配された民族の抵抗は： 少ない

・貿易にかかる税金を 低くする →交易は 活発になる

・東西交通路の整備

　宿駅の整備…┬ 20〜30kmおき

　　　　　　　└ 宿泊所、馬、食料、兵士などが配置される

　↓

　人の行き来は しやすくなる

・海上の航路を整備

　⇩

支配地域内の社会は 安定する

ユーラシア世界の東西貿易が 活発になる

西 ← 天文学、キリスト教、イスラム教など

　　　陶磁器、火薬など → 東

○マルコ・ポーロについて調べてみよう

・どこの人？ イタリア（ベネチア）

・どこにやってきた？ 元 …フビライに仕えた

・著作の中で日本のことをどのように書いているだろうか。

　中国の東の海の中にある島国
　金が豊富である

5 4．モンゴル帝国の出現は、ユーラシア世界にどのような影響を与えただろうか。

　周辺地域を征服してモンゴル帝国に支配下に入れていった。
　支配下に入った地域については自治を認めたために社会が安定した。
　交通路を整備するなどしたためユーラシア大陸の東西貿易が活発になった。

ワークシートを使用する際のポイント

⑴左側の遊牧民の生活では、地理の学習の成果を踏まえてその生活の様子を予想させたい。既習事項の復習は知識の定着にもつながる。また、モンゴル帝国の支配領域の地名についても、あえて地理の学習を踏まえて答えさせてもよい。最後に日本との関係でフビライ・ハンの事績については触れておきたい。

⑵右側のユーラシア世界の形成では、広大な地域が一つの国の支配下に入ったことで社会が安定し、交通路の整備によって貿易が活発になり、様々なものが伝えられ、特に中国から西方に伝わったものがその後のヨーロッパの変化にもつながることにも気付かせたい。

と広がっていくことに触れる。また、マルコ・ポーロは、父親・叔父とともに元を訪れた商人である。日本と考えられる地域がその著作によってヨーロッパに紹介され、コロンブスもそれを読んでいたことなどにも触れる。

3　まとめ

　モンゴル帝国の歴史的意義をまとめさせる。日本は古代以来、東アジアの影響を強く受けてきているが、中世におけるモンゴルの襲来が、ユーラシア大陸におけるモンゴル帝国の成立と拡大の動きの一部であることを理解させ、広い視野で歴史を捉えさせたい。

ICT活用のアイディア

1ステップ気候区の雨温図を電子黒板に映し、特色を確認する。

2ステップ気候区の風景の写真を電子黒板に映し、地理の学習を復習しながら遊牧について確認する。

4モンゴル帝国の範囲を電子黒板に映し、アジアからヨーロッパにまたがる大帝国の出現がユーラシアに与える影響を考察させる。

板書活用のアイディア

3ステップ気候区の生活の様子を問い、生徒の発言を板書する。

5モンゴル帝国の範囲と支配の様子から、当時の世界に与えた影響を問い、生徒の発言を板書する。

モンゴルの襲来

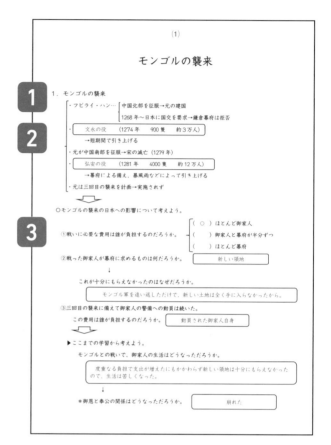

本時の目標

　モンゴルの襲来の日本への影響について、御恩と奉公の関係に着目して理解できるようにする。

本時の評価

　鎌倉幕府が倒れたことについて、御恩と奉公の関係が崩れ、幕府が御家人の生活を保障できなくなったことを捉えている。

本時の授業展開

1　導入

　モンゴルの襲来は小学校でも学習しているので、「蒙古襲来絵詞」や「てつはう」の写真などを見て小学校の学習を振り返えらせる。教師はそれが鎌倉幕府の滅亡にもつながることを示し、そのつながりを意識させる。

2　展開

○モンゴルの襲来

　モンゴルの襲来の歴史的意義を考察させる。戦いの様子についてはあまり深入りしない。ワークシートの1.①〜③について確認した後、御家人の生活がどのようになるか予想させる。

　御恩と奉公の関係が崩れて御家人の生活が幕府によって保障されなくなることに気付かせる。

○鎌倉幕府の滅亡

　鎌倉幕府が滅亡した理由を考察させる。

　まず領地の分割相続について振り返えらせ、領地の細分化が進んで生活が維持できなくなってきている様子を捉えさせる。

　またモンゴルの襲来における御家人の負担を再確認させる。負担が大きかったにもかかわらず、十分な恩賞がなかったことで御家人の生活が成り立たなくなったことに気付かせる。

　さらに徳政令の影響について考えさせる。御家人の立場と商人の立場を考えることで、借金さえできなくなっていく御家人の立場を捉えさせる。このような中で御家人が奉公の義務を果

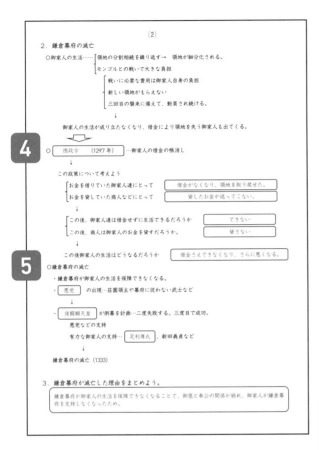

⑴左側のモンゴルの襲来については、事実関係は小学校で学習済みであるので、ここではその歴史的意義（＝影響）について考察させたい。その際、ワークシートの1.①〜③の項目を活用して御家人の負担について確認する。さらに新恩給与が不十分だったことで御恩と奉公の関係が崩れたことを押さえさせる。

⑵右側の鎌倉幕府の滅亡では、領地の分割相続という既習事項を押さえさせるとともに、モンゴルの襲来の影響で御家人の生活が苦しくなってきていること、加えて徳政令の影響を踏まえて考察させる。全て幕府が御家人の生活を保証できなくなっていることにつながっていることを理解させたい。

たすことが難しくなり、幕府も御家人の生活を保障できなくなっていくことに気付かせる。

3　まとめ

　鎌倉幕府が滅亡した理由をまとめさせる。領地の分割相続、モンゴルの襲来、徳政令などから御恩と奉公の関係が崩れて幕府が御家人の生活を保障できなくなっていく様子を捉えさせる。また、御家人たちは権力が集中する北条氏一族に反感を持つようになっていったことに気付かせる。

❶蒙古襲来絵詞の「てつはう」や「石築地」などを電子黒板に映し、戦いの様子を捉えさせる。
❷沈没したモンゴルの軍船の映像を電子黒板に映し、生徒の関心を高める。

❸モンゴルの襲来の御家人に対する影響について問い、生徒の発言を板書する。
❹徳政令の影響について問い、生徒の発言を板書する。
❺鎌倉幕府が御家人の支持を失った理由を問い、生徒の発言を板書して鎌倉幕府の滅亡の原因についてまとめる。

南北朝の動乱と室町幕府

本時の目標

　建武の新政から南北朝の動乱に至る経過を踏まえて、室町幕府の特色を理解できるようにする。

本時の評価

　建武の新政や南北朝の争乱を経て成立した室町幕府の特色について、鎌倉幕府との共通点と相違点に着目して捉えている。

南北朝の動乱と室町幕府

1．南北朝の動乱

○建武の新政で、後醍醐天皇はどのような政治をすべきだろうか。鎌倉幕府が倒れた原因を踏まえて考えてみよう。　　　　　　　　　　　　　　　(1)

（この段階では妥当な回答を求めず、鎌倉幕府の倒れた原因である御恩と奉公の関係の崩れに気付かせる。その上で後醍醐天皇がどうすれば武士に支持を得られるか考えさせる。）

1

○後醍醐天皇の政治

①御恩と奉公の関係を結び直す……後醍醐天皇が直接武士の領地を保護しようとする。
②律令の原則に基づいた政治………鎌倉幕府の政治の原則である御成敗式目は否定する。
③役職の与え方を変更……………政権にとって有能な人材を登用する。

2

後醍醐天皇の政治はうまくいっただろうか。「二条河原落書」を読み取ってみよう。

うまくいかなかった。

↓

これはなぜだろう。考えてみよう。

3

①御恩と奉公の関係を結び直すための手続きが追いつかず、また領地を巡って争っている武士たちの利害を調整することがうまくできなかった。
②律令の原則は、武士の慣習を法制化した御成敗式目と異なり、武士の納得が得られなかった。
③政権にとって有能な人材の登用はそれまでの人事の原則を崩すものであり、貴族や武士たちに不公平感をもたらした。

↓

○足利尊氏の挙兵…武士の利益を守る政治（御成敗式目）の復活を目指す。

○後醍醐天皇が京を脱出

南朝（吉野）…後醍醐天皇
北朝（京）……光明天皇
足利尊氏…光明天皇から征夷大将軍に任命される（1338）

↓

・全国の武士たち…領地を巡って対立する武士が、自分に有利な側につく。

※例えば、相手が北朝につけば自分は南朝につく、など。

本時の授業展開

1　導入

　後醍醐天皇がどのような政治を目指すべきか、鎌倉幕府の滅亡の原因を基に考察させる。

2　展開

○南北朝の動乱

　建武の新政がうまくいかなかった理由を考察させる。後醍醐天皇の政治については、ワークシートの１．①〜③を学習してそれがうまくいくかどうかを考えさせ、「二条河原落書」を読み取らせて失敗したことを理解させる。重要なのはなぜうまくいかなかったのかを理解させることで、①〜③の個々について考察させる。ただし生徒だけでは妥当な回答は難しいため、教師の支援は必要である。

　南北朝の動乱は約60年間も続く。軍事的には北朝が有利だが、南朝を支持する勢力も強く、それは単独相続で総領の地位を争う武士や領地を巡って対立する武士が、自分に有利な方を支持したためである。足利尊氏も内紛から南朝についたことがあることにも触れる。

○守護大名

　室町幕府の守護の権限の強さを理解させる。

　室町幕府の守護は鎌倉幕府の守護に比べて権限が強く、国内の武士を実質的に支配したことに気付かせる。これを踏まえて国内の武士が守護に対して自分の領地を守るためにはどうしたらよいかを考えさせる。武士は守護に従って自分の利益を守るか、自分たちで団結して守護に対抗するかの選択を迫られることに気付かせ

```
┌─────────────────────────────────────────────────────────┐
│  2．守護大名　(2)                                          │
│  ○室町幕府における守護の権限を、鎌倉幕府の守護と比較してみよう。│
│      ①鎌倉幕府の守護の権限を受け継ぐ。                      │
│      ②国内の [政治] や [裁判] などの権限                    │
│      ③国内の年貢の [半分] を軍事費として徴収し、[国内の武士に分配] する権限│
│      ④農民に臨時の [税] をかける権限                        │
│                    ↓                                      │
│      ・鎌倉幕府の守護よりも権限が [強い] → [守護大名] と呼ばれる。│
│      ・守護大名は、国内の武士に対して軍事費を分配する権限をもち、また政治や裁判の権限も│
│        もつため、武士に対する支配を強め、[家臣化] するようになる。│
└─────────────────────────────────────────────────────────┘
```

4

```
┌─────────────────────────────────────────────────────────┐
│  3．室町幕府の支配　(3)                                     │
│  ○将軍は、強い権限をもつ守護をどのように統制するか。           │
│    ┌・守護の任免権は [将軍] にある。→ ┌将軍は守護の相続に介入できる。│
│    │                                └守護は割と頻繁に交代している。│
│    └・守護は、九州と関東を除き、原則 [京] に住まなければならない。→将軍が監視できる。│
│                    ↓                                      │
│  ○三代将軍 [足利義満]                                      │
│    ・有力守護家の相続問題に介入し、守護家を分裂させて勢力を抑える。→将軍権力が強まる。│
│    ・太政大臣の役職に就く。→ [貴族] を統制。                 │
│    ・[南北朝の統一] (1392) …北朝のもとに二つの朝廷をまとめる。│
└─────────────────────────────────────────────────────────┘
```

5

```
┌─────────────────────────────────────────────────────────┐
│  4．室町幕府の政治のしくみと守護の権限について、鎌倉幕府と比較してみよう。│
│    ┌・政治のしくみは、鎌倉幕府とほとんど同じ。               │
│    └・守護の権限は、鎌倉幕府よりも強く、国内の武士を家臣化して支配を強めた。│
└─────────────────────────────────────────────────────────┘
```

る。

○室町幕府の支配

　室町幕府の支配の特徴を理解させる。国にいる武士は守護によって統制され、守護は将軍によって統制される。将軍が直接武士を統制したわけではない。このような二段階の支配になっているところが鎌倉幕府との相違点である。ここでは将軍が守護を統制する仕組みを読み取らせる。

3　まとめ

　室町幕府の特色をまとめさせる。足利尊氏は、幕府の再興を掲げて御成敗式目に基づく政治を訴えたことで武士の支持を得ることができた。

⑴後醍醐天皇が目指すべきことについては、ここで正解を求めるのではなく、鎌倉幕府が滅亡する原因を基に考えさせる程度にしておく。そして実際の新政がうまくいかなかった理由については、教師と生徒がやり取りをしながら確認していきたい。生徒のみで考察することは難しい。

⑵守護大名については室町幕府の守護が実質的に国内の武士を統制し、家臣化していく理由を把握させたい。

⑶室町幕府の支配は、将軍が武士を直接支配するのではなく、守護を間に置いた間接的な支配になっている点を踏まえ、将軍が守護を統制する仕組みを捉えさせる。この統制が効かなくなったときにいわゆる戦国時代に入っていくことになる。

ICT活用のアイディア

1後醍醐天皇の政治課題の①〜③の左側のみを電子黒板に映し、どのようにすればよいかを考えさせる。

4室町幕府の仕組みを電子黒板に映し、鎌倉幕府の仕組みと比較させ、室町幕府が鎌倉幕府を受け継いだ組織であることに気付かせる。

板書活用のアイディア

2鎌倉幕府が御家人の支持を失った理由を確認し、後醍醐天皇がするべき政策を問い、生徒の発言を板書する。

3後醍醐天皇の政治がうまくいかなかった理由を問い、生徒の発言を分類して板書する。

5室町幕府の守護の権限の特徴を鎌倉幕府の守護の権限と比較して問いかけ、生徒の発言を板書する。

東アジアとの交流

本時の目標

東アジアの様々な地域の交流や結び付きを理解できるようにする。

本時の評価

民間貿易と倭寇、明や朝鮮国、日本の貿易統制、琉球の中継貿易、アイヌの交易活動など東アジアのさまざまな交流や結び付きを捉えている。

東アジアとの交流

1. 日本と外国との関係 （1）

世紀	年	国同士の関係	民間での貿易
7	600	遣隋使の派遣始まる	
	630	遣唐使の派遣始まる	
8			
9	838	最後の遣唐使の派遣	新羅の商人などが活動
10			日本の商人も活動
11			
12			民間貿易が活発になる
13	1268	元が日本に国交を要求　→元寇	
14	1368	明が中国を統一　→民間貿易を禁止	倭寇の活動が活発化
15	1401	日本が明と正式な国交を結ぶ	
	1404	日本と明との勘合による貿易が始まる	
	1482	日本と朝鮮国との通信符による貿易が始まる	

○838年の最後の遣唐使の派遣以降、1401年に明との正式な国交を結ぶまで約500年間、日本と中国の王朝との国同士の貿易はなかった。その間の貿易はどのようになっていたのだろうか。

> 民間の商人による貿易が行われていた。

○倭寇について調べよう。 （2）

・どのような人が倭寇になったのか。

> 西日本の貿易商人。貿易がうまくいかないことなどがあると海賊行為を行う。
> （商人＝海賊であり、もともと区別できるものではない。）

・活動範囲はどのあたりだろうか。

> 朝鮮半島や中国の沿岸地域

・どのようなことをしたのだろうか。

> 村などを襲って様々なものを略奪。人をさらって身代金を取ったり、奴隷として売ったりした。

1

2

本時の授業展開

1　導入

最後の遣唐使の派遣以降、東アジアの交流がどのようになっていたか予想させる。生徒は交流がなくなったと考えるかもしれないが、実際には民間貿易が活発になり、国家の正式な貿易船を派遣する必要がなくなっていたのである。

2　展開

○日本と外国との関係

中世の東アジアの交流の特色を理解させる。

古代が国家間の交流であったのに対し、中世は民間貿易が活発であったことに気付かせる。9世紀以降、新羅商人などによる民間貿易が活発になり、839年の最後の遣唐使で入唐した円珍は新羅の商船で帰国をしたことに触れる。

また、貿易商人は自分の船を守るために武装しており容易に海賊行為に及ぶことがある。このため商人と海賊を区別することはできないことにも留意させる。

○日明貿易、朝鮮との貿易

民間貿易に対する国家の対応を考察させる。明、朝鮮国、日本の倭寇対策が国家統制である。ちなみに日明貿易で使用されたものは「勘合」であり勘合符ではない。日朝貿易で使用されたものは「通信符」である。「通信」とは信頼を通じ合うことであることにも触れる。

○琉球王国の成立

琉球王国の貿易が果たした意味を理解させる。「中継貿易」は琉球の位置からその地の利を生かした貿易であること捉えさせる。

2. 日明貿易　(3)

3

○明は対外関係を統制するために民間貿易を禁止し、国同士の貿易（朝貢貿易）のみを認める。
　　　↓
・日本との [勘合] による貿易が始まる。…倭寇と区別するためでもある。

> 勘合貿易は、1404 年〜1547 年の約 150 年間で 17 回（84 隻）の記録がある。

3. 朝鮮との貿易

○朝鮮国の成立（1392）
・社会が安定し、独自の文化も発達…[ハングル]
・倭寇の取り締まり　→日本と [通信符] による貿易

4

4. 琉球王国の成立

○14 世紀…三つの勢力が沖縄島に分立
○琉球王国による統一（1429）
・独自の文化が発達
・中国、朝鮮半島、日本、東南アジア地域の中間地点に位置する
　　　↓
[中継貿易] で繁栄

5. 蝦夷地

○蝦夷地…[アイヌ] の人々が住む（蝦夷地は亜寒帯であり、農耕には適さない）

・狩猟・採集の生活
・周辺地域との交易（本州、車輪、中国東北部など）

○15 世紀…本州の人々（和人）が渡島半島南端の沿岸に進出

・和人との交易
・交易を巡って衝突も起きる…[コシャマインの蜂起]（1457）

5

6. 中世の東アジアの交流の特色をまとめよう。

> ・国同士の正式な貿易は途切れていたが、民間貿易が活発に行われていた。
> ・しかし倭寇などの海賊行為もあり、貿易の統制が図られて勘合や通信符を用いた貿易が行われるようになった。
> ・琉球では地の利を生かしての中継貿易、蝦夷地でも周辺地域との交易が盛んに行われた。

⑴外国との関係については、まず古代以来の学習を振り返って国家間の交流が減少する一方で民間貿易が活発になってきていた様子を捉えさせたい。

⑵倭寇については、その活動の様子や活動範囲をおさえさせる。それとともに倭寇は貿易商人と異なるものではなく、両者は同じ存在の両面であったこともおさえておきたい。

⑶日明貿易と日朝貿易については、倭寇を防ぎ、貿易を国家の統制下に置こうとする動きであることを捉えさせたい。もちろんこれで民間貿易がなくなったわけではない。例えば、種子島に漂着して日本に鉄砲を伝えたのは 2 人のポルトガル人ではあるが、乗っていた船は中国船であり、おそらく倭寇の船であろうと言われている。

ICT 活用のアイディア

1 倭寇の活動範囲を電子黒板に映し、中国、朝鮮、日本の共通の問題であったことを捉えさせる。
3 勘合を電子黒板に映し、正式な手続きを必要とする国家間の正式な交流であったことを捉えさせる。
4 琉球王国の貿易範囲の地図を電子黒板に映し、琉球の位置と中継貿易の様子を捉えさせる。

板書活用のアイディア

2 倭寇の活動について、ワークシートに沿って発問し、生徒の発言を板書する。
5 中世の東アジアの交流の特色を問い、生徒の発言を板書する。

○蝦夷地

　蝦夷地と日本との関係を理解させる。蝦夷地は亜寒帯であることから農耕に不向きである。生徒は農業が盛んであるように思うかも知れないが、それは明治以降の開拓があるとともに、面積が中部地方と関東地方を足したよりも広いという点にある。単位面積当たりの収穫量は少ない。アイヌについては言葉も生活も日本文化とは異なることを押さえる。

3　まとめ

　東アジアの交流の特色をまとめさせる。当時の東アジア世界は貿易が活発になっている一方で、国家の統制下に置こうとする動きもあったという二面性を捉えさせる。

産業の発達と民衆の生活

本時の目標

　畿内を中心に、産業が発達し、また自治的な活動が見られたことについて理解できるようにする。

本時の評価

　畿内を中心に自治的な活動が見られたことを、農業や商業・手工業の発達や土一揆と関連付けて考察し、表現している。

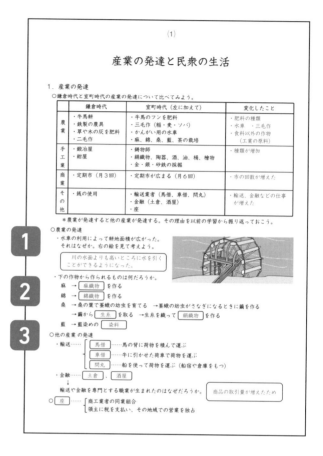

本時の授業展開

1　導入

　農業が発達すると他の産業も発達する理由を、以前の学習を振り返って確認させる。

2　展開
○産業の発達

　室町時代の産業の発達の様子を資料から読み取らせる。室町時代の農業の発達について、鎌倉時代と比較させる。工芸農作物については、これ以降の学習でも出てくるのでここでおさえておく。特に桑については、生糸や絹織物という日本の歴史において重要な産物に関係するのできちんと理解させる。さらに手工業の種類の増加、市の回数の増加、輸送や金融という新たな産業の発生などがみられたことについて、農

業の発達との関係をつかませる。

○都市の発達と自治

　町衆の自治の様子を理解させる。京には町域を囲むように土塀や堀、櫓や木戸があり、実際に当時の堀が発掘されていることにも触れる。

○村の自治

　村の自治の様子を考察させる。資料を基に村の自治の様子を具体的に考察させる。ワークシートの右側ケース１では村の外部との関係について考察させる。自ら武器を取って戦う人々と、対立する村や共同行動をとる村の存在もある。ケース２では村の内部での自検断の様子を考察させる。この後どうなったかという問いに対して軽い気持ちで「殺した」などと発言する生徒もいるが、実際に裁判もなしに殺害

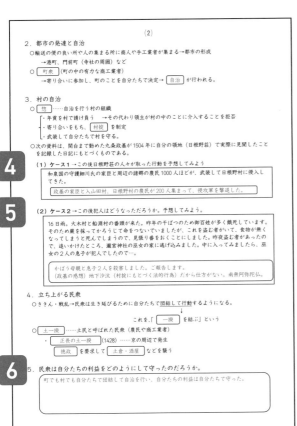

（2）

2．都市の発達と自治
○輸送の便の良い所や人の集まる所に商人や手工業者が集まる→都市の形成
　→港町、門前町（寺社の周囲）など
○ 町衆 （町の中の有力な商工業者）
　→寄り合いに参加し、町のことを自分たちで決定→ 自治 が行われる。

3．村の自治
○ 惣 ……自治を行う村の組織
　・年貢を村で請け負う　→その代わり領主が村の中のことに介入することを拒否
　・寄り合いをもち、 村掟 を制定
　・武装して自分たちで村を守る。
○次の資料は、関白まで勤めた九条政基が1504年に自分の領地（日根野荘）で実際に見聞したことを記録した日記にもとづくものである。

（1） ケース1 →この後日根野荘の人々が取った行動を予想してみよう
和泉国の守護細川氏の家臣と周辺の諸郷の農民1000人ほどが、武装して日根野村に侵入してきた。
政基の家臣と入山田村、日根野村の農民が200人集まって、侵攻軍を撃退した。

（2） ケース2 →この後犯人はどうなっただろうか。予想してみよう。
16日雨。大木村と船淵村の番頭が来た。昨年の干ばつのため御百姓が多く餓死しています。そのため餓を採ってかろうじて命をつないでいましたが、これを盗む者がいて、食物が無くなってしまうと死んでしまうので、見張り番をおくことにしました。昨夜盗む者があったので、追いかけたところ、瀬宮神社の巫女の家に逃げ込みました。中に入ってみましたら、巫女の2人の息子が犯人でしたので…。

かばう母親と息子2人を殺害しました。ご報告します。
（政基の感想）地下沙汰（村掟にもとづく法的行為）だから仕方がない。南無阿弥陀仏。

4．立ち上がる民衆
○ききん・戦乱→民衆は生き延びるために自分たちで団結して行動するようになる。
　　これを、「 一揆 を結ぶ」という
○ 土一揆 ……土民と呼ばれた民衆（農民や商工業者）
　・ 正長の土一揆 （1428）……京の周辺で発生
　　 徳政 を要求して 土倉・酒屋 などを襲う

5．民衆は自分たちの利益をどのようにして守ったのだろうか。
町でも村でも自分たちで団結して自治を行い、自分たちの利益は自分たちで守った。

されたことが分かると驚く。そうまでして村の団結を図る必要がある当時の社会の状況を理解させる。

○立ち上がる民衆
　町や村を越えたつながりを理解させる。ここでは、民衆が自分たちの生活を守るため広範囲で団結し、行動する様子を理解させる。

3　まとめ
　自治の様子をまとめさせる。中世は自力救済の時代である。その中で町や農村の内部で団結を強めたり、村を越えて結びついたりしながら自分たちの利益を自分たちで守るように行動していたことをまとめさせる。

ワークシートを使用する際のポイント

⑴左側では産業の発達の様子を理解させる。表の中では室町時代と鎌倉時代を比較させて、発達の様子を捉えさせたい。ここでの学習はこの後の学習でも必要となるものが多い。工芸農作物の綿、桑（生糸、絹）、藍などは繰り返し出てくる。特に生糸や絹は、南蛮貿易や鎖国下の貿易、幕末・明治期の貿易でも主役である。馬借や土倉、酒屋は土一揆の学習にも必要となる。

⑵右側では、自治の様子を理解させる。特に村の自検断の様子は、当時の社会の過酷な状況を捉えさせることができる資料である。

ICT活用のアイディア
❶水車の図を電子黒板に映し、川の水面よりも高い田へ水を揚げていることを読み取らせる。
❷桑の葉を蚕蛾の幼虫に与えている写真を電子黒板に映し、桑の葉の利用の仕方について補足する。
❸繭や生糸の写真を電子黒板に映し、生糸や絹について理解を深める。

板書活用のアイディア
❹ケース1について、どのような対応が考えられるか問いかけ、生徒の発言を板書する。
❺ケース2について、どのような対応が考えられるか問いかけ、生徒の発言を板書する。
❻民衆が自分たちの利益をどのようにして守ったかを問いかけ、生徒の発言を板書する。

応仁の乱と戦国大名

本時の目標

応仁の乱による社会の変化について、室町幕府の守護の権限を踏まえて理解できるようにする。

本時の評価

応仁の乱による社会の変化について、室町幕府の守護の権限が強いことと、その守護を将軍が統制できなくなることに着目して捉えさせる。

---

(1)

応仁の乱と戦国大名

1 1. 応仁の乱
　○応仁の乱（1467〜）
　・京を舞台に11年間
　・畠山氏、斯波氏の管領家の相続争いに、将軍の跡継ぎ問題が絡んで、守護大名を二分する対立が起こる。
　　↓

2 ・京の中心部は焼け野原となる。この時多くの建築物も焼失し、現在の京都中心部にはこれより古い時代の建築物はほとんど残っていない。上の絵は唯一現存する応仁の乱以前の建物がある大報恩寺（千本釈迦堂）の本堂である。柱には応仁の乱の時の刀や槍の跡と言われるものが残っている。

3 2. 社会の変化
　○応仁の乱の影響について考えてみよう。
　・在京が基本だった守護達は、応仁の乱後に自分の領国に戻ってしまった。
　・将軍が守護を統制することはできるだろうか。以前の学習を思い出して考えよう。

> 守護が将軍の目の届かないところに行ってしまったため、将軍が守護の跡継ぎ問題に介入したり、守護を任免したりすることができなくなってしまった。

　・守護は、自分の領国を強力に支配しようとするようになる。
　　この時、現地の武士は、どのようにして自分の利益（領地）を守ろうとするだろうか。

4
> ・守護の家来になって自分の領地を守ってもらう。
> ・守護よりも強い存在を頼ろうとする。
> ・自分たちで団結して、守護に対抗しようとする。

　・多くの武士の支持を集めて広い領域を支配するようになった武士を何というだろうか。
　　→　戦国大名
　・自分たちで団結した武士たちが結んだ一揆を何というだろうか。
　　→　国一揆（国人一揆）

本時の授業展開

1　導入

知っている戦国大名を答えさせる。戦国大名が戦い以外にどんなことをしていたのかを発問して答えさせる。

2　展開
○応仁の乱

応仁の乱の原因を理解させる。応仁の乱の原因は将軍の跡継ぎ争いではない。守護の地位を巡る争いであることに気付かせる。畠山氏の跡継ぎ争いが発端であるとされ、さらに斯波氏の跡継ぎ争いや他の守護間の対立があり、東軍と西軍に分かれて争うことになった。ここに将軍の跡継ぎ争いが絡むことになった。従って、将軍の跡継ぎ問題が解決した後も対立は解消せ

ず、戦いは11年続き、京は焼け野原となる。

○社会の変化

応仁の乱の影響を考察させる。まず将軍が守護を統制できるのは、在京が原則であり、守護の任免権が将軍にあることから、守護家の相続争いに介入できることにあると振り返らせる。ここから、京を離れて自分の領国に戻った守護を将軍がどのようにして統制するかを生徒に考えさせる。

次に、守護が領国で自立し始めたことで、武士が自分の領地を守るために守護とどのように関係するかを生徒に考えさせる。守護が領国の武士に対する統制を強めれば、守護に従う武士と反発する武士が出てくることが考えられる。自分たちで団結する「国一揆」が生まれたり、

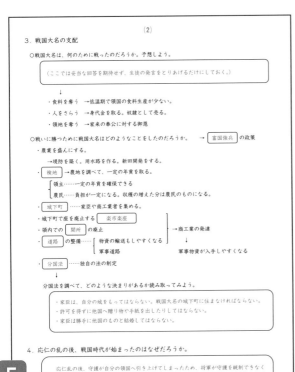

ワークシートを使用する際のポイント

⑴左側では応仁の乱の後の社会的変化を捉えさせる。まず室町幕府の守護の権限の強さと将軍が守護を統制する方法についての学習を振り返らせる。その上で将軍が守護を統制できなくなった様子や強い権限をもった守護が自分の領国で在地の武士達に対する支配を強めていく様子から戦国大名の成長や国一揆について理解させたい。

⑵右側では戦国大名の支配の様子を捉えさせたい。戦いに勝てないと領民の支持を失うとともに武士との間の御恩と奉公の関係も維持できないことを理解させる。その上で戦いに勝つために行った様々な政策を確認していく。これらの政策を学習することで信長や秀吉の政策を理解しやすくなる。

ICT活用のアイディア

❶大報恩寺の柱の写真を電子黒板に映し、応仁の乱への関心を高める。
❷将軍が守護を統制した方法をまとめて電子黒板に映し、領国に帰ってしまった守護を将軍が統制する方法を考えさせる。

板書活用のアイディア

❸領国に帰ってしまった守護を統制する方法を問い、生徒の発言を板書する。
❹守護が領国において武士達への支配を強化したことに対する武士達の対応を問い、生徒の発言を板書する。
❺戦国時代が始まった原因を問い、生徒の意見を板書する。

武士をまとめ上げて戦国大名に成長したりしたことに気付かせる。

○戦国大名の支配

　戦国大名の支配の様子を理解させる。戦国大名がなぜ戦ったのかは明確ではないが、自分の支配する武士や領民の利益を守らないと御恩と奉公の関係が崩れてしまうことに気付かせる。また、戦いに勝つために戦国大名が行った政策を考えさせ、結果として農業や商工業が発達したことに気付かせる。

3　まとめ

　応仁の乱の影響についてまとめさせる。
　戦国時代が始まった理由として、室町幕府の守護の権限の強さに着目させる。

室町文化と
その広がり

本時の目標

室町時代の文化の特色を理解できるようにする。

本時の評価

室町文化の特色を、武士の政治的・経済的な成長、農業や諸産業の発達による民衆の経済的な成長に着目して捉えている。

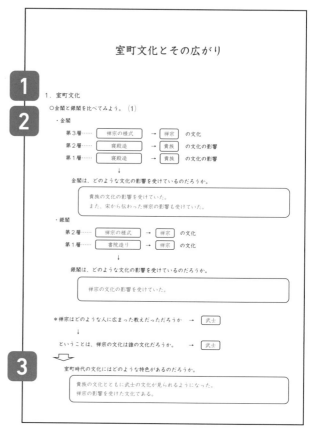

本時の授業展開

1 導入

金閣と銀閣の違いについて考えさせる。銀閣には銀箔は貼られていないこと、金閣が三階建てだが銀閣は二階建てであるなど、外見的なことは回答があるであろうが、内部について生徒は答えられない。ここから室町文化についての関心を高める。

2 展開

○室町文化

金閣と銀閣の特色を考察させる。金閣と銀閣の様式について確認していくと、「寝殿造」「禅宗」など既習事項も出てくるので、今までの学習を振り返りながら進めていく。書院造については、ここで語句だけを一旦おさえておく。そ

の上で、禅宗が武士の間に広まった教えである点を確認して、室町時代の文化が貴族の文化の伝統を受け継ぐと同時に武士の文化でもあるという特色をつかませる。また禅宗の影響を受けて、簡素で装飾の少ない文化であることもここで確認させる。

書院造りや枯山水などについては、その共通点を見出させる。そこには禅宗の影響が色濃く見られることに気付かせる。

○民衆への広がり

御伽草子や田楽の絵図などからその主人公を考察させる。御伽草子は、主人公から武士や民衆の物語であることを捉える。田楽の図についてはあまり細かいところもまで読み取る必要はなく、農民の芸能であることが分かればよい。

ユーラシアの動きと武士の政治の展開

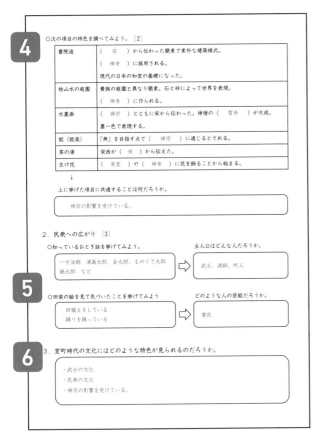

4

○次の項目の特色を調べてみよう。（2）

書院造	（ 宋 ）から伝わった簡素で素朴な建築様式。 （ 禅寺 ）に採用される。 現代の日本の和室の基礎になった。
枯山水の庭園	貴族の庭園と異なり簡素。石と砂によって世界を表現。 （ 禅寺 ）に作られる。
水墨画	（ 禅宗 ）とともに宋から伝わった。禅僧の（ 雪舟 ）が大成。 墨一色で表現する。
能（能楽）	「無」を目指す点で（ 禅宗 ）に通じるとされる。
茶の湯	栄西が（ 宋 ）から伝えた。
生け花	（ 茶室 ）や（ 禅寺 ）に花を飾ることから始まる。

↓

上に挙げた項目に共通することは何だろうか。

> 禅宗の影響を受けている。

2．民衆への広がり　（3）

○知っているおとぎ話を挙げてみよう。　　主人公はどんな人だろうか。

> 一寸法師、浦島太郎、金太郎、ものぐさ太郎
桃太郎　など　⇒　武士、漁師、町人

5

○田楽の絵を見て気づいたことを挙げてみよう　どのような人の芸能だろうか。

> 田植えをしている
踊りを踊っている　⇒　農民

6

3．室町時代の文化にはどのような特色が見られるのだろうか。

> ・武士の文化
・民衆の文化
・禅宗の影響を受けている。

3　まとめ

　室町時代の文化の特色をまとめさせる。室町時代の文化は貴族の文化を引き継ぐとともに、武士や民衆の文化である。また禅宗の影響を受けていることも重要である。その上で、なぜ武士や民衆が文化を担うことができたのかを、武士の政治的・経済的な地位の向上、産業の発達による民衆の経済的な向上や町や村の自治を背景とすることなどを捉えさせる。また、この時代の文化の中に現在に結び付くものが見られることに気付かせる。

ワークシートを使用する際のポイント

(1)金閣と銀閣の比較では、各層の建築様式を確認することで室町時代の文化を象徴的に表していることが理解できる。金閣は貴族の寝殿造の様式とともに禅宗の様式を取り入れている。銀閣は各層とも禅宗の影響を受けている。禅宗が武士の間に広まったことを既習事項から確認し、武士の文化が見られたことを確認させたい。

(2)室町時代の文化の一覧表では、共通することとして禅宗の影響を捉えさせる。

(3)民衆の文化については、物語の内容や絵図の細かい読み取りに入り込まずに、誰が主人公か、誰の芸能かという面から武士や民衆の文化であることを捉えさせる。

ICT 活用のアイディア

■1 金閣と銀閣の写真を電子黒板に映し、各層の建築様式を確認する。

■4 書院作り、枯山水、水墨画、能、茶の湯、生け花などの映像を電子黒板に映し、装飾が少ないことに気付かせ、それが禅宗の影響であることを捉えさせる。

■5 田楽の絵を電子黒板に映し、どのような芸能であるかを捉えさせる。

板書活用のアイディア

■2 金閣と銀閣の建築様式を確認し、室町文化の特色を問い、生徒の発言を板書する。

■3 室町文化を代表する事象から共通する事柄を問い、生徒の発言を板書する。

■6 室町文化の特色を問い、生徒の発言を板書する。

中世の大観

本時の目標

中世の日本を大観し、時代の特色を捉えることができるようにする。

本時の評価

古代との比較を通して中世の日本を大観し、時代の特色を多面的・多角的に考察し、表現している。

中世の日本の年表

1
2

	政治の流れ	社会・経済（生活の様子）
平安	●平将門の乱、藤原純友の乱 ●前九年合戦、後三年合戦 ▷いずれも国司に対する反乱 ●院政 ●{保元の乱、平治の乱 平氏が政権を握る ▷武士の政治的な力が強まる	●武士の発生 ▷郡司クラスの武装した地方の有力者
鎌倉	●平氏の滅亡 ●守護・地頭の設置 ▷御家人の領地が保障される ●承久の乱 ▷幕府の支配力が強まる ●御成敗式目の制定 ▷幕府による裁判の基準 幕府の政治が安定してくる ●徳政令 ▷武士の生活が苦しくなる	●御恩と奉公の関係 ▷将軍と御家人との主従関係 ●分割相続 ▷武士の領地はだんだん小さくなる
建武 南北朝 室町 戦国	●建武の新政の成立と崩壊 ▷武士の支持を得られない 南北朝の内乱 ●室町幕府の成立 南北朝合一 ▷武士は自分に有利な方に味方する ●応仁の乱 ▷将軍が守護を統制できなくなる 戦国時代の始まり ●国一揆 ▷中小の武士の同盟（自分達を守る） ●戦国大名 ▷実力ある武士が他の武士の支持を 受けて力をのばす ●下剋上 ▷実力があるものが勝ち残る	●二条河原落書 ▷建武の新政を批判 ●単独相続 ▷一族内で相続争いが多くなる ●農業の発達 惣の成立（村の団結）、村掟 ●手工業・輸送業の発達 座の結成（都市の団結） ●土一揆、一向一揆 ▷民衆たちの同盟（自分達を守る）

1．原因と結果の関係になる項目を→で結んでみよう。（グループで意見交換しながら考えよう。）

2．→を踏まえ、中世の日本の社会を動かしたものは何か、考えてみよう。（例えば、「外国との

3．中世の日本の特色をまとめよう。 (1)(2)

＜結論＞　　　　　＜理由＞

世の日本は 武士 によって 社会が動いた 時代だった。	武士が政治を動かしている
	戦乱が多い
	武士の文化が見られる

これ以外にも
・武士と民衆　　　・外国の影響
・御恩と奉公の関係　・領地の保障など

本時の授業展開

1　導入

中世の日本の学習を振り返って、古代の日本との違いを挙げさせる。ここでは思いついたことを挙げればよい。教師はその理由までは問わない。

2　展開

〇年表を活用する

年表で中世の学習の振り返りをさせる。

生徒は直近の学習に大きく影響される。中世の学習でいえば、戦国大名や中世の文化などの記憶から中世の特色を考えてしまい、院政や平氏政権、鎌倉幕府や承久の乱など前半の学習が抜け落ちてしまう生徒もいる。そうならないために初めに中世の学習の最初から振り返らせ

る。そのために年表を活用する。年表以外でもワークシートなどを工夫して中世の日本全体を見渡せるような振り返りをさせる。

〇因果関係をつかむ。

歴史的事象の関係を考察させる。

中世の日本の特色について総花的に捉えても深い理解にはつながらない。むしろある面を切り口として時代を捉えたほうがよい。そのため因果関係を矢印で示して、歴史的事象の関連性をつかませる。それによって「中世の日本は、要するに〇〇な時代だった」とその特色を判断することができる。

3　まとめ

中世の特色をレポートにまとめさせる。

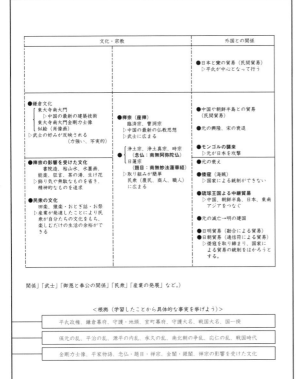

「関係」「武士」「御恩と奉公の関係」「民衆」「産業の発展」など。）

<根拠（学習したことから具体的な事実を挙げよう）>

| 平氏政権、鎌倉幕府、守護・地頭、室町幕府、守護大名、戦国大名、国一揆 |
| 保元の乱、平治の乱、源平の内乱、承久の乱、南北朝の争乱、応仁の乱、戦国時代 |
| 金剛力士像、平家物語、念仏・題目、禅宗、金閣・銀閣、禅宗の影響を受けた文化 |

　分かったことを羅列するだけではまとめにはならない。レポートにまとめる際は、まず結論を書き、次いでその理由を短い言葉で表す。理由は3〜4つ程度にまとめる。さらにそれを理由と考えた根拠を、学習した内容から挙げる。結論や理由が妥当であっても根拠を挙げられなければ評価は低くなる。

　結論は生徒によって異なることが予想される。どのような結論であっても、それが学習内容から考えて妥当性があればよしとしたい。しかし、例えば後鳥羽上皇や後醍醐天皇を根拠として「天皇（上皇）が活躍した時代だった」というような結論は妥当性があるとは言えないであろう。

ワークシートを使用する際のポイント

⑴因果関係の把握については、一人で取り組むことは困難であるので、初めからグループで取り組ませたい。最初に教師がいくつか例示して因果関係の捉え方を示す必要がある。また教師が机間指導しながら、注目させたいものがあったら、その都度取り上げてクラスで共有させる。

⑵レポートについては、結論を短い言葉で端的に記述させる。理由については、新聞の小見出しのようなイメージで、なるべく短い言葉で表現させる。根拠は学習した内容から挙げさせる。

ICT活用のアイディア

❶中世の各時期を象徴するような資料を電子黒板に映し、これまでの学習を振り返らせる。

　（例）平清盛像、鎌倉の航空写真、武士の館、金剛力士像、踊念仏、モンゴルの襲来、後醍醐天皇像、倭寇、田楽、正長の土一揆の碑文、応仁の乱、金閣・銀閣、水墨画、枯山水

板書活用のアイディア

❷導入で古代との違いを問い、生徒の発言を板書する。

4

近世の日本

1 （8時間）

ヨーロッパ人との出会いと全国統一

単元の目標

交易の広がりとその影響、統一政権の諸政策の目的などに着目して、世界の動きと統一事業について多面的・多角的に考察し、表現することを通して、近世社会の基盤がつくられたことを理解させるとともに、当時の社会の課題を主体的に追究・解決しようとする態度を養う。

単元を貫く問い　戦国時代を終わらせた重要な政策は何だったのだろうか

第1時〜第3時
ヨーロッパの世界進出とイスラム世界

（第1時）中世ヨーロッパとイスラム世界
○古代ローマ帝国の分裂とそれに伴うキリスト教会の分裂、イスラム世界の広がりと文化の先進性、十字軍の動きを通したイスラム文化のヨーロッパの流入などを理解させる。
・ムスリム商人の交易路と現在の世界の宗教分布図を比較しながら、ムスリム商人がイスラム教の広がりに与えた影響に気付く。
・エルサレムに集まる3つの宗教の遺跡を調べさせ、この地域に与えた影響について考える。

（第2時）ルネサンスと宗教改革
○ルネサンスと宗教改革を通して、ヨーロッパ世界の変化の様子を理解させる。
・「ギリシャ・ローマの三美神」の資料から、三美神に見られる共通点・相違点を探し、ルネサンスの特徴を考える。

・免罪符を販売している絵画資料から、キリスト教会が抱えていた課題を考える。
・宗教改革によってプロテスタントの勢力が増し、カトリック教会も改革を行ったことを理解する。

（第3時）ヨーロッパ世界の拡大
○ヨーロッパの世界進出の影響を理解させる。
○主にアジアとイスラム商人との関係から、ヨーロッパ人が海外に進出した理由を考察し、表現させる。
・コロンブス、バスコ=ダ=ガマ、マゼランらが行った航海の経路とスペイン・ポルトガルが築いた植民地を白地図に書き入れながら、ヨーロッパの世界への広がりを理解する。
・中世ヨーロッパの交易と新航路開発後の交易の様子を比較しながら、ヨーロッパが世界へ進出した理由を考える。

学習活動のポイント

　この単元は、中世から近世への移行期を扱う。また、この時期はヨーロッパの世界進出が始まっており、その影響が日本の変化にも大きくかかわっているため、視点を国内に留めずに世界の動きとも連動させて考えていく必要がある。鉄砲、キリスト教の伝来の背景やそれが日本に与えた影響を捉えられるよう、地図、絵画、文字など様々な資料を活用して、多面的・

多角的に考えていく。本節は、近世という時代を捉えるときに鍵となる事象が多く扱われる。天皇や貴族を中心とした朝廷勢力・寺社勢力・武家勢力などさまざまな権力が覇権を争っていた中世社会の特色・課題を把握した上で、織田信長や豊臣秀吉の政策をみていくと、どのような目的で政策を行っているのかをつかむことができる。

単元の評価

知識・技能	思考・判断・表現	主体的に学習に取り組む態度
○ヨーロッパ人来航の背景とその影響、織田・豊臣の統一事業とその当時の対外関係、武将や豪商などの生活文化の展開などを基に、近世社会の基礎がつくられたことを理解している。	○交易の広がりとその影響、統一政権の諸政策の目的に着目して、事象を相互に関連づけるなどして、世界の動きと統一事業について、近世の社会の変化の様子を多面的・多角的に考察し、表現している。	○世界の動きと統一事業について、そこで見られる課題を主体的に追究、解決しようとしている。

○：ねらい　・：主な学習活動

第4時〜第8時

ヨーロッパ人との出会いと全国統一

〔第4時〕ヨーロッパ人との出会い
○ヨーロッパ人が日本にもたらしたものを理解させる。
○鉄砲とキリスト教が日本の社会に広まった様子を理解させる。
・鉄砲という武器で戦い、築城に及ぼす影響について考える。
・フランシスコ＝ザビエルの来日の背景をヨーロッパ情勢と組み合わせて考える。
・南蛮貿易について理解する。

〔第5〜6時〕織田信長・豊臣秀吉による統一事業
○織田信長と豊臣秀吉によって全国が統一されたことを理解させる。
○織田信長の政策から商工業が発達した理由を考察し、表現させる。
・楽市・楽座の政策を条文を基に考える。
・織田信長・豊臣秀吉の事業をまとめる。

〔第7時〕兵農分離と秀吉の対外政策
○太閤検地と刀狩によって、社会がどのように変化したかを考察し、表現させる。
・刀狩の目的を資料をもとに考える。
・太閤検地、刀狩の政策から豊臣秀吉の政策の目的を表現する。

〔第8時〕桃山文化
○ヨーロッパ人の来航によって生まれた文化の様子とその影響を理解させる。
○桃山文化の特色を建築・絵画・芸能などから理解し、その特色が生まれた理由を考えさせる。
・「南蛮屏風」からヨーロッパ人が日本にもたらしたものを探す。
・スペイン・ポルトガルの言葉や絵画、活版印刷などの技術が伝来したことを理解する。
・建築物や絵画から桃山文化の特徴を考える。

課題解決的な学習展開にする工夫

「戦国時代を終わらせた重要な政策は何だったのだろうか」という本単元の課題を常に意識させながら、それぞれの時間の発問や「本時の課題」に取り組ませたい。また、個人作業→少人数での意見交換→全体共有と段階を踏んで、理解度の差が大きくならないように留意する必要もある。

また、本単元の第1時から第4時までをまとめて扱い、「ヨーロッパ人来航とその背景」について課題解決的な学習を設定することもできる。「南蛮屏風」を見て、関心を持ったことや疑問に思ったことを基に「ヨーロッパ人はなぜ（どのようにして）、日本に来たのか」「キリスト教は日本にどのように伝わり、広まったのか」などの課題を設定し、追究した結果を発表させる学習が想定される。

中世ヨーロッパと
イスラム世界

本時の目標

- 古代のローマ帝国の分裂とそれに伴うキリスト教会の分裂を理解できるようにする。
- イスラム教の広がりがヨーロッパ世界に与えた影響を理解できるようにする。

本時の評価

- 中世のヨーロッパ世界と同時期のイスラム世界の成立と、両者の関係を理解している。
- イスラム文化がヨーロッパに伝わったことを、十字軍の遠征やムスリム商人の活動などを通して捉えている。

---

(1)

中世ヨーロッパとイスラム世界

課題：中世ヨーロッパとイスラム世界は、どのような関わりがあったのだろうか。

◇次の空欄を、教科書を見ながら埋めてみましょう。

1
- 中世ヨーロッパでのキリスト教は、東ヨーロッパの① 正教会 、西ヨーロッパの②カトリック教会 とに分裂。カトリック教会では、③ ローマ教皇 を頂点に、人々の信仰を指導。
- 7世紀にはアラビア半島にイスラム帝国が成立し、勢力を拡大。15世紀には④ オスマン帝国 が、16世紀にはムガル帝国が成立するなど、イスラム世界が勢力を持った。
- イスラム帝国がエルサレムを占領すると、ローマ教皇はエルサレムの奪回を目指して⑤ 十字軍 を派遣。

○中世のヨーロッパ
古代ローマ帝国 → 4世紀に東西に分かれる

2

西ローマ帝国	東ローマ帝国（ビザンツ帝国）
5世紀に滅ぼされる	15世紀まで続く
西ヨーロッパで諸国が分裂して争う時代	

← 中世ヨーロッパ

キリスト教の分裂

カトリック教会	正教会

○イスラム世界の拡大

3

【資料①】ムスリム商人の交易路　　【資料②】現在の世界の宗教分布

問　上の【資料①】【資料②】を見て、中世のイスラム商人（ムスリム商人）の行動範囲と現在の宗教分布の関係から読み取れることを説明してみましょう。

ムスリム商人はバグダッドやメッカなど中東地域を中心としてアフリカ、アジアまで交易を広げており、現在のイスラム教が広がっている地域とほぼ一致する。

本時の授業展開

1　導入

「イスタンブールの天文台」の資料を提示し、描かれている道具は何かを指摘させながら、これらがイスラム社会で発明されたものであることを確認させる。

2　展開

○中世のヨーロッパ

地図で確認しながら、古代から中世にかけてのヨーロッパの支配の変遷を理解させる。東西ローマ帝国の成立とキリスト教の分裂も地図で示しながら確認していく。

○イスラム世界の拡大

導入で示したように、イスラム社会においてさまざまなものや学問が生み出されていったこ

とを確認していく。さらに、それらがムスリム商人によって東西に広がっていったこと、ムスリム商人の活動がイスラム教の波及に大きく影響していることを【資料①】（ムスリム商人の交易路）、【資料②】（現在の世界の宗教分布）から読み取らせる。

○考えよう

ここでは、キリスト教を中心としたヨーロッパ社会とイスラム教を中心としたイスラム社会の接触について学習する。ユダヤ教、キリスト教、イスラム教の聖地であるエルサレムにそれぞれの宗教に関わる建物があることを ICT 機器を活用しながら見つける。その後、そのような異なる宗教に関わるものが一か所に集まっていることから、どのような出来事が生じる可能性

⑴左側は、「中世のヨーロッパ」の項目では、地図を画像として見せながら変遷を説明していく。「イスラム世界の拡大」の項目では、2種類の地図の比較をさせながら、ムスリム商人の交易地と現在のイスラム教の分布との関わりを考えさせる。

⑵右側はキリスト教とイスラム教との接触について学習する。3つの場所をそれぞれ生徒が持っているICT機器で調べさせて、どこに所在しているのかを見つけさせる。地図上でも確認させて（資料集等に載っているならばそちらで確認）、宗教施設が隣接していることから考えられることを説明させる。まとめを表現させたあと、次時へのつながりとして、ヨーロッパ社会とイスラム社会が接触したことで、イスラム社会で発展した文明がヨーロッパに流入したことを紹介する。

（2）

▼考えよう

次に挙げる3つの場所がどこにあるか、タブレットを使って調べてみよう。

調べた結果、どのようなことが言えるか。また、どのようなことが発生すると考えられるか。【年表】を参考にしながら考えを書いてみましょう。

4

①	②	③
岩のドーム （ムハンマドが昇天した地）	嘆きの壁 （ユダヤ教伝説の地）	聖墳墓教会 （イエス・キリストが処刑された地）

①～③に共通する地名　　エルサレム

【年表】

11世紀末	イスラム勢力がエルサレムを占領
1101年	十字軍を派遣 以降13世紀まで何度も軍隊を派遣 （7度以上は派遣されている）

5 **言えること／考えられること**

①～③は同じ地域（エルサレム）に集まっていて、隣り合っている。

①～③はどれもそれぞれの宗教で大きな出来事が起きている場所であるが、異なる宗教の道程であるため、宗教どうしの対立があったと考えられる。

◇まとめ

今回の課題に答えましょう。

中世のヨーロッパではキリスト教が、中東、北アフリカの地域にはイスラム教の勢力が拡大した。互いの勢力がぶつかることもあった。11世紀～13世紀にはイスラム教の勢力がエルサレムを占領すると、ローマ教皇の呼びかけで十字軍を派遣し奪還を目指したが失敗に終わった。このような戦争による地域を越えた行き来に加え、ムスリムと呼ばれるイスラム教徒の商人たちがアジア、アフリカ、ヨーロッパにかけて広く活動し、東西の文化・文明が互いに広まることとなった。

があるかをワークシートにある【年表】と合わせて考えさせる。

3　まとめ

ヨーロッパ、イスラムそれぞれの地域で発展していたこと、さらに宗教を背景とした争いが起こっていることをまとめさせる。また、このような戦争に加え、ムスリム商人がアジア、アフリカ、ヨーロッパにかけて広く活動し、東西の文化、文明が互いに広まることとなったことを捉えさせる。

1授業の導入で、「イスタンブールの天文台」の絵画資料を提示して、描かれている道具を指摘させる。

2古代から中世にかけてのヨーロッパの支配の変遷を提示する。

43か所の場所をタブレット端末等を使って調べさせる。

3【資料①】【資料②】を読み取らせた意見を板書して、共有する。

53つの宗教施設が隣接していることから考えたことを述べさせ、板書して共有する。

ルネサンスと宗教改革

本時の目標

　ルネサンスと宗教改革を通して、ヨーロッパ世界の変化の様子を理解できるようにする。

本時の評価

　ルネサンスや宗教改革がヨーロッパ世界に及ぼした変化を捉えている。

（1）

ルネサンスと宗教改革

課題：イスラム社会と接したヨーロッパ社会はどのように変化したのだろうか。

◇次の空欄を、教科書を見ながら埋めてみましょう。

・① ルネサンス …人間そのものに価値を認め、人のいきいきとした姿を表現する文化
　② 「モナ・リザ」（レオナルド・ダ・ビンチ）　　③ 「ダビデ」（ミケランジェロ）
　④ 「アテネの学堂」（ラファエロ）
・⑤ 宗教改革 …カトリック教会への不信によりドイツのルター、スイスのカルバンらが行ったキリスト教の改革。教会の指導に従うのではなく、聖書を自分で読んで理解することを信仰の中心とした。

1

○ルネサンス／宗教改革
▼読み取ろう
①「ギリシャ・ローマの三美神」で描かれている三美神の共通点、相違点を挙げてみましょう。

2

※３つのうち２つを取り上げて共通しているものを見つけてもOK

	共通点	相違点
自分の意見	・古代とルネサンス期は動きが自由 ・すべて裸足 ・古代とルネサンス期は３人が体が触れ合っている	・古代だけ服を着ていない ・中世だけみんな同じポーズ（祈っている） ・中世だけは髪型が同じ
周りの人の意見		

3

②　問：左の絵はローマ教皇が免罪符（買えば全ての罪が許されるとされたもの）を販売している様子を描いたものです。このことは、多くの人々の非難を受けました。何が問題か考えてみよう。

キリスト教とはイエス・キリストという神を信じることで救われる宗教なのに、神と人間をつなぐ司祭者みずから信者を苦しめるようなことをしているから。

本時の授業展開

1　導入

　３枚の「ギリシャ・ローマの三美神」の絵画を並べ、描かれた時代順に並べるとどのようになるかを当てさせる。

2　展開

○読み取ろう①（ルネサンス）

整理しよう①（14世紀）

　導入の絵画資料を継続して使用し、３つの絵画の共通点と相違点を挙げさせる。全体で意見を共有したのち、描かれた時代順に並べ、古代とルネサンス期の描かれ方に共通点を示す背景を説明する。前時の十字軍とのつながりも意識させる。

○読み取ろう②（宗教改革）

整理しよう②（16世紀）

　絵画資料「免罪符の販売」を提示し、免罪符とはどのようなものであるかを説明する。ローマ教皇が行ったこのような活動に非難が集まるが、どのようなところに問題があるかを考えさせ、意見を共有する。

　カトリック教会に非難が集まると同時に、キリスト教を改革しようとする動きが出てくることを理解させる。

○宗教改革やその後のキリスト教の広まりを支えた技術

　イスラム社会から伝来した３つの発明品を提示する。それらの発明品がどのように生かされていくかを考えさせる。

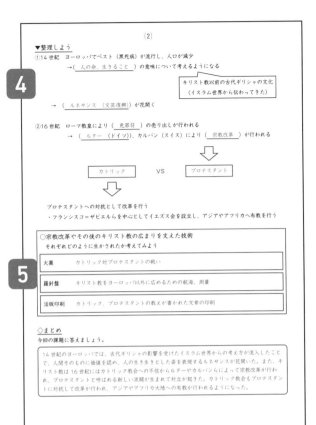

⑴左側では絵画資料から読み取れることや考えられることを記述する作業に取り組ませる。技能や思考を問う作業を授業前半に行ってから、内容の整理を行う。

⑵右側では内容の整理をする形式となっている。ルネサンスと宗教改革の内容ごとに分けている。

3　まとめ

　本時の課題「イスラム社会と接したヨーロッパ社会はどのように変化したのだろうか」への解答として、記述させる。ルネサンス・宗教改革それぞれの内容を含めて記述する。また、カトリック教会では、プロテスタントに対抗して改革が行われ、アジアやアフリカ大陸への布教が行われるようになったことを想起させ、次時の導入につなげる。

■ICT 活用のアイディア
■1「ギリシャ・ローマの三美神」の絵画を電子黒板に提示して、意見を共有しやすくする。
■3「免罪符の販売」の絵画を電子黒板に提示して、意見を共有しやすくする。
■4ルネサンス期の作品や宗教改革で活躍した人物を電子黒板に提示しながら、理解を深めさせる。

■板書活用のアイディア
■2 3枚の絵の共通点・相違点を書き出し、多角的な意見を持たせられるようにする。
■5 3つの発明品がどのように生かされるかの意見を書き出し、多角的な意見を持たせられるようにする。

ヨーロッパ世界の拡大

本時の目標

アメリカ大陸とアフリカ大陸の様子から、ヨーロッパの世界進出の影響を理解できるようにする。

本時の評価

・ヨーロッパの世界進出がアメリカ大陸やアフリカ大陸に及ぼした影響を理解している。
・ヨーロッパ人がアジアに進出した理由を、アジアとムスリム商人との関係に着目して考察し、表現している。

（1）

ヨーロッパ世界の拡大

課題：ヨーロッパ人の世界進出は、世界にどのような変化を及ぼしたのだろうか。

◇次の空欄を、教科書を見ながら埋めてみましょう。

1　15世紀に、カトリック国のポルトガルとスペインを先がけとして、遠洋に乗り出すことができるようになった時代を① 大航海時代 という。

▼整理しよう
【作業①】教科書・資料集を使って下の表の空欄をうめましょう。

人名	コロンブス	バスコ＝ダ＝ガマ	マゼラン（一行）
生没年	1451～1506	1469ごろ～1524	1480～1521
達成したこと	・アメリカ大陸 ・ヨーロッパとアメリカ大陸を結ぶ	・インドへの航路 アフリカ南端を廻る航路（喜望峰） ・ヨーロッパとアジアを直接結ぶ	・初の世界一周 ・ヨーロッパ・アメリカ・アジアを結ぶ

【作業②】下の白地図に①スペインとその植民地、②ポルトガルとその植民地、③上の3人が通った航路を書き込みましょう。

2

本時の授業展開

1　導入

前時の宗教改革によって新しいプロテスタントという宗教が出てきたことで、カトリック教会が信者を増やすためにどうすればいいかを問い、「世界に広めていく」というところから大航海時代につなげていく。

2　展開
○整理しよう

ワークシートの【作業①】では、教科書・資料集を用いて、大航海時代に活躍した3人の「人名」「達成したこと」を記述していく。

【作業②】ではプリントの白地図に「スペインとその植民地」「ポルトガルとその植民地」「3人が通った航路」を調べながら書き込ませ

ていく。

○考えよう（大航海時代と世界への影響）

ワークシートの【資料①（中世のヨーロッパの交易）】・【資料②（新航路開拓後の交易）】からヨーロッパ諸国が新航路を開拓した目的は何かを考え、意見を共有しながら深める。

また、【資料②】では、西ヨーロッパの国々はヨーロッパ、アフリカ大陸、アメリカ大陸での三角貿易を行ったことを提示する。その後、三角貿易とはどのような貿易のことをいうかを説明させる。

3 ○大航海時代と世界への影響
▼考えよう

（２）

【資料①】中世のヨーロッパの交易　　　【資料②】新航路開拓後の交易

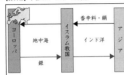

4 Q1．ヨーロッパ諸国が新航路を開拓したのは何のためだろうか？
上の【資料①】【資料②】の交易に着目して考えてみよう。

・アジアとの交易に使う銀を得るため。
・東南アジアまで交易路を広げるため。
・鉄砲や日用品の市場の拡大のため。

・ヨーロッパ諸国は進出先を支配していき、（　植民地　）としていった。
・ヨーロッパ諸国は植民地としていったアメリカ大陸・アフリカとの間で（　三角貿易　）を行った。

5 Q2．ヨーロッパが行った三角貿易とはどのような貿易のことか、【資料②】を見ながら説明してみましょう。

17～18世紀のヨーロッパ諸国が行っていた、ヨーロッパとアメリカ大陸とアフリカ大陸を三角形
に結ぶ、大西洋上の貿易のこと。特にヨーロッパから工業製品をアフリカに持ってゆき、アフリカか
ら黒人奴隷を積み込んで北アメリカ大陸に運び、そこからタバコや綿花、砂糖などの産物を積み込ん
でヨーロッパに戻ってくる貿易である。

◇まとめ
今回の課題に答えましょう。

ポルトガル、スペインがさきがけとなり始まった大航海時代は、キリスト教を広めること、アジアの
香辛料を求めることから進められた。ヨーロッパとアジアや南米アメリカとの航路が生み出され、各
地に進出していった。ヨーロッパ諸国は、アフリカ、アメリカ、アジアの各地に植民地を築いていき、
南北アメリカでの鉱山開発の労働力が不足すると、アフリカから奴隷としてアメリカ大陸に連れて
行った。

3　まとめ

　本時の課題「ヨーロッパ人の世界進出は、世界にどのような変化を及ぼしたのだろうか」に解答しながらまとめさせる。ポルトガルとスペインは、キリスト教を広めることと、アジアの香辛料を手に入れることを目的として海外進出していったことを捉えさせる。

ワークシートを使用する際のポイント

⑴左側では、教科書・資料集を使って、大航海時代に関わる人物・地域を整理させる。各自地図上で作業をさせることで、世界全体を巻き込んでいく動きであることを認識させる。

⑵右側では、中世と新航路開拓後の交易の違いから、何を目的として世界進出しているのかを、交易の視点から考えさせる。アフリカから黒人奴隷が連れてこられることは地理的分野でも学習しているため、復習しながら進めることも可能である。

ICT活用のアイディア

2 地図の作業が終わった後、よくまとめられている生徒のプリントを電子黒板などで提示し、全体共有を行う。

3 【資料①】【資料②】を電子黒板などで提示し、全体共有しやすいようにする。

板書活用のアイディア

1 導入時にカトリック教会が信者を増やす方策を板書に残しておく。

4 Q1の意見を書き出し、視点の多角化を図る。

5 Q2の意見を書き出し、要点を押さえやすくする。

ヨーロッパ人との出会い

本時の目標

ヨーロッパ人の来航により、日本の社会はどのように変化したのかを考察し、表現できるようにする。

本時の評価

ヨーロッパの様々な文物やキリスト教が、日本社会に広まっていく様子を捉えている。

（1）

ヨーロッパ人との出会い

1 | 課題：ヨーロッパ人との出会いによって日本の社会はどのように変化したのだろうか。

◇次の空欄を、教科書を見ながら埋めてみましょう。

・1543 年、中国人倭寇の船が種子島に流れ着き、同乗していたポルトガル人によって日本に① 鉄砲 が伝えられた。
・1549 年、イエズス会の宣教師② フランシスコ・ザビエル が来日し、キリスト教の布教を行った。
・貿易や布教のために日本にやってきたポルトガル人やスペイン人のことを③ 南蛮人 といい、彼らとの貿易を④ 南蛮貿易 という。

○鉄砲の伝来

2 | Q1．鉄砲はこれまでの武器と何が異なるか？
・遠くの敵を倒すことができる　・火薬を使用する
・殺傷能力が高い　・部品が多い

Q2．鉄砲が伝わってきたことで、戦いにどのような変化があったと考えられるか？
・接近戦の戦いが減る。　・鎧が頑丈になる。
・守りが厳重になる。

3 | Q3．鉄砲が伝わってきたことで、城の築き方にどのような変化がみられるか？どうして変化したのか考えてみましょう。

4 | 織田信長の城：岐阜城（1567 年〜）　豊臣秀吉の城：大阪城（1583 年〜）

変化　山の上につくられていたものから、平地につくられている。

理由　城内からでも鉄砲で狙いやすいように見通しのいい方が有利だから。

本時の授業展開

1　導入

小学校の復習として長篠の戦いの絵画資料を見せる。どのようなところにこの戦いの特徴があったかを思い出させ、鉄砲がどのようにして入ってきたかを意識させながら本時に入る。

2　展開
○鉄砲の伝来

鉄砲の伝来によって、日本にどのような変化があったかを考える。それまで距離のある敵と戦う道具は弓矢程度しかなかったが、より殺傷能力の高い道具が用いられることになった。ワークシートのＱ１では従来の武器との違い、Ｑ２では鉄砲の導入によって戦い方がどのように変化するかを考える。Ｑ２では追加の資料を使わず、鉄砲の特徴から想像力を働かせて、当時起こった変化を考えさせる。さらにＱ３では、戦い方だけではなく戦国大名の住む城も変化があったことを、鉄砲が戦いの中で広く活用される前の城とその後に建てられた城を見比べて考えさせる。Ｑ４では、種子島に伝来した鉄砲がその後国内でも生産することができるようになったことを、地図資料から読み取っていく。

○キリスト教の広まり

ザビエルの来航地を地図帳で確認させ、なぜ鹿児島であるのかを既習内容からおさらい程度に触れる。フランシスコ・ザビエルがどのような人物かを紹介したのち、既習内容と合わせてザビエルが来日した目的を考えさせる。

（2）
国友（滋賀県）
堺（大阪府）

種子島（鹿児島県）

（●…鉄砲伝来地　□…鉄砲生産地）

Q4. 上の資料から、日本国内で鉄砲の利用や生産にどのような変化があったと考えられるか説明しましょう。

> 1543 年に伝来した鉄砲は、堺や国友などでの生産が始まり、次第に国内での生産量が増えていった。

○キリスト教の広まり

5

（フランシスコ・ザビエル）
・イエズス会の宣教師
・1549 年に来日／2 年間滞在

Q5. これまで学習したこともふまえて、ザビエルが日本に来た目的か説明してみよう

> キリスト教（特にカトリック）を広めるために日本にやってきた。

○ヨーロッパの人々との貿易

南蛮貿易　…日本に来たポルトガル人やスペイン人（南蛮人）らとの貿易

輸入品	明	生糸・絹織物
	東南アジア	香料
	ヨーロッパ	鉄砲・火薬・ガラス製品・時計など
輸出品	銀（大量に流出）	

→九州の大名は貿易の利益を得るために、宣教師の布教を許可し、_キリシタン大名_ となるものも現れた。

◆まとめ
今回の課題に答えましょう。

> 1540 年代にヨーロッパ人は日本に鉄砲とキリスト教を伝えた。鉄砲の伝来は、戦国大名の戦い方を変え、それに伴って城の作り方も変わっていった。また、キリスト教の伝来によって、九州地方を中心にキリシタンが増え、民衆だけでなく大名の中にも信者となるものが現れた。また、ヨーロッパ人の来航によりヨーロッパの文物はもちろん、東南アジア、明の品々も南蛮貿易を通じて日本にもたらされるようになった。

○ヨーロッパの人々との貿易

　ヨーロッパ人の来航によって、日本との間で行われた貿易についてみておく。

3　まとめ

　本時の課題「ヨーロッパ人との出会いによって日本の社会はどのように変化したのだろうか」に解答しながらまとめさせる。鉄砲をはじめとする様々な技術や産物、学問、キリスト教などが日本に伝わり、広まったことを捉えさせる。

⑴左側は、鉄砲伝来による日本社会への影響を考えさせる部分となる。そのため、Q1で鉄砲が従来の武器と異なる点を多く挙げさせたい。その上でQ2の戦いの中で起こりうる変化、Q3の築城の変化、Q4（右側）の国内生産の開始と増加につなげていきたい。どの問いも正解にこだわらず多面的な意見が出せるとよい。

⑵右側は、「キリスト教の広まり」では既習内容である宗教改革や大航海時代の影響を受けていることを意識させたい。地図を活用しながら世界の動きと連動させられると理解しやすい。また、「ヨーロッパの人々との貿易」では、ヨーロッパから新しいものが入ってくることに加えて、琉球王国が担っていた中継貿易の要素も兼ねていることにもふれたい。

ICT 活用のアイディア

1導入として、長篠の戦いの様子をモニターに映す。小学校で学習していることから鉄砲の活用を出させたい。

3岐阜城や大阪城の位置をグーグルマップでも確認させ、立地の違いをイメージさせやすくする。

5ザビエル上陸地を地図で示しながら、大航海時代の地図と合わせてモニターで確認していく。

板書活用のアイディア

2鉄砲による日本の合戦の変容を挙げさせ、板書を使って意見を広げ、深めさせる。

4築城の変化を挙げさせ、板書を使って意見を広げ、深めさせる。

織田信長・豊臣秀吉による統一事業

本時の目標

　織田信長と豊臣秀吉の統一事業の過程を理解できるようにする。

本時の評価

・織田信長と豊臣秀吉による統一事業の過程のあらましや、その政策の特徴を理解している。
・楽市楽座などの織田信長の政策が商業を発達させたことを理解している。

（1）

織田信長・豊臣秀吉による統一事業

課題：織田信長と豊臣秀吉はどのように全国統一を進めたのだろうか。

◇次の空欄を、教科書を見ながら埋めてみましょう。

尾張の戦国大名であった① 織田信長 は、戦に勝つことで勢力を拡大していった。1573 年には室町幕府第15代将軍足利義昭を京都から追放し、室町幕府を滅ぼした。全国統一を目前としていた信長は、家臣の明智光秀に背かれて京都の本能寺で自害した。信長の跡をついだ羽柴秀吉（のちの② 豊臣秀吉 ）は、天皇から関白に任じられ、九州、四国、関東、東北の大名を従えていき、1590 年に全国統一を果たした。信長や秀吉の時代をそれぞれの城にちなんで③ 安土桃山時代 という。

1

▼考えよう
【資料1】

安土山下町中に定める
① この城下町を楽市とする。座の規則や雑税などの諸税はすべて免除する。
② 商人は上街道（のちの中山道）の通行を禁止する。下街道を通行して安土城下で宿をとること。
③ 信長の支配する領国において、徳政（借金の廃棄など）を行っても、この町では行わない。
④ 喧嘩や口論・押し売り・宿を強引に借りるようなことは、一切禁止する。
（近江八幡市共有文書を要約）

資料1に示されている①〜④のそれぞれの条文は何を目的として作られたのだろう？

① 座の特権を排除して、自由に商売が行えるようにして経済を活性化させるため。

② 商人に安土城下を通行させることによって、物の売買を積極的に行わせるため。

③ 徳政を発令してしまうとお金を貸す商人が不利になってしまうため。

④ 宿屋も含めて物の売買が自由に行われないとお金の回りが悪くなってしまうため。

どういう街づくりを目指したのだろう？

2

自分の意見
どのような人でも商売を行うことのできる、物の売り買いが活発な街。

他の人の意見

本時の授業展開

1　導入

　織田信長や豊臣秀吉が行ったことを小学校で学習した内容から挙げさせ、本時で深める部分を明確にする。

2　展開

　教科書を見ながら大まかな流れをつかむ。

　本時の大まかな流れを、教科書を見ながらワークシートを記入していく。

○考えよう

　織田信長が行った楽市・楽座を取り上げ、この制度の目的を考えさせる。提示された条文中の４つの内容を読み、どのようなことを意図しているのかそれぞれ考える。その上で、楽市・楽座という制度をつくることで、織田信長がどのような街づくりをしようとしていたのかを考える。その際、少人数のグループをつくり、意見交換をさせる。

○まとめてみよう

　織田信長・豊臣秀吉が行った出来事を年表にまとめる。それぞれ「全国を統一するため」に行ったことを中心にしてまとめさせる。出来事と合わせて、それがどのようにして天下統一につながるのかを考えさせる。時間を区切って行い、少人数のグループをつくって相互に意見交換をしながら、より十分な年表を仕上げさせる。

▼まとめてみよう (2)

織田信長と豊臣秀吉によって全国統一に向けて様々な取り組みを行ってきました。
それぞれが行ったことを年表にまとめてみよう。
そのうち、全国を統一するために重要だと考える出来事には理由を付け加えよう。

○織田信長の事業

年	出来事	全国統一につながる理由
1560	桶狭間の戦いで今川義元を破る	織田信長が戦国大名として力をもった
1568	足利義昭を立て、京都に入る	当時の権力者に関わる力をもった
1568	堺を支配する	当時の貿易で栄えた都市を手に入れ経済力をつけた
1570	各地の一向一揆と戦う（〜80）	中世の社会で力を持っていた宗教勢力の力を落とそうとした
1571	比叡山延暦寺を焼き討ちする	
1573	足利義昭を追放し、室町幕府を滅ぼす	武家の最高権力である幕府を滅ぼし、新しい社会づくりができるようになった
1575	長篠の戦いで武田勝頼を破る	当時の最大勢力の武田家よりも上になった
1577	安土城下で楽市・楽座の政策を出す	商人の力をつけさせることで、経済力を上げた
1582	明智光秀の謀叛により本能寺の変で亡くなる	

○豊臣秀吉の事業

年	出来事	全国統一につながる理由
1582	検地を始める	政治を運営するのに安定した税を取れるようにした
1583	大阪城を作り始める	本拠地を定める
1585	四国を平定する	全国統一に近づく
1585	関白となる	高い身分を獲得
1586	太政大臣となり、豊臣姓を与えられる	
1587	九州を平定する	全国統一に近づく
1587	バテレン追放令を出す	外国に日本を乗っ取られないようにした
1588	刀狩令を出す	一揆や反乱がこれ以上起きないようにした
1590	関東を平定	全国統一に近づく
1590	東北を平定し、全国を統一	完成！！

◇まとめ
今回の課題に答えましょう。

織田信長は、鉄砲の導入、キリスト教の保護、関所の廃止、楽市・楽座など室町幕府や多くの大名が行っていた政策とは異なるものを採用しながら敵対する勢力と戦い戦乱の世を勝ち上がっていった。しかし、そのような改革は反発も生み、信長は家臣の明智光秀の謀叛を受けて本能寺の変にて自害することとなった。跡を継いだ豊臣秀吉は、大阪城を本拠地として各地の大名を従え、全国の統一に成功した。

ワークシートを使用する際のポイント

(1)左側では、織田信長の楽市・楽座の政策の意図を考えさせる。【資料1】を読むだけでは分かりづらいところもあるため、まずは言葉の意味を全体でおさえてから作業をさせる。特に【資料1】の②の条文は地図（安土城周辺のもの）があると説明しやすい。

(2)右側では、織田信長・豊臣秀吉が行った出来事を年表にまとめさせる。教科書や資料集の年表の丸写しにはならないよう、「全国統一」にどのようにつながるのかを意識しながら、出来事を取捨選択できるように指示を出す。

3　まとめ

本時の課題「織田信長と豊臣秀吉はどのように全国統一を進めたのだろうか」に解答しながらまとめさせる。また、秀吉の統一事業については、教科書の豊臣軍の進路に着目させ、全国に支配を広げていったことを捉えさせる。、あた、秀吉の全国統一が、信長の死から8年という極めて短期間での事業であったことに気付かせる。

ICT 活用のアイディア

❶楽市楽座の資料をモニターに写しながら言葉の確認をする。地図を使って説明すべきところは地図を出す。

板書活用のアイディア

❷楽市楽座を通して目指した街づくりの意図を挙げさせ、板書を使って意見を広げ、深めさせる。
❸織田信長の年表の全国統一につながる理由を挙げさせ、板書を使って意見を広げ、深めさせる。
❹豊臣秀吉の年表の全国統一につながる理由を挙げさせ、板書を使って意見を広げ、深めさせる。

兵農分離と秀吉の対外政策

本時の目標

太閤検地と刀狩によって、社会がどのように変化したかを考察し、表現できるようにする。

本時の評価

兵農分離の政策によって社会の枠組みがどのように変化したかを、中世の社会と比較して考察し、表現している。

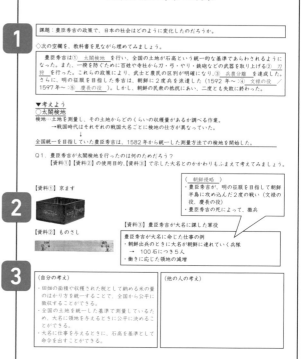

本時の授業展開

1 導入

「全国を統一した豊臣秀吉がすべきことは何か」と問い、いくつか意見を挙げさせる。戦いをなくすことや、平和な世の中をつくること、また国内は治めたから海外まで領土を拡大するという意見が出ることが想定できる。

2 展開
○太閤検地

検地とは何かを説明し、戦国時代もそれぞれの戦国大名が行っていたことを理解させる。その後、豊臣秀吉が全国を対象に行った太閤検地の目的を考えていく。ワークシートの【資料①】の京ます、【資料②】のものさしは、度量衡を統一することで全国から同じ基準で税を徴

収することができるようになることに気付かせる。【資料③】からは豊臣秀吉が大名に仕事を課す場合に、大名が持っている領地の価値に応じて量を決めることができるようになることに気付けるようにする。そして、検地帳から税を徴収する工夫を読み取る。太閤検地によって、荘園領主は完全に解体されたことも理解させる。

○刀狩

ここでは、【資料⑤】の刀狩の文章を読み、何を目的として出されたものかを発言させる。農民による反乱を防ぐこと、農民には農業に専念してもらうようにすることが読み取れる。資料の読み取りを行ったのち、太閤検地と刀狩を合わせて考えたときに、豊臣秀吉が目指した社

4

Q2. 豊臣秀吉が農民から確実に税を徴収するために行った工夫は何か？【資料④】を参考にして考えましょう。

【資料④】検地帳

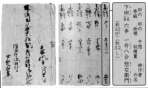

下田畝　田の
地続　地の
（約22㎡）面積
六歩　予想
一升八合　収穫量
相右衛門　耕作者
の名

5

・納税者が明確になる。
・土地ごとに収穫量がはっきりするため、税収の予想が立てやすい。
・耕作地のランクを決めているから、不平が出にくい。

〇刀狩

【資料⑤】刀狩

一　諸国の百姓が、刀、脇差、弓、やり、鉄砲そのほか武器などを持つことをかたく禁止する。その理由は、必要のない道具をたくわえて年貢などを出ししぶり、ついには一揆を企て、武士に対してよくないことをするからである。もちろんそのような連中は処罰されるが、そうなると、その者の田畑は耕作されなくなり、領主に納められる年貢が減ることになる。大名・武士・代官らは、百姓の武具を集めさせて差し出すようにせよ。
一　集めた刀や脇差などは、京都の方広寺の大仏の釘やかすがいに使う。

6

Q3. 豊臣秀吉は、太閤検地や刀狩をすることで、どのような社会を作ろうとしたのか。「身分」という言葉を使って説明してみましょう。

太閤検地を行い、検地帳に耕作者の名前を記載させ、農民から武器を取り上げ、農作業に専念させることで、農民が武士などほかの身分に移動させないようにして、税が確実にとれるような社会を目指した。また、農民から武器を取り上げることで、一揆や下剋上が起こることのない社会を目指した。

◇まとめ

今回の課題に答えましょう。

豊臣秀吉は全国を統一していく過程で、太閤検地と刀狩を行った。太閤検地では、全国の測量方法や升の基準を統一し、全国の土地を石高で表せるようにした。また、検地帳に耕作者を記載して年貢の負担者とし、直接税を徴収することで荘園制を消滅させた。そして、刀狩により農民から武器を取り上げ耕作に専念させることで、農民身分がほかの身分に移ることを防いだ。全国統一を果たした秀吉は、明の征服を企て朝鮮に出兵したが、激しい抵抗にあい、秀吉の死とともに撤兵した。

会とはどのような社会であるかを考える。

3　まとめ

　本時の課題「豊臣秀吉の政策で、日本の社会はどのように変化したのだろうか」に解答しながらまとめさせる。太閤検地と刀狩によって、近世社会の身分制度の基礎が固まったことを捉えさせる。

⑴左側は、太閤検地の目的を資料から読み取っていく。検地というものをきちんと理解していない状態では、太閤検地の意義に気付くことはできないので、前段の検地を説明するところは丁寧に行いたい。朝鮮侵略については、太閤検地を行う意義の中でまとめてしまっているため、授業者の補足が必要となる。

⑵右側の前段では、検地帳から太閤検地を実施する際の工夫を読み取らせる。資料の内容部分から必要な情報をうまく引き出せるかが鍵。下段の刀狩は、口頭での内容確認となるが、出された目的をきちんと読み取ることで、太閤検地・刀狩がどのような新しい社会をつくるかの判断するポイントとなるため丁寧に行う必要がある。

ICT活用のアイディア

2【資料①〜③】をモニターに出して、内容の共有をしやすくする。
4【資料④】をモニターに出して、内容の共有をしやすくする。

板書活用のアイディア

1導入の発問「全国を統一した豊臣秀吉がすべきことは何か」への回答を板書しておく。
3Q1の意見を挙げさせ、板書を使って意見を広げ、深めさせる。
5Q2の意見を挙げさせ、板書を使って意見を広げ、深めさせる。
6Q3の意見を挙げさせ、板書を使って意見を広げ、深めさせる。

桃山文化

本時の目標

・ヨーロッパ人の来航によって生まれた文化の様子とその影響を理解できるようにする。
・桃山文化の特色を理解し、その特色が生まれた理由を考察し、表現できるようにする。

本時の評価

・ヨーロッパ人が日本にもたらしたものを理解している。
・桃山文化の特色を、生活に根ざした文化の広がり、武将・豪商の経済力、中世文化の継承などに着目して考察し、表現している。

本時の授業展開

1　導入

「合羽」「煙草」「天ぷら」など日本語になじんでいる言葉がもとはどこからきた言葉かを説明する。

2　展開

○南蛮文化

「南蛮屏風」を見ながら、それまでの日本にはなかったものを挙げさせていく。個人作業を行ったのちに全体で共有をする。

・言葉の伝来

ポルトガル語から日本語となったもの、また日本語からポルトガル語に入ったものにはどのような言葉があるのかを調べさせる。

・技術

活版印刷術や天文・地理学が伝わってきたことで、日本の物語が外国へ伝えられたり、地球儀が日本にも伝えられたりしたことを理解する。

○桃山文化

・「姫路城」「西本願寺書院」「唐獅子図屏風」をタブレットで調べさせ、その特徴をまとめる。その際に色や大きさに着目して、それまでの建築物や絵画と比較する。その後、3つに共通して言えることを、この時期の文化の特色として考えさせる。

・千利休が茶の湯を大成させたこと、出雲の阿国がかぶき踊りを始めたことを知る。

（2）

○桃山文化

【作業】下の建築物や絵画の特徴を「色」「大きさ」に注目して、特徴をまとめてみましょう。

教科書・資料集・ICT機器を有効に活用しましょう。

4

姫路城	城主の威厳を示すため、白色の部分が多くなっている。大きさも城の中心部に天守閣がつくられ、戦国時代のものよりも大きな造りになっている。
西本願寺書院	付書院や違い棚があり、書院造の形をしているが、東山文化のものと比べるとはるかに大きい（畳が約200畳使われている）。天井まで装飾されている。
唐獅子図屛風	高さ224.2cm、横幅453.3cmのとても大きな絵であり、城の中の大きな部屋に飾る絵であったとされる。背景が金色で豪華な感じがする。

5 ➡ 上の3つに共通している特徴は何だろう？
それまでの建築物・作品よりも大きい。
金色など豪華な色をしている。

・茶の湯

千利休
・堺の商人
・織田信長や豊臣秀吉に仕える
・質素な風情を工夫して楽しむ、わび茶を大成

・芸能

出雲の阿国
・女性
・かぶき者と呼ばれる派手な服を着たり大きな刀を持って街を歩いたりしていた若い男の格好をして、踊った

◇まとめ

今回の課題に答えましょう。

安土桃山時代は、ヨーロッパからの影響を受けた南蛮文化と、大名や豪商などの富裕層が担い手となって発展した桃山文化が発展した。南蛮文化では、南蛮貿易によってパン・カステラや印刷技術などヨーロッパのものや技術がもたらされ日本でも広まった。桃山文化では、姫路城などの大きな天守閣をもつ壮大な城や壁やふすまに描かれた障壁画など豪華で雄大なものが多く現れた。一方で、千利休がわび茶を作り上げたり、出雲の阿国によるかぶき踊りなども生み出されたりした。

3　まとめ

　本時の課題「安土桃山時代の文化は、どのような特色を持っているのだろうか」に解答しながらまとめさせる。大名や豪商を担い手とした壮大で豪華な文化が生まれたことを捉えさせる。また、ヨーロッパ文化の影響についても気付かせる。

ワークシートを使用する際のポイント

⑴左側では、南蛮文化の特徴を考えていく。それまで主に中国や朝鮮半島との文化交流しかなかったが、戦国・安土桃山時代にはスペイン・ポルトガルからの来日が増え、それまでとは異なる特色を持った文化が入ってきたことを、絵画を通して理解する。プリント上では細かい部分まで見づらい場合は生徒のタブレットから見られるように工夫する。

⑵右側では、桃山文化の特色を考えていく。姫路城、西本願寺書院、唐獅子図屛風をそれまでの時代の建築物や絵画と比較させることで、スケールの違いが見えてくる。「雄大さ」「豪華」を特色とする一方で「わび・さび」を重んじる茶の湯が大成したのも同時期であることを意識させたい。

ICT活用のアイディア

1「南蛮屛風」をモニターに出して、内容の共有をしやすくする。

3活版印刷術によって海外に広められた「平家物語」や織田信長にも伝えられた地球儀などをモニターに出して共有する。

4姫路城、西本願寺書院、唐獅子図屛風をモニターに出して、内容の共有をしやすくする。

板書活用のアイディア

2「南蛮屛風」から見つけ出したものを挙げさせて板書し、共有する。

5姫路城、西本願寺書院、唐獅子図屛風から読み取れる桃山文化の特色を挙げさせ板書し、共有する。

2 江戸幕府の成立と対外政策

単元の目標

統一政権の諸政策などに着目して、江戸幕府の成立と対外関係について近世社会の変化の様子を多面的・多角的に考察し、表現することを通して、幕府と藩による支配が確立したことを理解させるとともに、そこで見られる課題を主体的に追究・解決しようとする態度を養う。

単元を貫く問い　江戸時代がおよそ260年間続けられた重要な政策とは何だろうか

第1時〜第2時

江戸幕府の成立と諸制度

〔第1時〕江戸幕府の成立と支配の仕組み
〇江戸時代の政治制度のあらましと、幕府による大名や朝廷の統制について、大名配置や武家諸法度などの資料から理解させる。
・大名の配置図から、大名を区別しそれらをどのような意図で配置したのかを読み取り、表現する。
・参勤交代に関する資料から幕府が制度化した目的を考える。
・幕府の機構図から江戸幕府の仕組みを理解する。その際に鎌倉幕府や室町幕府の機構とも比較する。

〔第2時〕さまざまな身分と暮らし
〇江戸時代の身分制度と武士、百姓、町人それぞれの職分や生活の様子を理解させる。
〇百姓や町人とは別に、差別された身分の人々がいたことについて理解させる。

・幕府の収入の内訳からどの身分に重点が置かれているかを考える。そして、為政者の記録から百姓に対してどのような統制策を取っているかを読み取り、表現する。
・武士、町人、百姓、差別されていた人々、それぞれの身分に対する幕府の統制策と各身分の人々の特徴や生きていく工夫を教科書などから読み取りまとめる。

〔第3時〕貿易の振興から鎖国へ
〇島原・天草一揆以後に幕府がとった対策と、その影響を理解させる。
〇江戸幕府の対外政策の変化について年表などから捉え、貿易の振興から鎖国へと方針を変えた理由を考察し、表現させる。
・東南アジア諸国に近世初期の貿易の名残が今でも残されていることを理解する。

学習活動のポイント

　この単元は、全国統一を果たした豊臣秀吉による政治のあと、徳川家康によって開かれた江戸幕府のしくみについて学習する。およそ260年間続いた江戸時代では、大きな争いが起きなかった。このような社会を作り出した江戸幕府は、法や制度、対外関係を中心にどのような政策を行ったのか、さまざまな資料を基に考えさせていく。

　また、近世の時代の特徴を考えるためにも、江戸幕府が、鎌倉幕府や室町幕府とどのような点で異なっているのかについても、意識させながら学習を進めていく。

単元の評価

知識・技能	思考・判断・表現	主体的に学習に取り組む態度
○江戸幕府の成立と大名統制、身分制と農村の様子、鎖国などの幕府の対外政策と対外関係などを基に、幕府と藩による支配が確立したことを理解している。	○統一政権の諸政策の目的に着目して、事象を相互に関連付けるなどして、江戸幕府の成立と対外関係について、近世の社会の変化の様子を多面的・多角的に考察し、表現している。	○江戸幕府の成立と対外関係について、そこで見られる課題を主体的に追究、解決しようとしている。

○：ねらい　・：主な学習活動

第 3 時～第 5 時

江戸幕府の対外政策

・グラフ、地図資料を活用して、朱印状を受けた人々がどのような人々であったか、またどのような地域で活躍をしていったかを読み取り、表現する。
・幕府がキリスト教を禁止した理由をキリスト教と幕府が重視する朱子学の考え方を比較して考える。
・幕府がとった禁教政策について理解し、その実態について現在登録されている世界遺産と組み合わせて考える。
・「鎖国」に至るまでの経緯を理解する。

（第 4 時）鎖国下の対外関係
○長崎でのオランダ・中国との貿易について理解させる。
○朝鮮との交流について理解させる。
・オランダ風説書の資料から幕府がオランダに求めていたことを読み取る。

・朝鮮通信使の絵画資料から、朝鮮通信使を来日させ江戸まで連れてくる目的を考える。
・「4 つの窓口」について表を使ってまとめさせ、江戸幕府がとった対外政策について理解する。

（第 5 時）琉球王国やアイヌ民族との関係
○琉球との関係について理解させる。
○アイヌの人々との関係を理解させる。
・琉球に関する資料から江戸時代を通じて琉球王国とどのような関係であったかを理解する。
・蝦夷地との交易を表す資料を読み取り、松前藩や幕府がどのように利益を得ていたかを考え表現する。
・琉球王国とアイヌ民族との交流を表す絵画資料から幕府がそれぞれの民族とどのように付き合おうとしていたかを読み取り、表現する。

課題解決的な学習展開にする工夫

　はじめに幕府が解決すべき課題が何かを意識させながら、本時の課題を提示する。その上で前半に諸資料を活用させながら、幕府が整えていった法や制度の目的を捉えさせる。その際、参勤交代や禁教政策など目的と結果にずれがあるものもあるので、注意させながら読み取りや思考・判断をさせていく。

　「江戸時代がおよそ260年間続けられた重要

な政策とは何だろうか」という本単元の課題を常に意識させながら、それぞれの時間の発問や「本時の課題」に取り組ませたい。また、個人作業→少人数での意見交換→全体共有と段階を踏んで、理解度の差が大きくならないように留意する必要もある。

江戸幕府の成立と支配の仕組み

本時の目標

江戸時代の政治制度のあらましと、幕府による大名や朝廷の統制について理解できるようにする。

本時の評価

・大名配置図や武家諸法度などの資料から大名統制の方法を読み取り、理解している。

・260年余りも続く平和な時代がどのようにして生まれたかを考察し、表現している。

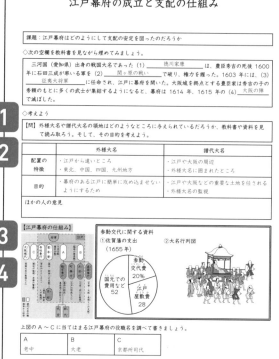

本時の授業展開

1　導入

「鳴かぬなら　鳴くまで待とう　ホトトギス」から、織田信長・豊臣秀吉と同じく戦国時代を苦労しながら生き延び、耐え抜くことで最終的に天下人として頂点に立ったことを理解させる。

2　展開

○幕藩体制の確立

江戸幕府がどのような体制で全国支配を行っていったのかを整理する。江戸幕府による直接の支配と藩（大名）に領地を与えて支配を任せることで全国の統一的な支配を確立させていったことを理解させる。大名には大きく3つの種類があり、その分類方法を把握させた上で、

大名配置について考えさせる。外様大名の配置の目的については、生徒自身の意見と友だちの意見を見ながら、多面的・多角的に考えを出させる。

○大名・朝廷の統制

武家諸法度と禁中並公家中諸法度を用いて、江戸幕府の支配の特徴を捉えていく。それぞれ教科書の資料の読み取りを行う。

武家諸法度では、特に参勤交代については、内容を丁寧に確認していく。ここでは復習として、古代の日中関係の主をなしていた「冊封体制」を振り返り、権力者のところに国（人）を呼び寄せる目的をおさえ、江戸幕府の参勤交代の目的を理解させる。参勤交代制度が、江戸幕府の安定的な支配を支えたことの一つであるこ

5

（2）

○幕藩体制の確立
江戸幕府
　・支配領域：幕府の直接の支配地（幕領）は約400万石。
　　　　　　　将軍の家臣の領地を合わせると約700万石（全国の石高の① 約 4 分の 1 ）であった
　直接支配地
　　経済的、政治的に重要な都市：京都、大阪、奈良、長崎や鉱山（佐渡金山、石見銀山）など
　・藩：大名の領地とそれを支配する組織
　　大名：将軍から1万石以上の領地を与えられた武士
　　　・② 　親藩 　：徳川家の一族。
　　　・③ 　譜代大名 　：古くから徳川家の家臣であった大名。
　　　・④ 　外様大名 　：関ケ原の戦いのころから従うようになった大名。
　　⑤ 　幕藩体制 　：幕府と藩が全国の土地と民衆を支配する仕組み。

○大名・朝廷の統制
　⑥ 　武家諸法度 　：大名の統制のためのルール（1615）※何度か改正
　　・勝手な築城、婚姻、造船を禁止
　　・⑦ 　参勤交代 　…1年おきに領地と江戸とを往復する制度／妻子は江戸
　　　移動や江戸での滞在費は大名の出費
　　　多くの家来を引き連れ⑧ 　大名行列 　を作って通行
　　　目的 ⑨ 幕府と大名との格差を表すため。
　　　結果 ・⑩ 移動や江戸滞在費用に大名が経済的に苦しんだ。
　　　　　・⑪ 五街道などが整備され、交通が発達した。
　→違反すると｛領地を減らされ（減封）たり、移動させられる（転封）
　　　　　　　大名の資格を失い、領地を没収される（改易）
　⑫ 　禁中並公家中諸法度 　：禁中とは宮中のこと。
　　　　　　　　　　　　　⑬ 　天皇 　は学問を第一とすることとされた

◇まとめ
今回の課題に答えましょう。　※具体的な政策名を挙げて説明すること。

江戸幕府は、大阪や京都、長崎を直轄化し広大な支配地域をもつことで強大な権力を持ち続けた。そして、幕府と藩で全国を治めていく幕藩体制をつくり、徳川家とのかかわりが浅い外様大名は江戸から遠いところに配置した。幕府は大名に対しては武家諸法度をつくり、無断の婚姻や築城を禁止したり、参勤交代をさせた。また天皇を含めた朝廷に対しても、禁中並公家中諸法度を制定して統制を行った。

ワークシートを使用する際のポイント

(1)左側では、資料を読み取る力をつける取り組みを行う。授業前段で資料の読み取りをしながら、時代の大枠をつかんでもよいし、時代の流れに沿いながら右側のプリントと並行して用いてもよい。

(2)右側では、本時の内容を時系列に沿って理解させていく。語句の穴埋めが中心にはなるが、参勤交代制度の目的や結果は既習内容や制度の特徴を踏まえながら記述をさせるところである。「まとめ」では、本時の課題に答える形で内容の理解を表現させたい。

とを理解させる。
　禁中並公家中諸法度の読み取りでは、天皇の行動を規定する内容がつくられたことに気付かせ、江戸幕府が朝廷も支配下においたことを理解させる。

3　まとめ
　江戸幕府が成立期につくり出した幕府の仕組みや制度が安定した支配につながっていることを理解しているかどうか表現させる。

ICT 活用のアイディア
1主な大名の配置の資料をモニターに出して、内容の共有をしやすくする。
3「江戸幕府の仕組み」の資料をモニターに出して、内容の共有をしやすくする。
4「参勤交代に関する資料」をモニターに出して、内容の共有をしやすくする。

板書活用のアイディア
2主な大名の配置から読み取れた特徴を挙げさせて板書し、共有する。
5「参勤交代に関する資料」から読み取れた特徴を挙げさせて板書し、共有する。

さまざまな身分と暮らし

本時の目標

・江戸時代の身分制度と武士、百姓、町人それぞれの職分や生活の様子を理解できるようにする。
・百姓や町人とは別に、差別された身分の人々がいたことについて理解できるようにする。

本時の評価

・身分別人口の割合、都市・農村の支配の仕組みなどの資料から、江戸時代の身分とそれぞれの職分や自治の様子を読み取り、理解している。
・江戸時代に確立した身分制度の中での差別が、近代や現代にも残っていることを理解している。

（ワークシート）

(1)

さまざまな身分と暮らし

課題：江戸幕府は人々を統制したが、目的と方法は？

◇次の空欄を教科書を見ながら埋めてみましょう。

豊臣秀吉の時代にできた身分は、江戸時代になるとさらに整えられました。身分は武士と百姓、町人とに大きく分けられ、江戸や大名の① ＿＿＿城下町 ＿＿＿ には、武士と町人が集められました。百姓は人口全体の②約 84 ％を占め、武士が7％ほどでした。また、百姓や町人などの身分とは別に、えたやひにんといった身分の人々がいました。彼らは人々から厳しく③ ＿＿＿差別 ＿＿＿ されていました。

1

◇次の資料から江戸幕府（武士）が百姓をどのように統制しようとしていたと考えるか。それぞれ考えて意見を書きましょう。
資料A　幕府収入の内訳（18世紀ごろ）

2

その他 28.1
貨幣改鋳の利益 1.3
長崎からの税収など 6.9
年貢 63.7%

「岩波講座日本史12」

→ 幕府の収入の6割を年貢が占めていることから、百姓が年貢を安定して納めさせるようにした。

3

資料B　当時の為政者（政治を行う人）の記録
①「本佐録」（江戸時代初期、幕府の政治に関わった本多正信の記録）
百姓を支配することが政治の根本である。百姓を治めるにはこつがある。まず1人1人の田畑の境界を定め、面積を正確にすること。それから1年分の食料と種もみの量を計算させ、その余りを年貢として取り上げるべきである。百姓は財産が余らぬように、また不足のないように治めることがこつである。
②神尾春央の語録
胡麻の油と百姓は絞れば絞るほど出る
③「昇平夜話」（江戸時代中期ごろに長岡藩（新潟）藩士）
百姓どもは死なぬように生きぬように

↓

・幕府に十分な年貢が納められるように、百姓側に蓄えをつくらないようにする。
・百姓が死んでしまったら年貢が納められなくなり幕府の収入も減ってしまうので、年貢の量は百姓が死なない程度にしないといけない。

本時の授業展開

1　導入

江戸幕府の成立期（17世紀前半）は戦国時代の終結からまだ50年も経っていないことを確認する。豊臣秀吉の政策で、兵農分離が達成したことを振り返る。

2　展開

ワークシートの2つの資料から幕府や藩が百姓に対してどのような態度で統制し、税を納めさせたかを読み取る。資料Aは幕府収入の内訳を示したもので収入の6割以上を年貢が占めていることを読み取らせ、百姓からの年貢がなければ武士も生活ができず、幕府も運営ができないことに気付かせる。資料Bは幕府や藩で政治を行う人の記録である。「百姓は財が余らぬよう」「百姓は絞れば絞るほど出る」「百姓は死なぬように生きぬように」という表現から百姓に対して厳しい政策を取っていたことを読み取らせ、資料Aと合わせて幕府の運営のために百姓を厳しく統制しなければいけなかったこと捉えさせる。

○さまざまな身分の統制

教科書を見ながら、武士・町人・百姓・差別された人々に対して幕府がどのように統制を行ったかをまとめさせる。その際、幕府からの統制だけでなく、それぞれの身分の者たちが、生活をしていく上での工夫を読み取らせ、江戸時代の身分制社会がただ抑圧されているだけのものでないことにも気付かせる。

また、まとめていく中で、厳しい生活を強い

(2)

○さまざまな身分の統制

教科書を見ながら、江戸幕府が「町人」「百姓」「差別された人々」を統制するためにどのような制度をつくったかをまとめましょう。

	幕府などがつくった制度 行わなければならない義務	それぞれの身分の人の生活（工夫）
武士	・主君から、領地や俸禄を代々与えられる ・軍事的な義務	・刀を日常的に差すなどの特権
町人	・幕府や藩に営業税を納める	・町ごとに選ばれた名主などの町役人が自治 ・借家人は、日雇いや行商などで生活 ・商家で働いたり職人の弟子となったりし、幼いころから仕事を覚え、独立を目指す
百姓	・年貢は村ごとにかけられ、主に米で納められた ・年貢率は四公六民や五公五民 ・五人組…年貢納入や犯罪防止に連帯責任を負わせた	・庄屋（名主）や組頭、百姓代などの村役人による村の自治 ・林野や用水路を共同で利用 ・田植えなども助け合い
差別された人々	・農業をして年貢を納める ・死んだ牛馬の解体や皮革業 ・犯罪者をとらえることや牢番など、役人の下働き ・村の運営や祭りにも参加できない ・住む場所、職業、服装の規制	

◇まとめ

今回の課題に答えましょう。

江戸幕府は豊臣秀吉の政治を引き継ぎ、身分を統制した。その目的は、身分秩序が整わなければ下剋上が入り乱れる戦国時代に戻ってしまうからだと考える。それを防ぐために江戸幕府は、武士、町人、百姓に大きく分け、それぞれに義務を課すことで安定した身分秩序を維持しようとした。特に百姓に対しては、武士の収入源ともなる年貢の納入を義務付け、不備のないように村ごとに管理させたり、五人組による互いを監視させたりする制度を整えた。

---

(1)左側は、本時の課題である幕府の統制の目的と大きくつながる部分の一つである。資料を読み取る力を養いながら、幕府が百姓をどのような意図を持って統制したかを読み取らせる。

(2)右側は教科書の記述を使いながら作業をさせる。それぞれの身分に対して、幕府がどのような統制を加え、役割を与えていったかを整理させる。また、それぞれの身分がただ統制を受けるだけでなく、より生活を向上させていくための工夫もまとめさせていくことで、支配・被支配という関係にとどまらない江戸時代の身分制の特徴をつかませる。

られる農工商の人々の下に、えた・ひにんといった差別されてきた人々の存在がいたことを理解させる。

3　まとめ

本時の内容を課題に即してまとめさせる。単純に政策のみを列挙するだけでなく、それらの政策の目的を考えた上で記述するようにさせる。

ICT活用のアイディア

1「幕府収入の内訳」の資料をモニターに出して、内容の共有をしやすくする。

板書活用のアイディア

2「幕府収入の内訳」から読み取れた特徴を挙げさせて板書し、共有する。

3「当時の為政者の記録」から読み取れた特徴を挙げさせて板書し、考えを深める。

4各身分への統制策やそれぞれの身分の人々の生きる工夫を挙げさせ、共有する。

貿易の振興から鎖国へ

本時の目標

江戸幕府の対外政策の変化について理解できるようにする。

本時の評価

幕府が対外政策を変化させた理由を、宗教の統制、外交と貿易の統制などに着目して考察し、表現している。

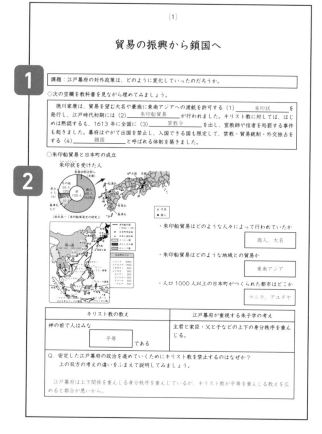

本時の授業展開

1 導入

ベトナムのホイアンにある日本橋やフィリピンのマニラにある高山右近像を見せ、なぜこのような日本に関するものが東南アジアの国々にあるのかを知り、その背景に何があるのか本時の学習を通して学ぶきっかけとする。

2 展開

朱印状を受けた人々の身分の割合が示されたグラフと地域分布図、朱印船貿易が展開された地図から問いに沿って、江戸時代初期に行われた東南アジアを中心とした貿易の様子を読み取る。

キリスト教の教え（既習内容）と江戸幕府が重視する考え方の違いから幕府がキリスト教を禁止していく理由を考えていく。記述内容については、少人数での意見交換も行いながら、思考・表現を深めていく。

2018年に世界文化遺産として登録された「長崎と天草地方の潜伏キリシタン関連遺産」をタブレット端末等を活用して調べ、キリシタン統制のために幕府が何をしてきたのか、またその実効性を問う課題に取り組む。少人数での意見交換、全体共有を通して多面的な見方・考え方を身につける。

○江戸時代初期の外交政策

年表の穴埋めをしながら、江戸幕府が開府当初どのような外交政策を展開したのかを整理していく。教科書や資料集を用いながら、自ら調べ用語を埋めていく作業とする。

3 ○幕府の統制は完璧だったか？

4

幕府の統制によって、日本からキリシタンはいなくなったのか？上の絵や、「潜伏キリシタンに関する世界遺産」をインターネットなどを利用し記事を探すなど、調べて答えましょう。
(Yes ・ No)

5 [根拠] 新聞記事（2018年7月1日 朝日新聞等）に、「キリスト教を禁じた17〜19世紀に、伝統的な宗教や社会と共生しながらひそかに信仰を守り続けた「潜伏キリシタン」が育んだ独特の文化的伝統を示す遺産」があると書かれているから。

○江戸時代初期の外交政策

年	出来事
1607	① 朝鮮通信使 　の使節来日（豊臣政権での仲違いを解消）
1609	② オランダ 　が長崎の平戸に商館を設置
1612	幕府は幕府の領地に禁教令を発令（翌年全国に発令）
1613	伊達政宗、スペインに家臣（支倉常長）を派遣
1614	③ ポルトガル 　が長崎の平戸に商館を設置
1614	高山右近らをマニラやマカオに追放
1616	（②）船を除いて外国船の入港を長崎と平戸に限定
1633	特別許可された者以外④ 日本人 　の海外渡航を禁止
1635	（④）の海外からの帰国を禁止
1635	（②）も入港地を長崎に制限
1637	⑤ 島原・天草 　一揆 キリスト教信者への迫害や厳しい年貢の取り立てに苦しんだ人々が、天草四郎を大将に起こした一揆
1639	⑥ ポルトガル 　船の来航禁止
1641	（②）の商館を長崎の出島に移す

◇まとめ
今回の課題に答えましょう。

徳川家康のころは、西日本の商人や大名に朱印状を発行し、主に東南アジアで貿易を行う朱印船貿易が行われ、東南アジア各地に日本町が形成された。しかし、幕府はキリスト教の勢力を抑えるため禁教令を出し、絵踏などを行うことで、キリスト教を禁止していった。また、日本人の渡航を禁止し、貿易相手国も制限していくことで、「鎖国」と呼ばれる外交体制をつくりあげた。

3　まとめ

本時の学習課題に沿って、本時の学習をまとめる。キリスト教の影響、大名が経済力をつけることを防ぐために幕府が貿易を統制し、外交を独占しようとしたことを捉えさせる。

ワークシートを使用する際のポイント

⑴左側では、空欄補充でおおまかな流れを確認する。本時の終末のキーワードとなる「鎖国」は小学校でも学習している用語であるので、復習も兼ねて先に提示しておく。資料の読み取りについては、円グラフ・地図からの読み取りになるので、平易なものである。下段の幕府の宗教の扱いに関するところでは、キリスト教と江戸幕府が目指す国づくりに矛盾が生じていることに気づかせる。

⑵右側では、まずキリスト教の禁止をどのような形で行われていたのかを絵画史料を用いながら確認した上で、その政策が100％実効性のあるものであったのか確認する。読み取りの結果、キリシタンが居続けたことが政策の失敗とならないよう注意して指導する。

ICT活用のアイディア
1 導入部分でベトナムの日本橋やマニラの高山右近像をモニターに出し、見やすくする。
2 「朱印状を受けた人」を示すグラフ・地図を出して、内容の共有をしやすくする。
3 「潜伏キリシタンに関する世界遺産」についてタブレット端末等を用いて検索する。
4 絵踏の絵画資料を出して、内容の共有をしやすくする。

板書活用のアイディア
5 資料から幕府の禁教政策は成功しているかどうかに対する理由を挙げさせ、対立している意見を見比べながら深める。

鎖国下の対外関係

本時の目標

鎖国下におけるオランダ・中国との貿易や、朝鮮との交流について理解できるようにする。

本時の評価

・オランダ・中国とは正式な国交はなく、長崎において貿易が行われていたことを理解している。
・朝鮮とは、通信便の派遣や倭館での貿易などが行われたことを理解している。

---

(1)

鎖国下の対外関係

1 課題：江戸時代の日本は、世界とどのようにつながっていたのだろうか。

◇次の空欄を教科書を見ながら埋めてみましょう。

江戸幕府の外交政策は「(1)＿＿＿鎖国＿＿＿」と呼ばれていますが、国を完全に閉ざしていたわけではなく、(2)＿＿長崎＿＿・(3)＿＿対馬＿＿・(4)＿＿薩摩＿＿・(5)＿＿松前＿＿の4か所の窓口を通じて、日本は異国や異民族とゆるやかにつながり、国際関係をつくりだしました。

（資料1）オランダ風説書（1844年提出のものから抜粋して口語訳したもの）
- イギリス国女王が見舞いのためにフランス国王とベルギー国王のところへ訪問した
- オランダの前国王が去年の十一月に亡くなった
- ロシアの皇帝がプロイセンの国王のところへ見舞いのために訪問した
- イスパニア（スペイン）は一揆が収まった。イサベルという女性の王が即位した

2 ▼考えてみよう
上の「オランダ風説書」は日本にやってくるオランダ人に対して提出を命じていたものですが、何のために提出させていたのでしょう。

オランダを通じてヨーロッパをはじめ海外の情報を知るため。

（資料2）朝鮮通信使（「朝鮮国信使絵巻」）

3

4 ▼考えてみよう
上の「朝鮮通信使」は江戸まで通行を陸上で移動し、服装も朝鮮のものを着させました。その目的は何だろう。

参勤交代と同じように江戸まで来させることで、朝鮮という国も幕府に従っていることを多くの人々に示すため。

本時の授業展開

1 導入

小学校の学習を基に、鎖国下での海外との交流について確認する。生徒は、朝鮮通信便についてはよく覚えていることが予想される。

2 展開

教科書を見ながら大まかな流れをつかむ。本時の大まかな流れを教科書を見ながらワークシートを記述していく。

オランダ風説書の内容から、江戸幕府がヨーロッパで唯一の国であるオランダに対して課している義務が何かを考えさせる。オランダ以外の国の情報が挙がっていることから、外国との交流が貿易だけでないことに気付かせる。

朝鮮通信使の江戸参府の様子を描いた絵画資料から、朝鮮通信使が何のために江戸までやってくるのかを考える。既習内容である参勤交代での大名行列と共通する部分を意識させながら、課題に取り組む。

○4つの窓口

「鎖国」体制下での海外とどこで、どのようにつながっていたのかを整理する。教科書や資料集を用いながら、江戸時代で海外に開かれていた4つの窓口を地図で確認し、長崎・対馬・薩摩・松前の各所で交易をしていた相手、国交の有無、どのような関わり方をしていたのか調べまとめる。

○4つの窓口

5

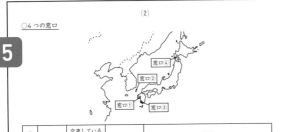

(2)

窓口	地名	交流している国・地域	国交	特徴
①	長崎	(特徴)		・幕府による貿易 ・生糸・絹織物・薬・香料などを輸入 ・銀・銅・俵物の輸出 ・ヨーロッパの書物の輸入の禁止
		オランダ	(有・無)	・商館のある出島での貿易 ・商館長に風説書の提出を義務付ける
		中国	(有・無)	・17世紀前半に王朝の交替 明 → 清 ・唐人屋敷での貿易
②	対馬	朝鮮	(有・無)	・将軍の代替わりなどに朝鮮通信使を派遣 ・対馬藩の貿易独占
③	薩摩	琉球王国	(有・無)	
④	松前	松前		

◇まとめ
今回の課題に答えましょう。

> 江戸幕府は、ポルトガル船の来航禁止以降、外国との交流を制限した。長崎で中国とオランダ、対馬で朝鮮、薩摩で琉球王国、松前でアイヌ民族とのつながりを維持した。長崎は幕府の直轄領であり、中国・オランダとは幕府が直接通商を行った。そのほかの3つの地域は、その地を治める大名に任せ交流を維持した。このように幕府は、国や地域ごとに交流・通商を行う場所を指定し、この4か所の窓口を通して日本は世界とのつながりが維持され続けた。

○まとめ

　学習課題である「江戸時代の日本は、世界とどのようにつながっていたのだろうか？」に沿って本時のまとめを記述する。オランダ・中国（清）とは、正式な国交はなく、貿易だけを行っていたこと、朝鮮とは正式な国交を結び、貿易だけでなく使節の往来があったことを捉えさせる。

(1)左側では、教科書記述から内容の大枠を記述させる。前時の内容を受けて、本時では「鎖国」体制下ではどこで、どこの国や地域と交流があったかを意識させる。「考えてみよう」では、1つ目に「オランダ風説書」から幕府がオランダに求めていたものを読み取らせる。オランダ以外の国が記載されていることに着目させ、世界の情報を得ようとしていることに気付かせたい。2つ目は朝鮮通信使に関する資料から、通信使を江戸まで来させる目的を読み取らせる。航路ではなく陸路であることから参勤交代と似ていることに気付かせ、目的にせまりたい。

(2)右側では、4つの窓口での海外との交易の形を手持ちの資料を参考にまとめさせる。特徴の部分は全文か、文の一部を書かせるか生徒の実態に応じて工夫したい。最後にまとめを記述させ、本時の内容の理解、思考力・判断力・表現力をみる。

ICT活用のアイディア

1 長崎の出島でのオランダ人の様子を描いた絵画資料をモニターなどで出し、生徒の関心を高める。
2 「オランダ風説書」の資料をモニターに出して、内容の共有をしやすくする。
3 「朝鮮通信使」の資料をモニターに出して、内容の共有をしやすくする。
5 「鎖国」状態の地図を出して、内容の共有をしやすくする。

板書活用のアイディア

4 「朝鮮通信使」から読み取れた特徴を挙げさせて板書し、共有する。

琉球国王やアイヌ民族との関係

本時の目標

鎖国下における琉球やアイヌの人々との関係について理解できるようにする。

本時の評価

・琉球が薩摩藩に支配されるとともに、中国との朝貢貿易を行っていたことを理解している。

・アイヌの人々の生活や松前藩との交易の様子を捉えている。

---

(1)

琉球王国やアイヌ民族との関係

1 課題：江戸幕府は、琉球王国やアイヌ民族とどのような関係を持ったのだろうか。

◇次の空欄を教科書を見ながら埋めてみましょう。

1609年、琉球王国は江戸幕府の許可を得た (1) ＿＿薩摩藩＿＿ に征服された。幕府は、薩摩藩に琉球の支配を認めるが、王国はそのまま残され、(2) ＿明＿ や ＿清＿ への朝貢貿易も続けられた。琉球の人々は独自の生活文化は変えぬように命じられた。

1604年、幕府は蝦夷地の南部を支配する (3) ＿＿松前藩＿＿ に、(4) ＿アイヌ民族＿ との交易の独占を認めた。松前藩は、交易を通じてアイヌ民族との窓口となった。

▼考えよう

2 ①上の穴埋めの内容を参考にして、（資料1）がなぜ出されることになったのか？

（資料1）琉球の覚え書き（1742年に琉球に出されたもの）

・中国人の囲みに近寄ってはいけない。
・大和（日本）の年号・名字・丼・寛永通宝などを中国人に見せてはいけない。
・村の中で大和の歌をうたってはいけない。
・中国人の滞在中は、（薩摩の）掲示板を立ててはいけない。

3 琉球王国を薩摩藩（日本）が支配していることを、明や清に知られないようにするため。

②蝦夷地でとれた海産物を俵につめたものを俵物といいます。俵物で松前藩や幕府がどのように利益を得たのか、（資料2）を参考にして説明しなさい。

4 （資料2）

蝦夷地で得た海産物は海上輸送で運ばれ、大阪に運ばれたり、長崎での中国との貿易で売られたりした。

本時の授業展開

1 導入

これまで学習してきた「沖縄」「北海道」の歴史がどのようなものであったかを確認する。「沖縄」に関しては、日本との深いつながりはまだでてきていないことを確認する。「北海道」は室町時代に、蝦夷地に移住した和人によるアイヌ民族への圧迫について確認する。

2 展開

教科書を見ながら大まかな流れをつかむ。本時の大まかな流れを教科書を見ながらワークシートを記述していく。

〔資料1〕の琉球の覚え書きを読み、それが出された理由を考える。

上段の穴埋めにて琉球王国が中国と薩摩の両方の支配を受けていることに気付き、それを背景とした覚え書きであることから考える。

〔資料2〕の蝦夷地でとれたこんぶの流通ルートを示したものから、こんぶを含めた俵物がどのように松前藩や幕府の財政に関わってくるかを考える。前々時・前時におさえた江戸時代の日本が海外とのつながりをも参考にしながら多角的に考えていく。

琉球・アイヌ民族との交流について整理を行う。事実確認を行うとともに、絵画資料を用いて、現在日本の領域にある2つの地域が江戸時代にどのように扱われてきているのかを考えさせる。

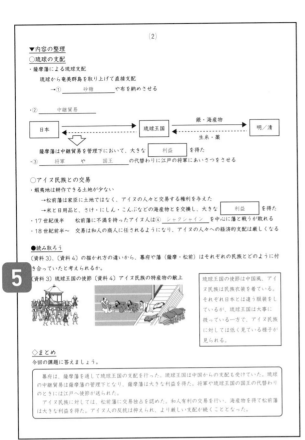

ワークシートを使用する際のポイント

(1)左側では、資料の読解を中心に行う。〔資料１〕は文字資料から、〔資料２〕は地図資料からの読み取りを行う。〔資料１〕からは、琉球王国が薩摩藩と中国からの二重支配がどのような形で行われているかを読み取るものである。琉球王国に対する薩摩藩（日本）の支配を中国に分からせないようにする目的は何かを考えさせることも可能である。〔資料２〕では、蝦夷地で取れた産物がどのように流通されているかを読み取るものである。蝦夷地から運ばれたこんぶが長崎から海外に出ていくことが何を意味しているかを考えさせたい。

(2)右側では、用語の確認をしながら、本時の課題である琉球王国、アイヌ民族に対してどのような関係をもったのかにせまっていく。双方ともに、幕府または関わっている藩が大きな利益を挙げることにつながっていくこと、またそれぞれの地域への関わり方についても絵画資料を用いて読み取っていく。

ICT活用のアイディア

1 導入部分で、北海道・沖縄の歴史の既習内容をモニターなどで出しながら復習する。

2 「琉球の覚え書き」の資料をモニターに出して、内容の共有をしやすくする。

3 蝦夷地を含めた流通経路の資料をモニターに出して、内容の共有をしやすくする。

5 「琉球の使節」「アイヌ人の献上」の資料をモニターに出して、内容の共有をしやすくする。

板書活用のアイディア

4 蝦夷地を活用した流通で松前藩や幕府の収益を上げた理由を板書し、他の人の意見を参考にして考えを深めさせる。

3　まとめ

学習課題である「江戸幕府は、琉球王国やアイヌ民族とどのような関係を持ったのだろうか」に沿って本時のまとめを記述する。

琉球王国は、薩摩藩に征服された後も中国との貿易を継続させられたこと、アイヌ民族は統一された国は持たず、松前藩と交易をしていたことを捉えさせる。

3 産業の発達と幕府政治の動き

単元の目標

産業や交通の発達や、社会の変動や欧米諸国の接近、幕府の政治改革を基に、町人文化が都市と中心に形成されたことや幕府の政治が次第に行き詰まりを見せたことを理解する。
産業の発達や幕府の政策の変化などに着目して、幕府政治の行き詰まりの様子を考察し、表現する。
近世の日本について、よりよい社会の実現への課題を主体的に追究し、解決しようとしている。

単元を貫く問い 産業や文化が発達し、都市が繁栄する中で、なぜ幕府は改革をせまられたのだろうか

第 1 時～第 3 時
産業の発達と町人文化

〔第 1 時〕農業や諸産業の発展
〇幕府や藩、農民が米の生産量を増やすために行ったことを理解させる。
〇各地に特産物がみられるようになった理由を考察し、表現させる。
・耕地面積の移り変わりのグラフを読み取り、農業が発達したことを考察する。
・商品作物の栽培から貨幣経済が発展したことや、手工業や商業が発達したことを考察する。

〔第 2 時〕都市の繁栄と交通の整備
〇交通路が整備され、都市が発展したことを理解させるとともに、その理由を考察し、表現させる。
・江戸と大阪の土地利用の図を比較して、大阪が商業の中心地であったことを読み取る。
・年貢の運搬や都市を結ぶために、街道や航路が整備された目的を考察する。

〔第 3 時〕幕府の政治の安定と元禄文化
〇徳川綱吉の政治の特色を理解させる。
〇上方の町人階層から新たな文化が形成された背景を考察し、表現させる。
・綱吉の政治と正徳の治を財政難の対策の視点から理解する。
・見返り美人図から、元禄文化の担い手が町人であることを理解し、上方の経済発展と関連付けて考察する。

学習活動のポイント ....

　単元を貫く問いは、「産業や文化が発達し、都市が繁栄する中で、なぜ幕府は改革をせまられたのだろうか」と設定する。

　耕地面積の増加のグラフや、江戸と大阪の土地利用の地図などを通して、諸産業の発達について理解し、貨幣経済が発展していくことを考察する。

　見返り美人図や歌舞伎の劇場などの絵画資料を通して、町人を中心とした文化の発展について理解し、町人が力をもち都市が繁栄したことを考察する。

　これらのことから、貨幣経済が発展したことを理解し、幕府はこれまでの農業中心の制度を維持したり、社会の変化に対応したりするために、改革をする必要があったことを考察する。

知識・技能	思考・判断・表現	主体的に学習に取り組む態度
○産業や交通の発達、教育の普及と文化の広がりなどを基に、町人文化が都市を中心に形成されたこと、各地方の生活文化が生まれたことを理解し、また、社会の変動や欧米諸国の接近、幕府の政治改革、新しい学問・思想などの動きなどを基に、幕府の政治が次第に行き詰まりを見せたことを理解している。	○産業の発達と文化の担い手の変化や、社会の変化と幕府の政策の変化などに着目して、事象を相互に関連付けるなどして、江戸時代の社会の発展の様子や幕府の政治の行き詰まりの様子を多面的・多角的に考察し、表現している。	○近世の日本について、社会的事象の意味や意義、事象間のつながり、異なる立場や側面による捉え方の違いなどを踏まえて、よりよい社会の実現を視野に、そこに見られる課題を主体的に追究し、解決しようとしている。

○：ねらい　・：主な学習活動

第 4 時〜第 9 時

幕府の政治の展開／近世の大観

（第 4 時）享保の改革と社会の変化
○徳川吉宗の政治改革の特色を理解させる。
○幕藩体制の基盤がゆらぎ、百姓一揆が起こったことを理解させる。
・享保の改革が、年貢米収入中心の改革であることを考察する。
・手工業の発達や農村への貨幣経済の浸透から、農民の貧富の差が拡大したことを理解する。

（第 5 時）田沼意次の政治と寛政の改革
○田沼意次の政治と寛政の改革について、その背景を踏まえて政治の特色を考察し、表現させる。
・商業中心の田沼の政治と年貢の確保中心の寛政の改革の特色を理解する。
・ロシアの接近と幕府の対策を理解する。

（第 6 時）新しい学問と化政文化
○社会の変化の中で発展した学問や文化の特色を理解させる。
・江戸の経済発展から、化政文化が江戸中心に発達したことを理解する。
・藩校と寺子屋の分布図から、教育が普及したことを考察する。

（第 7 時）外国船の出現と天保の改革
○天保の改革や諸藩の改革の特色を理解させる。
・天保の改革と諸藩を比較し、成功・失敗の理由を考察する。

（第 8 ・ 9 時）近世の大観
○近世の日本を大観し、時代の特色を捉えさせる。
・中世と近世を比較し、共通点や相違点を考察する。
・グループで意見交換を行い、近世の特色について自分の意見をレポートにまとめる。

課題解決的な学習展開にする工夫

　第 3 時の綱吉の政治、第 4 時の享保の改革、第 5 時の田沼の政治、寛政の改革を、幕府の財政の悪化に対する解決策の面から捉えさせる。その際、年貢米収入中心か、年貢米以外の収入の中心か判断することで、改革の推移をまとめられるように工夫する。まとめた後に、その後の改革でどのような政策が行われるかを予想させることで、第 7 時で社会の変化に対応した諸藩の改革が成功し、従来の年貢米収入中心の天保の改革が失敗したことを理解しやすく工夫する。

　また、単元を貫く問いは、諸産業の発展によって貨幣経済の浸透する中、年貢米収入が中心の幕府財政では対応しきれなくなったことを、改革の要点をまとめることで気付き、まとめられるように工夫する。

農業や諸産業の発展

本時の目標

・幕府や藩、農民が米の生産量を増やすために行ったことを理解できるようにする。

・各地に特産物がみられるようになった理由を考察し、表現できるようにする。

本時の評価

・幕府や藩が年貢を増やし、農民が収入を増やすために、新田開発が行われたことを理解している。

・各地に特産物が見られるようになった理由を農業や諸産業の発展と関連付けて考察し、表現している。

農業や諸産業の発展

1 学習課題　江戸時代には、どのような産業が発達したのだろうか。

農業の発展　(1)

Q. 1600年ごろから1720年ごろまでに、耕地面積は何倍に増えただろう？
A. 約【　1.8　】倍

Q. 耕地面積を増加させるために、江戸時代に新しく開かれた田畑を何という？
A. 【　新田　】

2 Q. なぜ、【　新田　】開発を行ったのだろう？
A. 農民にとって、_____耕地面積が増え、収入が増えるから_____
　武士（幕府・藩）にとって、_____年貢が幕府や藩の主な収入だから_____

Q. 耕地面積や収穫量を増やすために、どのような工夫が必要だろう？
A. _____新しい農具、肥料、農書　など_____

農具の改良

3 【　備中くわ　】　　　　　　　　　【　千歯こき　】

肥料
【　下肥　】・【　草木灰　】
　　　＋
【　干鰯　】・【　油かす　】…金肥（購入する肥料）

Q. 肥料を買うためには、何が必要だろう？
A. _____お金_____

Q. 【　お金　】を得るためには、どうすればいいだろう？
A. 【　商品　】作物の栽培

四木　三草 ＋【　綿　】
　　　麻、藍、紅花｝【　手工業の原料　】
　　　桑、椿、漆、茶
　　　【　蚕　】のえさ→【　生糸　】をつくる

本時の授業展開

1　導入

全国の耕地面積の移り変わりのグラフを読み取り、耕地面積が増加したことに気付かせる。新しく開かれた田畑は新田とよぶことを説明する。

2　展開

○農業の発展

なぜ新田開発が行われたかについて、農民と武士（幕府・藩）のそれぞれの立場から、考えさせる。既習事項である幕府や藩の主な収入が年貢であることに気付かせ、そのために積極的に新田開発が行われたことを考えさせる。

また、どのように新田開発が行われたかを考えさせる。新しい農具や肥料が改良されたり、農書が作成されたりしたことに気付かせる。

商品作物の栽培によって、貨幣経済が農村にも広がったことを理解させる。商品作物の多くは、手工業の原料として利用させるものであることを説明する。特に、綿花や生糸は、中国や朝鮮から輸入していたものが、貿易統制によって手に入りづらくなったため、作られるようになったことに気付かせる。

○諸産業の発展

人口増加や城下町の整備のために建築資材が必要になり林業が発達したり、綿が国産化されたり、網の改良によって水産業が発達したり、幕府が貨幣鋳造権をもつことで鉱山開発が発達したりするなど、諸産業の発達が社会や他の産業の発達と関連していることを考えさせる。

Q. なぜ、綿花や生糸をつくるようになったのだろう？（2）
A. これまで、【　中国　】や【　朝鮮　】から輸入していた
　　　　　　　　　　　　　↓
　【　鎖国　】で手に入りづらくなったから

諸産業の発展

4 【　林　】業…城下町の整備のための建築資材
水産業…【　網　】を使用して大量に捕らえる
【　九十九里浜　】（千葉県）…イワシ漁 → 【　干鰯　】…近畿の綿作地域へ
紀伊（和歌山県）、土佐（高知県）…クジラ漁、カツオ漁
蝦夷地（北海道）…ニシン漁、コンブ漁、【　俵物　】

鉱山開発…採掘や精錬技術の進歩（3）
金山…佐渡金山
銀山…石見銀山、生野銀山　　｝【　幕府　】が → 【　金貨　】（金座）
銅山…足尾銅山、別子銅山　　　　貨幣鋳造権　→ 【　銀貨　】（銀座）
　　　　　　　　　　　　　　　　　　　　　　→ 【　銅貨　】（銭座）
　　　　　　　　　　　　　　　　　　　　　　（【　寛永通宝　】）

特産品　野田や銚子（千葉県）…【　しょう油　】
　　　　伊丹や灘（兵庫県）……【　酒　】

5 Q. 農業や諸産業はどのように発達したか、次の語句を使って説明しましょう。
　　［商品作物／特産品］

様々な商品作物が栽培され、それを原料とした産業が各地で発達した。その産物が、特産品として取引されることで、手工業や商業も発達した。

イワシ漁の発達が干鰯の生産につながり、近畿地方の綿作が盛んになったことに気付かせる。蝦夷地の俵物が輸出品になったことを説明する。

社会が安定し、しょう油や酒などの日用品の生産や加工を進める動きが各地に広がっていったことに気付かせる。

3　まとめ

これまで学んだことから、農業や諸産業の発展について、商品作物の栽培や産業の発達と社会や他の産業の発達との関連など、文章で説明させる。その際、幕府や藩が年貢収入増加のために新田開発を行ったことや、貿易統制による輸入品の減少によって生糸や綿織物の国産が進んだことなどについても考えさせる。

ワークシートを使用する際のポイント

⑴耕地面積の推移のグラフや、農具の絵から、農業の発展を理解させる。また、新田開発を行った理由から、幕府や藩の支配について考えさせる。

⑵輸入品であった綿織物や生糸が、国産化される理由を鎖国（貿易統制）と関連付けて捉えさせる。

⑶鉱山開発と、幕府が貨幣鋳造権を独占している関係性をつかませる。

ICT活用のアイディア

❶グラフを大型TVなどに映す。その際、棒グラフを時代順に提示することで、耕地面積の増加を視覚的に感じさせられるとよい。
❸2枚の絵画資料全体をタブレット端末で見ることにより、拡大・縮小して、全体像や細部に興味をもたせる。
❹諸産業の発展した場所の地図を大型TVなどに映し、確認させる。

板書活用のアイディア

❷「農民にとって」と「武士にとって」を並べて板書し、どちらにとっても利益があったことに気付かせる。
❺生徒の発言のポイントを板書し、商品作物の栽培と、手工業や商業の発達の関連を理解させる。

都市の繁栄と
交通の整備

本時の目標

・交通路が整備され都市が発展したことを理解できるようにする。
・江戸時代に、交通路や都市が発達した理由を考察し、表現できるようにする。

本時の評価

・産業や交通の発達により三都をはじめとする都市が発展したことを理解している。
・交通路や都市が発達した理由を、幕府や藩の政治の仕組み、物資の流通などから考察し、表現している。

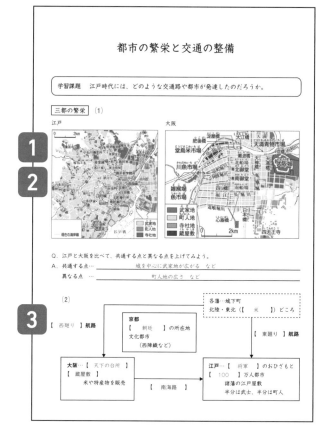

本時の授業展開

1 導入

　江戸と大阪の土地利用の図を比較し、江戸と大阪の共通点と異なる点を比較させる。共通する点として、城を中心に武家地が広がる点が挙げられ、異なる点としては、大阪は、町人地が広かったり、蔵屋敷があったことに気付かせる。

2 展開
○三都の繁栄

　導入で扱った土地利用の違いから、政治都市である江戸と商業都市である大阪の性格の違いを読み取らせる。また、朝廷の所在地である京都は、古都として学問や文化の中心地であったことを理解させる。

　都市が繁栄することにより、商業が発達したことを説明する。商人たちが、同業者組合である株仲間をつくり、幕府や藩に税を納める代わりに独占的に営業を行う特権を与えられていたことを理解させる。貨幣経済の発達により、両替商などの豪商が、幕府や大名に貸付を行い、藩の財政にも関わるようになっていくことを説明する。

○街道の整備

　五街道が整備され、宿場や関所が設置されたり、飛脚が発達したりしたことを理解させる。
　街道の整備の理由が、既習事項である参勤交代のためであったことを考察させる。

・商業の発達

【　株仲間　】…商工業者の同業者組合

　　　　　　　【　営業税　】を納める　→　【　独占　】的な営業を認められる

【　両替商　】…金貨、銀貨、銅貨の交換

　　　　　　　→　豪商（三井、鴻池）…大名にも貸付

⬇

【　お金　】を使うようになる

【街道の整備】

【　五街道　】（東海道、中山道、甲州街道、日光街道、奥州街道）

4

5

【　宿場　】の設置…宿泊施設や輸送に必要な物資を設置

　　　←──【　参勤交代　】

【　関所　】の設置…通行人を管理

【　飛脚　】の発達…手紙や荷物の運搬

【海運の発達】

海上交通…【　年貢　】や大量の物資の輸送

【　南海路　】…上方から江戸へ（下り物）

　　　　　　　【　樽廻船　】,【　菱垣廻船　】

【　西廻り　】**航路**…東北・北陸から上方へ

　　　　　　　　　→【　蔵屋敷　】で年貢米や特産物を販売

　　　　　　　　　　　【　北前船　】

【　東廻り　】**航路**…東北・北陸から江戸へ

Q. 街道や航路が整備された目的を、次の語句を使って説明しなさい。（3）

　　［三都／商品／年貢］

> 街道は、大名の参勤交代のため、整備された。
> 航路は、さまざまな商品や年貢米を船で輸送するために、三都を中心に整備された。

⑴土地利用の図の比較は正答を考えさせるより、オープンエンドの答えを資料から読み取ることを意識する。

⑵左下の図に書き込んでいくことで、三都と交通路の整備の関係をつかませる。

⑶習得した知識と、既習事項の関係について意識できるように配慮する。

ICT 活用のアイディア

1 2枚の地図を大型 TV などに映し、江戸と大阪の共通点と相違点をつかませる。

2 2枚の地図をタブレット端末を使って拡大・縮小しながら見せ、江戸と大阪の特徴をつかませる。

5 現在の地図を大型 TV などに映し、江戸時代の交通路と比較させてもよい。

板書活用のアイディア

3 ワークシートには、単純化した図を掲載したが、板書には、日本地図を描き、三都の場所を確認することで、交通路との関係をつかませる。

4 黒板に描いた日本地図に、五街道を書き込み、三都と交通路の関係の理解を深める。

○海運の発達

　河村瑞賢によって、東北地方と大阪を結ぶ西廻り航路や東北地方と江戸を結ぶ東回り航路が確立されたり、大阪と江戸を結ぶ南海路を定期的に航行する廻船が登場したりすることにより、海運が発達したことを理解させる。

　海運の発達の理由が、年貢や大量の物資の輸送には、地理的分野で学習した海運が適していたことを考察させる。

3　まとめ

　これまで学んだことから、街道や航路の整備された目的をまとめさせ、文章で説明させる。その際、街道や航路が三都を中心とした都市を結ぶものであることに気付かせる。

幕府の政治の安定と元禄文化

本時の目標

- 徳川綱吉の政治の特色を理解できるようにする。
- 上方の町人階層から新たな文化が形成された背景を考察し、表現できるようにする。

本時の評価

- 徳川綱吉の政治が、それまでの武断政治から文治政治へと転換したことを捉えている。
- 元禄文化の特色を捉え、上方の町人が文化の担い手になったことを、商業の発達や都市の繁栄に着目して考察し、表現している。

幕府の政治の安定と元禄文化

学習課題　徳川綱吉の政治や文化には、どのような特色があったのだろうか。

綱吉の政治と正徳の治

5代将軍　【　徳川綱吉　】
【　文治　】政治…【　武力　】にかわり、
　　　　　【　学問　】（【　朱子学　】）を政治の中心になった
生類憐れみの政策…動物愛護の政策

1

財政難　対策　貨幣の質を（　上げる　・　落とす　）　　　(1)(2)
　　　　　　　金の含有量を（　増やし　・　減らし　）、
　　　　　　　小判の発行量を（　増やす　・　減らす　）
　　　　↓
町人にお金が回り、商工業が活発に（　なる　・　ならない　）

○（　年貢米の収入　・　年貢米以外の収入　）で、幕府の収入を増やす
　　　↓
結果・影響…【　物価上昇　】をまねく。

正徳の治（6代・7代将軍の時代）　　　【　新井白石　】
財政難　対策　貨幣の質を戻す
　　　　　　　長崎貿易の制限

2　元禄文化　(3)

【　藤原道長　】　　【　織田信長　】　　【　見返り美人図　】

本時の授業展開

1　導入

　幕藩体制の確立以後、幕府の政治が、改易などによって力で抑える武断政治から、朱子学を中心とした文治政治に転換したことを理解させる。その中で、動物愛護の生類憐れみの政策がとられたことを説明する。

2　展開

○綱吉の政治と正徳の治

　幕府の財政が苦しくなり、金の含有量を減らし、小判の質を落とし、発行量を増加させたため、商工業が発達したことを考察させる。その一方で、小判の発行量の増加によって、物価上昇をまねいたことを考えさせる。

　新井白石の正徳の治では、貨幣の質を元にもどし、長崎貿易の制限をするなどの幕府の財政難への対策が行われたことを理解させる。

○元禄文化

　既習の絵画資料を見て、誰が描かれているかを考える。見返り美人図を見て、モデルが誰だか分からないことに気付かせる。これまでの文化は貴族や武士などの権力者が文化を支えていたが、経済的に豊かになった町人が文化の担い手になったことを捉えさせる。

　また、江戸時代前半の経済の中心は、大阪を中心とした上方であり、経済力や技術力をもつ上方の町人を中心に文化が生まれたことを理解させる。

　井原西鶴の浮世草子や近松門左衛門の脚本など、町人の生活を題材とした文芸が流行したこ

3

特色 ・【 町人 】文化 ← 綱吉の政治・【 商業 】が活発になった
・【 上方 】（京都・大阪）中心
・【 浮世 】

文芸 【 井原西鶴 】…浮世草子『日本永代蔵』
【 近松門左衛門 】…【 人形浄瑠璃 】の脚本（義理・人情）
【 歌舞伎 】…坂田藤十郎、市川団十郎
【 松尾芭蕉 】…【 俳諧 】『奥の細道』

絵画 浮世絵 【 菱川師宣 】…『見返り美人図』
装飾画 俵屋宗達 …『風神雷神図屛風』
尾形光琳 …『紅白梅図屛風』

学問 儒学（【 孔子 】が始める）
【 朱子 】学（林羅山）…身分秩序を重んじる→幕府の奨励
陽明学（中江藤樹）…実践を重んじる（知行合一）
古学（荻生徂徠）…孔子の教えを研究
歴史研究 水戸光圀『大日本史』
新井白石『読史余論』
自然科学 宮崎安貞『農業全書』
関孝和…和算

民衆のくらし
年中行事
正月（雑煮、七草）、節分の豆まき、ひな祭り、鯉のぼり、盆踊り

4

衣…木綿が広がる
食…1日3食
住…屋敷・長屋

5

Q. 元禄文化の特色を、文化の担い手に着目して説明しなさい。

上方を中心に経済力をつけた町人を担い手として、都市に住む武士や町人の生活を題材とした小説や演劇、絵画などが広まった。

とに気付かせる。

華やかな装飾画とともに、流行の風俗を題材とした浮世絵が発達したことを理解させる。

身分秩序を重んじる朱子学を中心とした儒学の研究や歴史研究など学問が発達したことを理解させる。

現在まで受け継がれている年中行事がこの時期に生まれたことに気付かせる。

3 まとめ

これまで学んだことから、町人が担い手であった元禄文化の特色を文章で説明させる。その際、経済的に発展していた上方を中心に文化が栄えたことを捉えさせる。

ワークシートを使用する際のポイント

⑴財政難への対策を選択肢に○をつけることで考えやすくした。公民的分野で学ぶ財政政策につながる内容のため、具体的に説明する。

⑵第5時で、幕府の財政の悪化に対する取り組みをまとめるため、幕府の収入の増やし方を考えさせる。

⑶絵画資料については、プリントに載せずに、黒板などに掲示して見せるだけでもよい。

ICT 活用のアイディア

1 財政難への対策は、板書ではなく、電子黒板などを活用し、選択肢に○をつけることで、視覚的に考えやすくする。

2 藤原道長や織田信長の絵画資料を、全体からズームすることで、誰が描かれているかを考えるヒントとする。

3 人形浄瑠璃や歌舞伎などの動画を、大型TVなど映し、視覚的に捉えさせる。

板書活用のアイディア

4 事前にワークシートには記入させず、現在の年中行事を発表させ、板書してもよい。

5 生徒の発言のポイントを板書し、元禄文化の担い手が町人であり、都市の武士や町人を題材とした文学が広まったことを理解させる。

享保の改革と社会の変化

本時の目標

・徳川吉宗の政治改革の特色について理解できるようにする。
・幕藩体制の基盤がゆらぎ、百姓一揆が起こったことを理解できるようにする。

本時の評価

・享保の改革は、米を中心とする財政改革で、一定の成果はあったが、社会の変化に対応しきれなかったことを理解している。
・商品作物や貨幣経済の広まりによって農民の間に格差が生まれるなどの社会の変化を捉えている。

本時の授業展開

1 導入

将軍が、秀忠の子孫から、紀伊藩主の徳川吉宗に変わり、享保の改革が行われたことを理解させる。

2 展開

○享保の改革

享保の改革では、財政難の対策のため、倹約を行い支出を減らし、上米の制や新田開発、年貢率の引き上げなどにより収入を増やそうとしたことを理解させる。また、公事方御定書が制定されたり、目安箱が設置されたりするなど、政治改革も進められたことを理解させる。

そして、年貢米収入の増加により、幕府の財政は一時好転したが、米が増えたため米価が下落し、年貢も上がったため、農民の生活が苦しくなり、百姓一揆が増加したことを捉えさせる。

その一方で、享保の飢饉によって米価が上がると、江戸で初めての打ちこわしが起こったことに触れる。

○産業の変化と工業の発達

絵画資料から、問屋制家内工業と工場制手工業の特徴を読み取らせ、どのような工業であったかを理解させる。

問屋制家内工業については、昔話の「鶴の恩返し」を思い出させるとイメージしやすい。その上で、一人ですべての工程を行うよりも、工場で大人数で分業するほうが、効率よく生産できることに気付かせる。

Q. 〇の人は、何をしているだろう？
A. 機織りをしている。

Q. □の人は、何をしているだろう？
A. 糸をそろえている。

【　工場制手　】工業（【　マニュファクチュア　】）
…【　工場　】をつくって、【　人　】を集め、分業で製品を生産するしくみ

農村の変化と百姓一揆　(3)

4

もうかった → 【　金持ち　】になる
　　　　→ 土地を【　買う　】＝【　地主　】
商品作物の栽培 → 【　貧富　】の差が広がる　土地を貸す ↕ 小作料
　　　　→ 土地を【　手放す　】＝【　小作人　】
もうからなかった → 【　借金　】をする

幕府や大名が年貢を増やす → 農民は、【　百姓一揆　】
商人が米を買い占める → 町人は、【　打ちこわし　】

5

Q. 農村がどのように変化したか、次の語句を使って説明しなさい。
[商人作物／貨幣]

商品作物の生産が増えると、農村でも貨幣を使う機会が増え、豊かになり地主になる農民が
現れた。その一方で、土地を失って小作人になる者もいて、農民の間に格差が生まれた。

⑴財政難への対策、結果を選択肢に
〇を付けることで考えやすくした。
公民的分野で学ぶ需要量と供給量の
バランスで価格（米価）が決まるこ
とに触れる。

⑵絵画資料に、〇や□をつけて、見
るべきポイントを明確にすること
で、それぞれの工業の特徴を読み取
りやすくする。

⑶農民間の貧富の広がりについて理
解しやすくするために、商品作物の
栽培のみを原因としたが、問屋制家
内工業や飢饉など、それ以外の理由
にも触れる。

ICT活用のアイディア

1徳川吉宗の肖像画を、電子黒板な
どに映すことで、興味を高める。
2財政難への対策は、板書ではな
く、電子黒板などを活用し、選択肢
に〇をつけることで、視覚的に考え
やすくする。
32枚の絵画資料をタブレット端末
で拡大させ細部を見て、何をしてい
るかを考えさせる。

板書活用のアイディア

4農民間の貧富の広がりについて、
発問に対する答えを書き、順を追っ
て説明することで、貧富の差が広が
ることをイメージさせる。
5生徒の発言のポイントを板書し、
商品作物の生産増加や貨幣の使用の
広がりから、農民の間の格差が広
まったことを理解させる。

産物の国産化は、貿易の制限によって輸入量
が減少したため起こったことを復習する。

〇農村の変化と百姓一揆

　貨幣経済の浸透により、農民の貧富の差が拡
大し、地主と小作人に分化したことを理解させ
る。その中で、貧しい農民や町人が、百姓一揆
や打ちこわしを起こしたことを説明する。

3　まとめ

　これまで学んだことから、農村の変化につい
て農民間の格差が広がったことなど、文章で説
明させる。その際、第1時の産業の発達や、
第2時の貨幣経済の広がりから考えさせる。

田沼意次の政治と寛政の改革

本時の目標

・ロシアの接近に対する幕府の政策を理解できるようにする。

・田沼意次の政治と寛政の改革について、その背景を踏まえて政治の特色を考察し、表現できるようにする。

本時の評価

・蝦夷地や樺太などの北方探検が行われ、それはロシアの南下に対応するものであったことを理解している。

・田沼意次は貨幣経済の発達に対応した政治を目指した一方で、寛政の改革は従来型の改革であったことを考察し、表現している。

田沼意次の政治と寛政の改革

学習課題　田沼意次と松平定信の政治には、どのような特色があったのだろうか。

1 田沼意次の政治 (1)

老中【 田沼意次 】の改革（10代将軍徳川家治の時代）

2 対策　幕府の（ 支出・収入 ）を増やす → 【 商工業 】を重視

【 株仲間 】の奨励→ 商人 の特権を認める → 営業税を徴収

【 貿易 】の奨励→輸出を（ 増やす・減らす ）→ 税を徴収

【 俵物 】の輸出 → 【 蝦夷地 】の調査

新田開発（印旛沼の干拓）… 商人 の資金を活用

○（ 年貢米の収入・年貢米以外の収入 ）で、幕府の収入を増やす

結果・影響…商業を保護・育成し、【 商人 】から税を徴収

　　　→ 財政再建は（ 成功・失敗 ）、「わいろ政治」と批判

　　　天明の大ききんの発生…有効な対策ができない

　　　多数の餓死者や、村を離れる農民がでるなど、農村が荒廃

　　　→ 幕府内の批判を受けて失脚

寛政の改革

老中【 松平定信 】の改革←天明の大ききん

対策　幕府の（ 支出・収入 ）を減らす → 倹約

幕府の（ 支出・収入 ）を増やす…【 年貢 】の確保

ききんで荒れた農村の立て直し┌出稼ぎの制限

　　　　　　　　　　　　　　├商品作物の栽培を制限

　　　　　　　　　　　　　　└【 米 】や【 お金 】を備蓄

【 朱子学 】以外の学問を禁止→昌平坂学問所

【 棄捐令 】…旗本・御家人の借金を帳消し

○（ 年貢米の収入・年貢米以外の収入 ）で、幕府の収入を増やす

結果・影響…財政再建は、うまく（ いった・いかなかった ）

本時の授業展開

1　導入

新井白石の政治を振り返り、長崎貿易が制限されたことを確認させる。「唐蘭館絵巻 蘭館図」を見て、なぜ長崎貿易を活発にしようとしたのかを考えさせる。幕府の財政難の対策として行ったことに気付かせたい。

2　展開

○田沼意次の政治

田沼意次は、幕府の収入を増やすため、商品の流通や生産などの商工業を重視したことを理解させる。そのために、株仲間や長崎貿易を奨励したり、俵物の輸出を増加させるため蝦夷地の調査を行ったり、商人の資金を活用して新田開発を行ったりしたことを説明する。

社会の変化に対応した政策であり、幕府の収入は増加したが、わいろ政治と批判されたり、天明の飢饉に有効な対策が取れず、挫折したことを理解させる。

○寛政の改革

天明の飢饉を受けて、松平定信が寛政の改革を行ったことを理解させる。倹約して幕府の支出を減らし、年貢を確保して幕府の収入を増やすなど、従来型の改革であったため、失敗したことを考えさせる。また、朱子学を幕府の正式な学問にすることで、社会秩序の維持に重点を置いたことに気付かせる。

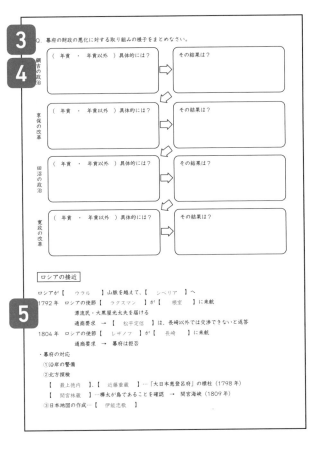

3
4

Ｑ．幕府の財政の悪化に対する取り組みの様子をまとめなさい。

綱吉の政治 （ 年貢 ・ 年貢以外 ）具体的には？ → その結果は？

享保の改革 （ 年貢 ・ 年貢以外 ）具体的には？ → その結果は？

田沼の政治 （ 年貢 ・ 年貢以外 ）具体的には？ → その結果は？

寛政の改革 （ 年貢 ・ 年貢以外 ）具体的には？ → その結果は？

ロシアの接近

5

ロシアが【　ウラル　】山脈を越えて、【　シベリア　】へ
1792年　ロシアの使節【　ラクスマン　】が【　根室　】に来航
　　　漂流民・大黒屋光太夫を届ける
　　　通商要求　→　【　松平定信　】は、長崎以外では交渉できないと返答
1804年　ロシアの使節【　レザノフ　】が【　長崎　】に来航
　　　通商要求　→　幕府は拒否
・幕府の対応
①沿岸の警備
②北方探検
　【　最上徳内　】、【　近藤重蔵　】…「大日本恵登呂府」の標柱（1798年）
　【　間宮林蔵　】…樺太が島であることを確認　→　間宮海峡（1809年）
③日本地図の作成…【　伊能忠敬　】

○ロシアの接近

　ロシアがシベリア進出し、太平洋沿岸に到達し、千島列島や樺太をめぐって、日本と対立したことを説明する。欧米諸国の極東への進出によって、幕府の鎖国の維持が困難になっていくことに気付かせる。

　沿岸の警備や北方探検、地図の作成など、幕府の対応について説明する。

3　まとめ

　これまで学んだ政治の改革について、年貢米収入が中心か、年貢米以外の収入が中心かを思い出し、政治の特徴とその結果をまとめさせる。また、その後の改革でどのような政策が行われるのかを予想させることも考えられる。

ワークシートを使用する際のポイント

⑴財政難への対策、結果を選択肢に○を付けることで考えやすくする。

⑵幕府の財政難に対する対策の中心が、年貢米収入の増加か、年貢米以外の収入の増加か、これまでの学習で○をつけたことを振り返りながら、まとめられるようにする。

ICT 活用のアイディア

❶田沼意次と松平定信の肖像画を、電子黒板などに映すことで、関心を高める。

❷財政難への対策は、板書ではなく、電子黒板などを活用し、選択肢に○をつけることで、視覚的に考えやすくする。

❺電子黒板などに、地図を映し、根室、長崎の場所や北方探検の行程などを確認させる。

板書活用のアイディア

❸財政の取り組みを、順を追って板書をすることで、次の改革で、前の改革と異なる方法がとられたことに気付かせる。

❹寛政の改革後、どのような改革が行われるかを予想させる学習も考えられ、生徒の意見を板書する。

新しい学問と化政文化

本時の目標

・教育の広がりが社会に与えた影響について理解できるようにする。
・国学と蘭学の発達や化政文化の特色について、社会の動きとの関連を考察し、表現できるようにする。

本時の評価

・藩校や寺子屋の広がりから、教育が普及し、識字率が上昇したことなどを理解している。
・国学や蘭学が社会に与えた影響や、化政文化が江戸の町人を中心とする文化であることを考察し、表現している。

新しい学問と化政文化

学習課題　社会の変化の中で発展した学問や文化には、どのような特色があったのだろうか。

国学と蘭学　(1)

【　国学　】…日本古来の精神（【　儒教　】や【　仏教　】以前）を探求
　　　　　　→　日本古典研究
賀茂真淵…「万葉集」の研究
【　本居宣長　】…「古事記伝」
　　　→　日本古来のものを尊重　→　皇室を尊重　→　幕末の尊王運動

1
2
【　蘭学　】…オランダ語で西洋の学問を学ぶ　(2)
新井白石…「西洋紀聞」（宣教師シドッチの知識）
【　徳川吉宗　】（享保の改革）…漢訳洋書の輸入解禁
前野良沢・【　杉田玄白　】…「解体新書」
桂川甫周…「北槎聞略」　大黒屋光太夫から聞いた記録
【　シーボルト　】（オランダ商館の医師）…鳴滝塾
【　伊能忠敬　】…日本地図
【　平賀源内　】…エレキテル

化政文化

特色　・【　町人　】文化　←　文化・文政年間（11代将軍徳川家斉）
　　　・【　江戸　】中心　←　【　江戸　】の経済発展
　　　　文化の伝播　【　上方　】から【　江戸　】へ
　　　　　　　都市から地方へ

文芸　【　川柳　】や【　狂歌　】の流行…幕府政治を風刺し、世相を皮肉った
　　　文学　【　十返舎一九　】…「東海道中膝栗毛」
　　　　　　【　滝沢馬琴　】…「南総里見八犬伝」
　　　俳諧　与謝蕪村、小林一茶
　　　歌舞伎、人形浄瑠璃、落語の流行

本時の授業展開

1　導入

中国の解剖書とヨーロッパの解剖図を比較して、異なる点を挙げさせる。ヨーロッパの解剖図の方が血管が細かく描かれるなど、具体的であることに気付かせる。

2　展開

○国学と蘭学

国学の内容を教科書から読み取らせ、幕末の尊王運動への影響を説明する。

オランダ風説書だけでなく、海外からの来日者から聞き取りをした新井白石の『西洋紀聞』や桂川甫周の『北槎聞略』などによって、海外の情報を得ていたことを理解させる。『解体新書』の翻訳など、多くの学者の努力によって蘭

学が発展したことに気付かせる。また、伊能忠敬がヨーロッパの測量術を使って、精密な日本地図を作ったことを説明する。

○化政文化

歌舞伎の劇場や大相撲などの絵画資料から、観賞の中心はどのような人たちか読み取らせる。江戸時代後半に、多くの庶民に娯楽が広がったことに気付かせる。

江戸中心の文化が発達したことに気付かせ、その理由が江戸の経済発展にあったことを考えさせる。また、参勤交代や農民の経済成長、出版物の増加などにより、文化が地方へ広がっていったことを理解させる。

産業の発達と幕府政治の動き

```
┌─────────────────────────────────────────────────────────┐
│  【 浮世絵 】  錦絵（多色刷りの版画）…【 鈴木春信 】      │
│            美人画…【 喜多川歌麿 】「ポッピンを吹く女」    │
│            役者絵…【 東洲斎写楽 】                        │
│            風景画…【 葛飾北斎 】「富嶽三十六景」          │
│                 【 歌川広重 】「東海道五十三次」          │
│        →ヨーロッパの印象派への影響「【 ジャポニスム 】」  │
│                                                          │
│  庶民の娯楽　歌舞伎、大相撲、落語                          │
│            花見、花火                                      │
│                                                          │
│  [教育の広がり]                                            │
│                                                          │
│  【 藩校 】…各藩が設置した、藩士の子弟の教育機関→人材育成 （3） │
│        儒学、武芸（剣術・弓術・馬術・槍術・柔術など）      │
│  【 寺子屋 】…庶民の教育機関                              │
│            「読み・書き・そろばん」                        │
│  私塾…民間の教育機関                                      │
│        適塾（緒方洪庵）、鳴滝塾（シーボルト）、松下村塾（吉田松陰） │
│                                                          │
│  学問の普及                                                │
│    識字率の上昇　→　文字の流行・出版・演劇業界の形成      │
│    庶民の読み書き能力の向上                                │
│                                                          │
│  Q. 元禄文化と比べた化政文化の特色を、文化の担い手に着目して説明しなさい。│
│                                                          │
│  ┌──────────────────────────────────────────────────┐  │
│  │ 江戸を中心に庶民までも担い手として、娯楽性の高い小説や錦絵などがつくられ、歌舞伎や │  │
│  │ 落語などの芸能、相撲なども盛んになった。          │  │
│  │                                                  │  │
│  │                                                  │  │
│  │                                                  │  │
│  └──────────────────────────────────────────────────┘  │
└─────────────────────────────────────────────────────────┘
```

3

4

5

ワークシートを使用する際のポイント

(1)ワークシートへの記述では人物を中心に作成した。作品については、資料集などを活用し、確認させたい。

(2)教科書から読み取った内容や教師の説明から気が付いたことを、余白にメモさせるなど、学習を深めさせる。

○教育の広がり

　藩校と寺子屋の広がりの分布図を読み取らせ、江戸時代に教育が広がったことを理解させる。また、藩校では、子弟の人材育成が行われ、寺子屋では「読み・書き・そろばん」が教えられたため、文字を読める人の割合が高くなり、小説などの文化が地方に広がるきっかけとなり、近代へ続く教育の土台が作られたことに気付かせる。

3　まとめ

　これまで学んだことから、江戸の町人が担い手であった化政文化の特色を文章で説明させる。その際、歌舞伎や落語、相撲などの娯楽が庶民に広がったことにも気付かせる。

ICT活用のアイディア

1 2枚の絵画資料をタブレット端末で見ることにより、拡大させ細部を比較させることで、具体的であることに気付かせる。

2 伊能忠敬の日本地図や測量の様子の絵画資料を大型TVなどに映し、ヨーロッパの測量技術で精密な日本地図を作ったことに気付かせる。

3 3枚の絵画資料をタブレット端末で拡大させることで、観客の多くが町人であることに気付かせる。

板書活用のアイディア

4 江戸時代から続く伝統文化について発問し、生徒の発言を板書する。

5 江戸の経済発展の理由や文化の地方への広がりの理由についての生徒の発言を板書する。

外国船の出現と天保の改革

本時の目標

・外国船の接近とそれに対する幕府の対応について理解できるようにする。

・大塩の乱、天保の改革について、幕府政治にどのような変化がみられたかを考察し、表現できるようにする。

本時の評価

・外国船の接近と幕府の対応について、幕府に新たな課題が生じたことを捉えている。

・諸藩の改革が成功した理由と、天保の改革が失敗した理由を比較し、幕府政治が行き詰まっていったことを考察し、表現している。

外国船の出現と天保の改革

学習課題　水野忠邦の政治や諸藩の改革には、どのような特色があったのだろうか。

1 異国船打払令と大塩の乱

ロシア・イギリス・フランス・アメリカなどの来航
　　→　食料と燃料の補給

2 1808年　【　フェートン号　】事件（英）…長崎に侵入
　　　　　　フランス革命（1789年）→　フランスがオランダを占領
　　　　　　フランスと敵対しているイギリスが、オランダの商船を追って

1825年　【　異国船打払　】令…外国船の撃退　→　鎖国を維持

1837年　【　モリソン　】号事件（米）
　　　　　漂流民を送り届けようとしたが、砲撃される
　　　　　　↓
　　　　【　蛮社の獄　】（1839年）
　　　　　【　高野長英　】【　渡辺崋山　】などの蘭学者が
　　　　　　　　　　　　　　　　　　　鎖国を続ける幕府を批判

1837年　【　大塩の乱　】←　天保のききん
　　　　　【　大塩平八郎　】陽明学（儒学）者
　　　　　　　　　　　　　大阪町奉行所の元役人
　　　　　　　　　　↓
　　　　　全国化…「大塩門弟」「大塩一味」

本時の授業展開

1　導入

外国船の来航の地図を読み取り、日本近海に様々な外国船が出現したことを理解させる。

2　展開

○異国船打払令と大塩の乱

通商や、水や燃料の補給を求めて来航したことに気付かせる。また、資本主義の発達による市場拡大のための来航やフェートン号事件とフランス革命の関係など、世界の歴史と日本の歴史が関連していることを説明する。

異国船打払令や蛮社の獄によって、幕府が鎖国の体制を維持しようとしていたことを理解させる。

大塩の乱については、元役人が反乱を起こしたことの影響が大きかったことに気付かせる。

○天保の改革

外国船の来航や大塩の乱など、国内外の危機の対応のため、水野忠邦による天保の改革が行われたことを理解させる。

外国船の来航の対応は、アヘン戦争の影響を受け、異国船打払令から天保の薪水給与令へと変化したことを捉えさせる。その一方で、財政難の対策は、年貢米収入を中心とした従来型の改革で、株仲間を解散させるなど商業資本を抑えるなど社会の変化に対応できずに、失敗したことを考えさせる。

○雄藩の成長

薩摩藩と長州藩の例に、商業に注目して利益

⑴アヘン戦争について、未習事項であるため、必要に応じて説明が必要である。フェートン号事件については、ヨーロッパの複雑な国際情勢に日本も巻き込まれたことに気付かせる。

⑵天保の改革と雄藩の改革は、年貢米収入と年貢米以外の収入のどちらを中心に改革を行ったかを比較する。その結果、財政再建が成功したか失敗したかを理解できるようにする。

3
4

天保の改革　⑴⑵

老中【　水野忠邦　】の改革　←　国内外の危機

対策　幕府の（　支出　・　収入　）を減らす…ぜいたくの禁止→節約
　　　【　株仲間　】の解散…物価の抑制
　　　人返しの法…江戸に出稼ぎに来ている農民を、故郷の村に帰す
　　　　→　農村の復興　→　【　年貢　】の収入を回復
　　海防政策　←　アヘン戦争（1840〜42年）
　　　天保の薪水給与令　←　【　異国船打払　】令
　　　　…寄港した外国船に燃料の薪や水を与える
　　　【　上知　】令…江戸・大阪周辺の土地を幕府が直接支配

　　○（年貢米の収入　・　年貢米以外の収入　）で、幕府の収入を増やす
　　　↓
　結果・影響…財政再建は、うまく（　いった　・いかなかった　）

雄藩の成長

【　長州　】藩　借金を【　分割返済　】に
　　　　　　　【　下関　】で輸送船業者に資金を貸す
　　　　　　　輸送船の積み荷を代理販売
【　薩摩　】藩　借金を【　分割返済　】に
　　　　　　　【　砂糖　】などの専売制
　　　　　　　【　琉球　】・【　清　】との密貿易

　　○（　年貢米の収入　・年貢米以外の収入）で、藩の収入を増やす
　　　↓
　結果・影響…財政再建は、うまく（　いった　・　いかなかった　）
　　　　→　【　雄藩　】を呼ばれる

Q. 雄藩の改革と比較して、なぜ天保の改革は失敗したか説明しなさい。

5
　雄藩の改革は、商業を中心とした社会の変化に対応した改革のため成功したが、天保の改革は、年貢米収入に頼り、社会の変化に対応できなかったため、失敗した。

を上げるなど、貨幣経済の発展に対応した改革が進められたことを理解させる。財政再建に成功した諸藩が、雄藩と呼ばれ政治的な発言力をもつようになったことを考えさせる。

3　まとめ

　社会の変化に対応できた雄藩の改革に対し、従来の年貢米収入の増加に頼った天保の改革が失敗したことを文章で説明させる。その際、貨幣経済の発達や商人の成長などの社会の具体的な変化から考えさせる。

ICT 活用のアイディア

1 外国船来航の地図を大型 TV などに映し、日本各地に来航したことを理解させる。

3 水野忠邦の肖像画を、電子黒板などに映すことで、関心を高める。

4 財政難への対策では、電子黒板などを活用し、選択肢に○をつけることで、視覚的に考えやすくする。

板書活用のアイディア

2 フランス革命後の国際関係を板書し、日本の歴史と世界の歴史が関連していることに気付かせる。

5 天保の改革の失敗の理由について生徒の発言を板書し、他の生徒の発言と比較しながら、理解を深める。

近世の大観

（Ⅰ）

本時の目標

近世の日本を大観し、時代の特色を捉えることができる。

本時の評価

中世との比較を通して近世の日本を大観し、時代の特色を多面的・多角的に考察し、表現している。

近世の大観

課題：近世とはどのような時代であるといえるのだろうか。

1

①中世との違いを考えて、近世の特色を考えよう。
近世も中世も政治の中心に活躍した時代である。中世と近世の共通点や相違点とは何だろう？下の図を使って整理してみよう。

2

	中世の特徴	中世／近世の共通点	近世の特色
自分の意見	・天皇や貴族も力をもっている ・下剋上ができた ・貨幣は輸入 ・貿易はアジアが中心 ・文化は貴族・武士が中心だが、庶民が担い手になることもあった	・武士が政治の中心 ・いろんな身分がある ・貨幣が使われている ・幕府がある ・京都を離れた幕府があった ・商品作物が育てられる ・農民の一揆が起こる	・天皇を法で縛っている ・身分がある程度決まっている ・貨幣は国内で生産 ・鎖国はしているが、アジアだけでなくヨーロッパとも交流 ・文化の担い手が庶民となる ・工業が発達し、マニュファクチュアが行われる ・幕府の改革が行われる ・町で打ちこわしが起こる

3

他の人の意見			

本時の授業展開

1　導入

「中世」「近世」の時代区分について復習しながら、「中世」「近世」ではどのような人たちが政治の中心にいたかを振り返る。

2　展開

〇中世との違いを考えて、近世の特色を考えよう。

これまでの学習を振り返りながら、ワークシートに記述していく。中世も近世も武士が政治の中心にいる時代として捉えることができる。一方で、武士以外の多くの権力が存在している中世と、豊臣秀吉の政治や江戸幕府といった強大な武家政権がつくられた近世とは大きく異なる。

そこで、はじめに「中世の特色」「中世と近世の共通点」「近世の特色」とに分けてまとめていく。この時に、教科書・資料集・プリント（ノート）を使用させてワークシートに記入させていく。

個人作業ののち、グループに分かれて意見交換を行い、グループごとの発表を行う。異なる意見や、どうしてそれが特色であるかの理由を話させながら、特色をつかませていく。

〇今回の課題に答えよう

①で考えた近世の特色を基にして、レポートの作成を行う。

―各評価項目のB評価の例―

（①知識）近世に関する内容が十分に盛りこま

（2）

② まとめレポート

A. 今回の課題に答えよう。

近世とは、

大きな争いが少なく、全国を法や制度で統制された武士の時代

である。

　室町時代後期に下剋上の風潮が生まれ、貴族や将軍など権力をもっていた者でさえ殺される時代であったが、豊臣秀吉が天下を統一すると勝手な争いは禁止され、農民は武器を取り上げられ、検地帳に記載され農業に専念するようになった。徳川家康が江戸に幕府を開くと、幕府を中心とした幕藩体制がつくられた。大名に対しては交易地を限定した。こうして、大きな争いのない世の中を作り出した。江戸時代中期になると、人口増加、貨幣の広がりによる貧富の差の拡大、飢饉の発生などで幕府の支配にも揺らぎが出る中、幕府は何度か改革を行った。享保の改革や寛政の改革では農業中心の政策をとり、田沼意次は貿易や商業の力で幕府の財政の立て直しを行った。近世社会の中で庶民も力をつけるようになり、地主として農村で力をつける者、金融や商売で力をつける町人どおり、文化の担い手となっていくものもいた。

B. 近世の学習で学んだことで、これからの近代の学習に生かしていきたいことを書きましょう。

（評価）

①	知識）学習した内容を十分に使いながら、誤りなく表現できているか。	（A・B・C）
②	技能）近世に関する資料を活用しながら記述することができているか。	（A・B・C）
③	判断）近世とはどのような時代であるか判断できているか。	（A・B・C）
④	思考）③で主張したことの根拠が十分に述べられているか。	（A・B・C）
⑤	態度）近世の学習に対して主体的に取り組もうとしていたか。	（A・B・C）

れている。

（②技能）近世のことを示す資料（図・表・グラフ・地図・文字資料など）の情報を活用しながら説明できている。

（③判断）近世とはどのような時代であるかを表現することができている。

（④思考）③で主張した近世の特色を説明するのにふさわしい根拠を示すことができている。

（⑤態度）近世の学習に対して、主体的に取り組んだことについて振り返ることができている。

ワークシートを使用する際のポイント

⑴左側は、右側のレポートを書くための学習の整理としてワークシートに記入していく。まずは教科書・プリントなどを活用しながら、各自の力で作業を進めさせる。その後、グループになって、意見の交換をしながら不備があるところは付け足していく。さらに、グループごとの発表を行い、全体で共有しながら、どうしてそれが特色となるかも含めて意見を述べさせる。

⑵右側は、近世のまとめとしてのレポートである。時間はAが20分、Bが5分程度である。知識を問うテストではないため、教科書・資料集・ワークシートの持ち込みは可とする。

ICT 活用のアイディア

■1 導入部分で、「中世」「近世」の時代区分をモニターなどで図示しながら振り返る。

■2 生徒用タブレットに、これまで授業で提示した写真資料なども見れるようにして、特徴を捉える材料にできるようにする。

板書活用のアイディア

■3 グループでの学習の際、ミニホワイトボードを渡し、発表させるときに黒板に貼って説明できるようにする。

5

開国と近代日本の歩み

欧米における近代化の進展

単元の目標

工業化の進展と政治や社会の変化などに着目し、事象を相互に関連付けるなどして近代の社会の変化の様子を多面的・多角的に考察し、表現することを通し、欧米諸国が近代社会を成立させてアジアへ進出したことを理解させるとともに、よりよい社会の実現を視野にそこで見られる課題を主体的に追究、解決しようとする態度を養う。

単元を貫く問い
17〜19世紀の様々な革命によって欧米諸国ではどのような社会ができあがったのだろうか

第1時〜第3時

欧米における近代社会の成立

（第1時）イギリスとアメリカの革命
○革命によって、イギリスでは権利章典の発布、アメリカでは合衆国憲法の制定が行われ、両国で近代民主政治の動きが生まれたことを理解させる。
 ・権利章典から議会が国王の権力を制限するとともに、自らの権限を大きく強めたことを読み取る。
 ・合衆国憲法から、憲法は政府の権力を制限し、国民の権利を守るために制定されたものであることを読み取る。

（第2時）フランス革命
○革命によって、人権宣言や憲法が出され、フランスで近代民主政治の動きが生まれたこと、ナポレオンによって革命思想がヨーロッパへ広まったことを理解させる。

・バスチーユ牢獄の襲撃による革命の発生からウィーン会議に至るまでの流れをワークシートに記入しながらつかみ、人権宣言と憲法制定によって、国民の権利尊重の動きが高まったことを捉える。
・フランス帝国領の支配領域の地図から、ナポレオンの勢力拡大によって、革命思想がヨーロッパに広まったことを読み取る。

（第3時）ヨーロッパにおける国民意識の高まり
○フランス革命後、ヨーロッパ諸国で国民や国家のまとまりが強まった理由を考え、表現させる。
 ・フランス革命後のヨーロッパと中南米の状況を教科書や資料集を参考に調べる。
 ・ヨーロッパで国民や国家がまとまっていった理由を、本時の学習内容を基にグループで考え、ワークシートにまとめる。

学習活動のポイント

　17〜19世紀にかけて、欧米諸国は市民革命によって専制政治を倒し、立憲政治を確立させた。また、産業革命を成功させ、経済力や軍事力を高めていった。それらを通して近代国家を成立させた国々が植民地を求めてアジアなど世界各国へ侵略の手を伸ばした。そして、日本もこの外圧の対処に追われることになる。幕末から明治初期にかけての日本の歴史の大きな流れを理解するためには、本単元の学習内容の理解が欠かせない。市民革命や産業革命によって起きた政治や社会の変化に着目させながら、学習を進めていきたい。
　また、本単元は公民的分野の憲法や人権の学習の基礎となる内容でもある。法による為政者に対する権力の制限によって「国民の自由や権利を守る」という考えをここで捉えさせたい。

単元の評価

知識・技能	思考・判断・表現	主体的に学習に取り組む態度
○欧米諸国における産業革命や市民革命、アジア諸国の動きに関する資料を適切に読み取って、欧米諸国が近代社会を成立させてアジアへ進出したことを理解している。	○欧米諸国における工業化の進展と政治や社会の変化などに着目して、事象を相互に関連付けるなどして近代の社会の変化の様子を多面的・多角的に考察し、表現している。	○欧米諸国における近代社会の成立とアジア諸国の動きについて、よりよい社会の実現を視野にそこで見られる課題を主体的に追究しようとしている。

○：ねらい　・：主な学習活動

第4時・第5時	第6時
欧米における近代社会の成立	**アジア諸国の動き**
（第4時）ロシアの拡大とアメリカの発展 ○ロシアとアメリカの領土が拡大し発展をしていく過程とそれに伴い両国で発生した問題を理解させる。 ・地図からロシアは東西に、アメリカは西に領土を拡大したことを読み取る。 ・ロシアの南下政策による他国への影響を考える。 ・アメリカの西部開拓による先住民への影響や南北戦争後も解決していない問題について考える。 **（第5時）産業革命と資本主義** ○産業革命が社会に与えた影響について考察し、表現させる。 ・当時の労働者の様子が分かる資料や風刺画などを読み取り、資本主義の広まりが社会にどのような影響を与えたかを考える。	**（第6時）欧米のアジア侵略** ○産業革命以降、中国やインド、東南アジアは欧米諸国の侵略を受け、それらの地域が半植民地や植民地になったことを理解させる。 ○欧米諸国が近代社会を成立させてアジアへ進出したことで、日本はどのような影響を受け、それを受けてどのような行動を取るべきかを予想させる。 ・19世紀の世界地図から、欧米諸国がアジアへ進出したことを読み取る。 ・イギリスの中国、インドへの侵略の過程をワークシートにまとめる。 ・これまで学んだ欧米諸国やアジア諸国の現状を踏まえ、日本が受ける影響と取るべき行動を幕府役人への意見書という形にまとめる。

課題解決的な学習展開にする工夫

　掲載したワークシートは、導入部分で学習課題を設定して、それを解決するために必要な知識・技能を展開部分で獲得し、まとめの活動で学習課題に対する自分の考えを「考察、表現する」ことを通して、本時で捉えさせたい内容を「理解させる」という構成をとっている。導入に多く設定されている資料を読み取る活動で、生徒の興味・関心を高めることから授業をスタートしたい。また、各授業の学習課題を解決することで、単元を貫く問いの解決に必要な知識・技能を習得できるような単元構成とした。学習のまとめの例として、三つの市民革命の特色をベン図にまとめ、産業革命の影響のプラス面、マイナス面を表に整理させた後、単元を貫く問いに対する考えをレポートに記述させるなどが考えられる。

イギリスと
アメリカの革命

本時の目標

イギリスとアメリカで近代民主政治への動きが生まれたことを理解できるようにする。

革命により、イギリスとアメリカの政治体制がどのように変化したのかを考察し、表現できるようにする。

本時の評価

イギリスとアメリカが近代革命を経て、近代国家を形成していった過程を理解している。

イギリスとアメリカの政治の変化と現代の政治とのつながりを考察し、表現している。

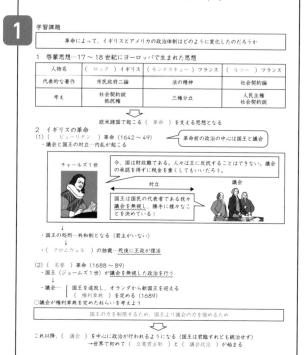

本時の授業展開

1 導入

インターネットなどを活用して「チャールズ1世の処刑」や「アメリカ独立戦争」の絵画を掲示し、イギリスとアメリカで革命が起こったことを視覚的に捉えさせる。それらの活動から、「なぜ、革命が起こったのか」、「革命によって何が変わったのか」という疑問を生徒に持たせて授業に臨ませたい。

2 展開
○啓蒙思想

欧米諸国で起きた市民革命の理論的支柱となるロック、モンテスキュー、ルソーの代表的な啓蒙思想を理解させる。

○イギリスの革命

まず、資料集などに掲載されているマグナ・カルタから13世紀にイギリス国王が権力を制限されたことを読み取らせる。次に、教科書などを活用しながら二度の革命の経緯とその展開を捉え、革命の原因が国王が議会を無視した専制政治を行ったことであることを理解させる。最後に、権利章典から議会が国王の権力を制限したとともに、自らの権限を大きく強めたことを読み取らせる。

○アメリカの独立革命

教科書などを活用しながら革命前のアメリカの状況を確認し、イギリスの植民地政策への不満が独立革命の原因となったことを理解させる。次に年表などを参考に、独立革命がどのよ

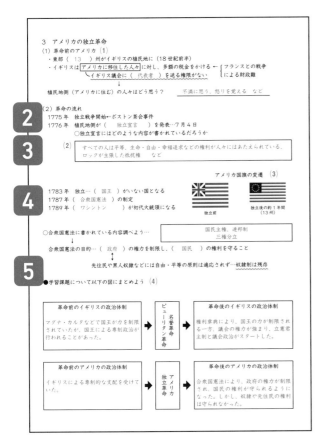

　東部13州については地図帳を活用してその位置を確認させるとともに、地理的分野の学習とも関連付けたい。その後のアメリカ合衆国の西部への領土拡大についても触れる。

⑴啓蒙思想の学習を振り返りながら、アメリカの独立宣言にはロックやモンテスキューの思想が反映されていることに気付かせる。
⑵アメリカの独立について扱う際、国旗の変遷に触れる。イギリス国旗の部分が州の数を表す星になっていることなどに気付かせ、アメリカという国のイメージを視覚的に捉えさせる。
⑶イギリス、アメリカどちらも革命前は国王や政府によって専制的な政治が行われていたこと、革命後は国王や政府の力が制限される政治体制が確立したという点に触れて記述させる。

ICT 活用のアイディア

２独立記念日を祝う現在のアメリカ国民の写真を電子黒板に映す。

３タブレットで日本国憲法11条、99条を調べさせ、日本国憲法にも人権尊重の精神と権力制限が継承されていることを捉えさせる。

４アメリカ合衆国の様々な国旗をタブレットで調べさせ、星の数が当時の州の数と対応していることに気付かせる。

板書活用のアイディア

１学習課題に関する現段階での予想を生徒に発表させ、板書する。授業の最後にまとめの記述内容と比較させ、自らの考えの深まりに気付かせる。

５生徒の発表内容を板書し、権力の制限という共通事項に気付かせる。

うに展開されたかをつかませる。
　最後に、合衆国憲法を読み取らせ、憲法が政府の権力を制限し、国民の権利を守るために制定されたものであることを理解させる。その際、自由・平等などの原則は奴隷や先住民には適用されなかったことを説明する。

3　まとめ

　これまで学んだことを踏まえ、学習課題に対する自分の考えをまとめさせる。生徒数人に自分の考えを発表させ、クラス内で意見を共有する。他者の意見は色ペンなどを使用させ、自分の意見と区別して余白などにメモさせる。この活動を通して、課題がある生徒のフォローアップを図る。

フランス革命

本時の目標

・フランスで近代民主政治への動き
が生まれたことを理解できるよう
にする。
・フランス革命が国内外にどのよう
な影響を与えたのかを考察し、表
現できるようにする。

本時の評価

・フランスが近代革命を経て近代国
家を形成していった過程を理解し
ている。
・フランス革命の影響について、人
権宣言、憲法の制定、ナポレオン
の勢力拡大に着目して捉えている。

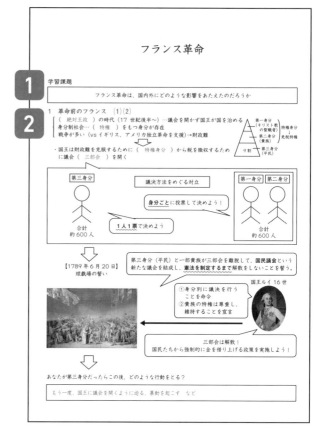

本時の授業展開

1　導入

インターネットなどを活用して、「ルイ16世
の処刑」の絵画を掲示し、フランスで革命が起
こったことを視覚的に捉えさせる。前時の学習
を振り返らせながら、「なぜ、フランスでも革
命が起こったのか」という疑問を持たせて授業
に臨ませたい。

2　展開

○革命前のフランス

革命前のフランスの状況を捉えさせる。絶対
王政に関して、ルイ14世の「朕は国家なり」
という言葉やベルサイユ宮殿の絵画などから国
王が大きな権力をもっていたことを読み取らせ
る。三部会の開催から憲法制定を目指して国民

議会が結成されるまでの流れに関しては、ワー
クシートの図や資料集などを参考につかませ
る。そして、国王が国民議会の要求を無視して
自らの権力を保持しようとしたことがパリ市民
の暴動につながり、フランス革命に発展したこ
とを理解させる。

○フランス革命

バスチーユ牢獄の襲撃による革命の発生から
ウィーン会議に至るまでの流れを整理させる。
そして、人権宣言と憲法制定によって、国民の
権利尊重の動きが高まったことを捉えさせる。
この際、ロベスピエールによる恐怖政治の実態
を説明し、革命が多くの犠牲と混乱の上に成り
立っていたことに気付かせたい。さらに、フラ
ンス帝国領の最大支配領域の地図から、ナポレ

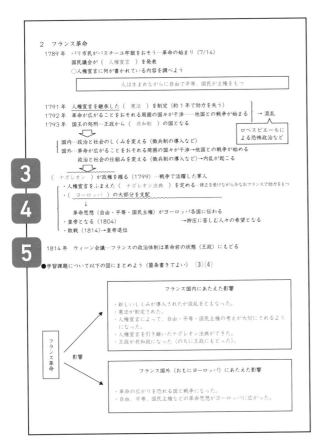

オンの勢力拡大によって、革命思想がヨーロッパに広まったことを読み取らせる。また、次時の授業を見据え、普遍的な革命思想が、抑圧に苦しむ人々に希望を与えたことを説明する。さらに、ナポレオンは解放者と侵略者という顔があることをゴヤの絵画などから紹介する。

3　まとめ

　これまで学んだことを踏まえ、学習課題に対する自分の考えをまとめさせる。生徒数人に自分の考えを発表させ、クラス内で意見を共有する。他者の意見は色ペンなどを使用させ、自分の意見と区別して余白などにメモさせる。

ワークシートを使用する際のポイント

⑴第三身分が虐げられている絵画や第三身分が鉄鎖を破り立ち上がろうとしている絵画が教科書や資料集に掲載されている。それらを活用しながら、フランス革命発生の原因を視覚的に捉えさせたい。

⑵フランス革命の経緯は複雑であるが、ここでは細部を扱うのではなく、ルイ16世が国王や貴族の権力・特権を維持しようとしたことに民衆が反発したことで革命が発生したことを捉えさせたい。

⑶グループで話し合わせてもよい。その後、考えをクラスで共有する。

⑷フランス国内に与えた影響については、人権宣言や憲法の制定によって基本的人権の保障の動きが高まったという点、国外に与えた影響についてはナポレオンによって革命思想がヨーロッパに広がったという点に触れて記述させたい。

ICT活用のアイディア

2 フランス革命に関する風刺画は複数あるため、タブレットを活用し生徒に調べさせてもよい。

3 フランス帝国領の最大支配領域の地図を電子黒板に掲示し、その範囲（広さ）に着目させる。

4 ゴヤの絵画「1808年5月3日」を電子黒板に映し、その印象を生徒に発表させる。

板書活用のアイディア

1 学習課題に関する予想を生徒に発表させ、板書する。授業の最後にまとめの記述内容と比較させ、自らの考えの深まりに気付かせる。

5 生徒の発表内容を板書して前時のアメリカとイギリスの革命後の政治体制と比較させ、それぞれの革命の共通点を考えさせる。

ヨーロッパにおける国民意識の高まり

本時の目標

- 19世紀のヨーロッパと中南米諸国の動向を理解できるようにする。
- フランス革命後、ヨーロッパで国民や国家としてのまとまりが強くなった理由を考察し、表現できるようにする。

本時の評価

- ヨーロッパで国民国家が形成されていく過程と中南米諸国の独立の動きを理解している。
- フランス革命後、ヨーロッパで国民や国家としてのまとまりが強くなったことを、徴兵制や義務教育、政治参加に着目して捉えている。

---

1 **2** **3**

ヨーロッパにおける国民意識の高まり

学習課題

なぜ19世紀にヨーロッパで国民や国家としてのまとまりが強まったのだろうか。

1 ヨーロッパと中南米諸国の動向 (1)

(1) フランス

1789	フランス革命が始まる
1793	ルイ16世の処刑…共和制がスタート（　徴兵制　）を導入
1804	ナポレオンが皇帝となる
1814	ウィーン会議…王政にもどる
1830	（　七月革命　）が起こる → 国王が貴族や聖職者を優遇したため…ブルジョワジー中心
1848	（　二月革命　）が起こる … 制限選挙に対する不満…労働者中心 男子（　普通選挙　）が確立・12月にこの選挙で当選したルイ=ナポレオンが大統領となる
1852	ルイ=ナポレオンが（　ナポレオン3世　）として即位する
1881	（　義務教育　）制度の導入

(2) イギリス (2)

1851	首都ロンドンで世界初の（　万国博覧会　）が開催される
1880	5〜10歳の（　義務教育　）を意識した小学校教育法が制定
1884	（　労働者　）にも選挙権が拡大し、政党政治がさらに発達する

(3) ドイツ

中世〜18世紀	多くに国に分裂
1862	（　ビスマルク　）がプロイセンの首相となる オーストリア（1866）やフランス（1870）との戦いに勝利
1871	ドイツ帝国の成立…その後、産業が急速に発展
1872	学校監督法…教会が担っていた（　教育　）を国家の管理下におく

(4) イタリア

中世〜19世紀前半	多くの国に分裂
1861	イタリア王国の成立 1859年にサルデーニャ王国で制定された（　義務教育　）制度を受け継ぐ

本時の授業展開

1 導入

教科書などに掲載されているウィーン会議後のヨーロッパの地図から、ドイツとイタリアは小国に分裂していることを読み取らせる。その後、ドイツ帝国とイタリア王国の成立した年を板書する。それらの活動から、19世紀にヨーロッパで国家統一が進んだことを捉えさせる。最後に、学習課題を提示し、その答えを予想させる。

2 展開

○ヨーロッパと中南米諸国の動向

1. (1)〜(5)のワークシートの空欄部分を教科書や資料集を用いて調べさせた後、記述内容を数人に発表させ、クラス全体で共有させる。使用している教材にヒントとなる記述や資料が少ない場合は教師主導で行うことも考えられる。

○国民と国家を形成したもの

2. (1)〜(3)の設問について、グループで話し合わせ、その内容をワークシートにまとめさせる。ナポレオンの勢力拡大が支配された人々の国民意識を高めたことを生徒に捉えさせる際は、前時で扱ったゴヤの絵画を再度紹介するとよい。話し合い後、グループの代表者に、自分たちがまとめた内容を発表させる。その際、ICT機器を活用し、記述したワークシートを電子黒板等に投影できると聞き手が分かりやすくなる。その後、教師が補足説明を行い、記述した内容で足りない点をメモさせる。この活動を通して、19世紀のヨーロッパで国民と国家の

4

(5) 中南米

大航海時代 (16世紀)以降	（　スペイン　）と（　　ポルトガル　　）の植民地となる
1804	（　ハイチ　）が南アメリカ州で最初の独立国となる
19世紀初め	メキシコ、ブラジル、アルゼンチンなど多くの国が独立

2　国民と国家を形成したもの

○以下のことをグループで話し合って調べよう

(1) ①ヨーロッパで国民や国家がまとまり始めたのは何世紀か？　　19　世紀

(2) ①ヨーロッパで国民や国家がまとまるきっかけになった革命とは？　フランス　　革命　(3)

　②それはなぜだろうか？　(4)

理由1	国民主権、自由、平等など、人類共通で大切な考え方がヨーロッパに伝わり、人々が身分や地域の違いをこえてまとまるようになったから。
理由2	ナポレオンの支配を受けた国々では、その支配に対する反感が自らを「国民」として意識づけたから。

(3) 以下の表の空欄を埋めよう

「国民」としての一体感を高めるようになったもの	その理由
徴兵制 義務教育	自分の国の人々が同じ経験をするようになり、周りの人々が同じ国の人間なのだという意識が強まるから。
人々の政治参加 (革命の発生、普通選挙制、選挙権の拡大など)	人々が政治に参加することで、その国の主権者であるという意識が強まるから。

5

●学習課題について、自分の考えを文章でまとめよう。　(5)

　　フランス革命によって革命思想がヨーロッパに伝わったことと、ナポレオンの支配が勢力下にあった国の人々の反感を呼び、それが国民意識を高めたから。また、徴兵制や義務教育の普及がその国の人々に同じ経験を提供するようになったこと、人々の政治参加によって国民の主権者意識が高まったことも19世紀に国民や国家のまとまりが強くなった理由である。

まとまりが強まった理由は、フランス革命と徴兵制や義務教育制度の導入などの諸政策が要因であることを理解させる。

3　まとめ

　これまで学んだことを踏まえ、学習課題に対する自分の考えを文章でまとめさせる。生徒数人に自分の考えを発表させ、クラス内で意見を共有する。他者の意見は色ペンなどを使用させ、自分の意見と区別して余白などにメモさせる。この活動を通し、課題がある生徒のフォローアップを図る。ワークシート回収後に、教師が簡単にコメントを書き、フィードバックを行うことも考えられる。

ワークシートを使用する際のポイント

⑴ヨーロッパ各国の動向を調べる過程で、19世紀に国民の政治参加が加速し、徴兵制や義務教育制度の導入が共通して行われていることに気付かせたい。

⑵万国博覧会の絵画から、19世紀のイギリスの繁栄を読み取らせる。

⑶前時のフランス革命の内容を振り返らせながら行わせる。

⑷比較的難しい内容であるので、話し合いが停滞しているグループには机間指導の中で教師がヒントを出していくことが必要である。

⑸グループで調べた内容を参考にさせる。フランス革命による影響と徴兵制、義務教育制度の導入と人々の政治参加という点に触れて記述させたい。

ICT活用のアイディア

❷年表を教科書や参考資料ではなく、タブレット端末を活用して調べさせてもよい。

❸生徒の実態に応じて当てはまる語句を語群としてスライドに一覧にし、電子黒板に掲示してもよい。

❺書画カメラなどを活用し、生徒のワークシートの内容を電子黒板に映しながら発表させる。

板書活用のアイディア

❶学習課題に関する予想を生徒に発表させ、板書する。授業の最後にまとめの記述内容と比較させ、自ら考えの深まりに気付かせる。

❹生徒の発表を板書しながら内容を整理していく。その後、設問の回答に沿うような文章にまとめていく。

ロシアの拡大と
アメリカの発展

本時の目標

・ロシアとアメリカ合衆国における
発展の過程を理解できるようにす
る。
・ロシアとアメリカ合衆国が発展し
ていく過程で発生した問題につい
て考察し、表現できるようにする。

本時の評価

・ロシアとアメリカ合衆国が領土を
拡大し、発展していく過程を捉え
ている。
・ロシアとアメリカ合衆国が発展し
ていく過程で、様々な問題を抱え
ていたことを考察し、表現してい
る。

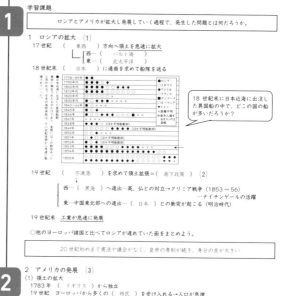

本時の授業展開

1　導入

　教科書などに掲載されているロシアとアメリ
カの拡大の地図から、ロシアは東西に、アメリ
カは西に領土を拡大していることを読み取らせ
る。その後、本時の学習課題を提示する。その
答えを予想させて、クラスで共有し、学習の見
通しを持たせる。

2　展開
○ロシアの拡大

　まず、ロシアが西はバルト海、東は北太平洋
まで領土を拡大したことを導入で活用した地図
を参考にワークシートにまとめさせる。次に、
ワークシートに掲載した資料などから18世紀
末にロシアが日本に接近を図っていたことを読

み取らせる。次に、南下政策によって西では
英・仏と対立が起き、東では日本との対立が今
後起こることを地図の読み取りや教師の説明を
聞きながら捉えさせる。最後に他のヨーロッパ
と比べ、ロシアが遅れていた面を教科書の本文
や資料集などの記述から読み取らせ、ワーク
シートにまとめさせる。

○アメリカの発展

　まず、教科書や地図帳などに掲載されている
アメリカの領土拡大の地図から、アメリカが西
へ領土を拡大し、太平洋に進出したことを読み
取らせる。その際、チェロキーの「涙の道」な
どの資料を活用し、この過程で先住民への強制
移住が行われていたことを捉えさせたい。次
に、南北戦争発生の背景を北部と南部の中心産

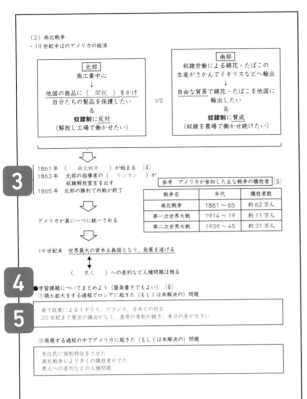

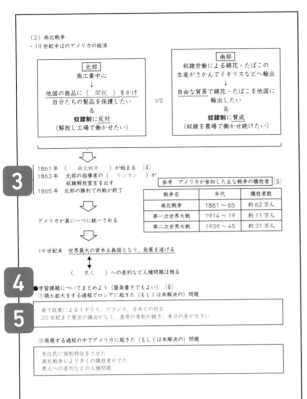

(2) 南北戦争
・19世紀半ばのアメリカの経済

北部
商工業中心

他国の商品に（　関税　）をかけ
自分たちの製品を保護したい
&
奴隷制に反対
（解放し工場で働かせたい）

vs

南部
奴隷労働による綿花・たばこの
生産がさかんでイギリスなどへ輸出

自由な貿易で綿花・たばこを他国に
輸出したい
&
奴隷制に賛成
（奴隷を農場で働かせ続けたい）

3
1861年（　南北戦争　）が始まる　(4)
1863年　北部の指導者の（　リンカン　）が
　　　　奴隷解放宣言を出す
1865年　北部の勝利で内戦が終了

参考　アメリカが参加した主な戦争の犠牲者　(5)

戦争名	年代	犠牲者数
南北戦争	1861～65	約62万人
第一次世界大戦	1914～19	約11万人
第二次世界大戦	1939～45	約31万人

アメリカが真に一つに統一される

19世紀末　世界最大の資本主義国となり、発展を遂げる

（　黒人　）への差別など人権問題は残る

4
●学習課題についてまとめよう（箇条書きでもよい）(6)
①領土拡大をする過程でロシアに起きた（もしくは未解決の）問題

5
南下政策によるイギリス、フランス、日本との対立
20世紀まで憲法や議会がなく、皇帝の専制が続き、身分の差が大きい

②発展する過程の中でアメリカに起きた（もしくは未解決の）問題

先住民に強制移住をさせた
南北戦争により多くの犠牲者がでた
黒人への差別などの人権問題

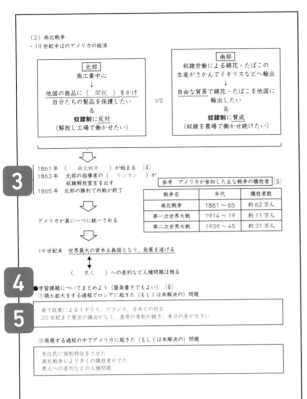

業や奴隷制についての考え方に着目させ考えさせる。南北戦争の展開と終結までの流れについては、教師が説明をしながら整理させる。最後に、南北戦争によって真の統一がなされたアメリカは、19世紀末には世界最大の資本主義国となり発展を遂げたが、黒人差別などの人種問題が残されたことを教科書の記述や「アンクル・トムの小屋」を紹介した資料などから読み取らせる。

3　まとめ

　これまで学んだことを踏まえ、学習課題に対する自分の考えをまとめさせる。生徒数人に自分の考えを発表させ、クラス内で意見を共有する。

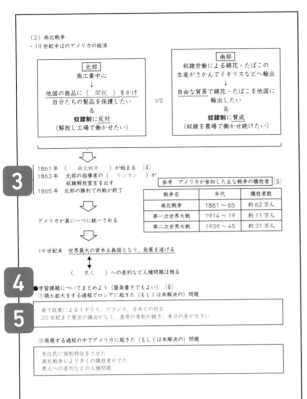

ワークシートを使用する際のポイント

(1)教科書や資料集に記述がない場合は教師が説明する。
(2)「冬の厳しい寒さ」という地理的特徴に触れながら「ロシアが領土をさらに拡大する上で必要なものは何だろうか」などの発問を行い、不凍港の必要性を生徒に捉えさせる。
(3)第1時の「アメリカの独立革命」の学習や地理的分野の学習を振り返らせる。
(4)ゲティスバーグでの演説について触れ、民主政治の発展の動きを捉えさせる。
(5)南北戦争での犠牲者の多さに気付かせる。
(6)ロシアの問題については南下政策による他国との対立と、民主政治が未発達であること、アメリカの問題については先住民や黒人への人権問題と南北戦争による被害という点に触れて記述させたい。

ICT活用のアイディア

2 1790年～1860年のアメリカ合衆国の人口の推移がわかるグラフを電子黒板に映し、人口が急増している点を捉えさせる。
3 リンカンの演説内容の動画を電子黒板で映し、紹介してもよい。
4 近年アメリカで起きた黒人差別に関する事件のニュース動画などを電子黒板で流し、現在も続く問題であることに気付かせる。

板書活用のアイディア

1 学習課題に関する予想を生徒に発表させ、板書する。授業の最後にまとめの記述内容と比較させ、自ら考えの深まりに気付かせる。
5 生徒の発表内容を板書し、クラス全体で考えを共有する。

産業革命と資本主義

本時の目標

・イギリスにおける産業革命の進展について理解できるようにする。

・産業革命が社会に与えた影響について考察し、表現できるようにする。

本時の評価

・イギリスから産業革命と資本主義が広がっていくことを理解している。

・産業革命を経て、経済の仕組みが大きく変化し、労働問題や社会問題が発生したことを考察し、表現している。

産業革命と資本主義

学習課題

1 　産業革命は社会にどのような影響をあたえたのだろうか。

1　産業革命…工場での機械生産などの技術向上による経済の仕組みの変化
（1）経緯と展開
　○大航海時代〜 ──── 軽くて質が高い
　　・インド産の綿織物が大量にヨーロッパに輸入されるようになる （1）
　右の資料を読みとろう
　① 1820年を境に、どのような変化が起きたかを書こう。 （2）

　イギリスからアジアへ輸出された綿織物の出荷額がインドからヨーロッパへ輸出された綿織物の出荷額を上回った。

　② ①のように変化した理由を予想してみよう

　技術が発達した　機械化が進んだ　など

　○18世紀のイギリス

2
　　　綿織物を作るための（ 技術改良 ）が進む
　　（ 蒸気機関 ）の改良と実用化→様々な機械に取り付けられ、動力源となる

　・綿織物を　安く、大量に　生産することができる…インド（アジア）への輸出が急増
　・（ 蒸気機関車 ）や（ 蒸気船 ）の発明…交通・輸送手段の発達

　○19世のイギリス…（ 世界の工場 ）と呼ばれるようになる

（2）産業革命の広がり
　・1825〜43年　機械の輸出の自由化→産業革命が欧米諸国を中心に各国に広がる

本時の授業展開

1　導入

　教科書や資料集などに掲載されている鉄道の開通の様子や工場が立ち並ぶグラスゴーの様子などから、イギリスで工業化が進んでいることを読み取らせる。次に、そのような変化が産業革命によって起こったことを教師の説明や教科書で確認させた後、学習課題を提示する。最後にその答えを予想させてクラスで共有し、学習の見通しを持たせる。

2　展開

○産業革命

　まず、産業革命とは何かをワークシートの説明を見て確認させる。次に、ワークシートの記入や掲載されている資料の読み取りを行わせな

がら、産業革命の経緯と展開を理解させる。綿織物工業における技術改良に関しては、綿製品の生産過程を確認させてから行った方が織機の改良→紡績機の改良→織機のさらなる改良という順序の理解が深まりやすい。最後に、19世紀半ばにはイギリスは製鉄・鉄道・機械・造船・武器などの産業が発展し、世界の工場と呼ばれるようになったことをワークシートを記入させながら、捉えさせる。

○社会への影響

　ワークシートの設問に答えさせたり、様々な資料を読み取らせたりしながら、産業革命によって広がった資本主義のプラス面とマイナス面を理解させる。プラス面を理解させる際は、第3時で扱ったロンドン万国博覧会の絵画を振り返らせた

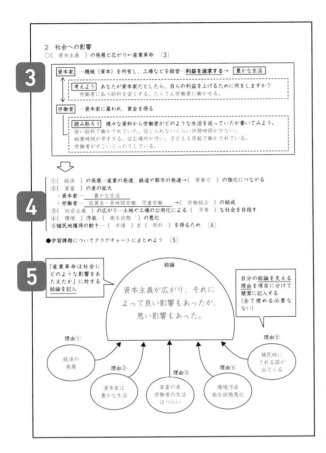

⑴当時のヨーロッパ諸国はアジアの香辛料や綿織物などの産物を求めていたことを振り返らせる。

⑵イギリスからアジアへ輸出された綿織物が急速に増加した理由を考えさせる。

⑶利益の追求を目指す資本主義のもとでは、経済の発展と労働者の過重労働・環境破壊が表裏一体であることを捉えさせる。

⑷原料の供給地と大量生産された商品を売りさばく市場を得るために対外進出の動き（帝国主義）が起こることに気付かせる。

⑸産業革命によって広がった資本主義にはプラスとマイナスの影響があったという点をクラゲの頭の部分に記述させる。足部分にはプラスの影響とマイナスの影響の具体例を記述させる。

ICT 活用のアイディア

2 技術改良については NHK for school などの動画サイトを活用し視覚的に捉えさせる。

3 読み取らせる資料を1枚のスライドにまとめ、電子黒板に提示しておくとよい。

5 書画カメラを活用し、生徒が記述したクラゲチャートを電子黒板に映しながら発表させる。

板書活用のアイディア

1 学習課題に関する生徒の予想を発表させ、板書する。授業の最後にまとめの記述内容と比較させ、自ら考えの深まりに気付かせる。

4 設問の記入内容を生徒に発表させ、プラス面、マイナス面、その他に分けて板書する。

り、イギリス国内の鉄道網の発達の様子が分かる資料などを読み取らせる活動が考えられる。マイナス面を理解させる際は、炭鉱での児童労働、工場労働者の1日のスケジュール、ロンドンのスラムの様子、テムズ川の汚染を描いた風刺画、ジン横丁などの資料を読み取る活動を通して、労働者の過酷な実態や環境汚染の様子を捉えさせる。

3　まとめ

　これまでの学んだことを踏まえ、学習課題に対する自分の考えをクラゲチャートにまとめさせる。生徒数人に自分の考えを発表させ、クラス内で意見を共有する。他者の意見は色ペンなどを使用させ、自分の意見と区別して余白などにメモさせる。

欧米のアジア侵略

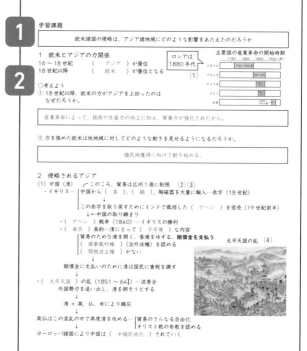

本時の目標

・欧米諸国の進出が、アジア諸地域に与えた影響を理解できるようにする。
・欧米諸国が近代社会を成立させ、アジアへ進出したことによる日本への影響と日本がとるべき行動を予想できるようにする。

本時の評価

・イギリスのアジア進出によって起こったアヘン戦争やインドの大反乱について理解している。
・欧米諸国のアジア進出の理由と背景やアジア諸国の対応と変化を考察し、表現している。

本時の授業展開

1　導入

　教科書や資料集に掲載されている19世紀中ごろのユーラシア地域の地図から、欧米諸国がアジアに進出していることを読み取らせた後、学習課題を提示する。その後、その答えを予想させてクラスで共有し、学習の見通しを持たせる。

2　展開
○欧米とアジアの力関係

　まず、教科書の記述などから、18世紀以降に欧米とアジアの力関係が逆転したことを読み取らせ、ワークシーを記入させる。次にそのパワーバランスの逆転がなぜ起きたのか、その結果、欧米諸国はどのような動きを見せるかを第

5時の産業革命の学習を参考に、ワークシートにまとめさせる。

○侵略されるアジア

　まず、中国が欧米諸国によって半植民地化されていく過程をワークシートにまとめさせる。南京条約の領事裁判権や関税自主権について扱う際は、日本の開国や条約改正の学習にも関連するので丁寧に説明を行い、知識の確実な定着を図りたい。次に、イギリスによるインドの植民地化の過程をワークシートにまとめさせる。インドの綿織物がヨーロッパに多く輸出されていたことを捉えさせる際は、第5時で使用したワークシートに掲載されている「イギリスとインドの綿織物の出荷額の推移」のグラフを再度読み取らせたい。最後に、19世紀後半のア

3

(2) インド
・（　ムガル帝国　）（1526年〜1858年）…イスラム国家
　・（　綿織物　）工業がさかん → （　ヨーロッパ　）へ輸出
　　↓…イギリス…産業革命後に綿織物を安く大量生産できるようになった
　{ イギリス（東インド会社）…綿織物をインドへ売り込む
　{ インドの綿織物工業は壊滅的な打撃→（　餓死者　）が増える
　　（　インド大反乱　）（1857）…{ 2年がかりでイギリスが鎮圧
　　　　　　　　　　　　　　　　　　{ ムガル帝国は滅亡→イギリスの直接支配
　　インドはイギリスの（　植民地　）となる

19世紀後半のアジア

(3) 東南アジア
・19世紀後半…多くが欧米諸国の植民地となる
　{ マレーシア、シンガポール…（　イギリス　）領
　{ インドネシア…（　オランダ　）領
　{ ベトナム、カンボジア…（　フランス　）領
　{ フィリピン…（　アメリカ　）領

●学習課題について表にまとめよう

4

	どこの国の侵略を受けたか	どのような影響があったか
中国	イギリス	アヘン戦争の敗北によって、関税自主権がない、領事裁判権を認めるなどの不平等な条約をイギリスと結んだ。その後、太平天国の乱があったが鎮圧され、欧米諸国に半植民地化されていった。
インド	イギリス	インド大反乱が鎮圧され、イギリス政府の直接支配が行われるようになった（植民地化された）。
東南アジア	欧米諸国（イギリス、オランダ、フランス、アメリカ）	欧米諸国の植民地になった。

☆単元の学習で学んだことを踏まえ、江戸幕府の役人に意見書を書こう。（空欄の内容を考え、記入しよう）

5

江戸幕府の役人の皆様へ　　　　私は17世紀から19世紀の欧米諸国の歴史を学び、日本は　　　　(5)

近代化した欧米諸国の侵略を受ける

可能性があると考えます。したがって、

軍事力を強化したり、一致団結したりすること

が必要（した方がよい）と考えます。ぜひ、参考になさってください。

ジアの地図から、東南アジアで欧米諸国の植民地が拡大していることを読み取らせる。さらに、東南アジアの国々が欧米のどこの国の植民地になっているかを調べさせ、ワークシートにまとめさせる。

3　まとめ

　まず、これまで学んだことを踏まえ、学習課題に対する解答を表にまとめさせる。生徒数人に自分の記述内容を発表させ、クラス内で意見を共有する。次に、欧米諸国が近代社会を成立させ、アジアへ進出したことで、日本はどのような影響を受け、どのような行動を取るべきかを予想させる。単元の学習内容全体を踏まえて記述させたい。

ワークシートを使用する際のポイント

(1)欧米諸国が優位となったことを捉えさせる際に活用資料である。産業革命が世界に先駆けて欧米諸国で起こったことを読み取らせたい。

(2)中国では、銀の流出により銀貨が高騰して人々のくらしが混乱したことに触れる。

(3)中国とイギリスの海戦の様子を描いた絵画から、中国は帆船、イギリスは蒸気船であることを読み取らせ、両国の工業力の差に気付かせる。

(4)国旗に着目させ、太平天国の乱の鎮圧に欧米諸国の軍が動員されたことを捉えさせる。

(5)この意見書を書くことを通して、次の単元の学習の見通しを持たせたい。

ICT 活用のアイディア

216世紀頃の世界地図を電子黒板に映し、オスマン帝国や明の支配領域の大きさに着目させる。

3当時のインドの餓死者の変化を示した表を電子黒板に映し、その増加率の高さに気付かせる。

5書画カメラで生徒の記載内容を電子黒板に映し、発表させる。

板書活用のアイディア

1学習課題に関する予想を生徒に発表させ、板書する。授業の最後にまとめの記述内容と比較させ、自ら考えの深まりに気付かせる。

4表を書いておき、早く記入が終わった生徒に担当箇所を割り振り、板書させる。その表を活用してまとめを行う。

2 欧米の進出と日本の開国

単元の目標

政治や社会の変化などに着目して、開国とその影響、明治維新について、近代の社会の変化の様子を多面的・多角的に考察し、表現することを通し、人々の生活が大きく変化したことを理解させるとともに、よりよい社会の実現を視野にそこで見られる課題を主体的に追究、解決しようとする態度を養う。

単元を貫く問い　ペリー来航や開国によって日本はどのように変化したのだろうか

第 1 時～第 2 時
日本の開国とその影響

（第 1 時）開国と不平等条約

○ペリーの来航によって、国内では大きな動揺が見られ、その結果、幕府がこれまでの対外政策を転換し開国したとともに、不平等条約を結んだことを理解させる。

・ペリーの来航やそれを見物する民衆の絵から、日本国内が大きな動揺に見舞われたことを読み取る。

・日米和親条約の内容を理解し、開港した下田や箱館の場所を地図帳等で確認する。

・ペリーの肖像画や日本人が描いた似顔絵を見比べ、狂歌を読みながら、当時の国内の混乱を想像する。

・日米修好通称条約で開港した 5 つの場所を地図帳・タブレット端末等で確認し、具体的にどのようなことが不平等なのかを理解する。

・当時の人々の混乱がイメージできるように、当時の人々に取材をしたと仮定してまとめを書かせる。幕府が諸大名や朝廷に意見を求め

たことがこれまでにない異例なことであったことや、これによって様々な人が意見を出し合いながら、物事を決定していくという「公議」という新たな言葉を生み出したことを説明する。

（第 2 時）開国後の政治と経済

○開国によって、外国に対してどのような対応をとるのかという政治的対立があったことや物価上昇や金の流出などの経済の混乱があったことを表現させる。

○開国後の政治・経済の混乱により、今後の人々の行動を予想させる。

学習活動のポイント

3 時間という短い単元ではあるが、近代前半の日本を大観する上で、この時点での日本の問題点を捉えることができる重要な内容である。ここで浮き彫りになった日本の問題点と課題をどのように解決していったかを捉えるのが近代前半の日本の学習ともいえる。問題点は「欧米諸国からの植民地化を防ぐにはどうしたらよいか」。そのための課題は、「幕藩体制、重

農主義」などである。ペリーの来航と開国がもたらした影響に着目させながら、問題点と課題を理解させるようにしたい。また、江戸幕府の問題点はこれまでにもいくつもあった。歴史の大きな流れをつかませる上でも、導入で幕政改革を振り返りながら、幕府政治の問題点に気付かせるようにし、学習をスタートしたい。

単元の評価

知識・技能	思考・判断・表現	主体的に学習に取り組む態度
○欧米諸国の進出や開国とその影響に関する資料を適切に読み取って、人々の生活が大きく変化したことを理解している。	○政治や社会の変化などに着目して、開国とその影響、明治維新について、近代の社会の変化の様子を多面的・多角的に考察し、表現している。	○開国とその影響、明治維新について、よりよい社会の実現を視野にそこで見られる課題を主体的に追究しようとしている。

○：ねらい　・：主な学習活動

第2時～第3時
開国の影響と江戸幕府の滅亡

・開国後の政治・経済の混乱を表す絵を見て、どのような混乱があったのかを予想し、問いを立てさせる。
・将軍継嗣問題から幕府内の対立を読み取る。未曾有の危機に対して、国を挙げてまとまっていない状況に気付かせる。また、幕府の最高権力者である大老が暗殺されたことは幕府の権威を失墜させることに十分であり、国内で対立が続く中で、諸外国の脅威に対応できるのかを考える。
・外国と貿易を始めたことによる物価上昇や金の流出について理解する。
・国内の混乱の中で、今後人々はどのような行動にでるのかを予想する。

〔第3時〕江戸幕府の滅亡
○外国に対する幕府の対応や有力諸藩の動きから、江戸幕府の滅亡の理由を理解し、幕府の対

応などと関連付けて表現させる。
・イギリス人の日記や攘夷運動の様子を見ながら、国内の混乱を想起し、問いを立てる。
・第一次長州征伐から第二次長州征伐までの流れを図から読み取る。薩長同盟が結ばれたことで幕府の長州征討は難しくなり、一つの藩ですら武力で制圧できないほど幕府の力は弱くなっていたことに気付く。
・大政奉還前後における徳川慶喜や大久保利通らの考えを読み取る。
・幕府が滅亡した原因をこれまでの学習を踏まえながら記入する。まとめを記入させた後、欧米諸国からの植民地化を免れるために、挙国一致で対応できていないという問題点に気付き、今後日本はどのように対応していくべきか疑問を持たせ、次の単元へとつなげていく。

課題解決的な学習展開にする工夫

　ワークシートの形式は、導入部分で学習課題を設定し、それを解決するために必要な知識・技能を展開部分で獲得する。次に、まとめの活動で学習課題に対する自分の考えを「考察、表現する」ことを通して、本時で捉えさせたい内容を「理解させる」という構成をとっている。

　特に、導入では、資料を読み取る活動で、生徒の興味・関心を高め、問いを立てさせるよう

にしたい。本単元では、「欧米諸国からの植民地化をどのように防ぐのか。当時の日本には、この問題を解決するためにどのような課題が残っているのか」を理解させることが重要である、その課題をどのように解決していくのか、という問題意識をもって明治維新の単元に臨みたい。このような活動を通して、近代前半を大観できる視点をつかませたい。

開国と不平等条約

本時の目標

　ペリー来航によって、幕府が対外政策を転換し、開国したことや不平等条約を結んだことを理解できるようにする。

本時の評価

・日本の開国のきっかけや、日米和親条約・日米修好通商条約の内容を理解している。
・江戸幕府が開国した理由や、欧米諸国との外交関係を考察し、表現している。

開国と不平等条約

1 　1　ペリーの来航　（1）
（1）ペリーや黒船の来航について、小学校から学んだことで知っていることや資料から読み取れることを記入しよう。

　ペリーは黒船でやってきて、人々を驚かせた。不平等条約を結んで開国することとなった。

（2）問いをたてよう。
　問い　江戸幕府は開国し、欧米諸国とどのような外交関係を結んだのだろうか。

（3）問いに対する自分の考え（予想）を記入しよう。
　アメリカなどと不平等条約を結んだことを小学校で習った。ええじゃないかなど国内が混乱に陥った。

2 （4）日米和親条約

①（　ペリー　）の来航時、老中であった阿部正弘（左）はペリーが石炭や水の補給、港を開いて交易しようと提案され、前例のないことで大変困りました。もし、あなたが、当時の大名だとしたら、どのようなことを意見しますか。　　　　　　　　　（2）
　外国に対して
　　　　　　戦争をしてでも拒否／貿易　　すべきだ

②阿部正弘が藩や大名、朝廷に意見を聞いたことでどのような変化が起こりましたか。
　力をもっていた藩や大名、朝廷が幕府に対して意見を言うようになった。幕府の力が弱くなった。

③日米和親条約で、日本はアメリカとどのような条約を結んだのか、教科書を使って調べ、空欄を埋めよう。
　（下田）・（箱館）の両港は、アメリカ船の（まき）と水、食料、石炭、欠乏の品を、日本で調達することに限って、（入港）を許可する。日本政府が、アメリカ以外の外国人に対して、現在アメリカ人に許可していないことを許す場合には、アメリカ人にも同様に（許可）しなければならない。このことについて交渉したり、時間をかけたりしないこと。

④この条約を結ぶことによって、日本の鎖国は（継続　（終了））した。

本時の授業展開

1　導入

　ペリー来航に関する資料を教科書や資料集、プリントから捉えさせる。当時の日本で一番大きな船と比較し、黒船の大きさを驚きをもって捉えさせてもよい。その上で、「江戸幕府はどのような対応をしたのか」という疑問を持たせながら、本時の問いを立てさせる。

2　展開

○国内の混乱と老中の苦悩

　ペリーとの交渉に戸惑った阿部正弘に対して、当時の大名ならばどのような意見をするのか考えさせる。その際、幕末に力を持った藩が現れていることや幕政改革が相次いで失敗していることを踏まえて考えさせるようにする。ま

た、大名に意見を聞いたことが幕府の権威を弱まらせた。一方、様々な人が意見を出し合いながら、物事を決定していくという公議という流れが生まれたことも説明する。

○日米和親条約の内容

　教科書や資料集から、日米和親条約の内容を確認させる。その際、下田と箱館の場所を地図帳やタブレット端末等で確かめさせる。

○日米修好通商条約

　外国人に対して、当時の人々は大変畏怖な気もちを持ったことを絵画や狂歌から捉えさせる。日米和親条約を結び、開国したことでその気持ちはさらに高まった。その上でどのような条約を結んだのか関心を持たせる。日米修好通商条約の内容は、教科書や資料集を使いなが

3

2　不平等条約な条約
(1) ペリーの実際の肖像画と日本人が想像で描いたペリーを比較して、気付いたことを書こう。また、当時読まれた狂歌から日本国内の様子を想像してみよう。(3)

一八五三年のペリー来航を
よんだ狂歌、
太平の眠気をさます上喜撰
たった四杯で夜も寝られず

目や鼻、ひげの様子が違う。外国人に対する恐れがある。また、黒船来航は国内でも大きな混乱があった

(2) 1856年に大老（　井伊直弼　）が結んだ条約について、教科書を使って、空欄を埋めよう。

（　日米修好通称　）条約
（　下田　）・（　箱館　）のほか、（　神奈川　）、（　長崎　）、（　新潟　）、（　兵庫　）を開港すること。（　神奈川　）を開いた6か月後、（　下田　）を閉ざすこと。
日本に対して輸出する商品は別の定めるとおり、日本政府へ（　関税　）を納めること。
日本人に対して法を犯したアメリカ人は、（　アメリカ　）領事裁判所において取り調べのうえ、（　アメリカ　）の法律によって罰すること

(3) この条約は、日本にとって（　平等　不平等　）といわれた。

(4) この条約は日本にとってなぜ不平等なのでしょうか。

アメリカに領事裁判権を認め、日本に関税自主権がなかったから。

4

3　まとめ
(1) 当時の人々に取材しよう。（ペリーが来航した今の日本の状況を教えてください。）(4)

日本国内は外国人に対して、おそれをもっていてとても混乱しています。江戸幕府も力をもっていたのに、ペリーがきたことで朝廷や藩、大名にも意見を求めるなど、とても動揺しています。また、日本にとって不平等な条約を結んでしまったようです。日本はこの後、どうなっていくのでしょう。心配です。

5

(2) 日米修好通商条約で開港した5つの港を地図で確認しましょう。

ら、ワークシートに記入させる。その際、5つの港の場所を地図帳やタブレット端末等で確認させる。

○不平等条約

　日本で法を犯した外国人をその国の領事が裁けない。輸入品に対して自主的に関税を定める権利がないということを理解させる。なお、関税自主権については、下関戦争後5％しかかけられなくなったことを補足する。

3　まとめ

　当時の人々になりきって、国内の混乱の様子や幕府内の動揺について表現させる。その際、資料から読み取った内容を記入させる。

⑴教科書や資料集、プリントの資料でもペリーの来航の驚きを捉えさせるとともに、「人々はどのような思いで黒船を見ているのかな」など問いながら、資料を読み取らせる。

⑵これまでの江戸幕府の将軍や老中が朝廷や諸大名に意見をすることがあったか、生徒に問う。日本国内は大きな動揺が広がっていたことを理解させた上で、意見を考える活動に臨ませたい。自分の意見を記入後、意見交換をさせる場面をつくってもよい。

⑶日本人が描いたペリーの絵画はその他にもたくさんある。また、狂歌を読んで、当時の人々の混乱の様子を想起させる。

⑷導入で使用した絵画に描かれた人物にインタビューするという流れでもよい。まとめの学習はグループで共有してもよい。

ICT 活用のアイディア

１民衆が黒船を見物する絵画などを電子黒板に提示する。また、当時、日本で一番大きかった千石船と黒船を比較させ、黒船の大きさを実感させるのもよい。

３ペリーの絵画は複数あるため、タブレット端末を使用して生徒に調べさせ、見比べて共通点を考えさせ、全国民に危機感の共有をもたらしたことに気付かせる。

５日本地図を映し出すなどして、場所を確認させる。

板書活用のアイディア

２生徒の意見を板書し、その理由をまとめていく。

４取材相手として候補を問いかけ、出た意見を分類しながら板書する。

開国後の政治と経済

本時の目標

- 開国によって、日本の政治や経済はどのように変化したのか理解できるようにする。
- 開国後の混乱によって、人々はどのような行動にでるか予想できるようにする。

本時の評価

- 開国後の幕府への批判の高まり、貿易開始による物価の上昇を捉えている。
- 開国による政治的、社会的な影響を、人々の生活との関わりに着目して考察し、表現している。

開国後の政治と経済

1 1 幕府への批判の高まり
(1) 開国によって日本国内はどんな混乱があったのか。資料から読み取れることを書こう。（1）

誰かが殺されている。物価が上昇している。

(2) 問い

問い　開国によって、日本の社会はどのような影響を受けたのだろうか。

(3) 物価が上昇したり、国内の金がなくなったりすると人々の生活はどうなっていくのでしょう。

生活が苦しくなっていく。幕府に対して不満が高まっていく。

(4) 幕府はどのように力を失っていったのだろうか。教科書を使って調べ、空欄を埋めよう。（2）
●幕府批判の高まり
天皇を尊ぶ（　尊王　）論と、外国勢力を排除する（　攘夷　）論→（　尊王攘夷　）運動が盛んに。
●将軍のあと継ぎ問題

2

| （　徳川慶福　）将軍と血統が近い　開国派　支持：（　井伊直弼　） | 対立 | （　徳川慶喜　）英明で成年男子　攘夷派　支持：薩摩・水戸などの雄藩 |

↓
（　安政の大獄　）
↓
（　桜田門外　）の変（　井伊直弼　）の暗殺

井伊直弼は、なぜ安政の大獄を行ったのだろう。

幕府の政策を批判して、政治における発言力を高めていく雄藩を処罰するため。

なぜ、井伊直弼は暗殺されたのでしょうか。

幕府の弾圧に対して反発したから。幕府の力が弱まっていたから。

本時の授業展開

1　導入

ワークシートにある駕籠は、武家や公家など身分の高い者が乗る仕様であることを補足説明する。その乗り物を武士たちが襲っている状況を想像させたい。右の絵では、凧に描かれたものは何か読み取らせる。描かれた内容から物価上昇を皮肉った絵だと気付かせる。

2　展開

○幕府の衰退

幕府内で開国か、外国を打払う攘夷をとるか対立があったことを整理させる。開国派の中心人物は、大老井伊直弼であり、日米修好通商条約を結ぶ決断をした。その決断に異を唱えて反発していたのが、攘夷派の薩摩藩や水戸藩を中心としたグループであり、幕末に力をつけて雄藩と呼ばれた。このような対立を教科書や資料集で調べ理解させる。

○安政の大獄

井伊直弼が反対勢力を弾圧したものだったことを補足して説明する。

○桜田門外の変

幕府の実質的なリーダーであった井伊直弼が武士たちに暗殺され、このままの状態で諸外国の脅威に対応できるのかを考えさせる。時間に余裕がある場合、話し合いをさせてもよい。

○開港の経済的影響

生糸はヨーロッパ諸国で不作が続いており、質のよい日本の生糸は大変売れたことを説明する。一方、絹織物は、ヨーロッパの安くて質の

2　開港の経済的影響

(1) 日本の輸出入品の状況を整理しよう。教科書を使って、空欄を埋めよう。

3

	品目	国内の状況
輸出	生糸 （　茶　）	輸出品の8割以上が（　生糸　） 外国では生糸の値段が高く、質のよい日本の生糸は大変売れた。 しかし、（　輸出　）の急増で生産が追いつかなくなり、 国内の（　物価　）が上昇した。
輸入	綿織物 （　毛織物　） （　兵器　）	（　イギリス　）から安くて質のよい綿織物・綿糸が輸入された。 国内の綿織物や綿糸の生産は、外国産に負けて売れなくなってしまった。 国内には、（　失業者　）が増加することとなった。
	最大の貿易港は（　横浜　）で、相手国は（　イギリス　）中心	

(2) 金の流出について、資料やインターネットを使って、空欄を埋めよう。

4

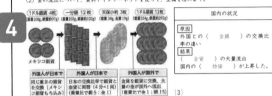

国内の状況
原因 外国との（　金銀　）の交換比率の違い 結果 （　金貨　）の大量流出 国内の（　物価　）が上昇した。

3　まとめ

(1) 開国によって日本の政治、経済はどのように変化したのか、説明しよう。(4)

5

政治面
攘夷運動が盛んになり、井伊直弼が暗殺されるなど、国内は混乱し、幕府の力が弱まった。
経済面
外国との貿易が始まり、品物の値段が上がり、人々の生活は苦しくなった。

(2) 幕府の力が弱まったり、人々の生活が苦しくなったりしてくると人々はどのような行動にでるだろうか。予想しよう。

外国人を倒そうとする。幕府を倒そうとする。日本国内は混乱する。

ワークシートを使用する際のポイント

(1)江戸城の桜田門から登城しようとする大老井伊直弼を、武士たちはどのような気持ちから討とう考えたのか、想像させたい。右の絵では、「凧として上がっているものは何か」と問いながら、状況を考えさせる。

(2)生徒も想起しやすい大久保利通や西郷隆盛はどちら側についていたのか、説明することで対立がイメージしやすい。大老が暗殺されてしまうということはそれだけ幕府の権威がなくなり、国内が混乱していることに気付かせる。

(3)物の価値が高まった時、物の値段が上がっていくことについて理解させる。また、物の値段が下がる原因についても説明する。

(4)記入した内容は意見交換をして、内容に過不足がないか確認させる。また、今後の国内の状況については、小学校までの学習も想起させながら、話し合わせるようにするとよい。

よい外国産に国内産が負けてしまい、国内では仕事をなくして不満を募らせた人々がいたことに気付かせる。金と銀の交換比率が違うことで日本にはどのような影響が出るか、図を読み取りながらワークシートに記入させる。日本から金貨が大量に流出していっている状態であることに気付かせる。

3　まとめ

　ワークシートを使って、左側が政治面、右側が経済面として学んだことを短い言葉で表現させるようにする。その際は、必要な語句を指定してもよい。また、外国人を排斥する攘夷運動や幕府批判を強める討幕運動が盛んになっていくことを想起させる。

ICT活用のアイディア

1 現在の桜田門外を提示したり、凧に書かれているものを拡大したりして当時の状況を話し合わせ。

3 物価上昇については、グラフを提示して生活の変化を想起させる。

4 図版を提示して、金銀流出の流れを全体に説明する。

板書活用のアイディア

2 安政の大獄、桜田門外の変の対立構造を板書し、二つの事象の意味をまとめる。また、前時で学習した阿部正弘の判断も関連させたい。

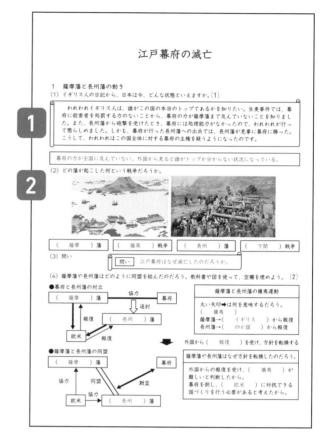

江戸幕府の滅亡

本時の目標

江戸幕府の滅亡までの経緯と、滅亡した理由について理解できるようにする。

本時の評価

江戸幕府が滅亡した理由を、欧米諸国の進出や開国、その後の幕府の対応と関連付けて考察し、表現している。

本時の授業展開

1　導入

諸藩の動きに対して、幕府が対応できておらず、日本が幕府を中心にまとまっていないことを捉えさせる。イギリス側としては、主権がはっきりしないので、誰と交渉するべきか迷っている状況であることを説明する。その上で、教科書を使って、薩摩藩や長州藩が起こした戦争について用語を確認させ、問いを立てさせる。

2　展開

○薩摩藩や長州藩の動き

教科書の文章を読みながら、図を使って、薩摩藩や長州藩が初めどのような動きをしていたのかを理解させる。攘夷を決行したが、報復を受けたことを導入での資料を基に捉えさせる。

このような流れの中で、長州藩では桂小五郎、薩摩藩は西郷隆盛、大久保利通が実権を握ってきたことや、坂本龍馬の仲介で薩長同盟が結ばれたことを説明する。時間があれば、欧米諸国に対抗できる国とはどのような国なのか、話し合わせる。

○世直しへの期待

前時の「開国の影響」を復習しながら、民衆はどのような思いを持っていたのかを確認する。教科書や資料集から百姓一揆や打ちこわしも多発していたことを捉えさせ、民衆の中でも新しい世の中へ期待があったことを理解させる。

○大政奉還と王政復古

大政奉還のねらいは、幕府を維持することで

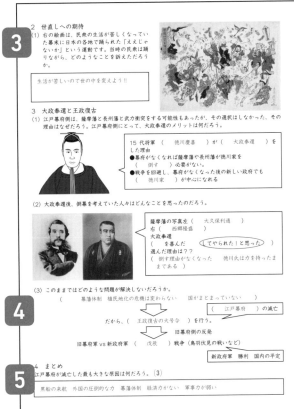

3

2　世直しへの期待
(1) 右の絵画は、民衆の生活が苦しくなっていた幕末に日本の各地で踊られた「ええじゃないか」という運動である。当時の民衆は踊りながら、どのようなことを訴えただろうか。

> 生活が苦しいので世の中を変えよう‼

3　大政奉還と王政復古
(1) 江戸幕府側は、薩摩藩と長州藩と武力衝突をする可能性もあったが、その選択はしなかった。その理由はなぜだろう。江戸幕府側にとって、大政奉還のメリットは何だろう。

15代将軍（　徳川慶喜　）が（　大政奉還　）をした理由
●幕府がなくなれば薩摩藩や長州藩が徳川家を（　倒す　）必要がない。
●戦争を回避し、幕府がなくなった後の新しい政府でも（　徳川家　）が中心になれる

(2) 大政奉還後、倒幕を考えていた人々はどんなことを思ったのだろう。

薩摩藩の写真左（　大久保利通　）
　　　　　　右（　西郷隆盛　）
大政奉還
（　　を暮んだ　　）（てやられた！と思った）
選んだ理由は？？
（倒す理由がなくなった　徳川氏は力を持ったままである）

(3) このままではどのような問題が解決しないだろうか。
（　幕藩体制　植民地化の危機は変わらない　国がまとまっていない　）

だから、（　王政復古の大号令　）を行う。
旧幕府側の反発
旧幕府軍 vs 新政府軍（　戊辰　）戦争（鳥羽伏見の戦いなど）
新政府軍　勝利　国内の平定

4

4　まとめ
江戸幕府が滅亡した最も大きな原因は何だろう。(3)

黒船の来航　外国の圧倒的な力　幕藩体制　経済力がない　軍事力が弱い

5

⑴生麦事件とは、薩摩藩士が生麦村で藩の行列を横切ったイギリス人を殺害した事件である。「長州藩から砲撃を受けた」とは、下関海峡を通る外国船を砲撃した事件である。「幕府が行った長州藩への出兵」とは、薩長同盟を結んだ後に行われた第二次長州戦争をさす。読み取る際に、補足して説明すると理解が深まる。

⑵攘夷派がどのような動きをしたのか、前時の流れとつなげて考えさせる。そして、攘夷を実際に決行し、欧米諸国との圧倒的な力の差に気付いた諸藩は倒幕への動きへ転換する。この流れを矢印の意味に着目させながら、読み取らせる。

⑶単元の学習として考えれば、ペリーの来航が大きなきっかけではあるが、近世の学習を通して考えると他の理由も考えられる。単元をこえて、考えさせることで話し合いも活発に行うことができる。

ICT活用のアイディア

❶文章は読み上げたり、画面に提示したりして問題を全体で考えさせる。これまでの学習を振り返りながら、幕末の問題や課題点を把握させる。

❷船の様子を拡大表示するなど、薩摩藩とイギリスの戦力差が分かるようにする。

❸絵画は複数あるため、タブレット端末を使用して、見比べて共通点を考えさせる。

板書活用のアイディア

❹これまでに出た幕末の日本の問題点を生徒の意見を基に、板書する。

❺生徒の意見を板書し、その理由をまとめていく。

はなく、新政府内での発言力を保つためだった。慶喜が武力衝突を避け、先に手を打った形となった。ここに約260年続いた江戸幕府が終わったことを理解させる。また、天皇を中心とした新しい政権をつくろうと考えていた大久保利通や西郷隆盛の気持ちを考えさせたい。その上で、このままではどのような問題が解決されないままに終わってしまうかを考えさせる。

3　まとめ

これまでの学習を振り返りながら、江戸幕府が滅亡した最も大きな原因について話し合わせる。初めに個人で考えさせ、その後グループで意見交換をし、再度個人で考えさせてもよい。

9 時間

明治維新

明治政府の諸改革の目的に着目し、事象を相互に関連付けるなどして近代の社会の変化の様子を多面的・多角的に考察し、表現することを通し、明治維新によって近代国家の基礎が整えられて、人々の生活が大きく変化したことを理解させるとともに、よりよい社会の実現を視野にそこで見られる課題を主体的に追究、解決しようとする態度を養う。

単元を貫く問い 日本が植民地化されなかった最も大きな要因は何だろうか

第1時～第5時

明治維新と近代的な国際関係

〔第1時〕新政府の成立
〇新政府の方針や諸改革の内容、中央集権国家体制が確立したことや明治維新による社会の変化について理解させる。
- 五箇条の御誓文を読み、明治政府がどのような国家を目指したのかを理解する。
- 版籍奉還、廃藩置県、新しい身分制度のねらいを理解し、誰にとってプラスであったのかを考察する。

〔第2～3時〕明治維新の三大改革
〇新政府が行った三大改革の内容を理解し、それが人々の生活に及ぼした影響について考察し、表現させる。
- 学制、兵制、税制に関する資料を読み取り、どのようなねらいのもとに行われた改革かを理解する。
- 評価についてグループ内で意見交換し、最終的な評価をA・B・Cで行い、理由を書く。

〔第4時〕富国強兵と文明開化
〇新政府が行った富国強兵・殖産興業の内容を理解し、文明開化が人々に与えた影響について考察し、表現させる。
- 殖産興業について調べ、日本を一つにつなげていくために、どのようなことを行ったのかを理解する。
- 日本橋の絵を見比べ、その変化を読み取り、西洋の文化が取り入れられたことを理解する。

〔第5時〕近代的な国際関係
〇近代的な国際関係の下で進められた明治初期の外交政策を理解し、諸外国とどのような関係を築いたかを理解させる。
- 当時の日本と東アジアとの国際関係や、欧米諸国との近代的な国際関係について理解する。
- 岩倉使節団の成果と課題について理解する。
- 近代的な国際関係を目指して、清と朝鮮とどのような関係を結んだのかを理解する。

学習活動のポイント

　第1時～第4時までで明治政府が欧米諸国からの植民地化を免れるために、どのような課題を解決しようと取り組んだのかを調べさせる。資料を読み取りながら、改革のプラス面・マイナス面を評価させたり、周辺国との関係構築について考えさせる。

　第5時から第6時までは、領土問題を取り上げる。日本のおかれた国際関係を丁寧に読み取らせながら、国境を確定させる意味や現在まで続く領土をめぐる問題について歴史的な経緯を理解させる。

　第7・8時では、自由民権運動に関する文章を読み、民権派のねらいに迫るとともに、制定された憲法の条文から立憲政治の意味を理解させる。単元を通して、日本が近代国家として歩み始めたことをつかませていく。

単元の評価

知識・技能	思考・判断・表現	主体的に学習に取り組む態度
○富国強兵・殖産興業政策、文明開化の風潮、自由民権運動、大日本帝国憲法の制定などに関する資料を適切に読み取って、明治維新によって近代国家の基礎が整えられて、人々の生活が大きく変化したことや立憲制の国家が成立して議会政治が始まるとともに、我が国の国際的地位が向上したことを理解している。	○明治政府の諸改革の目的、議会政治や外交の展開などに着目して、明治維新と近代国家の形成、議会政治の始まりと国際社会との関わりについて、近代の社会の変化の様子を多面的・多角的に考察し、表現している。	○明治維新と近代国家の形成、議会政治の始まりと国際社会との関わりについて、よりよい社会の実現を視野にそこで見られる課題を主体的に追究しようとしている。

○：ねらい　・：主な学習活動

第6時・第7時	第8時・第9時
国境の確定と領土をめぐる問題	**近代国家の形成**
〔第6時〕国境と領土の確定 ○領土の確定について、近代的な国際関係の下、諸外国とどのような経緯で進められたのかを理解させる。 ・国境を確定させるために、周辺国とどのような交渉を行い、領土を確定したのかを調べる。 ・アイヌや琉球の人々がどのように日本に同化されたのかを調べ、どのような気持ちだったのかについて話し合う。	〔第8時〕自由民権運動の高まり ○改革への不満から士族の反乱が起こった流れを理解し、自由民権運動が始まった経緯やどのような社会の実現を求めたのか、考察し、表現させる。 ・民撰議院設立の建白書を読み、民権派の訴えを理解する。 ・自由民権運動から憲法の制定に至るまでの民権派と政府側の主張を理解する。
〔第7時〕領土をめぐる問題の背景 ○竹島、北方領土、尖閣諸島が我が国の固有の領土になった時期や経緯と、日本政府の見解、相手国の見解を理解させる。 ・竹島、北方領土、尖閣諸島がどのような経緯で日本の領土となったのか、年表や日本政府の見解から理解する。 ・竹島、北方領土、尖閣諸島で領土問題に対して、意見の違いが生まれる理由を理解する。	〔第9時〕立憲制国家の成立 ○憲法の制定過程、大日本帝国憲法の特徴、議会政治が始まったことの意義を理解させる。 ○欧米諸国に並ぶ近代国家として歩んでいくために、どのような課題が残っているか予想させる。 ・憲法の主要な条文を読み、立憲主義の考えを理解する。 ・第1回帝国議会の選挙の結果を理解する。

課題解決的な学習展開にする工夫

　掲載したワークシートは、導入部分で学習課題を設定し、それを解決するために必要な知識・技能を展開部分で獲得し、まとめの活動で学習課題に対する自分の考えを「考察、表現する」ことを通して、本時で捉えさせたい内容を「理解させる」という構成をとっている。

　本単元のポイントは、「欧米諸国からの植民地化を免れるためにどのようなことを行ったの

か」また、「幕末から明治初期にかけての日本の問題点や課題は何か」である。毎時間のまとめの時間でそれぞれの歴史的事象と関連付けて考えさせてもよい。後者は、次の単元ともつなげて考えられるものである。歴史の大きな流れをつかませる上で、追究の視点を持たせ、活動に取り組ませたい。

新政府の成立

新政府の成立

本時の目標

　新政府の方針や諸改革の内容、中央集権国家体制が確立したことや明治維新による社会の変化について理解できるようにする。

本時の評価

・新政府が成立し、近代国家の基礎が整えられていったことを捉えている。
・明治維新によって、幕藩体制や身分制度がどのように変化したかを考察し、表現している。

1 明治維新　(1)
(1) 明治新政府は、どのような方針を立てたのだろうか。教科書や資料集を読み取り、空欄を埋めよう。

1868年（　五箇条の御誓文　）
一 広く会議をひらいて、すべての政治は、世論に従って決定していくべきである。
　世論→（　みんなの意見　）ということ
一 上の者も下の者も心を一つにして国を治める政策をすすめるべきである。
　上の者→（　治める人　）　下の者→（　人民　）　政策→（ 国を治め、民を救う方策 ）
一 公家・武家から庶民に至るまで、各自の意思がとげられるよう、尊重されるようにすること。
　各自の意思とは？→（　自分の意見　）が自由に言えること。
一 今までの悪習をやめ、国際法に基づく政治を行う。
　悪習→（　尊王攘夷　外国を打ち払う　）
一 知識を世界から取り入れて、天皇中心の政治の基礎を起こすべきである。

(2) 新政府は、どのような国づくりを目指したのだろう。上の資料や小学校の学習も思い出して予想してみよう。
議会を開いて決めよう。外国とも同等にわたり合おう。天皇中心の国づくりをしよう。

(3) 問い
問い　明治政府はどのような国づくりを目指し、どのような改革を行ったのだろうか。

2 藩から県へ
(1) 教科書や資料集を使って、（　版籍奉還　）に関する資料の空欄を埋めよう。

そもそも私たちが住むこの日本は、（　天皇　）の土地であり、私たちが治めている民もみな、（　天皇　）の民であります。なぜ、私たちが私有することができましょうか。今、謹んでその土地・人民を（　天皇　）に献上いたします。

ねらい　江戸時代以来の（　幕藩体制　）からの脱却を図る取り組み
大名　（　領地　）・（　人民　）をいったん（　天皇　）に返す　天皇
　　　改めて天皇から知藩事に任命され、今まで通りの支配を認められる

●版籍奉還の課題は何だろう。
年貢は、大名のもとへ入ってしまうこと。知藩事は元の藩主であること。

(2) 教科書や資料集を使って、（　廃藩置県　）に関する資料の空欄を埋めよう。

1871年（　廃藩置県　）→（　中央集権化　）を目指した政策
① （　藩　）を廃止して、（　府　）・（　県　）を置く
② （　府知事　）は新政府から派遣する
③ （　年貢　）は全て国の収入へ

本時の授業展開

1　導入

　明治維新について、知っていることを発表させる。新しい政治体制になったことで多くの改革があったことを捉えさせる。その後、教科書や資料集を使いながら、五箇条の御誓文の読み取りを基に、どのような国づくりを目指したのかについて、話し合わせ、問いを立てる。

2　展開

○版籍奉還

　版籍奉還とはどのような改革なのか、教科書などを基に理解させる。また、どのような課題が残っているのかを教科書から読み取り記入させる。

○廃藩置県

　廃藩置県とはどのような改革なのか、教科書などを基に理解させる。その後、藩を廃止する、県を置くということはどのような意味があるのかを考えさせ、資料を読み取らせる活動に移っていくようにする。

　資料の読み取りでは、プラス面のみ記述させることとなっているが、マイナスになったことについても線を引くなどして読み取らせたい。また、知藩事や藩士にとってのプラス面・マイナス面を読み取らせ、発表させてもよい。

○身分制度

　身分制度の廃止とはどのような改革なのか、教科書などを基に理解させる。身分制度の廃止とあるが、実際には差別が残っていることを図

3

(3) 版籍奉還・廃藩置県を実行して、政府にとってプラスとなったところを下の資料から読み取り、説明しよう。　　　　　　　　　　　　　　　(2)

版籍奉還では、大名も家来の武士も元のままの土地にいて、政府の命令が確実に実行されるとは限らない。藩の年貢も大名に入り、政府の収入は旧幕府の領地からのものだけであった。国全体が一つになってはいなかった。
　1871年、薩摩・長州・土佐から1万の兵を東京に集めた上、知藩事を東京に集め、廃藩置県が一方的に宣言された。これまでの藩は全て廃止し、全国に三府（東京・大阪・京都）と302の県が生まれた。府や県では、知藩事（元の大名）は辞めさせられ、家来の武士たちは、職を失うことになった。代わりに政府の役人が府知事と県令に任命され、政府の命令を確実に実行しようとした。また、各藩に入っていた年貢は全部、政府の収入となった。
　ずいぶん思い切った計画であったが、表立って反対するものはなく、改革は順調に行われた。辞めさせられた知藩事は華族という特権的な身分とされ、収入も保護された。また、莫大な藩の借金や家来の武士たちも士族という身分とされ、減らされてはいたが俸禄（給料）も支給された。
　第二の維新と言われる廃藩置県によって、中央集権の統一国家の形が整えられるようになった。

藩に入っていた年貢が全て政府に入ってきた。中央集権国家が整ってきた。

3　身分制度の廃止
(1) 新しい身分制度の意味を理解しよう。
　　ねらい：（　江戸時代　）の身分制度を解体する。
　　　　　（　天皇　）を頂点とする新しい社会にあった身分制度の創設を目指した政策
1871年に、（　解放令　）が出され、（　えた　）・（　ひにん　）の呼び名を廃止した。
(2) 教科書や資料集を使って、身分制度に関する資料の空欄を埋めよう。

特権　　　　　　（　天皇　）・・・1人
　　　　　　　　（　皇族　）・・・20人
　　　　　　　　（　華族　）・・・3168人
　　　　　　　（　士族　）・・・92万7859人
　　　　　　　（　平民　）・・・3290万9156人

(3) 身分制度の廃止を実行して、人々にとってプラスとなったところを下の資料から読み取り、説明しよう。　　　　　(3)

4

政府は、江戸時代の身分制度を解体し、1869年、政府は次のような新しい身分制度を制定した。
公家・大名→華族　大名の家来の武士→士族　　百姓・町人・エタ・ヒニン→平民
士族は、刑罰が平民より軽減され、俸禄（給料）も政府によって保証されるなどの特権が保障された。しかし、幕府時代の特権は次々と失われていった。
　1871年、ちょんまげをやめ、刀を差さなくてよいことになった。1876年には廃刀令が公布され、身分の象徴である刀を差すことが禁止された。また、士族に支給されていた俸禄の支出の3分の1もしめていたことから、1875年、三年分相当の一時金を支給した上で、俸禄の廃止（秩禄処分）が行われた。平民は、名字を使用することができるようになったり、羽織、袴を身につけたり、馬に乗ることも許された。エタ・ヒニンは、身分も職業も平民と同じにするとした。しかし、社会の中では、新平民などと呼ばれ、職業や結婚などあらゆる面で差別がなくなることはなかった。

平民は名字を名乗れるようになった。士族は刑罰が平民より軽い。

4　まとめ
明治維新とはどのような改革か、40文字以内で説明しよう。

5

| 幕 | 藩 | 体 | 制 | の | 国 | 家 | か | ら | 天 | 皇 | を | 中 | 心 | と | し | た | 近 | 代 | 国 |
| 家 | へ | と | 移 | る | 際 | の | 、 | 様 | 々 | な | 改 | 革 | で | あ | る | 。 | | | |

から捉えさせる。資料の読み取りでは、「人々」を具体的にさせると読み取りやすくなる。例えば、華族、士族、平民などと分けてプラス面を読み取らせる。廃藩置県の読み取りと同様に時間に余裕があれば、マイナス面について、発表させたりしてもよい。

3　まとめ

　40文字という字数制限があるので、どの語句を使用するのかを考えさせた上で、記入させたい。また、本時の学習を振り返り、話し合い活動をさせた上で記入させてもよい。

ワークシートを使用する際のポイント

⑴これまで幕藩体制と比較して、どのような点が変わっているのかを読み取らせる。その上で、「五箇条の御誓文で目指されたものは何か」などと問い、どのような国づくりを目指したのか、記入させるようにする。

⑵政府にとってプラス面をまとめさせると同時に、「マイナス面についても読み取って線を引こう」と投げかける。よいことばかりではなく、借金の肩代わりをしたことを読み取らせる。

⑶プラス面として華族は収入や特権が保障されたこと、平民は名字の使用、袴を着用できるようになり、馬にも乗れるようになったことが挙げられる。しかし、士族は、刀を持てないなどの特権を失ったことを読み取らせるようにする。

ICT活用のアイディア

1 文章は読み上げたり、画面に提示したりして特徴を全体で考えさせる。原文を提示するのもよい。
3 **4** 書画カメラ等で文章を提示し、プラス面やマイナス面について、ペンの色を分けて整理し、分かりやすくする。

板書活用のアイディア

2 どのような国家体制を目指したのか、これまでの学習からその理由を発表させ、板書する。
5 本時で学習した重要語句を振り返りながら、板書する。

明治維新の三大改革

本時の目標

　新政府が行った三大改革の内容を理解し、それが人々の生活に及ぼした影響について考察し、表現できるようにする。

本時の評価

・学制・兵制・税制の改革の内容を理解している。
・新政府が行った学制・兵制・税制の改革の影響を、江戸時代の制度と比較しながら考察し、表現している。

明治維新の三大改革

1　三大改革
(1) 明治新政府が近代国家として歩んでいくために江戸時代のどのような点を変えていけばよいだろう。

1　　農業中心の社会、幕藩体制、年貢に頼った税制度、財政難、植民地化の危機

(2) 問い

2　　問い　明治維新の三大改革はどのようなねらいで人々の生活にどのような影響を与えたのだろうか。

2　学制の公布
(1)（　学制　）のねらい　｛（　国家　）を支える（　優秀な人材　）の育成を目指した政策。
　　　　　　　　　　　　　　｛満（　6　）歳になった男女に（　小学校　）に通わせる義務。

(2) 学制が人々にどのような影響を与えたのか、資料から読み取り評価しよう。

3　　社会を発展させるためには、優れた人材が必要である。　　　　　　　　　　　(1)
　　1872年に出された「学制」には、政府が学制を定める理由を次のように述べている。
　　「人が生きていくには、仕事に励み、家業を盛んにする必要があり、そのためには、知識を広げ、技能を高めなければならない。学校はそのためにある。身分の違いを超え、能力に応じて勉強することが必要である。これからはどの村でも学ばない家が一戸もないように、そして学ばない者が一人もいないようにしたい。親も子供たちの教育に力をそそがなければならない。」
　　政府は高い理想を掲げましたが、現実にはなかなかうまくいきませんでした。
　　校舎の建設や小学校の維持や運営、教師の給料などに必要な費用は、その地域の住民の負担になりました。そのため寺子屋として使われていたお寺や民家がそのまま使われることが多く見られました。教師も不足し、寺子屋時代の先生、士族や神社の神主などの物知りが教師を務めたりしました。授業料も有料で、農民には重い負担となりました。また、この頃は、子供は親の仕事を継ぐのが一般的で、将来必要とはいえない勉強をすることにはあまり意味がありませんでした。さらに、この頃は子供たちは農業の大切な働き手でした。そのため、農作業が忙しい、授業料が高いなどの理由から学制に反対する一揆が各地で起こった。

誰にとって	プラス面	マイナス面
政府	国家を支える優れた人材が育成できる	反対する一揆が起こった
子供を学校にやる家		授業料を支払う 働き手を失った
子供	知識・技能が高まる	勉強する必要が出てきた
町や村の人		必要な費用を負担することとなった

3　徴兵令
(1)（　徴兵令　）のねらい
　　（　軍隊　）を創設し、（　軍事力　）を強化することを目指した政策
　　（　20　）歳以上になった男子が徴兵検査を受け、合格すると（　3　）年間の兵役義務

本時の授業展開

1　導入

　本時の学習は、前時の廃藩置県・新しい身分制度に関する調べ学習の方法を活用したい。学制・兵制・税制に関する写真資料や主な内容について提示し、どのようなことを解決するために出されたものなのか、予想させる。これまでの学習から江戸時代の問題点に気付かせるとよい。その上で問いを立てさせる。

2　展開

　ジグソー学習で行う方法も考えられる。
①　前時と同様にそれぞれの改革のプラス面・マイナス面に線を引くなどして読み取らせ、表にまとめさせる。
②　グループ内でそれぞれの改革のプラス面・マイナス面を情報交換させる。教員が補足で説明。
③　三大改革を個人で評価する。
④　評価とその理由について話し合い、三大改革とは何だったのか、どのような目的だったのか、人々にどのような影響を与えたのかなどについて確認し合い、まとめさせる。

○学制の公布

　資料を読み取り、学制の実態がどうであったのか、教科書や資料集を使いながら理解させたい。子供たちは大切な働き手であり、小学校に通わせることは難しいのが実態であったことを捉えさせる。

○徴兵令

　資料を読み取り、徴兵令の実態がどうであったのか、教科書や資料集を使いながら理解させ

⑴学制を通じて、近代化を進めるねらいがあったことを理解させる。「学制のねらいや人々の反応はどのようなものだったのか読み取ろう」などと問い、読み取らせる。

⑵富国強兵、国民皆兵を目指した政策であったが、徴兵逃れの手引書まで出てきた。そのような資料を基に自分だったらどのような理由で徴兵を逃れようとするか、考えさせてもよい。

⑶この改革によって一定の貨幣収入が得られるようになり、財政の安定が図られたことを捉えさせる。しかし、各地で農民たちが反対一揆を起こしたことによって、1877年に税率が3％から2.5％へ下げられたことに触れる。

4

(2) 徴兵令が人々にどのような影響を与えたのか、資料から読み取り評価しよう。

> 維新後の国内の動揺を抑え、また外国とも十分に競い合える力をつけるためには、強力な軍隊をもたなくてはならなかった。そのためには、人口の8％程度の武士だけに頼るのではなく、全国民の中から義務として軍隊を作ることが必要であった。国民全体からの徴兵制である。1873年の徴兵制によれば、20歳になった男子は全員徴兵検査を受け、合格したものは陸軍や海軍のどちらかに入り、常備軍として3年間の訓練を受けることになった。役人、一家の戸主や跡継ぎ、代人料270円を納めるものなどは兵役を免除された。平民にとっては江戸時代にはなかった新しい負担であり、農民にとっては一家の若い働き手を3年間も兵士にとられることは大きな痛手であった。また、士族から武力を独占するという特権を奪うことともなった。
> 「徴兵・愚役一字の違い。腰にサーベル・鉄鎖」といって、人々は徴兵制をいやがり、これに対する反対一揆が各地で起こった。また、兵役を逃れようと、働きに行ったまま妻をくらましたり、戸籍をごまかすものも少なくなかった。このような国民の反対や抵抗のために、徴兵制も始めの頃はなかなか上手くいかず、20歳以上の男子の20％ほどしか兵士として集めることができなかった。

(2)

誰にとって	プラス面	マイナス面
政府	全国民から軍を組織できるようになり、軍事力の強化につながった。	反対する一揆が起こった
兵士となった人その家族		新しい負担が増えた一家の働き手を失ってしまう

4　地租改正

(1)（　地租改正　）のねらい（　税収の安定　）を目指した政策
　政府は（　地券　）を発行し、地価の（　3　）％を土地所有者が（　現金　）で納める。

(2) 地租改正が人々にどのような影響を与えたのか、資料から読み取り評価しよう。

5

> 大きな改革を行うには、お金が必要だった。しかし、政府の財政は苦しかった。年貢の取り立ては、各地でまちまちであり、一揆もあって江戸時代よりも減っているところや、不払いや滞納になっているところもあった。また、米による納入は、豊作や不作、米の価値の上下などにより安定していなかった。1873年の「地租改正」における政府の方針は、これまでの収入を減らさないことにあったため、土地の価格も政府によって決められ、それに基づく地租は収穫の40％ほどにすることにした。また、厳重な調査により、これまで税のかからなかった村の田畑に地租がかけられることになったことを合わせると、江戸時代よりも相当に重い負担となった。
> その上、村人が自由に出入りして山菜や薪を刈ったりしていた村の共有地である「入会地」はこのときほとんどが国の所有とされ、村人は入会地に入ることはできなくなった。さらに収穫後に米を現金に換えるために全国で大量の米が一時、売りに出され、米の価格が下がって農家の収入が減るなどのこともあった。
> 地租改正によって政府の税収入は確保されたが、農民の不満は大きかった。こうして、地租改正を叫んで各地で激しい農民の一揆が起こった。

(3)

誰にとって	プラス面	マイナス面
政府	税収が安定した。	反対する一揆が起こった
農民		江戸時代より重たい負担収入が減少した

5　まとめ

三大改革をあなたはどのように評価しますか。（　A　B　C　）で評価し、その理由をグループで話し合ってみましょう。

6　理由：

2本時で学習する学制・兵制・税制に関する資料を提示して、興味を持つたせる。当時の風刺画なども提示し、人々の反応を想像させたい。

3 4 5書画カメラ等で文章を提示し、プラス面やマイナス面について、ペンの色を分けて整理し、分かりやすくする。また、徴兵逃れの手引書や血税一揆の様子などを提示してもよい。

1幕末から明治初期における日本の問題点や課題を板書する。植民地化の危機は必ず共有する。

6黒板にA・B・Cの枠をつくり、生徒にどの評価を選択したのか、記入させ、共有する。

る。徴兵免除者は満20歳以上の男性の約82％に及んだことに触れ、実際に徴兵されたのは平民の次男・三男が中心であったことを理解させる。

○地租改正

　教科書や資料集などから地券の内容を読み取らせる。課税基準が地価となり、政府の収入が安定したことを理解させる。一方で、平民（小作人）にとっては江戸時代よりも負担が重く生活が苦しくなったことに気付かせる。

3　まとめ

　ジグソー学習で説明した③〜④の学習を行い、三大改革を評価する。

富国強兵と
文明開化

4/9

本時の目標

新政府が行った富国強兵・殖産興業の内容を理解し、文明開化が人々に与えた影響について考察し、表現できるようにする。

本時の評価

・近代的な産業発展のために政府が進めた富国強兵・殖産興業政策の内容を理解している。
・文明開化の風潮について、社会の様子や人々の生活が大きく変化したことを、江戸時代と比較しながら考察し、表現している。

本時の授業展開

1　導入

富国強兵とは、明治政府が経済の発展と軍事力の強化によって近代的な国家を目指した目標であり、富国強兵を実現するための手段として進められた政策の一つが殖産興業となる。殖産とは、産業を盛んにすることで興業とは産業を起こすことである。言葉の意味を理解させ、本時の見通しをもたせる。

2　展開
○鉄道の開通

東京から横浜までは徒歩で1日、馬車で約4時間かかっていた。それが約50分となったことに触れ、人やものの移動が活発になることで、日本はどのように変化していくかを考えさせ

る。
○通信

キリシタンの魔法として嫌うものも多く、架設工事の妨害や電線の破壊行為も少なくなかったことに触れる。それでも1877年には電話の輸入が始まり、情報通信が飛躍的に向上し、日本が一つにつながったことを理解させる。

○富岡製糸場

政府が主導してつくった模範工場である。ここでは資料集を使いながら、お雇い外国人の存在に触れる。高額な給料を支払い、先進的な技術を学び、近代産業を育成しようとしたことを捉えさせる。これらを踏まえ、欧米諸国に負けない国づくりのためにどのような取り組みがあったかを理解させる。

3 文明開化 （2）

幕末と明治初期の日本橋の様子を資料集やインターネットを活用し、グリフィスの日記の空欄を埋めながら、日本の変化について調べよう。

3

変化した東京を表した文章

アメリカ人グリフィス（教育者・牧師）の日記
東京は（　近代　）化して…数千の人が帽子・靴・背広姿である。…（　馬車　）が多く、人力車は数えるほどである。…制服姿の警官、病院、学校、大学、女子の学校も多い。鉄道はほとんど完成した。…古い江戸は永久に消え去った。日本の首都東京は国際的な大（　都市　）である。(1872年2月3日)

レンガ造りの建物　馬車　ガス灯　髪型　洋服　肉食（牛鍋など）　太陽暦
1日24時間　週7日　活版印刷が始まる

4

4 新しい思想

(1) 西欧思想（自由・平等など）の広まり
　○思想家や洋学者による紹介
・（　福沢諭吉　）…「　学問のすすめ　」
・（　中江兆民　）…（　ルソー　）の思想を紹介

> このような思想が広がった背景
> （　新聞　）・（　雑誌　）の普及

5

5 まとめ

(1) 欧米諸国に負けない国づくりのため、明治政府はどのようなことを行っただろう。（3）

政府が主導となって様々な産業を発展させること。
例えば、鉄道や通信網を整備する。また、官営模範工場を作り、商品の生産量を増やし、貿易（輸出）によって国を豊かにする。

(2) 殖産興業や文明開化で政府や国民にとってプラスになったことをまとめてみよう。（4）

| 政府 | 国内の経済発展につながった。 | 国民 | 生活が便利になっていった。 |

○文明開化

幕末と明治初期の日本橋の様子の違いを調べさせ、変化を捉えさせる。太陽暦や活版印刷については、教科書や資料集を使い、説明する。

○新しい思想

二人の思想は教科書や資料集などで確認させる。特に福沢諭吉の「学問のすゝめ」は平等主義や実学の奨励を説いていることを確認させる。

3　まとめ

ワークシートまとめの(1)では、本時で学んだことを文章で的確にまとめさせる。(2)では、前時と同様に改革のプラス面を評価させる。

ワークシートを使用する際のポイント

(1)前時までの学習を振り返り、明治政府がどのような国づくりを目指していたのかを問う。そして、欧米諸国に負けない国づくりという答えを引き出したい。そこで、「欧米諸国に負けない国づくりのためには、どのようなことを行う必要があるか」などと問い、軍事力・経済力が高い国であることを理解させた上で、問いを立てさせる。

(2)幕末と明治初期の町の様子を調べさせる。その違いから「どのようなことが起こったのだろう」と問い、考えさせる時間を取る。この思考の時間がまとめの際に有効である。

(3)本時の学習の範囲の中で、どのようなねらいの基、どのようなことを行ったのかをまとめさせる。

(4)時間に余裕があれば、改革のマイナス面も考えさせ、枠外に記入させる。国家予算を多く使うなど経済面の負担に気付かせるとよい。

ICT活用のアイディア

1富岡製糸場など、殖産興業で紹介する資料を提示するなどして、富国強兵や殖産興業について具体的にイメージさせる。

2お雇い外国人を紹介する。モレルやブリューナなどから欧米諸国の最新の技術を学んだことを紹介する。

4福沢諭吉や中江兆民の考えを提示し、どのような考え方が新しいのか、紹介する。

板書活用のアイディア

3教科書やインターネットで調べた二枚の絵を見比べて、変化したことを板書する。太陽暦や1日24時間、週7日となったことも補足説明する。

5生徒の意見を板書し、その理由をまとめていく。

近代的な国際関係

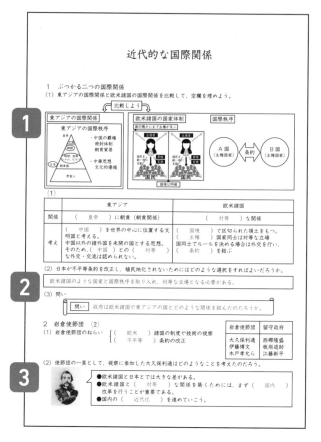

本時の目標

　近代的な国際関係の下で進められた明治初期の外交政策を理解し、諸外国とどのような関係を築いたか理解できるようにする。

本時の評価

・新政府が行った岩倉使節団の派遣や、清や朝鮮への外交政策を理解している。
・新政府が行った外交政策について、欧米諸国やアジア諸国との関係から考察し、表現している。

本時の授業展開

1　導入

　日本が目指した国際関係と日本が現在おかれている東アジアの国際関係を整理する。この関係が理解できていないと、その後、中国に対しては対等な関係を求めたにも関わらず、朝鮮には不平等な関係を求めたことの理解が曖昧になり、本時の目標に達することができない。

○東アジアの国際関係

　中国を文明の中心国と位置付け、諸外国を夷とする思想が中心となり、中国に朝貢することで関係を維持できる。

○欧米諸国の国際関係

　条約に基づき、対等な関係を結ぶ。国境も明確となる。国境線を明確にしたり、対等な条約を結んだりすることが近代国家への道であるこ

とを確実に理解させることで以後の領土問題や不平等条約改正の流れがつかみやすくなる。その上で、欧米諸国と対応な関係を築く必要性に気付かせ、問いを立てる。

2　展開
○岩倉使節団

　留守政府と使節団側とで大規模な改革は行わないと約束があったが、学制・兵制・税制は岩倉使節団が欧米諸国へ視察へ行ってる最中に行われたことを理解させる。それが明治六年の政変につながる。大久保利通の思いは、イギリスやドイツを視察する中で固めら、特に「上からの近代化」を進めたドイツのビスマルクの姿に感銘を受けたと言われる。この考えは、伊藤博

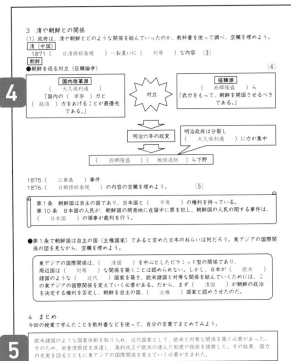

4
```
3　清や朝鮮との関係
(1) 政府は、清や朝鮮とどのような関係を結んでいったのか、教科書を使って調べ、空欄を埋めよう。
清（中国）
　1871（　日清修好条規　）…お互いに（　対等　）な内容　（3）
朝鮮
●朝鮮を巡る対立（征韓論争）　　　　　　　　　　　　　　　　　　　　　（4）

　　国内改革派　　　　　　　　　　　　　　　　　征韓派
　　　大久保利通　　　　　　対立　　　　　　　　西郷隆盛　ら
『国内の（　軍事　）力と　　　　　　　　　「武力をもって、朝鮮を開国させるべき
（　経済　）力をあげることが最優先　　　　　である。」
である。』

　　　　　　　　明治六年の政変　　→　明治政府が分裂し
　　　　　　　　　　　　　　　　　　　（　大久保利通　）に力が集中

　　　　　（　西郷隆盛　）や（　板垣退助　）ら下野

1875（　江華島　）事件
1876（　日朝修好条規　）の内容の空欄を埋めよう。　　　（5）

　第1条　朝鮮国は自主の国であり、日本国と（　平等　）の権利を持っている。
　第10条　日本国の人民が、朝鮮国の開港地に在留中に罪を犯し、朝鮮の人民の関する事件は、
　（　日本国　）の領事が裁判を行う。

●第1条で朝鮮国は自主の国（主権国家）であると定めた日本のねらいは何だろう。東アジアの国際関
係の図を見ながら、空欄を埋めよう。

　東アジアの国際関係は、（　清国　）を中心としたピラミッド型の関係であり、
　周辺国は（　対等　）な関係を築くことは認められない。しかし、日本が（　欧米　）
　諸国のような（　近代　）国家を築き、欧米諸国と対等な関係を結んでいくためには、こ
　の東アジアの国際関係を変えていく必要がある。だから、まず（　清国　）が朝鮮の政治
　を決定する権利を否定し、朝鮮を自主の国、（　主権　）国家と認めさせたのだ。

4　まとめ
今回の授業で学んだことを教科書などを使って、自分の言葉でまとめてみよう。
```
5
```
欧米諸国のような国家体制を取り入れ、近代国家として、欧米と対等な関係を築く必要があった。
そのため、岩倉使節団を派遣し、条約改正や欧米の進んだ制度や技術を視察した。その結果、国力
の充実を図るとともに東アジアの国際関係を変えていく必要が生まれた。
```

⑴日本のおかれた立場を理解させる。朝貢関係は古代から続いているもので、日本が目指した関係性を捉えさせる。

⑵岩倉使節団が見た欧米諸国の発展は、写真資料を提示して具体的なイメージをつかませる。

⑶日清修好条規は領事裁判権を認め合う対等なものだったことを教科書から読み取らせ、日朝修好条規と比較させる。

⑷国内を近代化させることか、国内の不満を解消させ朝鮮に攻めるかで、対立したことに気付かせる。

⑸日清修好条規と比較させる。日本の領事裁判権を認めるなど不平等なものだったことを捉え、なぜその選択をしたのかを考えさせる。

ICT 活用のアイディア

1 二つの図を提示し、日本が目指した国際関係と日本がおかれていた東アジアの国際関係を比較させる。
3 タブレット端末を使用させ、大久保利通が見た欧米諸国の様子を調べさせる。映像資料が有効である。

板書活用のアイディア

2 これまでの学習を生かしながら、話し合わせ、板書にまとめる。
4 二人がなぜそのような意見を主張したのか、生徒の意見を板書し、まとめていく。
5 本時で学習した重要語句を使いながら、板書する。

文らの憲法制定にも継承される。

○清や朝鮮との関係

　征韓論争では、武力で朝鮮を開国しようとした西郷隆盛たちを下野させ、大久保利通が実権を握ったことを理解させる。国内改革を最優先としながらも、1875年に日朝修好条規を結んで、開国させ、不平等条約を結んだ。一見矛盾した行動に見えるが、真のねらいは、朝鮮の主権の尊重ではなく、清国と朝鮮の関係を崩し、近代的な国際関係を築こうとする目的であったことに気付かせる。

3　まとめ

　欧米諸国、中国、朝鮮に対してどのような行動にでたのかをまとめさせる。

国境と領土の確定

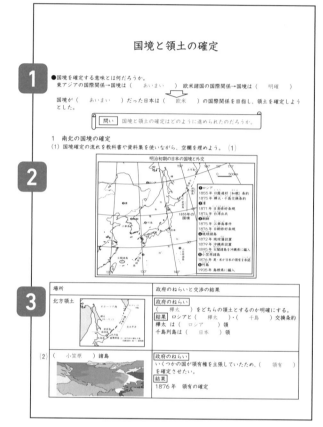

本時の目標

　領土の確定について、近代的な国際関係の下、諸外国とどのような経緯で進められたのか、理解できるようにする。

本時の評価

・国境と領土の確定について、北海道や沖縄などに対して新政府が行った政策を理解している。
・蝦夷地と琉球王国が日本に組み込まれる過程について考察し、表現している。

本時の授業展開

1　導入

　前時の復習を行い、国境を確定する意味について確認する。東アジアの国際関係の中では、国境があいまいであったことに触れ、国境を確定することは近代的な国家として認められることにもつながることを理解させ、問いを立てる。なお、領土が確定するための国際的なルールがあることに触れる。それは、いずれの国にも属していない土地に対し、他の国家に先んじて支配を及ぼすことによって自国の領土にすることである。

2　展開
〇南北の国境の確定

　まず、日本の南北の端はどこであるのか捉え

させる。北はロシアと、南の小笠原諸島はアメリカやイギリスと交渉し、国境を確定した流れを理解させる。その際、地図帳やタブレット端末等で場所を必ず確認するようにさせる。

　尖閣諸島や竹島についても、次時で詳しく取り扱うが、それぞれいつ日本領に編入したのかを確認させる。国境が確定し、領土が決まったことにより主権国家として歩み始めたことを確認し、本時の目標にせまっていく。

〇北海道の開拓とアイヌの人々

　1899年に制定された北海道旧土人保護法を教科書や資料集から読み取らせる。農業の奨励は狩猟や漁労が中心だったアイヌの人々にとって苦しみとなり、「保護」の名のもと、アイヌの人々の文化・生活の破壊が進んだことを理解

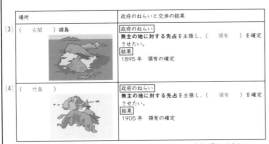

場所	政府のねらいと交渉の結果
(3)（　尖閣　）諸島	**政府のねらい** **無主の地に対する先占**を主張し、（　領有　）を確定させたい。 **結果** 1895年　領有の確定
(4)（　竹島　）	**政府のねらい** **無主の地に対する先占**を主張し、（　領有　）を確定させたい。 **結果** 1905年　領有の確定

※無主の地に対する先占→他の国家に先んじて支配を及ぼすことによって自国の領土とすること。

2　（　北海道　）の開拓と（　アイヌ　）の人々
●蝦夷地を（　北海道　）と改め、開拓事業を進める。
・（　開拓使　）（役所）の設置…炭鉱の開発、官営工場の運営、札幌農学校の建設
・政府の移住政策…士族たちを（　屯田兵　）として配置
●アイヌの人々を（　日本国民　）とする同化政策
・（　日本語　）の使用を義務付けられる　・強制的に（　移住　）させられる。
・伝統的な風習や（　文化　）の否定

3　沖縄県の設置と琉球の人々
●（　琉球藩　）の設置【1872】→（　沖縄県　）を設置し、日本に編入【1879】（　琉球処分　）
●沖縄県の人々を（　日本国民　）とする同化政策
・（　学校　）を設立する　・服装を（　和服　）に変える
同化政策を強いられたアイヌや琉球の人々の気持ちはどのようなものだっただろう。話し合ってみよう。

> これまで大切にしてきたものが失ってしまった。生活が苦しくなった人もいたと思う。

4　まとめ
国境と領土を確定したことで明治の日本でプラスになったこととマイナスになったことをそれぞれまとめよう。

> プラス→近代国家として周辺国と話し合いを重ねて領土と国境を確定できたこと
> マイナス→同化政策を強いられ、生活が苦しくなったり、開拓の際、死亡したりする人もいた

させる。

○沖縄県の設置と琉球の人々
　政府は、教育については力を入れて言葉や生活習慣を本土と同化させることを目指した。日本語や天皇への忠誠を誓わせたり、男性の結髪や女性の刺青を禁止したりしたことを説明する。
　アイヌや琉球の人々の気持ちについて話し合わせる。近代的な国家になっていくための犠牲があったことにも気付かせる。

3　まとめ
　これまでの改革の学習と同様にプラス面・マイナス面を評価させる。

ワークシートを使用する際のポイント

(1)地理的分野の既習事項である領土問題を想起させ、日本の東西南北の国境について確認させる。本時は、これらの領土がどのような経緯で日本の領土として確定したのかを学ぶという見通しを持たせる。
(2)小笠原諸島の領有を各国に宣言した際、イギリスとアメリカは反対しなかったことに触れる。これにより日本の領土として確定した。
(3)尖閣諸島は現在、沖縄県の管轄にある。政府は、現地調査を何度も行い、無人島であるだけでなく、清国を含むいずれの国にも属していない土地であることを慎重に確認し、編入したことを説明する。
(4)竹島は古くは「松島」とよばれたが、領土に編入する際、朝鮮の文献等を慎重に調査した上で無人島であることを確認し、正式に竹島として島根県に編入したことを説明する。

ICT 活用のアイディア
1前時で活用した国際関係の図を提示する。国境を確定することで、近代国家を目指したことに触れ、単元を貫く問いを意識させる。
2タブレット端末を使用し、現在の日本の国境を確認させる。
3外務省ホームページなどで領土問題を調べさせる。
4アイヌ民族の伝統的な衣装や食事、生活様式などをタブレット端末で調べさせる。

板書活用のアイディア
5これまでの学習を生かしながら、話し合わせ、プラス面・マイナス面を板書にまとめる。

領土をめぐる問題の背景

7/9

本時の目標

竹島、北方領土、尖閣諸島が我が国の固有の領土になった時期や経緯と、日本政府の見解、相手国の見解を理解できるようにする。

本時の評価

・竹島、北方領土、尖閣諸島の領有の歴史的な経緯と日本政府の見解を理解している。
・これらの島の領有に関する各国の主張も踏まえ、我が国の固有の領土である背景を捉えている。

領土をめぐる問題の背景　領有の歴史的な経緯

1　問い　竹島・尖閣諸島・北方領土は、どのような経緯で日本固有の領土となったのだろうか。

2　●それぞれの島の領土をめぐる問題について、教科書や資料集を使いながら、空欄を埋めよう。
あしか猟の舞台・竹島

年代	出来事
1618	幕府の許可を得て、（ 漁業 ）開始。
17世紀	（ 竹島 ）の領有権を確立。
1905	「（ 竹島 ）」と命名。（ 島根 ）県に編入。
1951	米国に対して、韓国が（ サンフランシスコ ）平和条約で日本が放棄する朝鮮半島周辺地域に竹島を入れるように要求する。→米国（ 拒否 ）する。これにより竹島は日本の（ 領土 ）であることが確認された。
1952	韓国、李承晩ライン宣言で竹島の領有を（ 主張 ）。韓国の警備隊が常駐し、（ 占拠 ）。
1954	日本、国際司法裁判所へ付託を提案するも韓国は拒否。現在も韓国による不法な（ 占拠 ）が続いている。

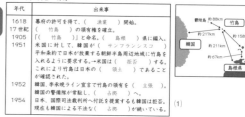

(1) 日本は竹島には領土問題があると主張し、韓国は領土問題はないと主張しています。それぞれの主張を簡潔にまとめてみよう。

3

日本政府の立場	韓国の主張
竹島は、歴史的事実に照らしても、かつ国際法上も明らかに日本固有の領土です。韓国による竹島の占拠は、国際法上何ら根拠がないまま行われている不法占拠であり、韓国がこのような不法占拠に基づいて竹島に対して行ういかなる措置も法的な正当性を有するものではありません。	６世紀以来韓国は竹島を領有してきた。1905年に島根県編入の閣議決定により竹島は日本に奪われたが、第二次世界大戦後には日本による韓国の領有は無効となったので、韓国固有の領土である「独島」（竹島の韓国名）の日本の領有も無効である。「独島」が韓国固有の領土である以上、日本との間に領土問題はない。国際司法裁判所での紛争解決を拒否する。

日本：歴史的に見て、竹島は日本領であり、韓国が不法に占拠しているから領土問題はある。

韓国：古くから韓国は竹島を領有しており、第二次世界大戦以後、領有は確定し領土問題はない。

(2) まとめ

竹島における領土問題は、（ 韓国 ）が不法に（ 占拠 ）しているため、領土問題は（ ある ）。
韓国の主張において、韓国が竹島を実効的に支配した事実を示す（ 証拠 ）は示されていない。

本時の授業展開

1　導入

前時の復習を行い、竹島、北方領土、尖閣諸島がどのような経緯で日本の領土となったのかを確認する。その上で、現在、どのような問題が発生しているのか、タブレット端末等を使用し、動画、新聞記事等から確認させる。
・竹島→外務省ホームページから紹介ビデオ
・北方領土→元島民の話
・尖閣諸島→中国漁船の領海侵入

関心を持たせた上で、どのような経緯で日本の領土となったのか、問いを立てる。

2　展開

グループごとに担当を決めて作業を進める。
「不法に占拠」とはどのような状態かを明らかにする。

○竹島

領土問題が「ある」とされる背景と韓国政府は領土問題が「ない」と主張する理由。2月22日は、竹島の日であること。

○北方領土

領土問題が「ある」とされる背景とロシア政府の主張内容。2月7日は北方領土の日であること。

○尖閣諸島

領土問題が「ない」とされる背景と中国政府は領土問題が「ある」と主張する理由。

以上の点を調べさせ、教師が補足説明をする。

資料については、外務省ホームページや領土・主権対策企画調整室ホームページが充実しており、使用しやすい。

日本人の生活の舞台・北方領土　(3)

年代	出来事
1875	樺太・千島交換条約で北方領土は日本の（　領土　）に
1945	ソ連軍が北方四島を（　　占領　　）する。
1951	（　サンフランシスコ　）平和条約により千島列
	島と南樺太を放棄。千島列島に
	（　北方領土　）は含まれていない。
1956	日ソ共同宣言で平和条約締結後に歯舞群島と色丹島
	を引き渡すことで合意。以後、四島一括返還に向け
	て話し合いがもたれている。

(1) 日本とロシアの双方の主張を読みながら、空欄にあてはまる語句を書こう。

日本政府の立場

北方領土は、ロシアによる（　不法占拠　）が続いているが、日本固有の（　領土　）であり、政府は北方領土の帰属の問題を解決して（　平和　）条約を締結した。第二次世界大戦当時、有効であった日ソ中立条約を無視し日本に宣戦布告し、一方的に北方領土を領土にしたロシアの言い分は受け入れられない。

ロシアの主張

1945年のヤルタ会談で、ソ連が日本に参戦することを条件として、日露戦争で侵害されたロシアの権利を回復するために、南樺太のソ連への返還と千島列島のソ連への引き渡しを、米英ソの3カ国の首脳で約束した。北方領土を含む千島列島全島に対して領有権がある。

(2) まとめ

北方領土は、（　ロシア　）が不法に占拠しているため、領土問題は（　ある　）。
（　平和　）条約締結交渉は継続しており、日ロ間で第二次世界大戦の結果は確定していない。

かつお節製造の舞台・尖閣諸島

年代	出来事
1885	古賀氏が魚釣島を探検（　無人島　）であることを確認
1895	政府が日本の（　領土　）に編入する閣議決定
1952	サンフランシスコ平和条約が発効
1971	台湾や中国が領有を主張（それまでは異議を唱えていなかった）
1972	沖縄返還とともに尖閣諸島の権利が（　日本　）に返還
2012	日本政府が国有化を宣言する。

(1) 日本と中国の双方の主張を読みながら、空欄にあてはまる語句を書こう。

日本政府の立場

尖閣諸島が日本固有の（　領土　）であることは歴史的にも国際法上も明らかであり、我が国はこれを有効に支配しています。尖閣諸島をめぐって解決しなければならない（　領土　）の問題は存在しません。

中国の主張

尖閣諸島は、古来中国固有の領土で、歴史資料によれば、中国人が最も早くに（　発見　）し、漁業を行うなどしており、台湾に付属する島だった。サンフランシスコ平和条約で台湾を放棄しており、台湾の一部である尖閣諸島も中国に返還されているはずだ。

(2) まとめ

尖閣諸島は、日本固有の（　領土　）であるから、領土問題は（　ない　）。中国の主張は、国際法上、領有の（　根拠　）となるものはない。

4

・調べる際の留意点

　教科書や資料集に掲載されている資料は、いずれも日本政府側の主張を裏付けるものである。可能な限り、ワークシートにある韓国、ロシア、中国の主張の根拠となる資料を前述したホームページから提示する。それぞれの主張を否定的に読むのではなく、妥当性を考えさせる場面を設ける。カイロ宣言やヤルタ会談、サンフランシスコ平和条約など学習してない条約が出てくるので、教科書や資料集などで確認させ、教師が補足説明をする。

3　まとめ

　双方の主張を読み比べながら、「不法に占拠」とはどのような状態かを全体で確認する。

---

(1)年表を基に、竹島がどのように日本の領土に編入されたのかを確認する。1951年のサンフランシスコ平和条約でアメリカ側が韓国の主張を退けていることを理解させる。そして、条約発行直前に韓国が李承晩ラインを主張し、竹島を一方的に占拠してしまったことで不法な占拠が始まったことを捉えさせる。

(2)韓国側の主張を、資料を使いながら整理させる。古い地図や文献などを根拠に領有権を主張していることを理解させ、過度なナショナリズムをあおらないよう公正な判断を促す。

(3)年表を基に、北方領土がどのように日本の領土に編入されたのかを確認する。1951年のサンフランシスコ平和条約で千島列島が放棄されたが、そこに北方領土が含まれていないことを確認させる。また、日ソ中立条約を破って北方領土に侵攻していることに触れ、これが不法占拠の根拠となることを理解させる。

ICT活用のアイディア

1外務省だけでなく、島根県や内閣官房のホームページも参考にする。タブレット端末で各自調べさせる。

2プロジェクターでは日本地図を映し出し、場所を確認させる。タブレット端末では、より具体的に調べさせる。北方領土や、尖閣諸島でも同様に活用する。

3書画カメラ等で文章を提示し、双方の主張について整理する。

板書活用のアイディア

43つの国との領土における問題を整理する。

自由民権運動の高まり

本時の目標

改革への不満から士族の反乱が起こった流れを理解し、自由民権運動が始まった経緯やどのような社会の実現を求めたのか、考察し、表現できるようにする。

本時の評価

・自由民権運動のおこりや政党の結成、激化事件にいたる過程を理解している。
・自由民権運動から憲法制定に至るまでの時期について、民権側と政府側の立場からそれぞれの主張を考察し、表現している。

自由民権運動の高まり

1 自由民権運動と士族の反乱 （1）
（1）特権を奪われた士族たちは、どのような行動を起こしたのだろう。

政府に対して（　反乱　）を起こした。
最も大規模なもの
1877年　（　西南　）戦争
中心人物　（　西郷隆盛　）

【結果】
（　徴兵制　）による近代的な軍隊が士族を中心とした軍隊を破った。→（　武力　）による政府への抵抗ではなく、（　言論　）で対応していくこととなる。⇒（　自由民権運動　）の展開。
（2）問い

問い　自由民権運動は、どのような社会の実現を目指して行われたのだろうか。

（3）政府を批判し、どのような主張をしたのだろうか。教科書や資料集を使いながら、空欄を埋めよう。

批判!!

（2）

1874　（　民撰議院設立　）の建白書
　私ども　（　板垣退助　）（写真上左）がつつしんで、現在の政権を誰が握っているのかを考えてみますのに、上は天皇でもなく、下は（　人民　）でもない。ただ一部の政治家に独占されております。（中略）国家が崩壊しそうな勢いにあることを救う方法を求めてみましたが、ただ世論を尊重し公平な（　議論　）を行うことであり、それには、民撰議院を立てることによるしかありません。

政治家とありますが、どのような政治を批判していますか。
⇒（　大久保利通　）（写真上右）ら薩摩・長州・土佐・肥前などの出身の一部の政治家だけで行う（　藩閥　）政治
民撰議院とありますが、どのような場所を設立しようと考えていますか。
⇒一部の政治家たちだけで話し合うのではなく、（　国民　）から選挙された（　議員　）によって構成される（　国会　）の設立を訴えた。

本時の授業展開

1　導入

第4時に行った明治六年の政変の結果を想起させる。下野した西郷隆盛や板垣退助はどのような行動に出たのか問いかける。また、資料集やICTを活用し、西郷軍と政府軍の兵力や戦費を比較させ、政府軍が圧倒したことを捉えさせる。その上で、これ以後、政府に対して武力から言論で訴えるようになったことを理解させ、問いを立てさせる。

2　展開
○板垣退助の政府批判

民撰議院設立の建白書を読み取らせる。板垣退助は、明治六年の政変以後、政治の中心となった大久保利通を批判している。藩閥政治を批判し、どのような政治体制を訴えたのかを捉えさせる。

○高まる自由民権運動

板垣退助が行ったような自由民権運動を政府が条例でどのように取り締まっていったのかを調べさせる。当時の風刺画からどのようなことを皮肉っているのか読み取らせたり、自由民権運動の演説会の様子を読み取らせたりして、当時の政府と民衆の対立の様子を理解させる。また、民間の憲法案についても読み取らせる。そこでは、人々の自由や権利を求めたことを理解させ、次時の学習につなげていく。

○国会の開設をめぐる対立

大久保利通が殺害された後、実権を握った伊藤博文はドイツ流の憲法制定を目指した。君主

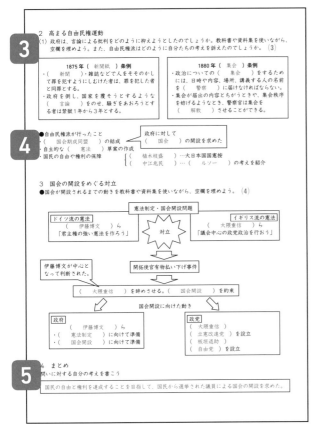

ワークシートを使用する際のポイント

⑴田原坂の戦いでは、政府軍と西郷軍の装備の違いに着目させたい。近代的な兵器をもった政府軍に、士族たちが敗れたことに気付かせる。

⑵議会を開き、国民の世論を尊重した政治を行うことを板垣退助が訴えたものであると理解させたい。その際、憲法に基づいて行われる立憲政治を目指したことを確認する。

⑶「自由民権運動の演説会の様子」を活用し、警官隊や民衆、演説者がどのような発言をしているのかを考えさせる。その上で、国民の自由と権利を求めたこととそれを取り締まった政府という構図をつかませる。

⑷国会の開設をめぐっては政府内でも対立があったことを捉えさせる。天皇を中心とした国づくりを行うには、君主権の強い憲法がよいと判断したことに気付かせる。

権の強い憲法制定を目指していたことをつかませたい。これが次時の大日本帝国憲法の制定につながる。国会開設を約束した代わりに伊藤博文に権力が集中していくことを理解させる。これを機に、政府と民権派の政党との対立が続いていくことを捉えさせる。どのような政党が結成されたのかを、確認させる。

3　まとめ

　民撰議院設立の建白書の読み取りや、政党の特徴などからまとめさせる。

ICT 活用のアイディア

1 絵を提示し、政府軍と西郷軍の装備を比較させる。

2 紙幣に採用された板垣退助を提示する。板垣退助の影響力について考えさせる。

3 新聞紙条例や集会条例などを皮肉った風刺画、「自由民権運動の演説会の様子」などを調べさせる。当時の人々の心情に迫らせる。

4 植木枝盛などが作成した憲法草案を提示し、人々が何を求めたのか考えさせる。

板書活用のアイディア

5 これまでの学習を生かしながら、話し合わせ、板書にまとめる。

立憲制国家の成立

本時の目標

- 憲法の制定過程、大日本帝国憲法の特徴、議会政治が始まったことの意義を理解できるようにする。
- 欧米諸国に並ぶ近代国家として歩んでいくために、どのような課題が残っているか予想できるようにする。

本時の評価

- 憲法の制定過程とその内容の特徴、選挙制度などを理解している。
- 憲法に基づいて議会政治が始まり、アジアで最初の立憲制国家が成立したことを捉えている。

立憲制国家の成立

1 憲法の準備 （1）
●伊藤博文は、憲法発布、国会開設に向けてどのような準備をすすめたのだろう。
1882年〜 （ ドイツ ）流の憲法理論を学ぶためにヨーロッパへ
1885年〜 （ 内閣制度 ）の制定 伊藤博文は初代（ 内閣総理大臣 ）に就任
1889年2月11日 （ 大日本帝国憲法 ）の制定

大日本帝国憲法の制定
（ 欽定 ）憲法
↓
（ 天皇 ）の意思によって制定され、（ 国民 ）に与えるという形で発布された。

問い　大日本帝国憲法は、どのような特徴のある憲法なのだろうか。

2 憲法の発布
(1)教科書や資料集を使いながら、大日本帝国憲法の条文の空欄を埋めよう。 （2）

第1条 大日本帝国は、永遠に一つの系統を継承していく万世一系の（ 天皇 ）が統治する。
第3条 天皇は（ 神聖 ）だから非難したりしてはならない。
第4条 天皇は日本の元首で日本を治める権利を持ち、（ 憲法 ）の決まりに従って治める。
第11条 天皇は（ 陸軍 ）と（ 海軍 ）を率いる。
第20条 日本（ 臣民 ）は法律にしたがって、一定期間（ 軍人 ）にならなければならない。
第29条 日本臣民は（ 法律 ）に違反しない範囲なら、言論・著作・集会及結社の自由がある。
第37条 全ての法律は（ 議会 ）の賛成がないと決めることはできない。
第55条 国務各大臣は天皇を助け手伝って実務を行い、その（ 責任 ）を負う。
第64条 国家の歳出歳入は、毎年の（ 予算 ）として（ 議会 ）の許可を必要とする。
第71条 議会が予算に関して議決が得られず、又は（ 承諾 ）が得られなかった場合は、前年度の予算を執行する。

本時の授業展開

1　導入

　前時の大隈重信の罷免について振り返りながら、伊藤博文がどのような憲法をつくろうと考えていたのか、問いかける。憲法発布式典の図を読み取らせる。軍服姿の明治天皇が総理大臣である黒田清隆に憲法を渡している様子に着目させて、天皇が国民に与える形で発布されたことに気付かせ、欽定憲法の意味を理解させ、問いをたてる。

2　展開

○憲法の発布

　教科書や資料集などから大日本帝国憲法の主要な条文を読み、どのような内容が書かれているのか、話し合わせる。大日本帝国憲法の仕組み図を提示し、天皇に多くの権利が集まる中、予算・法律は議会の承認が必要であること、天皇は憲法の決まりによって国を治めることの二つが特に重要であると説明する。次に、前時の民間憲法案を作成した植木枝盛の考えを読み取らせる。対立していたはずの民権派が大日本帝国憲法を受け入れたのは、天皇主権であるが立憲主義の考えであること、国会の開設が約束されていたこと、予算・法律の決定は議会の賛成がないといけないことを説明し、立憲主義の考えが憲法に反映されていたことを理解させる。この憲法によって政党と政府が予算・法律の決定を巡って対立していくことを理解させる。

○帝国議会の開催

　選挙の様子は、現在の選挙の様子と見比べ、

(1)留学中に伊藤博文が岩倉具視にあてた手紙を紹介してもよい。その中で、ドイツ流の憲法が日本にあっていると確信したという内容が書かれていたことを説明する。

(2)特に重要な条文は、第1条、第4条、第29条、第64条、第71条である。国民にも法律の範囲内において自由が認められたことを説明する。なお、29条の本来の意味は、自由や権利を政府の命令によって侵害することは許されない。だから、法律で守るという意味であるということを理解させる。

(3)ここで憲法を守るのは権力者であって、国民は憲法が正しく行使されているのかを監視する役割があることを丁寧に説明する。これは現在の憲法でも変わらない考えである。

(4)選挙の結果は、資料集などからグラフで視覚的に捉えさせる。民党がどのような考えを議会で訴えるのかを考えさせ、政府との対立をイメージさせる。

(2) 自由民権派の植木枝盛は、この憲法を高く評価したといわれる。その理由を詳しく理解しよう。(3)
①第4条に（　立憲　）主義の考えが書かれているから。
②（　憲法　）による国家権力の抑制。つまり、憲法を守るのは（　権力者　）。
③（　選挙　）による議員で構成される（　国会　）の開設が1890年に約束されているから。
③第37条、第64条に法律や予算の決定には（　議会　）の賛成がないと決められないと書かれているから。

3

(3) 法律や予算の決定が議会の賛成がないと決定できないとすると、今後、政府と自由民権運動の流れをくむ政党とでは、どのような話し合いが行われるでしょうか。

法律や予算の決定をめぐって、どちらの案を通すか、激しい議論が交わされることになる。

●憲法と同時期に制定されたもの
・（　民法　）の公布・1890年（　教育勅語　）が出され、教育の基本方針が定められる。

3　帝国議会の開催
●1890年　衆議院議員選挙
選挙権　直接国税（　15　）円以上納める（　25　）歳以上の（　男子　）

当時の1円は現在の2万円の価値があったとされる

様子

4

現在の選挙と比較して、特徴のあるところはどこだろうか。
選挙を見守るはずの人が威圧的な態度をとっている。
警察官が監視しているようである。
大勢の人たちが投票の様子を見守っている。
秘密選挙になっていない。

5

結果　（　政党　）（　民党　）が議員の多数を占めた。→（　政府　）と（　政党　）の対立が生まれる。
(4)

4　まとめ
(1) アジアで初の近代的な立憲制国家となったことや議会政治が始まったことはどのような意義があるだろう。
欧米諸国からの植民地化を免れ、近代国家として歩み始めている。

(2) 大日本帝国憲法の特徴を説明しましょう。
天皇が国の元首として、日本を統治し、衆議院と貴族院からなる帝国議会が開催された。

6

(3) 欧米諸国に並ぶ近代国家として歩いていくために、どのような課題が残っているだろう。
不平等条約の改正、朝鮮問題、国民の不満など

1憲法発布の式典の図を提示する。誰が誰に対して憲法を発布させているのか、考えさせる。
2大日本帝国憲法の仕組みを提示する。
4現在の選挙の様子を調べさせ比較し、どのような点が違うのか話し合わせる。
5選挙結果をグラフで提示する。民党と吏党、どちらが勝利したのか確認する。

3これまでの学習を生かしながら、話し合わせ、板書にまとめる。
6どのような課題があるのか、話し合わせ、今後の見通しを持たせる。

その違いを考えさせる。
○選挙の結果
　民党とは、自由民権運動を推進した立憲改進党などの民権派各党の総称であることを説明する。民党が過半数を占めたことに気付かせ、今後どのようなことが起こるのか、考えさせる。

3　まとめ
　第1時からのまとめである。明治維新からどのような問題に取り組み、どのようなことが解決したのか、そしてどのような課題が残ったのかを考えさせる。憲法の特徴については、条文の内容を端的にまとめさせる。

日本が中国やロシアと戦争をすることになった理由を、欧米諸国のアジア進出と関連付けて考察し、表現させる。また、日本が近代産業を発展させ、アジア諸国への進出・侵略に至ったことについて、そこで見られる課題を主体的に追究、解決しようとする態度を養う。

〔単元を貫く問い〕　近代化を進める中で、なぜ日本は中国やロシアと戦争をすることになったのだろうか

第 1 時	第 2 時・第 3 時
欧米列強の侵略と条約改正	日清・日露戦争
〔第 1 時〕欧米列強の侵略と条約改正 欧米諸国の動き、日清戦争に至る背景としての東アジアの情勢を理解させる。 〇条約改正に至る過程や、欧米諸国と対等な外交関係が結ばれるまでの動きを理解させる。 ・各国と結んだ不平等条約を改正するにはどうすればよいかを考える。 ・諸資料を読み取ることを通して、欧米諸国の帝国主義の動きを理解する。 ・国内、国外の情勢を年表にまとめることを通して、どのような動きがあり条約改正を果たすことができたかを理解する。 ・条約改正について、日本のどのような取り組みが欧米諸国に評価されたかを理解する。	〔第 2 時〕日清戦争 〇日清戦争の原因と結果、その後の国内外の情勢を理解させる。 〇日清戦争後のアジアの国際関係や国内情勢について考察し、表現させる。 ・日清戦争の原因と結果、その後のアジアの国際関係や国内情勢を考察する。 〔第 3 時〕日露戦争 〇ロシアやイギリスの動向と日本との関係に着目し、日露戦争に至る動き、戦争のあらましと国内外の対応を理解させる。 ・日露戦争の原因と結果、その後の国内情勢を考察する。

〔学習活動のポイント〕 ⋯⋯⋯⋯⋯⋯⋯⋯⋯⋯⋯⋯⋯⋯⋯⋯⋯⋯⋯⋯⋯⋯⋯⋯⋯⋯⋯⋯⋯⋯⋯⋯⋯⋯

　本単元では、日本が中国やロシアと戦争をすることになった理由を、欧米諸国のアジア進出と関連付けて考察し、表現させたい。また、日本が近代産業を発展させ、アジア諸国への進出・侵略に至ったことについて、そこで見られる課題を主体的に追究、解決させたい。

　そのためにも単元を貫く問いを設定し、その問いについて予想を立てさせ、最終的には解決策を見出すために、様々な知識を獲得できるようにさせたい。単元を貫く問いについては、「近代化を進める中で、なぜ日本は中国やロシアと戦争をすることになったのだろうか」など、戦争の原因を、大陸との関係の中で理解させ、そこで見られる課題を主体的に追究、解決させるようなものにするとよい。

単元の評価

知識・技能	思考・判断・表現	主体的に学習に取り組む態度
○日清・日露戦争、条約改正などを基に、我が国の国際的な地位が向上したことを理解している。我が国の産業革命、この時期の国民生活の変化、学問・教育・科学・芸術の発展などを基に、我が国で近代産業が発展し、近代文化が形成されたことを理解している。	○議会政治や外交の展開、近代化がもたらした文化への影響などに着目して、事象を相互に関連付けるなどして、議会政治の始まりと国際社会との関わり、近代産業の発展と近代文化の形成について、近代の社会の変化の様子を多面的・多角的に考察し、表現している。	○日本が近代産業を発展させ、アジア諸国への進出・侵略に至ったことについて、そこで見られる課題を主体的に追究、解決しようとしている。

○：ねらい　・：主な学習活動

第4時・第5時	第6時〜第8時
韓国と中国・近代産業の発展	近代文化の形成／近代の大観
（第4時）韓国と中国 ○韓国の植民地化と中華民国が建国される過程について、東アジアにおける日本の動きと関連付けて理解させる。 ・諸資料を読み取り、日本が韓国を植民地化したことを理解する。 ・日本が満州における利権を独占したことを理解する。 ・孫文を中心に辛亥革命が成功し、中華民国が成立したことを理解する。 （第5時）産業革命の進展 ○明治時代の産業と資本主義の発展を理解させる。 ○産業と資本主義の発展により、日本でどのような社会問題が発生したかを考察し、表現させる。 ・日本の産業革命と資本主義の発展について考察する。	（第6時）近代文化の形成 ○近代文化が形成されたことを、学問・教育・科学・芸術の発展を通して理解させる。 ○明治時代の文化の特色について、伝統文化と欧米文化に着目して考察し、表現させる。 ・人物や作品の特徴から明治時代の文化の特徴について考察する。 [第7・8時]近代（前半）の大観 ○近代前半の日本と世界を大観し、近代のターニングポイントについて考察し、表現させる。 ・江戸時代と明治時代の比較表をグループで作成する。 ・近世から近代へのターニングポイントについて自分の意見をワークシートに記入する。

課題解決的な学習展開にする工夫

　授業の冒頭でパフォーマンス課題を提示し、課題を解決するために、授業内で知識を獲得するような展開にすることができる。例えば、第5時の授業では、新聞記者として情報を集め、社説をまとめるという設定。また、第6時では、雑誌の編集者として、明治時代の偉人について情報を集め、その中で生徒自身がお勧めする人物を紹介する展開である。この手法は他の授業においても応用が可能であり、生徒の関心を高めさせることができる。

欧米列強の侵略と条約改正

本時の目標

- 欧米諸国の動き、日清戦争に至る背景としての東アジアの情勢を理解できるようにする。
- 条約改正に至る過程や、欧米諸国と対等な外交関係が結ばれるまでの動きを理解できるようにする。

本時の評価

- 日清戦争に至るまでの背景として、欧米諸国の植民地獲得競争を理解している。
- 条約改正に至るまでの過程において、欧米諸国と対等な外交関係を樹立するための人々の努力があったことを捉えている。

本時の授業展開

1 導入

日米修好通商条約など、各国と結んだ不平等条約を改正するにはどうすればよいかを考えさせることを通して、既習事項の確認と本時のねらいに関心を持たせる。

2 展開

○列強と帝国主義

ケープ植民地の首相であったセシル・ローズの絵より、イギリスがアフリカ縦断政策を進め、アフリカ全土を植民地にしようとしていることに気付かせる。また、欧米諸国の帝国主義の動きを理解させる際は、必ず地図等を使用し、アジア・アフリカ侵略の広がりを理解させる。イギリス・ドイツ・フランスの進出方向の

矢印とともに、特に、イギリスの植民地の場所に注目させることで、列強の次の進出先がどこになるかを予想させ、清や韓国など、東アジアが狙われていたことに気付かせる。ここで、資本主義の発展で手に入れた経済力や軍事力で植民地を広げる動きが帝国主義であることを理解させるとともに、資本主義経済において資源、労働力、市場などの必要性から植民地を欲していることにも触れる。

○条約改正の実現

大前提として、日本にとっての不平等条約は、欧米諸国にとっては貿易に有利なもので、手放したくないものであることを理解させる。国内、国外の情勢を年表にまとめさせることを通して、どのような動きがあり、条約改正を果

ワークシートを使用する際のポイント

(1)ワークシートの左側では、資本主義の発展と帝国主義の高まりの関係性を理解させる。また、列強がアジアやアフリカへの進出を試みていることを捉えさせる。

(2)ワークシート右側では、条約改正までの経緯を年表にまとめさせることを通して、日本や世界の動きを理解させる。その上で、何が条約改正をする上で転換点となったかを捉えさせる。

(3)ノルマントン号事件に関して、諸資料を提示したり、条約改正の機運を高めるきっかけになったことに着目させる。

(4)タイトルを生徒自身に考えさせることで、内容理解や要約する力を身に付けさせたい。まとめの学習は時間があれば、グループで共有してもよい。

ICT活用のアイディア

2絵を大型TV、または電子黒板に映し、イギリスがアフリカ縦断政策を進め、植民地化を進めようとしたことに気付かせる。

3帝国主義の広がりについても電子黒板などで地図を示し、理解を深めさせる。

5生徒のタブレット端末のアンケートフォームを使用し、学級の意見をその場で集約し、大型TVなどで可視化し、共有化を図る。

板書活用のアイディア

1発問をし、生徒の発言を板書する。

4簡単な年表を板書し、不平等条約改正の流れを時系列で捉えさせる。

たすことができたか、理解させる。

　最後に、条約改正にあたり、日本のどのような取組が欧米諸国に評価されたかを考察し、表現させる。

○東アジアの情勢

　日本と清との朝鮮をめぐる対立関係に加え、ロシアも東アジアに進出しようとしていたことに気付かせ、次時に関心を持たせる。

3　まとめ

　本時の内容を考察し、まとめさせる。資本主義の発展により帝国主義の動きが高まったこと、条約改正までの経緯、当時の国内外の情勢を考察し、記述させる。

日清戦争

本時の目標

・日清戦争の原因と結果、その後の国内外の情勢を理解できるようにする。
・日清戦争後のアジアの国際関係や国内情勢について考察し、表現できるようにする。

本時の評価

・日清戦争に至る動き、戦争のあらましと国内外の対応を理解している。
・下関条約の内容から、戦後のアジアの国際関係や国内情勢について考察し、表現している。

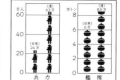

本時の授業展開

1 導入

ジョルジュ・ビゴーの風刺画「魚つり」を読み取ることを通して、当時の日本、清、朝鮮、ロシアの関係に気付かせる。各国の目的や思惑まで考えさせると、より理解を深めさせることができる。

2 展開
〇日清戦争

諸資料を参考に甲午農民戦争から日清戦争までの流れをまとめさせる。甲午農民戦争において朝鮮政府は清に出兵を求め、既に清の軍によって鎮圧されていた中、日本軍が対抗して出兵したことにも触れる。

また、地図などを提示し、主戦場は朝鮮半島であったことに気付かせる。

日本が清に勝利できたのはなぜかを考えさせる。戦力で劣る日本は、富国強兵政策により近代的な軍をもっていたため、清に勝利できた。結果的に、朝鮮の独立や遼東半島などを日本にゆずらせ、多額の賠償金まで得ることができたことを理解させる。

〇三国干渉と加速する中国侵略

ロシア・フランス・ドイツによる三国干渉により、日本は遼東半島を清に返還したことを理解させる。満州（中国北東部）への進出をねらっていたロシアは、日本の進出をはばもうとしたことを捉えさせる。

日清戦争の敗北で清の弱体化が露呈、朝鮮が清から独立し大韓帝国となったり、列強が中

ワークシートを使用する際のポイント

(1)ワークシートの左側では、日清戦争の原因と結果について諸資料を読み取らせることを通して、理解させる。

(2)ワークシート右側では、日清戦争後の国際関係や国内情勢の変化について、諸資料から読み取り、まとめることを通して理解させる。

(3)タイトルを生徒自身に考えさせることで、内容理解や要約の力を育みたい。まとめの学習はグループで共有してもよい。

（2）

・1895年4月、
　日本は中国と下関（山口県）で開かれた講和会議で《　下関　》条約を結ぶ。
Q5.　教科書等を参考に条約の内容をまとめよう。

(1)　清は（　朝鮮　）の独立を認める。
(2)　（　遼東　）半島・（　台湾　）・澎湖諸島を日本にゆずる
(3)　賠償金《　2億　》両（当時の日本円で約3億1000万）を支払う

Q6.　この条約で日本が獲得し、中でも日本が植民地支配を推し進めた地域を、地図中のア〜オから選び、記号と地名を書きなさい。

記号（　エ　）、地名（　台湾　）

2.　三国干渉と加速する中国侵略
Q7.　下関条約締結直後に起こったできごとを、教科書を参考に埋めよう。
・満州に進出した（　ロシア　）は（　フランス　）、（　ドイツ　）とともに日本に《　三国干渉　》をしてきた
【目的】日本の勢力拡大を警戒し、阻止。

Q8.　この干渉で日本が清に返還した地域を、Q6の地図から選び、記号と地名を書きなさい。

記号（　イ　）、地名（　遼東半島　）

【結果】日本は清に返還するも、ロシアへの対抗心↑
・1897年、朝鮮は清から独立し**大韓帝国（韓国）**へ
・この後、右の絵のように、中国は列強によって支配されていく…

3.　日清戦争後の日本
Q9.　賠償金の使い道は？教科書グラフから読み取ろう。
⇒約（　8　）割以上が、軍備・軍事関係　⇒約（　ロシア　）との戦いに備えた
Q10.　教科書等を参考にまとめよう。
・対立してきた政党の協力を得て、大規模な予算を承認してもらう必要性。
⇒《　立憲政友会　》の結成（総裁：　伊藤博文　）（1900）
Q11.　今日の授業にタイトルをつけよう。（内容を踏まえて）　　（3）

[例]「日清」月歩！　アジアへの足がかり

Q12.　学んだことを教科書などの用語を活用して説明しよう。　　思【A・B・C】

・日本と清は朝鮮半島をめぐり、甲午農民戦争をきっかけに日清戦争へと発展した。

ICT活用のアイディア

❶絵を大型TV、または電子黒板に映し、各国の関係等について理解させる。

❷グラフを大型TV、または電子黒板に映し、日本と清の軍事力を捉えさせる。また、近代化した日本兵の写真なども示すと理解を深めさせることができる。

❸絵を大型TV、または電子黒板に映し、各国の関係等について理解させる。

板書活用のアイディア

❶予測させた生徒の発言を板書する。
❷予測させた生徒の発言を板書する。

国分割をしていく様子を理解させる。

　また、三国干渉によって日本のロシアへの対抗意識が高まったことにも触れる。

〇日清戦争後の日本

　諸資料を読み取らせ、下関条約で得た賠償金が対ロシアとの戦争への準備として軍備拡張に充てられたこと、議会で軍事費などの予算を承認してもらうために、政党の力が強まったことに気付かせる。

3　まとめ

　本時の内容を考察し、まとめさせる。日清戦争の原因と結果、その後のアジアの国際関係や国内情勢を考察し、記述させたい。

日露戦争

本時の目標

　ロシアやイギリスの動向と日本との関係に着目し、日露戦争に至る動き、戦争のあらましと国内外の対応を理解できるようにする。

本時の評価

・日露戦争に至る動き、戦争のあらましと国内外の対応について理解している。
・日露戦争の日本や世界への影響について、日清戦争と比較しながら考察し、表現している。

(1)

日露戦争

学習課題　日露戦争はどのようにして起こり、日本や国際社会にどのような影響をあたえたのだろうか。

Q1. 右の商品は、この頃の日本のある国への感情をよく表した商品である。どこの国か？
　⇒（　ロシア　）を征したい
　この後、この国と…

1946年 ▶ 1983年〜
1902年に販売された胃腸薬

1. 義和団事件
Q2. 教科書等を参考にまとめよう。
・「眠れる獅子」清
　⇒（　日清　）戦争で敗北
　⇒ ロシア・ドイツ・イギリス・フランスの進出
　　　領土を租借　…　港・軍事施設、鉄道の権益を獲得
・清の国内　…　日本にならって立憲政治を目指す保守派の反発で失敗
　そこで、
・1899年、「扶清滅洋」のスローガンのもと義和団（民衆）が蜂起。
・山東省各地で外国人を追い出す運動…《　義和団　》事件（1900）
　⇒北京で義和団＋清が外国の公使館を包囲

Q3. この事件で列強8か国が軍隊を送ったが、最も多く軍隊を送った国を右の円グラフから読み取ろう。
　　1位（　日本　）、2位（　ロシア　）

【結果】清　…　賠償金の支払い、外国軍隊の駐留　⇒　さらに弱体化
・（　ロシア　）…　満州に出兵遼東半島軍事施設を一層強化
・韓国を勢力下におきたい（　日本　）としては脅威

Q4. 右の絵ハガキはどこの国とどこの国が手をつないでいるだろう？また、何を記念して発行されたのだろう？
　⇒ ・【国名】①（　イギリス　）と②日本
　　・【記念】《　日英同盟　》（1902）

本時の授業展開

1　導入

　「征露丸」の資料を提示し、関心を高めさせる。「征露丸」は日露戦争中に、大陸に進軍した大日本帝国陸軍の胃腸薬として使用されていた。露国（ロシア）を征伐することと、将兵の士気高揚の意味を合わせて命名されたといわれている。これらから当時の日本人のロシアに対する思いを読み取らせる。

2　展開
○義和団事件

　義和団事件に関する諸資料から読み取りまとめることを通して、日本とロシアが当該事件を鎮圧するのに注力したことを理解させる。

　その後、満州に軍をとどめるロシアと、韓国を確保したい日本の対立から日露戦争にまで発展することを理解させる。

　また、満州でのロシアの動きに対抗し、日英同盟が結ばれたこと。この同盟は日本、イギリス両者にとって利点があったことに触れる。

○日露戦争

　戦争に対して賛否両論であったが、新聞社が世論を動かした影響もあり、開戦に至った経緯について説明する。与謝野晶子の「君死にたまふことなかれ」についても触れ、戦争の悲惨さを実感させる。

　諸資料を読み取りまとめることを通して、日露戦争の経過を理解させる。

　なお、日露戦争の経過に関しては、戦況や東郷平八郎について触れ、関心を高めさせること

(2)

2. 日露戦争
・外交による交渉で満州でのロシアの権益を認めるかわりに、韓国に対する日本の権益を認めさせようとしたが交渉まとまらず…。

Q5. 教科書「日露戦争をめぐる意見」を参考に考えよう。

論	資料	論者
戦争支持論	① 七博士意見書	有力な新聞社
戦争反対論	② 内村鑑三の非戦論	内村鑑三　や　幸徳秋水　など

2

Q6. 結局、世論を動かしたのは？　⇒　（　①七博士意見書　）

《　日露　》戦争　勃発 (1904)

Q7. 戦争の経過を教科書等を参考にまとめよう。（3）
日本が有利だったが…
【日本】… 多数の死傷者や戦費や物資の不足で国民生活が苦しい
【ロシア】… 国民生活が悪化　⇒皇帝の（　専制　）政治と戦争への反対
そこで、
（　アメリカ　）の仲介により、《　ポーツマス　》条約 (1905) 締結

Q8. この条約はどのような内容だっただろう？

```
2 条 （ 韓国 ）における日本の優越権を認める
5 条 （ 旅順 ）、大連の租借権、長春以南の鉄道の利権    ⇐（ 賠償金 ）
9 条 北緯（ 50 ）度以南の（ 樺太 ）の南半分の割譲        は得られず…
11 条 沿海州・カムチャッカ沿岸の漁業権
```

3. 日露戦争後の日本と国際社会
Q9. 日露戦争が日本にあたえた影響は？

日本政府の外交政策	日本国民の生活	アジアの国々との関係
・列強として国際的地位を高める ・帝国主義国の一員	・戦争による増税や犠牲に苦しむ ・日比谷焼き打ち事件など暴動に発展 ・アジア諸国への優越感	・帝国主義国としてアジアの民族と接した

3

Q10. 今日の授業にタイトルをつけよう。（内容を踏まえて）

[例]　日露戦争勝利!?　から帝国主義へ

Q11. 学んだことを教科書などの用語を活用して説明しよう。　思【A・B・C】

・義和団事件後、満州に軍をとどめるロシアと、韓国を確保したい日本との対立から日露戦争が起こった。
・日露戦争に勝利した日本は、ポーツマス条約を結んだが、賠償金が得られず、日比谷焼き打ち事件など国民が政府を攻撃した。

も考えられる。

　日清戦争と日露戦争の犠牲を比較させ、日露戦争の方が規模の大きい戦いであり、被害が大きかったことを理解させる。それにも関わらず、賠償金を得ることができないなど、国民の政府への不満が高まったことについても触れる。

〇日露戦争後の日本と国際社会

　日露戦争が日本に与えた影響について、3つの側面から考察させ、グループで話し合わせる。

3　まとめ

　本時の内容を考察し、まとめさせる。日露戦争の原因と結果、その後の国内情勢を考察し、記述させる。

ワークシートを使用する際のポイント

⑴ワークシートの左側では、日露戦争の原因を諸資料を読み取らせることを通して理解させる。また、日英同盟が日本にとって、開戦の後押しとなったことを理解させる。

⑵ワークシート右側では、日露戦争の経過とその後の影響について、理解させる。

⑶かつてフィンランドで「世界の提督ビール」が発売され、その中に東郷平八郎が選ばれたことや、彼の戦績についても触れ、生徒の関心を高めさせることも考えられる。

⑷タイトルを生徒自身に考えさせることで、内容理解や要約の力を育みたい。まとめの学習はグループで共有などしてもよい。

ICT 活用のアイディア

1 正露丸を大型 TV、または電子黒板に映し、本時の授業への関心を高めさせる。また、当時の日本のロシアに対する思いを読み取らせる。

2 内村鑑三などの写真を提示し、日露戦争開戦に対して賛否があったことを理解させる。

板書活用のアイディア

3 日露戦争が日本に与えた影響について 3 つの側面から考察させ、グループで出た意見を発表させ、板書する。

韓国と中国

本時の目標

韓国の植民地化と中華民国が建国される過程について、東アジアにおける日本の動きと関連付けて理解できるようにする。

本時の評価

・中華民国が成立するまでの過程を辛亥革命の発生や三民主義を通して捉えている。

・韓国の植民地の動きを、抵抗運動、土地問題、教育に着目して考察し、表現している。

本時の授業展開

1 導入

○韓国の植民地化

韓国の皇太子と伊藤博文が写っている写真などを読み取らせることを通して、日本が韓国を植民地化したことを理解させる。

2 展開

日本による韓国の植民地化に対して、抵抗運動が起こり、元兵士たちも合流して全国的な武力闘争へと発展したことを捉えさせる。

伊藤博文が安重根の銃弾によって倒れ、死の間際に自分を撃ったのが朝鮮人であったことを知らされ、「馬鹿な奴だ。」と呟いたのは有名な話である。この台詞を予想させることで、生徒の関心を高めさせることができる。伊藤博文は

韓国併合に反対であったという説もあり、反対派を殺したことが韓国併合をかえって早めてしまったということを紹介するとよい。安重根が韓国において切手となっていることから、現地において「救国の英雄」とされている点についても触れる。

また、韓国併合による植民地化を経て、同化政策などが1945年の日本の敗戦まで継続されたことに触れる。

○満鉄の設立

資源の少ない島国の日本にとって、満州は様々な資源確保ができる点や、大陸進出への足がかりとなる地理的な点において魅力的な地であった。1906年に、南満州鉄道株式会社が半官半民で設立され、食料生産地として開拓され

（3）

2. 満鉄の設立
Q6. 教科書等を参考にまとめよう。
・（ ポーツマス ）条約により満州南部を勢力範囲にした。
・《 南満州鉄道 》株式会社（満鉄）を設立。
　⇒ アメリカとは対立
Q7. なぜ満州に勢力を広げたのだろう？
　地図や右の資料を参考に考えよう。

> **満州の資源**
> 石炭、石油、鉄、アルミニウムなど

・大陸に攻め入りやすい位置　・資源が乏しい日本にとって資源を得られる

3. 中華民国の成立
Q8. 教科書を参考にまとめよう。
・帝国主義列強の圧迫に対抗する動きの高まり
　（ 清 ）（主に満州民族）を倒して漢民族の独立
　を目指す革命運動が《 孫文 》によって起こる。
・《 辛亥革命 》（1911）
　⇒革命運動は全国に広がり、多くの省が清からの独立を宣言。

Q9. 三民主義とは？

三民主義	（ 民族 ）主義	漢民族の独立、諸民族の平等
	（ 民権 ）主義	民主的な政治
	（ 民生 ）主義	国民生活の安定と平等

こうして清を滅ぼし‥‥
・《 中華民国 》成立（1912）
　⇒【臨時大総統】孫文、【首都】（ 南京 ）⇒ アジア初の（ 共和国 ）
　ところがその後、臨時大総統は協力者であった（ 袁世凱 ）に移り、
　首都は（ 北京 ）へ。　⇒　独裁政治へ‥‥

Q10. 義和団事件が失敗し、辛亥革命が成功したのはなぜだろう？

・義和団事件は列強の連合軍、辛亥革命は弱体化した清を相手としたため。

Q11. 今日の授業にタイトルをつけよう。（内容を踏まえて）　（4）

[例]　韓国併合と辛亥革命、明暗を分けたもの

Q12. 学んだことを教科書などの用語を活用して説明しよう。　思【A・B・C】

・1910年に韓国併合した日本は、1945年まで植民地支配を続け、同化政策などを行った。
・1911年、辛亥革命により中華民国が建国され、清が滅んだ。

ワークシートを使用する際のポイント

(1)ワークシートの左側では、韓国が植民地化される過程とその反対運動、さらには韓国併合後の同化政策について理解させる。

(2)韓国の植民地化について、寺内正毅と石川啄木の短歌に触れ、当時の国民の思いを知るのもよい。

(3)ワークシート右側では、中国における日本の進出や中華民国の成立について理解させる。

(4)タイトルを生徒自身に考えさせることで、内容理解や要約する力を身に付けさせたい。まとめの学習は、グループで共有してもよい。

たり、諸資源を活用し炭鉱や製鉄所も経営されたりし、日本が満州における利権を独占したことを理解させる。

○中華民国の成立

「中国革命の父」と呼ばれる孫文を中心に辛亥革命が成功し、中華民国が成立したことを理解させる。武装蜂起に失敗しながらも三民主義のもといくつかの革命グループを一つにまとめたことや、資金調達を行い武力を増加させ革命を成功させたことにも触れ、外国排斥ではなく清を倒すことで国内統治をしたことを捉えさせる。

3　まとめ

韓国の植民地化と中華民国建国の過程を考察し、記述させる。

ICT 活用のアイディア

1 実際の写真を大型 TV、または電子黒板に映し、日本が韓国を植民地化したことを理解させる。
2 満州周辺の地図を大型 TV、または¥電子黒板に映し、日本との位置関係を捉えさせ、満州進出の目的を考えさせる。

板書活用のアイディア

3 発問をし、生徒の発言を板書する。義和団事件と辛亥革命がそれぞれ倒そうとした相手は誰だったかを捉えさせる。

産業革命の進展

本時の目標

・明治時代の産業と資本主義の発展を理解できるようにする。
・産業と資本主義の発展によって、日本ではどのような社会問題が発生したかを考察し、表現できるようにする。

本時の評価

・近代産業が発展して資本主義の基礎が固まったことを理解している。
・産業と資本主義の発展によって、日本で発生した社会問題について考察し、表現している。

本時の授業展開

1　導入

「新聞記者になりきり社説をまとめる」という本時の課題を提示する。また、日本の発明王である豊田佐吉に関わる諸資料を読み取らせることを通して、生徒の関心を高めさせ、日本の産業革命が軽工業を経て重工業へと発展した様子を捉えさせる。誰もが知る、「世界のトヨタ」の原点は織機作りであったことは興味深い資料である。

2　展開

○産業の発展

軽工業は特に製糸と紡績を中心に発展したことを理解させる。綿糸は日清戦争後に輸出量が輸入量を上回り、生糸は日露戦争後に世界最大の輸出国となったことに触れる。また、日清戦争の賠償金で八幡製鉄所が建てられ、これを機に重工業が始まっていったことを理解させる。八幡製鉄所が建設された立地条件についても触れ、理解を深めさせる。

日本の産業革命の特色をまとめ、交通の発展や財閥とのつながりについて触れる。この頃の資本主義は未発達であったため、完全な自由経済ではなく、政府が財閥系企業を保護・育成し、官民一体となり産業革命が進められたことを捉えさせる。

○社会問題の発生

産業革命進展の陰で、労働問題や公害問題が広がったことを考察させる。特に、足尾銅山鉱毒事件については、田中正造などの必死の訴えがあったにも関わらず、経済的利益を優先させ

（3）

（3）日本産業革命の特色
Q6. 教科書等を参考に埋めよう。
・産業の発達は交通機関の発達ももたらす。
　東海道線よりも早く鉄道が開通した例 ⇒富岡製糸場と横浜間
　なぜ？ ⇒生産した（　生糸　）を横浜港から輸出したため。
　鉄道網の広がりと国有化（日露戦争後）⇒（　軍事　）上、経済上の必要性
・三井、三菱、住友、安田などの資本家⇒、金融・貿易・鉱山業などの経営を行い、日本経済を支配
　する《　財閥　》へと成長 ⇒政府とともに産業発展させた。

2. 社会問題の発生
Q7. 日本の産業革命における社会問題とその対策を教科書を参考にまとめよう。

社会問題	対策
・工女の低賃金、長時間労働 ・労働争議 ・公害問題	・労働組合の結成 ・工場法の制定

3

・足尾銅山鉱毒事件
Q8. 教科書を参考にまとめよう。
・明治時代になり足尾銅山は（　渡良瀬　）川の水質汚染
　や煙害で農作物は枯れ、魚は死滅、死者の発生。
・地元の衆議院議員の《　田中正造　》らが操業停止を
　求める運動を進める。　⇒　政府は操業停止せず。

ハワイのアロハシャツの
起源は日本人移民の着物？

3. 地主と小作人
Q9. 教科書を参考にまとめよう。
・小作人の中にはハワイなどに（　移民　）となる人も。
・地主の中には、株式に投資し（　資本家　）になる人も。
　⇒　地主と小作人の間の貧富の格差が拡大！

Q10. 今日の授業にタイトルをつけよう。（内容を踏まえて）

[例] 日本の産業革命の光と影　糸→鉄→？

Q11. 集めた情報をもとに、社説をまとめよう。（4）　　　　　　　思【A・B・C】

4

【社説】
　明治時代における日本の産業革命は軽工業から始まり、重工業へと発展した。これによって日本は
資本主義経済が発展し、財閥の成長など官民の協力とともに経済を豊かなものにした。
　ところが、その影では労働問題や足尾銅山鉱毒事件のような公害問題など、多くの社会問題が発生
した。思うに、それは、日本の産業と資本主義の発展における光と影を把握し、影の部分にも目を背け
ずに、もっと対策を講じるべきであったのではないだろうか。

た政府が根本的な事件解決を図らなかった事実
について考えさせる。また、資本主義の弊害よ
り、社会主義思想が芽生えたことについて触れ
る。

〇地主と小作人
　地主と小作人の格差が広がり、特に地主が株
式により財閥を支え、財閥はさらなる市場確保
のため、戦争に発展したことに気付かせたい。

3　まとめ
　日本の産業革命と資本主義の発展について考
察し、まとめ、記述させる。

ワークシートを使用する際のポイント

(1)ワークシートの左側では、日本の
産業革命が軽工業から重工業へと発
展していく様子について理解させる。

(2)社説をまとめる活動により、生徒
の関心を高めさせる。

(3)ワークシート右側では、日本の産
業革命と資本主義とのつながり、ま
たその陰で社会問題が発生したこと
について理解させる。

(4)社説をまとめることを通して、産
業と資本主義のプラス面とマイナス
面を考察し、表現させる。まとめの
学習はグループで共有してもよい。

ICT活用のアイディア
■1本時の課題を提示し関心を高めさ
せる。
■2写真を大型TV、または電子黒板に
映し、豊田佐吉について触れること
で、日本の産業革命が軽工業を経て
重工業へと発展した様子を捉えさせ
る。
■4社説を生徒用タブレット端末で写
真撮影したり、打ち込みをさせたり
して、全体で共有することも考えら
れる。

板書活用のアイディア
■3発問を行い、個人で考えさせた
後、生徒の発言を板書する。

近代文化の形成

本時の目標

・近代文化が形成されたことを、学問・教育・科学・芸術の発展を通して理解できるようにする。
・明治時代の文化の特色について、伝統文化と欧米文化に着目して考察し、表現できるようにする。

本時の評価

・近代文化は、伝統的な文化の上に欧米文化を受容して形成されたことを理解している。
・近代文化の形成を、学問や科学の分野で国際的な業績が生まれたことや教育の普及から捉えている。

（1）

近代文化の形成

学習課題　明治時代の文化は、どのような特色を持っていたのだろうか。

1 あなたは雑誌の編集者です。上司から、「近代文化（明治）の特集を組むのだが、各々の推しメン（いち推しのメンバー）についてプレゼンしてほしい。」と依頼を受けました。情報を集め、推しメンを魅力的にプロデュースしよう！クラス No．1 の敏腕プロデューサーとなれるのは誰だ！？ （2）

2

1．日本の美と欧米の美
　Q1．それぞれの特徴をまとめよう。

横山大観「無我」	黒田清輝「読書」
平面的，和風　等	写実的，西洋風　等

Q2．19世紀終わり頃の日本文化について、教科書等を参考にまとめよう。

(1) 日本美術を復興しよう！	(3) 欧米美術そのものを導入
・（ フェノロサ ）（アメリカ人） ・（ 岡倉天心 ）（日本人）	・（ 黒田清輝 ）「読書」 ・（ 荻原守衛 ）「女」
(2) 欧米美術を取り入れた日本美術	(4) 西洋音楽
・（ 横山大観 ）「無我」 ・彫刻（ 高村光雲 ）「老猿」	・（ 滝廉太郎 ）「荒城の月」「花」

2．新しい文章
　Q3．新しい文章とは何だろう？

　・文語表現　⇒　話し言葉（口語）のままで書く（ 言文一致 ）の文体が広がった。

Q4．教科書等を参考にまとめよう。

1887（明治20）年頃	（ 写実 ）主義　小説は心の動きや人生をえがくものと主張。話し言葉で表現する言文一致の小説が登場。	・坪内逍遥「小説神髄」 ・（ 二葉亭四迷 ）「浮雲」
日清戦争（1894年）前後	（ ロマン ）主義　個人の自由な感情を表して、人間の理想を求める。	・与謝野晶子「みだれ髪」 ・（ 森鷗外 ）「舞姫」 ・樋口一葉「たけくらべ」
日露戦争（1904年）前後	（ 自然 ）主義　フランスやロシアの影響を受け、社会や人間の現実をえがく。	・島崎藤村「破戒」 ・石川啄木「一握の砂」
	（ 反自然 ）主義　自然主義より深く個人と社会の問題をテーマにする。	・（ 夏目漱石 ）「坊ちゃん」 ・森鷗外「高瀬舟」「雁」

本時の授業展開

1　導入

　「雑誌の編集者になりきり、推しメン（いち推しのメンバー）をプロデュースする」という本時の課題を提示する。

2　展開

○日本の美と欧米の美

　横山大観と黒田清輝の作品を提示し、日本美術と西洋美術の特徴を捉えさせる。教科書等の資料を読み取らせることを通して、日本美術が見直されたこと、西洋美術そのものが導入されたことなどを理解させる。

○新しい文章

　それまでの文語表現に代わり言文一致が広まったことを理解させる。それぞれ実際の文章

を読ませると理解が深まる。

　諸資料の読み取りを通して、写実主義、ロマン主義、自然主義、反自然主義など、明治の文学の特徴をおさえる。作品のあらすじや作者について簡単に紹介することで、生徒の関心を高めさせることができる。

○学校教育の普及

　グラフの読み取りを通して、就学率が上昇し、教育の基礎が固まったことや女子教育が拡充されたことに気付かせる。

　西洋の学問などを取り入れつつ、教育に力を入れたことによって、優れた科学者や世界的に活躍を果たす日本人が育まれたことに気付かせる。また、お札になった人物がこの時代に多いことから、現代社会にも影響を与えたような人

3

（3）

3．学校教育の普及

Q5．急速に就学率が上がったのは何年から何年ころ？

⇒（ 1890 ）年頃　〜　（ 1905 ）年頃

【教育制度の整備の流れ】

・（ 学制 ）公布（1872）

・学校令（1886…義務教育3、4年、大学・中学・小学の学校制度を整備

⇒義務教育6年（1907）

・（ 教育勅語 ）（1890）

・高等教育機関（大学）の整備

⇒　上記のような教育の普及に支えられ新しい文化が開花。

Q6．この時代の文化にはお札の肖像になった人がたくさんいます。お札の種類から、主な活躍を選択肢から選び記号で答えよう。

1984年〜	2004年〜	2024年〜
人物　夏目漱石　活躍（　⑧　）	人物　野口英世　活躍（　④　）	人物　北里柴三郎　活躍（　②　）
人物　新渡戸稲造　活躍（　⑦　）	人物　樋口一葉　活躍（　⑤　）	人物　津田梅子　活躍（　⑥　）
人物　福沢諭吉　活躍（　①　）	2期連続 →	人物　渋沢栄一　活躍（　③　）

【選択肢】

①慶應義塾創設、著書「学問のすすめ」など、　②破傷風の血清療法を発見、

③「日本資本主義の父」、　④黄熱病の研究、　⑤女流作家、著書「たけくらべ」など、

⑥6歳で岩倉使節団に随行、女子教育の先駆者、　⑦著書「武士道」、国際連盟事務次長、

⑧英語教師から作家へ、著書「坊ちゃん」など

Q7．明治時代の文化の特色は？

・欧米の思想や文化を取り入れつつ、個人を基礎とする新しい文化

4

Q8．推しメンのプロデューサーとしてプレゼンをします。原稿用紙1枚（別紙）程度、発表用の資料を作成し、推しメンの魅力を伝えよう！（4）

物が多かったことにも注目させたい。

3　まとめ

　本時を通して学んだ人物や作品の特徴から明治時代の文化の特色について考察し、記述させる。

　推しメンのプロデューサーとして一人の人物についてプレゼンテーションをさせることで、他人物との比較や、選択した人物を調べてまとめる活動を通して、理解を深めさせる。

ワークシートを使用する際のポイント

⑴ワークシートの左側では、作品や諸資料に触れることを通して、明治時代の文化が、日本の伝統的文化の上に西洋文化を受容して形成されたことを理解させる。

⑵推しメンをプロデュースするという活動により、生徒の関心を高めさせる。

⑶ワークシート右側では、学校教育の普及と発展が、日本のみならず世界で活躍する人物の登場につながったことを理解させる。

⑷推しメンのプレゼンテーションに関しては、タブレット端末などで作成した原稿などの諸資料を共有のみする方法が考えられる。

ICT活用のアイディア

1 本時の課題を電子黒板などに提示し関心を高めさせる。

2 写真を大型TV、または電子黒板に映し、2つの作品の違いを捉えさせる。

3 就学率上昇のグラフ等を提示し、関連事項を理解させる。

4 生徒のタブレット端末を活用し、発表させてもよい。

板書活用のアイディア

4 発問を行い、個人で考えさせた後、生徒の発言を板書する。

近代（前半）の大観
〜日本人を「武士」から「紳士」・「兵士」に変えたものは？〜

日本人を「武士」から「紳士」・「兵士」に変えたものは？
〜近世から近代へのターニングポイントをさぐれ！〜

学習課題　近世から近代へのターニングポイントを考えることを通して、日本と世界のつながりをとらえ、よりよい未来を創ろう！

1　あなたは若手政治家です。これからの日本をよりよく変えていきたいと考えています。そのためには、過去の時代の分析をすることが大切だと考えました。特に、前時代との変化や、日本と海外とのつながりに着目することが大切だと考えました。そこで、今回は江戸時代から明治時代以降にかけてどのような変化があり、それは海外のどのようなできごとに影響を受けたか、まとめることにしました。よりよい日本をつくるため、情報を整理せよ！

1. 比較表をつくろう
Q1. 江戸時代と明治時代の特色を比較表にまとめよう。

	江戸時代	明治時代
政治	【例】幕藩体制	【例】天皇主権、大日本帝国憲法
海外のできごとなど		ドイツ（プロイセン）の憲法
社会の様子	・封建制度 ・年貢（米など） ・尊王攘夷→倒幕	・富国強兵　・廃藩置県　・徴兵令 ・地租改正　・資本主義　・自由民権運動
海外のできごとなど	・啓蒙思想	・啓蒙思想　海外の諸革命　・諸改革
国際関係	・鎖国下での限定的な貿易 （オランダ,中国,琉球,朝鮮など） ・不平等条約の締結	・岩倉使節団　・アジアのみならず西洋諸国とも交流 ・国境の確定　・日英同盟　・韓国併合 ・不平等条約改正　　など
海外のできごとなど	・帝国主義による植民地化	列強のアジア植民地化、日清戦争、日露戦争
生活の変化	・手工業 ・農業中心・徒歩、馬、船	・日本の産業革命（生産増,格差拡大,長時間労働など） ・資本主義 ・文明開化（衣食住）・蒸気による乗り物（鉄道,船）
海外のできごとなど	・産業革命	・西洋文化、学問等の流入
文化	・寺子屋など ・蘭学など ・浮世絵　など	・学制 ・文明開化（衣食住、芸術、学問など）
海外のできごとなど	・啓蒙思想　など	・西洋文化、学問等の流入

Q2. 上の比較表の日本の事象で海外のできごとが関係していたら書こう。

本時の目標

　近代（前半）の日本と世界を大観し、時代の特色を多面的・多角的に考察し、表現する。

本時の評価

　近代（前半）の日本と世界を大観して、時代の特色を多面的・多角的に考察し、表現している。

本時の授業展開

1　導入

　生徒自身が若手政治家になりきり、過去を分析して未来の政治に活かすという本時の課題を提示し、本時の学びへの関心を高めさせる。

2　展開

○比較表をつくろう

　江戸時代と明治時代の比較表をグループで作成させる。個別では書くことが難しい生徒に配慮し、グループでの作業で取り組ませる。グループの形式は基本的な体型で行うことや、ジグソー法、ワールドカフェなども考えられる。また、グループでの話し合いの際に、Googleの jamboard のようなタブレット端末の付箋機能があるアプリなどを活用することもできる。

　比較表に世界の出来事を書かせることを通して、日本と世界との結びつきを捉えさせる。

○近世から近代へのターニングポイントは？

　知識を整理させた上で、ターニングポイントを検討させる。この際、ターニングポイントを一つに絞る過程において、事象を比較させ、思考を深めさせる。さらに理由についても考えさせたい。

　グループで自分の考えを発表させる。発表を通して、様々な視点や考えを理解させる。タブレット端末などを活用し、クラス内での共有も考えられる。

○過去を学び未来をよくするレポート

　若手政治家としての視点で、学んだことをレポートにまとめさせる。

3

(2)

2. 近世から近代へのターニングポイントは？
Q3. あなたがターニングポイントだと思う日本のできごととその影響を与えた海外のできごとを記入しよう。またその理由も書こう。

日本の近世から近代へのターニングポイント	影響を与えた海外のできごとなど
日本の産業革命	イギリス他、西洋の産業革命
【理由】 農耕社会であり、手工業中心であった日本を大きく変革させたのは、産業革命であると考える。理由は、後に西洋諸国に追いつき帝国主義国となる一因でもあり、わが国における資本主義の浸透をもたらしたという意味で、近世から近代への大きなターニングポイントであったと考えたため。	【理由】 イギリスにおいて始まった産業革命は世界中に広がり、開国し富国強兵を目指す日本に多大な影響を与えた。特に、工場制機械工業による生産の効率化や社会システムの変革は、当時だけでなく、その後の日本に多大な影響を与えたと考える。

Q4. 他の人の意見も聞いてメモしよう。(3)

日本の近世から近代へのターニングポイント	影響を与えた海外のできごとなど
Aさん 富国強兵 これをスローガンとしたことで産業革命や徴兵制、政治的な諸改革が行われたと考えたため。	・ドイツ（プロイセン）の方針、西洋の産業革命や諸改革
Bさん 大日本帝国憲法 立憲国家となり、国の骨格が出来上がり、海外からも認められたため。	・ドイツ（プロイセン）の憲法
Cさん 文明開化 日本人が内面・外面ともに武士から紳士に変わった大きな転換点だと考えたため。	・さまざまな西洋文化（衣食住・芸術・学問など）

3. 過去を学び、未来をよくするレポート (4)
Q5. 若手政治家として、近世（江戸時代）から近代（前半）への転換点を考え、海外とのつながりに着目してレポートを書こう。その際、各時代の課題をとらえ、これからの未来をよりよくするにはどうすればよいか、考えて書こう。これから社会科をどのような視点で学びたいかも書こう。
題【A・B・C】

近世から近代前半への転換点を具体的な用語を使用して記述させたい。その際、現代社会との比較やつながりなどにも触れられるとよい。また他者の意見も踏まえながら、自分の意見を書かせるとよい。
【例】近世から近代前半への転換点の1つは当時のドイツの方針を参考にした「富国強兵」をスローガンとしたことであると考える。江戸時代の身分制度が廃止され、徴兵令が出された。武士という特権階級が刀によって土地を守っていた時代から、身分に関係なく徴兵される時代となった。強い軍をつくるために、地租改正などで税収を安定させ、教育、産業、交通などに力を入れた。結果、日清戦争、日露戦争の勝利へとつながり、戦争による利益を求める帝国主義国の一員となった。大日本帝国憲法の制定を転換点とする意見もあったが、それすらも天皇の統帥権を認めている点など、「富国強兵」の視点が強く感じられる。もし、このスローガンがなかったら、日本の成長はなかったかもしれない反面、これによってその後の戦争につながったことも否めない。平和な国家をつくるためには、このような歴史から学び、変えるべきところは変えていかなければならないと強く思う。

近代（前半）の日本と世界のつながりや課題を把握した上で、これからの未来をよりよくするためにできることを主体的に追究させ、考えを記述させる。可能であればグループ等で発表し共有させたい。

ワークシートを使用する際のポイント

(1)ワークシートの左側では、江戸時代と明治時代を比較することを通して、前の時代との比較・変化を捉えさせる。また、日本と海外のつながりを捉えさせる。

(2)ワークシート右側では、近世から近代に向かうターニングポイントを自分で考えさせ、その後、他の人と意見交換をさせる。

(3)タブレット端末のアプリ等（付箋機能）を活用し、他者の考えを共有する一助とすることも考えられる。ただし、その場合も学習の振り返りのためにも、ワークシートにメモをさせる。

(4)若手政治家として近代前半の情勢や海外とのつながりについてまとめさせる。

ICT 活用のアイディア

1 本時の課題を提示し関心を高めさせる。
2 グループでの話し合いの際に、Google の jamboard のようなタブレット端末の付箋機能があるアプリなどを活用することもできる。
3 生徒のタブレット端末のアンケートフォームを使用し、学級の意見をその場で集約し、大型 TV などで可視化し、共有化を図ることもできる。

6

二度の世界大戦と日本

1 （7 時間）

第一次世界大戦と大正デモクラシー

単元の目標

戦争に向かう時期の社会や生活の変化、世界の動きと我が国との関連などに着目させ、近代の社会の変化を多面的・多角的に考察し、表現させることを通して、第一次世界大戦前後の国際情勢及び我が国の動きと大戦後に国際平和への努力がなされたことを理解させるとともに、よりよい社会の実現を視野に、そこで見られる課題を主体的に追究しようとする態度を養う。

単元を貫く問い

第一次世界大戦前後の時代に、世界や日本ではどのような動きがあったのだろうか

第1時～第4時

第一次世界大戦と日本

〔第1時〕第一次世界大戦
○第一次世界大戦の原因・経過・結果から、戦争の概要を理解させる。
・第一次世界大戦前の世界とバルカン半島の変化の資料を読み取る。
・新兵器や兵器工場で働く女性、イギリス軍のインド人部隊などの写真やワークシートに掲載されている第一次世界大戦の規模と被害の資料などを読み取る。

〔第2時〕ロシア革命
○ロシア革命の背景と経過、革命が国内外に与えた影響を理解させる。
・ソビエトと臨時政府の二重権力状態から11月革命を経てソビエト政府が成立する流れをワークシートにまとめながら整理する。
・日本をはじめとする資本主義諸国がシベリア出兵を行った理由を考える。

〔第3時〕国際協調の高まり
○大戦後の国際協調や民主主義の動きを大戦の規模や犠牲者の数などと関連付けて考察し、表現させる。
・ベルサイユ条約の主な内容と国際連盟の特色を調べ、ワークシートにまとめる。
・ワシントン会議の内容、各国の選挙権の歩み、ワイマール憲法について調べ、ワークシートにまとめる。

〔第4時〕アジアの民族運動
○第一次世界大戦後、アジアでどのような運動が起こったかを、大戦中やその後の日本・欧米諸国の動きと関連付けて理解させる。
・教科書などを活用し、山東省や旅順、大連、南洋諸島の位置を確認する。
・中国、朝鮮、インドでどのような運動が起こったかをグループで調べ、ワークシートにまとめる。

学習活動のポイント

　第一次世界大戦は参加国に大きな被害をもたらす一方、民主主義の世界的な拡大やロシア革命、植民地での民族運動の高まりなどを導いた。また、総力戦への反省から、国際連盟やワシントン会議など国際協調を進める動きが世界で進んだ。日本でも民主主義を求める動きが活発になり政党政治が発達するとともに、貧困や抑圧からの解放を求める人々によって様々な社会運動が起こった。また、大戦景気によって日本の産業はこれまで以上に発展するとともに、都市化と文化の大衆化が進んだ。

　これらの内容について、背景、原因、結果、影響など事象相互のつながりにかかわる視点に着目させながら学習を進め、第一次世界大戦前後の国際情勢及び日本の動きと大戦後の国際協調体制の構築の流れについて理解させたい。

単元の評価

知識・技能	思考・判断・表現	主体的に学習に取り組む態度
○第一次世界大戦の背景とその影響、民族運動の高まりと国際協調の動き、我が国の国民の政治的自覚の高まりと文化の大衆化に関する資料を適切に読み取って、第一次世界大戦前後の国際情勢及び我が国の動きと、大戦後に国際平和への努力がなされたことを理解している。	○戦争に向かう時期の社会や生活の変化、世界の動きと我が国との関連などに着目し、事象を相互に関連付けるなどして、近代の社会の変化を多面的・多角的に考察し、表現している。	○第一次世界大戦前後の国際情勢と大衆の出現について、よりよい社会の実現を視野にそこで見られる課題を主体的に追究しようとしている。

○：ねらい　・：主な学習活動

第 5 時～第 7 時

大正デモクラシーの時代

（第5時）大正デモクラシーと政党内閣の成立
○大正時代の社会や政治の特色を理解させる。
- 大戦景気が起こった理由を、資料を参考にしながらワークシートにまとめる。
- 原敬内閣が「本格的な政党内閣」といわれる理由を考える。
- 天皇機関説と民本主義がどのような考えであったかを調べる。

（第6時）広がる社会運動と男子普通選挙の実現
○デモクラシーの高まりなどの影響を受け、多くの民衆運動が盛んになり、男子普通選挙が実現したことを理解させる。
- 労働運動・農民運動・社会主義運動・解放運動・普通選挙の実現を求める運動について、説明を聞きながら、ワークシートにまとめる。
- 清浦圭吾内閣の成立から普通選挙法の成立までの流れを、ワークシートにまとめる。
- 政府が治安維持法を制定した理由を考える。

（第7時）新しい文化と生活
○大正期の文化と人々の生活の特色を理解させる。
- 大正時代の教育の広がりについてワークシートにまとめる。
- 大衆文化にはどのようなものがあるかを教科書や資料集を参考に調べる。
- 都市化の進展の過程をワークシートにまとめる。
- 単元の学習を振り返り、今後の学習や生活に生かせることを考えるとともに、今後も考え続けたい新たな問いを設定する。

課題解決的な学習展開にする工夫

　単元を貫く問いの解決のために各授業の学習課題の解決に取り組ませる。単元のまとめの学習の例として、まず、大正時代に起こった出来事を「世界の動き」と「日本の動き」（日本の動きについては政治と社会・経済・文化の2項目を設定）に分けて、グループで年表を作成させる（生徒の実態に合わせ穴埋め式の年表を用意したり、まとめる出来事を教師側で提示し

たりすることも考えられる）。次に年表中に、原因・結果の関係を矢印（→）、共通することをイコール（＝）で書きこませ、事象同士の関連性を捉えさせる。最後に第一次世界大戦前後の世界の動きと日本の動きについてレポートに記述させる、などが考えられる。

第一次世界大戦

本時の目標

　第一次世界大戦を、起こった背景、経過、被害などを通して理解できるようにする。

本時の評価

　第一次世界大戦の原因・経過・結果から、戦争の概要を捉えている。

第一次世界大戦

学習課題

1　第一次世界大戦はなぜ起こり、それはどのような戦争であったのだろうか。

1　大戦の背景
　（1）資料を読み取ろう

第一次世界大戦前の世界　（1）

第一次世界大戦前の世界はどのような状態であったか。左の資料から読み取れることを書こう。
・三国同盟と三国協商で対立している。
・各国がたくさん同盟を結んでいる。
・イギリスとドイツが3B政策と3C政策で対立している。
・ロシアとドイツ、オーストリアがバルカン半島で汎スラブ主義と汎ゲルマン主義で対立している。
・ドイツとフランスはモロッコをめぐり対立している。
・日本は三国協商側の味方。
など

バルカン半島の変化　（2）

1880年と1914年のバルカン半島の地図を比べ、変化していることを読み取ろう。
・オスマン帝国の領土が減っている。
・独立国が増えている。
・ボスニア・ヘルツェゴヴィナがオーストリア・ハンガリーの領土になっている。
など　　（3）

　（2）大戦の背景をまとめよう
①（　植民地　）をめぐる（　ヨーロッパ　）諸国の対立
②（　民族問題　）…（　スラブ　）vs（　ゲルマン　）…（　バルカン　）半島

↓←（　サラエボ　）事件…オーストリアの皇位継承者夫妻がセルビア人青年に暗殺される
オーストリアはセルビアに宣戦布告…両国の友好国が続々と参戦（同盟により連鎖的に参戦）
第一次世界大戦が始まる（1914年7月28日）

本時の授業展開

1　導入

　まず、第一世界大戦について知っていることを自由に発表させる。次に、学習課題を提示し、その答えを予想させる。時間があれば、隣の席の人やグループで話し合わせてもよい。最後に、予想したことをクラスで共有し、学習の見通しを持たせる。

2　展開

○大戦の背景

　最初に、第一次世界大戦前の世界とバルカン半島の変化の資料を読み取らせる。生徒の実態に応じて、グループで取り組ませてもよい。次に、読み取った内容を参考に第一次世界大戦の背景をワークシートにまとめさせる。ここで

は、植民地をめぐるヨーロッパ諸国との対立、バルカン半島をめぐる民族問題を捉えさせる。また、セルビアとオーストリアの戦争が同盟関係によって連鎖的に参加国が増え、世界大戦に発展したという点にも触れる。

○大戦の経過

　大戦の経過を年表に沿って説明しながら、ワークシートの空欄を記述させる。ここでは特に、日本とアメリカがドイツに宣戦布告して参戦をしたこと、協商国側の勝利で戦争が終結したことを理解させる。

○大戦の特色

　教科書や資料集に掲載されている新兵器や兵器工場で働く女性、イギリス軍のインド人部隊などの写真やワークシートに掲載している第一

3 2 大戦の経過

年代	できごと
1914.7	第一次世界大戦が始まる
1914.8	（ 日英同盟 ）を理由に日本はドイツに宣戦布告…日本の参戦
1915.2	ドイツが無制限潜水艦作戦を発表 （交戦水域に入った船舶は無差別・無警告ですべて撃沈するという作戦）
1915.5/7	イギリス客船「ルシタニア号」がドイツ潜水艦に無警告で撃沈される 1198人の犠牲者の中に128人のアメリカ人がいた ドイツに対する国際的非難　→　無制限潜水艦作戦を停止
1915. 5/23	イタリアが三国同盟を脱退し、オーストリアに宣戦
1917.2	ドイツが無制限潜水艦作戦を再開 ↓
1917.3	ロシア革命
1917.4	（ アメリカ ）がドイツに宣戦布告
1918.1	ウィルソン大統領（アメリカ）が14か条の平和原則を発表 内容 ・民族自決の原則を唱える…それぞれの民族には自らのことを自らが決める 　　　　　　　　　　　権利があること ・平和を守る国際機関の設立を主張
1918.11/3	オーストリアの降伏
1918.11/12	ドイツの降伏 ＝戦争の終結
1919.1	パリ講和会議→第一次世界大戦の終結

第一次世界大戦の規模と被害

兵力	連合国	同盟国	計
兵力	4219万人	2285万人	6504万人
人的損失 戦死者	489万人	313万人	802万人
人的損失 負傷者	1281万人	842万人	2123万人
人的損失 市民の死者	316万人	349万人	664万人
戦費	1939億ドル	862億ドル	2819億ドル 日本の予算 の900年分
参加国	32か国	4か国	

4 3 大戦の特色（4）

・（ 新兵器 ）の使用
・（ 36 ）か国の参戦
・（ 長期化 ）…4年3か月

⇩

（ 女性 ）が兵器工場で働く←労働力不足
（ 植民地 ）から兵士を動員←兵士不足 ⇨ 総力戦
その国がもつ力を全てつぎこむ

●学習課題についてまとめよう
(1) 第一次世界大戦が起こった理由をまとめよう。　(2)第一次世界大戦がどのような戦争であったかまとめよう

5
・植民地をめぐるヨーロッパ諸国の対立
・民族問題…スラブ vs ゲルマン
　　　　　　（バルカン半島） | その国がもつ力をすべてつぎ込む総力戦であった。

⑴各国が同盟を結び、三国同盟と三国協商という対立軸ができていることに気付かせる。3Ｂ政策、3Ｃ政策については資料集などを参考に補足説明をする。

⑵資料集などにバルカン半島の民族分布が掲載されていれば、そこからバルカン半島が多様な民族で構成されていることを読み取らせる。その活動後、ロシア（スラブ）とドイツ・オーストリア（ゲルマン）のバルカン半島をめぐる対立の説明を行うと、生徒の理解が深まりやすい。

⑶オスマン帝国の領土が減少し、独立国が増えていることに気付かせる。

⑷大戦の理由については、植民地をめぐる対立と民族問題の2点、大戦の特色について、総力戦であったという点に触れて記述させる。

ICT活用のアイディア

3 生徒の実態に応じてワークシートの空欄を多く設け、タブレットで調べさせてもよい。

4 戦車、毒ガス、飛行機など、第一次世界大戦で使用された新兵器の写真を電子黒板に映す。

5 生徒にまとめさせる前にNHK for schoolなどの動画サイトを活用し、第一次世界大戦の概要を視覚的に捉えさせる。

板書活用のアイディア

1 学習課題に関する予想を生徒に発表させ、板書する。授業の最後にまとめの記述内容と比較させ、自らの考えの深まりに気付かせる。

2 読み取ったことを生徒に発表させ、植民地をめぐる対立と民族問題に分け板書する。

次世界大戦の規模と被害の資料を読み取らせる。それらの活動を通し、第一次世界大戦がその国の力を全てつぎ込む総力戦であったことを理解させる。

3 まとめ

これまで学んだことを踏まえ、学習課題に対する自分の考えをまとめさせる。数人に自分の考えを発表させ、クラス内で意見を共有する。他者の意見は色ペンなどを使用し、自分の意見と区別して余白などにメモさせる。この活動を通し、課題がある生徒のフォローアップを図る。余裕があれば、ワークシート回収後に、教師が簡単にコメントを書き、フィードバックを行いたい。

ロシア革命

本時の目標

・ロシア革命の背景と経過、その後のロシアの歩みについて理解できるようにする。
・ロシア革命が世界や国内外に与えた影響を考察し、表現できるようにする。

本時の評価

・ロシア革命の原因と経過、革命の計画経済について概要を捉えている。
・ロシア革命に対する日本の動きを捉え、革命の様子を考察し、表現している。

ロシア革命

学習課題

1
ロシア革命はなぜ起こり、世界や国内にどのような影響を与えたのだろうか。

1 ロシア革命 (1)
1914年 第一次世界大戦が始まる…ロシアは（ 三国協商 ）の一員として参戦
・食料などが不足し物価が上昇…民衆の生活が苦しくなる

ロシアが抱えていた問題点を書きだそう

20世紀まで憲法や議会がなく、皇帝の専制が続き、貧富の差が大きい

1917年3月「パンと平和」を求める労働者のストライキや兵士の反乱が起きる（3月革命）

（ 戦争 ）の終結と（ 皇帝の専制 ）打倒を求める

2
（ ソビエト ）（労働者と兵士の代表会議）が各地に設けられる
⇅ 二つの権力が並立（二重権力）
（ 臨時政府 ）が成立（皇帝は退位）…第一次世界大戦を継続する

1917年11月 （ レーニン ）等の社会主義者が武装蜂起（11月革命）

全ての権力をソビエトへ

3
（ ソビエト ）政府が成立
政策
① 土地を貴族から奪って（ 農民 ）に分配
② 銀行や鉄道、工場など重要な産業を（ 国有化 ）
（ 社会主義 ）の政策を進める
③ ドイツと単独で講和を結ぶ→（ 第一次世界大戦 ）から離脱
④ 民族自決を主張→（ 帝国 ）主義に反対

2 シベリア出兵とソ連の成立 (2)
1918年 イギリス・フランス・アメリカ・日本などの資本主義国家が革命への干渉戦争を起こし、シベリアに軍隊を送る…（ シベリア出兵 ）
○4か国が干渉戦争を起こした理由を考えよう。

社会主義が世界に広まるのをおそれたから。

本時の授業展開

1 導入

インターネットや教科書などを活用し、3月（2月）革命のデモの様子を掲示する。女性の他に、子どもや兵士が参加していることに気付かせ、国民の生活が困窮していたことを捉えさせる。そこから、「なぜ革命が起こったのか」「革命は国内にどのような影響を与えたのか」という疑問を持たせた後、学習課題を提示する。

2 展開
○ロシア革命

最初に、3月革命が起きた背景を考えさせる。国民たちが戦争の終結と皇帝の専制打倒を目指して行ったことを捉えさせる。次に、ソビエトと臨時政府の二重権力状態から11月革命を経てソビエト政府が成立する流れをワークシートの穴埋めを進めながら整理させる。ソビエト政府が実施した政策については、教科書や資料集などから読み取らせる。

○シベリア出兵とソ連の成立

まずは、日本をはじめとする資本主義諸国がシベリア出兵を行った理由を考えさせる。社会主義は資本主義を修正するものであり、両者が対立する考えであることを既習事項から振り返らせる。ソ連については、世界初の社会主義国家であることを捉えさせる。

○独裁と計画経済

レーニンの独裁からスターリンの独裁政権の確立までの流れをワークシートにまとめさせ

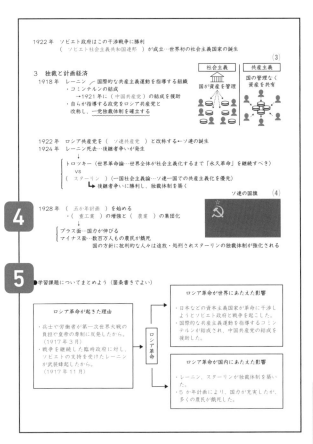

1922年　ソビエト政府はこの干渉戦争に勝利
　　　　（　ソビエト社会主義共和国連邦　）が成立…世界初の社会主義国家の誕生

3　独裁と計画経済
1918年　レーニン／国際的な共産主義運動を指導する組織
　　　　・コミンテルンの結成
　　　　　→1921年に（　中国共産党　）の結成を援助
　　　　・自らが指導する政党をロシア共産党と
　　　　　改称し、一党独裁体制を確立する

1922年　ロシア共産党を（　ソ連共産党　）と改称する←ソ連の誕生
1924年　レーニン死去…後継者争いが発生

　　　　　┌ トロツキー（世界革命論…世界全体が社会主義化するまで「永久革命」を継続すべき）
　　　　　│　　　　　　vs
　　　　　└（　スターリン　）（一国社会主義論…ソ連一国での共産主義化を優先）
　　　　　　　┗━ 後継者争いに勝利し、独裁体制を築く

1928年　（　五か年計画　）を始める
　　　　・（　重工業　）の増強と（　農業　）の集団化
　　　　┌ プラス面…国力が伸びる
　　　　└ マイナス面…数百万人もの農民が餓死
　　　　　　　　　　　国の方針に批判的な人々は追放・処刑されスターリンの独裁体制が強化される

●学習課題についてまとめよう（箇条書きでよい）

ロシア革命が世界にあたえた影響
・日本などの資本主義国家が革命に干渉しようとソビエト政府と戦争を起こした。
・国際的な共産主義運動を指導するコミンテルンが結成され、中国共産党の結成を援助した。

ロシア革命が起きた理由
・兵士や労働者が第一次世界大戦の負担や皇帝の専制に反発したから。（1917年3月）
・戦争を継続した臨時政府に対し、ソビエトの支持を受けたレーニンが武装蜂起したから。（1917年11月）

→ ロシア革命 →

ロシア革命が国内にあたえた影響
・レーニン、スターリンが独裁体制を築いた。
・5か年計画により、国力が充実したが、多くの農民が餓死した。

⑴5章の第4時の「ロシアの拡大とアメリカの発展」を振り返らせる。

⑵日本は7万3000人（アメリカは9000人、イギリスは5800人、フランスは1200人）という他国と比較して圧倒的な兵力を投入したこと、他国が撤兵してもなお、駐留を続けたことを説明する。さらに、その理由を考えさせ、社会主義の広がりを食い止めるだけではなく、日本には大陸への領土的野心があったことに気付かせる。

⑶共産主義の説明の際に活用する。社会主義は共産主義の理想社会を実現するための第一段階とされる。

⑷ハンマーは労働者、鎌は農民、星は団結、赤は共産主義や革命をあらわすこと説明し、社会主義国家を象徴していることを捉えさせる。

ICT活用のアイディア

❸タブレットを活用してソビエト政府の政策を生徒に調べさせてもよい。
❹ソビエトの国旗をカラーで電子黒板に映して説明をすると、赤色が示す意味が生徒に伝わる。また、中国やベトナムなどの社会主義国家の国旗も紹介するとよい。
❺書画カメラを活用し、生徒の記述内容を電子黒板に映しながら発表させる。

板書活用のアイディア

❶学習課題に関する予想を生徒に発表させ、板書する。授業の最後にまとめの記述内容と比較させ、自らの考えの深まりに気付かせる。
❷三国協商と三国同盟の対立構図を簡単に板書し、第一次世界大戦の学習を振り返る。

る。レーニンについては、コミンテルンを結成したこと、ロシア共産党の一党独裁体制を築いたことに触れる。スターリンについては、後継者争いに勝利した後、5か年計画を実施したことに触れる。5か年計画については世界恐慌の授業と関連するので、そのプラス面とマイナス面について丁寧に説明する。

3　まとめ

これまで学んだことを踏まえ、学習課題に対する自分の考えをまとめさせる。生徒数人に自分の考えを発表させ、クラス内で意見を共有する。他者の意見は色ペンなどを使用し、自分の意見と区別して余白などにメモさせる。

国際協調の高まり

国際協調の高まり

学習課題

1

第一次世界大戦後、世界はどのような方向に動いていったのだろうか。

2

1　大戦の終わり
1919年　パリ講和会議で（　ベルサイユ　）条約が結ばれる　　　　　　　　　　（1）
　　主な内容
　　┌①ドイツ…（　領土　）の縮小
　厳しい┤　　　　　（　植民地　）をすべて失う
　内容　│　巨額の（賠償金）…1320億マルク→激しい物価上昇→経済の混乱
　　　　└（　軍備縮小　）　　　　当時のドイツの国家予算の約25倍
　　　②日本…（　山東省　）の利権を獲得
　　　　└（　ドイツ南洋諸島　）の委任統治権を獲得
　　　③（　東ヨーロッパ　）諸国の独立→（　ソ連　）とのクッション　（2）
　　　　　　　　　　　↑　民族自決の原則
　　　　　ウィルソン大統領が唱えた14か条の平和原則

3

1920年　（　国際連盟　）の発足…世界平和の維持機関として史上初の国際組織
　　特色
　　・本部…スイスのジュネーブ
　　・加盟国…42か国
　　・イギリス、フランス、イタリア、日本…常任理事国
　　・大国（　アメリカ　）の不参加…議会で同意を得られず
　　・（　全会一致　）の原則…意思統一が困難で決議を出しにくい
　　・紛争を解決する手段として（　武力　）制裁はできず、（　経済　）制裁のみ

2　（　国際協調　）の時代
　・（　ワシントン　）会議（1921）…　アメリカが主導
　　内容
　　┌・海軍軍縮会議…主要国の主力艦の保有率を制限
　　│　　　　米：英：日：仏＝5：5：3：1.67：1.67
　　│・四か国条約（米英日仏）…太平洋の植民地の現状維持→日英同盟の破棄
　　└・九か国条約（米英日仏伊中オランダベルギーポルトガル）
　　　　（　中国　）を植民地にしない&（　中国　）は貿易相手国を制限しない

　　　　日本は山東省を返還＝日本の中国への進出が抑えられる

どこの国の力を制限しようとしているのか？

→ 日本

本時の目標

・国際連盟の特色を、世界平和と国際協調の面から理解できるようにする。
・第一次世界大戦後、世界はどのような方向に動いていったかを考察し、表現できるようにする。

本時の評価

・国際連盟の抱えた課題や問題、ヨーロッパの変化を理解している。
・大戦後の国際協調や民主主義の動きを大戦の規模や犠牲者の数などと関連付けて考察し、表現している。

本時の授業展開

1　導入

　まず、第1時のワークシートに掲載されている第一次世界大戦の規模と被害の資料を活用し、大戦が多くの犠牲を伴ったことを振り返らせる。次に、「あなたがこの時代に生きていたら、大戦後の社会はどうあってほしいと願うか」という発問を行い、戦後の世界の核となる「平和」という考えを引き出してから授業に臨みたい。

2　展開
○大戦の終わり

　教科書や資料集などを活用させ、ベルサイユ条約の主な内容と国際連盟の特色を調べ、ワークシートにまとめさせる。ベルサイユ条約につ

いては、ドイツに対して厳しい措置が行われたこと、国際連盟については国際平和を維持する史上初の国際機関であるという意義を強調しつつ、多くの課題があったことを理解させる。

○国際協調の時代

　教科書や資料集に掲載されている資料から、ワシントン会議の内容を調べ、ワークシートにまとめさせる。軍縮会議や各国が結んだ条約によって、太平洋地域と中国における国際協調が実現したことを捉えさせる。また、日本の対外進出を抑えるためにアメリカが主導した会議であったことにも気付かせたい。

○民主主義の拡大

　ワークシートに掲載している「各国の選挙権の歩みと実態」の資料を設問に沿って読み取ら

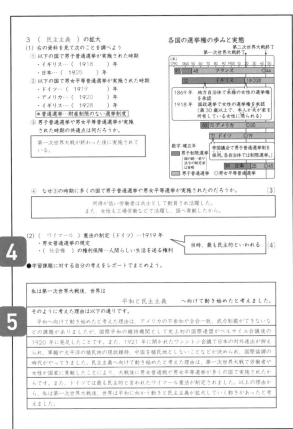

⑴紙幣の大量発行による戦後ドイツのインフレーションの状況を「札束で遊ぶ子ども」の写真イラストを通して考えさせたい。

⑵教科書などに掲載されている第一次世界大戦後のヨーロッパの地図から、東ヨーロッパ諸国の独立がベルサイユ条約で認められていることに気付かせ、その理由を考えさせる。建前は「民族自決」の原則の適用であったが、フランスやイギリスが社会主義国家ソ連との緩衝地帯を設けたい意図があったことを捉えさせる。

⑶「国への貢献」という視点で考えさせたい。答えに困っている生徒が多い場合は、教科書の記述や資料等を参考にさせる。

⑷社会権については、公民的分野の学習を見据えて説明を行う。

2 戦後のドイツのインフレーションを表す写真は複数あるため、タブレットで生徒に調べさせて共通点を考えさせてもよい。

3 国際連合の特色をスライド1枚にまとめ電子黒板に映し、国際連盟と比較させるとよい。

5 書画カメラを活用し、生徒の記述内容を電子黒板に映しながら発表させる（時間が足りなければ後日）。

1 学習課題に関する予想を生徒に発表させ、板書する。授業の最後にまとめの記述内容と比較させ、自らの考えの深まりに気付かせる。

4 具体的な権利である生存権、教育を受ける権利、勤労の権利・労働基本権について板書し、説明する。

せる。その後、教科書などからワイマール憲法の内容について調べさせ、第一次世界大戦後に民主主義の高まりが欧米を中心に起こったことを理解させる。生徒の実態に合わせ、個人で作業を進めて、クラス全体で共有するというやり方やグループで話し合いながら作業を進めさせた後、クラス全体で共有するというやり方も考えられる。

3　まとめ

　これまで学んだことを踏まえ、学習課題に対する自分の考えをレポートにまとめさせる。時間があれば、ICT機器でレポートの記述を電子黒板などに掲示して、数人に発表させたい。

アジアの民族運動

本時の目標

　第一次世界大戦後、アジアでどのような運動が起こったかを、大戦中やその後の日本・欧米諸国の動きと関連付けて理解できるようにする。

本時の評価

・中国、朝鮮、インドにおける民族運動の動きを理解している。
・アジアにおける民族運動の高まりをベルサイユ条約の内容に着目して考察し、表現している。

アジアの民族運動

学習課題
第一次世界大戦後、アジアではどのような運動が起こったのだろうか。

1　第一次世界大戦と日本　(1)
1914 年…（ 日英同盟 ）を理由に日本は第一次世界大戦へ参加
　↓
ドイツ租借地の中国の（ 山東省 ）や（ 南洋諸島 ）を占領

1915 年…（ 二十一か条の要求 ）を中国に示す←欧米諸国のアジアへの影響力⑳　(2)
日本の中国　　（ 山東省 ）の権益をドイツから引き継ぐ
進出を大きく　・日露戦争で獲得した（ 旅順 ）、（ 大連 ）などの租借期限を延長
強めるもの　　・南満州・東部内蒙古における鉱山の採掘権を日本国民にあたえる　など
　↓
武力を背景に袁世凱政府に大部分の要求を認めさせる

2　アジアの民族運動
(1) 中国の動き
・パリ講和会議 (1919) で山東省の権益の返還を要求
　この要求は認められず⇔欧米列強は日本の山東省の権益継承を認める

・（ 五・四運動 ）が起こる (1919.5.3)　(3)
　北京での学生の集会をきっかけに起こった（ 反日 ）・（ 反帝国主義 ）の大規模なデモ活動

・孫文…（ 中国国民党 ）を結成 (1919)
・毛沢東…（ 中国共産党 ）を結成 (1921)←コミンテルンの援助

(2) 朝鮮　　　　　　　　　パリ講和会議中
・（ 三・一独立運動 ）(1919.3.1)←（ 民族自決 ）の考えの影響　(4)
　人々が「独立万歳」をさけんでデモ行進を行う
　↓
日本の植民地支配に不満をもった人々が運動に加わり、朝鮮全土に運動が広がる
　↓
朝鮮総督府…武力鎮圧後、政治的な権利を一部認めるなど政策を転換

本時の授業展開

1　導入

　最初に学習課題を提示する。次に、インターネットなどを活用し、第一次世界大戦後に起きた五・四運動や三・一独立運動のデモ行進、ガンディーの塩の行進の様子が分かる画像を掲示する。それらの様子からアジアでどのような運動が起こったかを予想させる。数人に発表させ、学習の見通しを持たせて授業に臨ませる。

2　展開
○第一次世界大戦と日本

　第一次世界大戦中に日本が中国への侵略を加速させたことを、ワークシートに記述をさせながら理解させる。その際、教科書などの資料を活用して山東省や旅順、大連、南洋諸島の位置

を生徒に確認させたい。また、二十一か条の要求は欧米が第一次世界大戦に注力している間に行われていたことに気付かせる。

○アジアの民族運動

　まず、教科書やこれまで使用したワークシートを参考にさせながら、中国、朝鮮、インドでどのような運動が起こったかをグループで調べさせ、ワークシートにまとめさせる。机間指導を行い、進みが遅いグループには参考になる内容が記載されている箇所などを伝える。次に、グループの代表者に記入した語句を発表させ、クラスで共有する。間違った語句を記入している場合はその場で訂正させる。最後に、導入で使用した五・四運動と三・一独立運動のデモ行進、ガンディーの塩の行進の画像を再度掲示

し、それらを活用しながら3か国の民族運動について補足説明を行う。

3　まとめ

　これまで学んだことを踏まえ、学習課題に対する解答を表にまとめさせる。生徒数人に記入した内容を発表させ、クラス内で意見を共有する。他者の意見は色ペンなどを使用し、自分の意見と区別して余白などにメモさせる。

⑴第1時、第3時の学習内容を振り返らせながら進める。

⑵袁世凱内閣が二十一か条の要求の大部分を受け入れた5月9日は中国では「国恥記念日」とされたことなどを説明し、二十一か条の要求に対する中国側の感情を考えさせる。

⑶デモ行進の資料を掲示した際、旗に記載されている「廃除不平等条約」、「廃除二十一條」、「北京大学」などの文字に注目させ、五・四運動がどのような運動だったかを捉えさせる。

⑷蜂起が起きた場所の地図や負傷者、逮捕者の数（4万人以上）を読み取らせ、その規模の大きさに気付かせる。

⑸この資料からガンディーの非暴力の考えを捉えさせる。

2山東省、旅順、大連、南洋諸島が分かる地図を電子黒板に映してもよい。
3タブレットを活用して当時の中国の動きを調べさせてもよい。
4三・一独立運動蜂起都市を示した地図を電子黒板に映し、朝鮮全土で運動が起こったことを分からせる。

1学習課題に関する予想を生徒に発表させ、板書する。授業の最後にまとめの記述内容と比較させ、自らの考えの深まりに気付かせる。
5表を書いておき、早く記入が終わった生徒に担当箇所を割り振り、板書させてもよい。表が完成したら教師はそれを活用してまとめを行う。

大正デモクラシーと政党内閣の成立

本時の目標

・大戦景気と大正デモクラシーについて理解できるようにする。

・大正時代の社会や政治はどのような特色をもっていたのかを考察し、表現できるようにする。

本時の評価

・大戦景気による社会の変化を、重化学工業の発達、成金の出現などを通して理解している。

・大正デモクラシーについて、護憲運動や普通選挙の実現に着目して捉える。

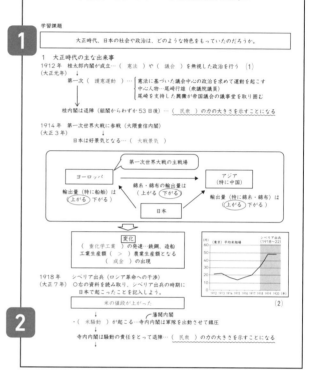

本時の授業展開

1　導入

最初に、大正時代について知っていることを自由に発表させる。次に、第一次護憲運動で議事堂を取り囲む民衆の写真や米騒動の様子を描いた絵画などを掲示し、大正時代がどのような時代であったかを考えさせる。その後、学習課題を提示する。学習課題に対する現時点での考えを数人に発表させ、学習の見通しを持たせて授業に臨ませる。

2　展開

○大正時代の主な出来事

大正時代に起こった主な出来事をワークシートに沿ってまとめさせる。第一次護憲運動と米騒動については、その経緯とともに民衆の運動

が内閣退陣に大きな影響を与えたことを理解させる。大戦景気については、好景気になった理由をワークシートに掲載している図を用いて説明する。さらに、それによって起きた変化を資料集などに掲載されている「第一次世界大戦前後の貿易額の推移」や「工業生産額の変化」、「成金の風刺画」などを活用して捉えさせる。原敬内閣については、「本格的な政党内閣」という表面的な説明だけでなく、なぜそのように形容されるのかを資料の読み取りから考えさせる。その活動を通し、衆議院の第一党となり、国民の支持を得た立憲政友会によって内閣が構成されているという点に気付かせ、これまでより民意が反映された内閣が誕生したということを理解させる。また、原敬内閣は1919年に選

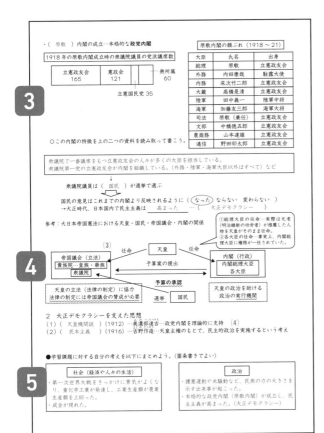

ワークシートを使用する際のポイント

⑴衆議院で尾崎行雄が桂内閣を批判した演説内容などを紹介する。

⑵米の値段が上がった大きな理由はシベリア出兵を見越した商人による米の買い占めであることを、資料の読み取り後に説明する。

⑶内閣に民意が反映される仕組みには必ずしもなっていない中で、多くの国民の支持を得た政党が内閣を構成したことを捉えさせる。

⑷大日本帝国憲法には内閣の意思決定について記載がなく、これだと内閣は国家の最高機関である天皇への輔弼ができない可能性がある。天皇の意思決定を助けるためには政党内閣を組み、内閣内（各大臣）の意見を統一させる必要がある。これが天皇機関説が政党内閣を理論的に支える根拠である。

ICT 活用のアイディア

2 米騒動の発生地や広がりを示す地図を電子黒板に映し、その運動の大きさを捉えさせる。

4 議院内閣制の仕組みを示した図を電子黒板に映し、現在の日本の政治体制と比較させる。

5 書画カメラを活用し、生徒の記述内容を電子黒板に映しながら発表させる。

板書活用のアイディア

1 学習課題に関する予想を生徒に発表させ、板書する。授業の最後にまとめの記述内容と比較させ、自らの考えの深まりに気付かせる。

3 現在の衆議院議員の党派別議席数と与党を板書し、二つの資料と比較させ、政党政治という共通点を見い出させる。

挙法を改正し、選挙権を持つのに必要な納税額を３円以上に引き下げたことにも触れる。

〇大正デモクラシーを支えた思想

　教科書や資料集でワークシートに当てはまる語句を調べさせ、天皇機関説と民本主義がどのような考えであったかを理解させる。吉野作造については、普通選挙の必要性を唱えたことにも触れる。

3　まとめ

　これまで学んだことを踏まえ、学習課題に対する自分の考えをまとめさせる。生徒数人に記入した内容を発表させ、クラス内で意見を共有する。

広がる社会運動と男子普通選挙の実現

本時の目標

　デモクラシーの高まりなどの影響を受け、多くの民衆運動が盛んになり、男子普通選挙が実現したことを理解できるようにする。

本時の評価

・大正時代に起きた社会運動の概要を理解している。
・普通選挙運動について、納税額による選挙権の制限の撤廃を目指したことを捉えている。

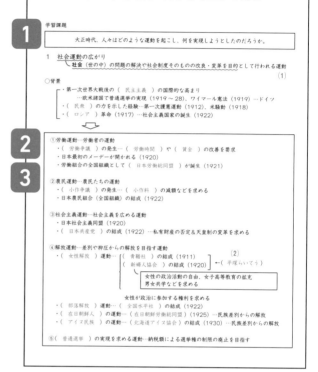

広がる社会運動と男子普通選挙の実現

1
学習課題
　　大正時代、人々はどのような運動を起こし、何を実現しようとしたのだろうか。

1　社会運動の広がり
　　社会（世の中）の問題の解決や社会制度そのものの改良・変革を目的として行われる運動
　　　　　　　　　　　　　　　　　　　　　　　　　　　　　　　　（1）
　○背景
　　・第一次世界大戦後の（ 民主主義 ）の国際的な高まり
　　　　…欧米諸国で普通選挙の実現（1919〜28）、ワイマール憲法（1919）…ドイツ
　　・（ 民衆 ）の力を示した経験…第一次護憲運動（1912）、米騒動（1918）
　　・（ ロシア ）革命（1917）…社会主義国家の誕生（1922）

2
3
①労働運動…労働者の運動
　　・（ 労働争議 ）の発生…（ 労働時間 ）や（ 賃金 ）の改善を要求
　　・日本最初のメーデーが開かれる（1920）
　　・労働組合の全国組織として（ 日本労働総同盟 ）が誕生（1921）
②農民運動…農民たちの運動
　　・（ 小作争議 ）の発生…（ 小作料 ）の減額などを求める
　　・日本農民組合（全国組織）の結成（1922）
③社会主義運動…社会主義を広める運動
　　・日本社会主義同盟（1920）
　　・（ 日本共産党 ）の結成（1922）…私有財産の否定＆天皇制の変革を求める
④解放運動…差別や抑圧からの解放を目指す運動
　　・（ 女性解放 ）運動…（ 青鞜社 ）の結成（1911）　　　　（2）
　　　　　　　　　　　　（ 新婦人協会 ）の結成（1920）←（ 平塚らいてう ）
　　　　　　　　　　女性の政治活動の自由、女子高等教育の拡充
　　　　　　　　　　男女共学などを求める
　　　　　　　　　　　女性が政治に参加する権利を求める
　　・（ 部落解放 ）運動…（ 全国水平社 ）の結成（1922）
　　・（ 在日朝鮮人 ）の運動…（ 在日朝鮮労働総同盟 ）（1925）…民族差別からの解放
　　・（ アイヌ民族 ）の運動…（ 北海道アイヌ協会 ）の結成（1930）…民族差別からの解放
⑤（ 普通選挙 ）の実現を求める運動…納税額による選挙権の制限の廃止を目指す

本時の授業展開

1　導入

　最初に、インターネットなどを活用し、第1回メーデーや香川県の小作争議の写真、全国水平社創立大会で演説をしている写真等を掲示する。それらの写真から、訴えているのが労働者や農民、差別に苦しむ人たちであることを読み取らせ、それらの人々がどのようなことを求めているかを考えさせる。数人に自分の考えを理由とともに発表させ、クラス内で共有した後、学習課題を提示する。

2　展開

○社会運動の広がり

　まずは、社会運動とはどのような運動であるかをワークシートの解説を読ませ、理解させ

る。次に、この時代に問題の解決や社会制度そのものの改良や変革を求めるのはどのような人々かを考えさせ、労働者、農民、差別を受けた人々などが貧困や抑圧からの解放を目指して社会運動を行ったことに気付かせる。その後、社会運動が広がる背景となった出来事を考えさせ、ワークシートに記入させる。最後に、労働運動、農民運動、社会主義運動、解放運動、普通選挙の実現を求める運動について、その内容を説明しながら、ワークシートに当てはまる語句を記入させる。

○男子普通選挙の実現

　まず、清浦圭吾内閣の成立から普通選挙法の成立までの流れを説明しながらワークシートにまとめさせる。次に普通選挙法が制定された

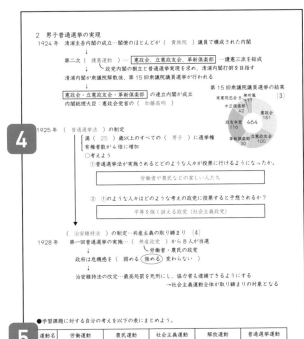

(Content of the worksheet image, item 4:)

2　男子普通選挙の実現
1924年　清浦圭吾内閣の成立…閣僚のほとんどが（貴族院）議員で構成された内閣

第二次（護憲運動）…［憲政会、立憲政友会、革新倶楽部］…護憲三派を結成
政党内閣の樹立と普通選挙実現を求め、清浦内閣打倒を目指す
清浦内閣が衆議院解散後、第15回衆議院議員選挙が行われる

［憲政会・立憲政友会・革新倶楽部］の連立内閣が成立
内閣総理大臣：憲政会党首の（加藤高明）

第15回衆議院議員選挙の結果
実業同志会8　無所属　（3）
中正倶楽部　117
42　　　憲政会
政友本党　151
116　　464
革新倶楽部　立憲政友会
30　　100

1925年（普通選挙法）の制定
満（25）歳以上のすべての（男子）に選挙権
有権者数が4倍に増加
○考えよう
①普通選挙が実施されるとどのような人々が投票に行けるようになったか。

| 労働者や農民などの貧しい人たち |

②①のような人々はどのような考えの政党に投票すると予想されるか？

| 平等を強く訴える政党（社会主義政党） |

（治安維持法）の制定…共産主義の取り締まり　（4）
1928年　第一回普通選挙の実施…（無産政党）から8人が当選
　　　　　　　　　　　　　　　労働者・農民の政党
政府は危機感を（弱める　強める　変わらない）

治安維持法の改定…最高処罰を死刑にし、協力者も逮捕できるようにする
　　→社会主義運動全体が取り締まりの対象となる

●学習課題に対する自分の考えを以下の表にまとめよう。

運動名	労働運動	農民運動	社会主義運動	解放運動	普通選挙運動
実現しようとしたこと	労働時間や賃金の改善。	小作料の削減。	社会主義を広める。日本共産党は、私有財産の否定と天皇制の変革。	男女平等。部落差別や民族差別からの解放。	納税額による選挙権の制限の撤廃を目指す。

⑴本単元の第2時、第3時、第5時の学習を振り返らせる。

⑵女性解放運動の説明の際は、青鞜社の宣言の資料から、当時の女性の置かれていた立場を読み取らせる。また、部落解放運動の説明の際は、山田孝野次郎の演説内容や水平社宣言などの資料から、差別の実態と差別を受けていた人々が自ら立ち上がり権利獲得を目指したことを読み取らせる。

⑶第二次護憲運動を起こした憲政会、立憲政友会、革新倶楽部が過半数を確保し、国民の支持を得たことに気付かせる。これを受けて元老の西園寺公望が加藤高明を首相に指名し、護憲三派内閣が成立した。

⑷普通選挙法の影響を考慮して、治安維持法が制定されたことを捉えさせる。

2タブレット等を活用し、グループや個人で調べさせてもよい。

3公民的分野のデジタル教科書を活用して差別に関する資料を電子黒板に映し、現代も続く問題であることにも気付かせる。

4有権者数の変化を示すグラフを電子黒板に映し、普通選挙法による有権者の増加率の高さに着目させる。

1学習課題に関する予想を生徒に発表させ、板書する。授業の最後にまとめの記述内容と比較させ、自らの考えの深まりに気付かせる。

5表を書いておき、早く記入が終わった生徒に担当箇所を割り振り、板書させてもよい。

後、選挙権を得た労働者や農民などの貧しい人々はどのような政党に投票するかを予想させ、政府が治安維持法を制定した理由を捉えさせる。実際、第一回普通選挙では無産政党からの当選者が出ており、（得票率は全体の5％）政府にとって脅威となったこと、それによって治安維持法が改定されて取り締まりが強化されたことに触れる。

3　まとめ

これまで学んだことを踏まえ、学習課題に対する自分の考えを表にまとめさせる。生徒数人に記入した内容を発表させ、クラス内で意見を共有する。他者の意見は色ペンなどを使用し、自分の意見と区別して余白などにメモさせる。

新しい文化と生活

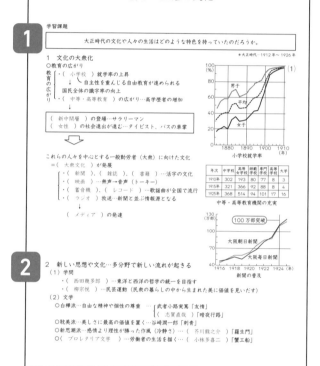

本時の目標

　大正期の文化と人々の生活の特色を理解できるようにする。

本時の評価

・大正期の文化と人々の生活の特色について、大衆文化の発展、学問・文学・美術・音楽などの新たな流れ、都市化の進展に着目して考察し、表現している。
・単元の学習を振り返り、今後の学習に生かせる視点・考え方や新たな問いを見い出そうとしている。

本時の授業展開

1　導入

　最初に、学習課題を提示する。その後、インターネットなどを活用し、東京を代表する大衆娯楽街の浅草六区の写真や関東大震災直前の東京・日本橋を描いた絵はがきなどの画像を掲示する。それらの資料を読み取らせ、現時点での大正時代の文化や人々の生活の特色を予想させる。クラス内で共有し、学習の見通しを持って授業に臨ませる。

2　展開
○文化の大衆化

　まずは、大正時代の教育の広がりについてワークシートに記入しながら学習を進めさせる。ここでは、教育の広がりによって国民全体の識字率が向上し、高学歴化が進んだことで新中間層や働く女性などの大衆が出現したこと、それを背景として大衆に向けた文化が発展したことを理解させる。次に大衆文化にはどのようなものがあるかを教科書や資料集を参考に調べさせ、ワークシートの空欄に記入させる。

○新しい思想や文化

　大正時代に生まれた思想、学問、文学、美術、音楽について、教科書や資料集などを参考に調べ、ワークシートにまとめさせる。適宜説明を加えながら、当時の社会背景と関連させて特徴を捉えさせる。

○都市化の進展

　大戦景気によって商工業が発達すると労働者が都市に流入し、都市人口が増加した。それら

ワークシートを使用する際のポイント

⑴小学校の就学率の上昇、中等・高等教育の広がり、新聞の普及について説明する際に活用する。

⑵関東大震災の被害の大きさをこの資料で捉えさせる。また、負の側面だけでなく、都市改造のきっかけとなり、近代的な都市づくりにつながったことにも触れる。

⑶「私たちが家で生活する上でないと困るものは何でしょう」などの発問を行い、自分の生活と関連付けて考えさせる。

⑷これまでの学習内容を結び付けたり、関連付けたりしながら行わせる。

⑸これまでの授業内容をふまえて設定させる。理由については、「気になったから」などではなく、具体的に記入するよう伝える。

（3）美術
・岸田劉生…写実的な表現…「麗子像」　・竹久夢二…雑誌の挿絵などで独特の画風
（4）音楽
・山田耕筰…日本初の職業オーケストラを作る
・野口雨情…多くの童謡を作る
・宮城道雄…邦楽（箏曲）

近年の大震災との被害額の比較　　　　（2）

	関東大震災	阪神・淡路大震災	東日本大震災
損害総額	55億円	9兆6千億円	16兆9千億円
当時のGDP	150億円	510兆円	490兆円
当時のGDP比	36.7%	1.9%	3.3%
国家予算	15億円	71兆円	92兆円
国家予算比	366.7%	13.5%	18.4%

3　（　都市化　）の進展 ⇔ 農村との格差
　　（大戦景気）←第一次世界大戦
　　　　↓
　商工業の発達
　　　　↓
　労働者の増加　　　（　関東大震災　）（1923）による大きな被害
　　　　　↓　　大阪や東京など
　（　都市　）への人口集中が進む ← ガス・水道・電気の整備　（3）

4　・（　欧米風　）の生活様式（衣食住）が都市で広まる
　・文化住宅（欧米風の外観や応接室を持った住宅）流行
　・洋食の広がり…カレーライス、トンカツ、コロッケ

5　●学習課題に対する自分の考えを以下にまとめよう。（箇条書きでよい）

・教育の広がりを背景として大衆文化が発展した。 ・学問、文学、美術、音楽などの分野で新たな思想や文化が生まれた。 ・都市化が進展したが、農村との格差が生まれた。

○単元の学習を振り返ろう
（1）今後の学習に生かせる視点や考え方、ものの見方を書いてみよう。　　（4）

・戦争で問題を解決することはできない。 ・団結して行動を起こすことで、政治や社会に影響をあたえることができる。 ・日本の歴史は世界の歴史に大きな影響を受けている。　　　　　　　　　など

（2）単元の学習後も考え続けたい、解決・改善を図っていきたい「新たな問い」を見出そう。　　（5）

新たな問い	問いの設定の理由
ドイツは今後、どうなっていくのだろうか。 など	ベルサイユ条約で厳しい条件を受け入れたドイツなどのように自国の経済を回復させて賠償金を払うのか、他国との関係を再度どう築いていくのかが気になったから。　　　　など

の都市では、ガスや水道、電気の整備が進み、欧米風の生活様式が広まった。この過程をワークシートに穴埋めを行わせながら理解させる。都市と農村の格差については、当時の農村の写真と導入で掲示した東京・日本橋の絵はがきなどを比較させると視覚的に捉えさせることができる。

3　まとめ

　これまで学んだことを踏まえ、学習課題に対する自分の考えをまとめさせる。生徒数人に記入した内容を発表させ、クラス内で意見を共有する。さらに、単元の学習を振り返らせ、今後の学習に生かせることを記入させ、新たな問いを設定させる。

ICT 活用のアイディア

❷タブレット等を活用し、グループや個人で調べさせてもよい。

❸NHK for school などの動画サイトを活用し、関東大震災の被害について視覚的に捉えさせる。

❹文化住宅や洋食の写真を電子黒板に映し、現在の生活とのつながりに着目させる。

板書活用のアイディア

❶学習課題に関する予想を生徒に発表させ、板書する。授業の最後にまとめの記述内容と比較させ、自らの考えの深まりに気付かせる。

❺文化、生活の項目に分け、生徒の発表内容を板書する。

2 世界恐慌と日本の中国侵略

単元の目標

経済の変化の政治への影響、戦争に向かう時期の社会や生活の変化、世界の動きと我が国との関連などに着目して、事象を相互に関連付けるなどして、第一次世界大戦前後の国際情勢について理解した上で多面的・多角的に考察し、表現させる。またよりよい社会の実現を視野にそこで見られる諸課題を主体的に追究、解決しようとする態度を身に付けさせる。

単元を貫く問い 世界恐慌は、日本、世界にどのような影響を及ぼしたのだろうか

第1時・第2時	第3時
世界恐慌と各国の対応	昭和恐慌と政党内閣の危機
〔第1時〕世界恐慌とブロック経済 ○世界恐慌の概要と欧米諸国の対応について、各国の経済状況と関連付けて理解させる。 ・諸資料から読み取り、まとめることを通して、世界恐慌の原因や、イギリス、フランス、アメリカ、ソ連の経済状況と世界恐慌への対応を理解する。 **〔第2時〕欧米の情勢とファシズム** ○イタリアやドイツで台頭してきたファシズムの実態について理解させる。 ○ファシズムが支持を得た理由について、経済と関連付けて考察し、表現させる。 ・諸資料から読み取り、まとめることを通して、ファシズムが支持を得た理由について理解し、第一次世界大戦後の処理や世界恐慌の影響と関連付けて考察し、表現する。	**〔第3時〕昭和恐慌と政党内閣の危機** ○世界恐慌の日本への影響と、政党政治の行き詰まりについて理解させる。 ・昭和時代の政党政治の在り方について予想することを通して、意欲を高め、史実への理解を深める。 ・諸資料から読み取り、まとめることを通して、政党政治の行き詰まりが、国内外の不況やそれに伴う国民の不満などの一因であったことを理解する。

学習活動のポイント ......

　本単元は第一次世界大戦の惨禍があったにもかかわらず、再び人類が戦争に向かってしまう過程を捉えさせる。特に、世界恐慌など経済の変化の政治への影響、戦争に向かう時期の社会や生活の変化、世界の動きと我が国との関連などに着目して、事象を相互に関連付けるなどして、多面的・多角的に考察させたい。

　その際、資本主義と社会主義との違いや、株

価についてや、政党政治の仕組みについてなど、生徒にとっては難易度が高い用語なども出てくるが、簡潔に理解させ、本題から逸れないように注意する必要である。

単元の評価

知識・技能	思考・判断・表現	主体的に学習に取り組む態度
○経済の世界的な混乱と社会問題の発生、昭和初期から第二次世界大戦の終結までの我が国の政治・外交の動き、中国などアジア諸国との関係、欧米諸国の動き、戦時下の国民の生活などを基に、軍部の台頭から戦争までの経過と、大戦が人類全体に惨禍を及ぼしたことを理解している。	○経済の変化の政治への影響、戦争に向かう時期の社会や生活の変化、世界の動きと我が国との関連などに着目して、事象を相互に関連付けるなどして、第一次世界大戦前後の国際情勢と大衆の出現、第二次世界大戦と人類への惨禍について、近代の社会の変化の様子を多面的・多角的に考察し、表現している。	○第一次世界大戦前後の国際情勢、人類への惨禍について、そこで見られる課題を主体的に追究、解決しようとしている。

○：ねらい　・：主な学習活動

第4時	第5時
満州事変と軍部の台頭	日中戦争と戦時体制
（第4時）満州事変と軍部の台頭 ○満州事変から国際連盟脱退までの経緯を理解させる。 ○国民の困窮や軍部の主張などについて、当時の日本の状況を考察し、表現させる。 ・諸資料を読み取ることを通して、国内外の行き詰まりを満州を直接支配することによって解消しようとしたことを捉える。 ・諸資料から読み取り、まとめることを通して日中戦争の長期化が国民を困窮させ、それが政党政治を終わらせ、軍部の力を強めることになったことを考察し、表現する。	（第5時）日中戦争と戦時体制 ○日本の中国侵略の実態とそれに対する中国民衆の動きや国内の状況を理解させる。 ・諸資料を読み取りまとめることを通して、日中戦争の経緯と国民生活の統制について理解する。 ・諸資料から読み取り、まとめることを通して日本が第一次世界大戦の教訓を活かせず、再び戦争に向かった理由と課題を主体的に追究し、解決する。

課題解決的な学習展開にする工夫 ┈┈┈┈┈┈┈┈┈┈┈┈┈┈┈┈┈

○ジグソー法の活用

　第1時、2時の授業をジグソー法形式にする。まず世界恐慌の概要について理解させる。その後、イギリス・フランス・アメリカ・ソ連・ドイツ・イタリアの6カ国の対応についてジグソー法を活用し、生徒に調査させることで、活動的に各国の対応について理解を深めることができる。

○ワールド・カフェ手法の活用

　単元のまとめの授業として1時間設定し、学習課題を「日本はなぜ第一次世界大戦の教訓を生かさず、再び戦争に突入したのだろう」などと設定し、小グループで考えさせる。この際、ワールド・カフェ手法などを活用し、様々な意見を融合させることで、多面的・多角的に考えさせることができる。

世界恐慌と
ブロック経済

本時の目標

世界恐慌の概要と欧米諸国の対応について理解できるようにする。

本時の評価

・世界恐慌の概要と欧米諸国の対応について、各国の経済状況と関連付けて理解している。
・世界恐慌の原因を資本主義、経済の仕組みに着目して考察し、表現している。

---

(1)

世界恐慌とブロック経済

学習課題 世界恐慌は、世界にどのような影響をあたえ、各国はどのような対応をしたのだろうか。

1 1. 世界恐慌の始まり
・大戦後のアメリカ
Q1. 右上の絵はアメリカのどこの都市だろう？
　⇒（　ニューヨーク　）
　⇒（　世界一　）の経済大国へ

Q2. なぜアメリカは経済大国になれたのだろう？　**(2)**

自分の考え
第一次世界大戦中とその後の需要（軍需物資や農作物など）に対して生産拡大したため。

他の人の考え

しかし、その後……
Q3. 右下の絵の人たちは何をしているのだろう？
　⇒（　　配給を求めて並んでいる　）

Q4. Q3のような人たちが出てきたのは一体なぜ？教科書を参考にまとめよう。
　⇒（　1929　）年10月24日に、（　ニューヨーク　）の株式市場の株価が暴落し、不景気に。

それまで空前の繁栄を誇っていたアメリカが生産は半減、輸出は三分の一に、銀行閉鎖は4000行、失業者は約1200万人に達した。自殺者はこの24日だけで11人、1933年には29名の餓死者。34年には110名の幼児の栄養失調死者を記録。

Q5. なぜアメリカは不景気になった？次の図を参考に考えよう。

【第一次世界大戦中】		【第一次世界大戦後】	
アメリカ 生産拡大 軍需物資、農産物	→ 輸出 → ヨーロッパ（戦場）	アメリカ 生産過剰	ヨーロッパ 復興・生産増

2 自分の考え
第一次世界大戦後、ヨーロッパ経済が復興し、生産が十分になり、アメリカは生産過剰となったため。　など

他の人の考え

本時の授業展開

1　導入

はじめに、世界恐慌時のニューヨークの鳥瞰写真を提示し、どこの都市かを予想させ、世界恐慌のきっかけとなったニューヨークに着目させ、意欲を高めさせる。現代のニューヨークと比較しても遜色ない様子や、同時期の日本の様子と比較すると、当時のニューヨークの発展がいかに群を抜いていたかがよく理解できる。

次に、第一次世界大戦やその後の需要に応じた生産によって、アメリカが世界一の経済大国となったことを理解させる。

2　展開
○世界恐慌の始まり

失業者が溢れかえる写真を提示し、看板の英語を日本語訳させ、ニューヨークの街の一角で、配給が行われていたことに気付かせる。

次に、なぜ配給を待つ人々が溢れかえったのか、予想をさせつつ教科書等で理由を調べさせる。ここでニューヨークの株式市場の株価が大暴落し、失業者が急増し、この影響がアメリカと関係の深い資本主義の国々に広まり、世界恐慌となったことを理解させる。

次に、アメリカの景気の変動の要因について理解させる。第一次世界大戦中の好景気の一因は、軍需物資などを必要とするが、戦地となっており生産が間に合わないヨーロッパでの需要拡大等である。また、大戦後ヨーロッパが復興し、需要が減少したことは、アメリカの生産過剰及び不景気につながったことを理解させる。

3

（3）

・この影響は世界に拡大 ⇒《 世界恐慌 》

各国の失業者数（1933年）　4人に1人！

アメリカ　1283万人（24.9%）
ドイツ　480万人（26.3%）
イギリス　252万人（21.3%）
日本　195万人（6.3%）
＊（ ）内は、その国における失業者の割合。
（『近代国際経済要覧』など）

・各国へ広がった影響を右の表から読み取ると、失業者は（ アメリカ ）が最も多く、先進国、特に（ 資本 ）主義の国において、影響が大きかった。

2. 恐慌脱出の道
Q6. 各国の恐慌への対策、人物名などをそれぞれまとめよう。

国名	対策	政策	関連人物
1（ イギリス ）	・本国と（ 植民地 ）との貿易を拡大。オーストラリア、インドなどとの貿易を拡大するいっぽう、それ以外の外国の商品に対する（ 関税 ）を高くし他国商品を締め出す。	ブロック経済	ラムゼイ・マクドナルド
2（ フランス ）	アフリカ植民地やインドシナとの関係を強化し、それ以外を排除。		ポール・ドゥメール
3（ アメリカ ）	それまでの自由経済から方針を転じ、1933 から政策を実施。ダムの建設などの（ 公共事業 ）をおこして失業者を助けるなど、政府が不況対策を実施。	ニューディール政策	《 ローズベルト 》
4（ ソ連 ）	共産党の独裁体制をしき、1928 年から、重工業中心の工業化と農業の集団化を強行。	五カ年計画	《 スターリン 》

3. まとめ
・上の表1、2の国は教科書の地図からもわかるように（ 植民地 ）が多く、経済圏が広い。表3の国は経済圏も広く元々経済的にも豊か。いずれも自国第一の対策を追求。
・日本、イタリア、ドイツのように植民地や経済圏が狭い国は……！？

Q7. 今日の授業にタイトルをつけよう。（内容を踏まえて）（4）

[例]　1929年、世界恐慌に各国四苦八苦！

Q8. 学んだことを教科書などの用語を活用して説明しよう。　思【A・B・C】

・アメリカの株式市場の株価が暴落し世界恐慌となった。
・それに対して経済圏が広いイギリス、フランスはブロック経済、政府の資本があったアメリカはニューディール政策により対応した。社会主義のソ連は五カ年計画により経済成長を遂げた。

○恐慌脱出の道

　各国がどのような対応をしたか、発表させる。イギリス、フランスのブロック経済は、本国と植民地で経済圏をつくったことに気付かせる。

　アメリカのニューディール政策は、アメリカ政府の資本に余裕があったことや、これまで自由を原則としていた資本主義経済に、政府が積極的に関与したことに気付かせる。

　ソ連に関しては、そもそも資本主義ではなく社会主義であったため、世界恐慌の影響を受けずに生産を伸ばしたことに気付かせる。

3　まとめ

　各国の対応とその経済状況（経済圏、資本主義、社会主義の違い等）を理解させる。

ワークシートを使用する際のポイント

⑴ワークシート左側では、世界恐慌が起こった経緯や原因を理解させる。穴埋め箇所は教科書等を参考に手短に作業をさせる。

⑵アメリカ経済における好景気と不景気の一因が第一次世界大戦であったことを理解させる。予想をさせることで、その後の展開に興味を持たせるようにする。
株式についての説明などは簡単に扱い、公民の授業で詳細を理解させる。

⑶ワークシート右側では世界恐慌に対する各国の対応について教科書等の資料を参考に理解させる。

⑷タイトルを生徒自身に考えさせることで、内容理解や要約の力を育みたい。まとめの学習は時間があれば、グループで共有などしてもよい。

ICT 活用のアイディア

❶絵を大型 TV（または）電子黒板に映し、本時の授業への関心を高めさせる。また、現代のニューヨークの写真などと比較しても当時の発展の様子を捉えさせることができる。

板書活用のアイディア

❶予測させた生徒の発言を板書する。
❷予測させた生徒の発言を板書する。
❸各国の恐慌への対策を表にしてまとめる。

欧米の情勢と
ファシズム

本時の目標

・イタリアやドイツで台頭してきた
ファシズムの実態について理解で
きるようにする。

・ファシズムが支持を得た理由につ
いて、経済と関連付けて考察し、
表現できるようにする。

本時の評価

・ファシズムの台頭の様子について
理解している。

・ファシズムが支持を得た理由につ
いて、第一次世界大戦後の処理や
世界恐慌の影響に着目して考察
し、表現している。

---

(1)

欧米の情勢とファシズム

1　学習課題　世界恐慌の影響で「持たざる国」が進んだ道は、どのようなものだったのだろうか。

1.「持たざる国」の歩み
　Q1. この人は誰だろう？

　　（アドルフ・）ヒトラー

　Q2. 当時のドイツ人にとってこの人は
　　　どのような存在だったのだろう？　　　　　　　　　**(2)**

自分の考え　多くの人から指示されていた。	他の人の考え
理由 ナチス党員の話にあるように党に入ったら職業に就くことができたりしたから。	理由

2

　Q3. なぜそのような存在となったのだろう？

自分の考え	他の人の考え 第一次世界大戦後のドイツに対する厳しい措置や世界恐慌後に経済回復の道が見出せなかった中、演説と経済政策（公共事業や軍需産業拡大）などを武器に人々の信頼を勝ち得たから。

　Q4. 第一次世界大戦後のドイツの様子をまとめよう。
　　ベルサイユ条約　等により……
　　・領土の縮小、（　植民地　）を失う
　　・巨額の（　賠償金　）が重い負担に　⇒　経済が混乱
　　・軍備縮小　など

　　さらに…
　　1929年世界恐慌が起こると
　Q5. ドイツとイタリアの共通点を、教科書や資料集を参考に考えよう。

　　他の欧米諸国と比較して、植民地が少ない。　→「持たざる国」

本時の授業展開

1　導入
○「持たざる国」の歩み

　ヒトラーがなぜ当時のドイツ国民から支持さ
れたかを資料から読み取り、考えさせる。これ
により、第一次世界大戦、世界恐慌後に不安定
であったドイツの情勢に着目させる。

2　展開

　第一次世界大戦後の戦後処理が敗戦国である
ドイツにとって非常に厳しいものであったこと
を復習させる。

　次に、ドイツとイタリアの共通点が植民地が少
なく経済圏が狭いことであることを捉えさせる。

　世界恐慌後の難局を乗り越える対策として、
これらの国がファシズムの道を選択し、手を組

んでいったことを理解させる。

○ファシズムの台頭

　ファシズムの意味を理解させる。その上で、
イタリア、ドイツがそれぞれとった政策等の詳
細について、表を整理させ、理解させる。

　イタリア、ドイツともに民主主義を否定し、
独裁体制に進んだこと、さらには軍備を強化
し、戦争への道を歩んだことを理解させる。ド
イツにおいては、これらの強行政策は結果的に
失業者を減少させ経済成長につながったため、
ドイツ国民がヒトラー及びナチスに対しての信
仰が厚くなったことを捉えさせる。

世界恐慌と日本の中国侵略

<table>
<tr><td colspan="2">（3）</td></tr>
</table>

2.《 ファシズム 》の台頭
Q6．教科書を参考にまとめよう。
・強い者が弱い者を支配。独裁体制。
・個人の自由や（ 民主 ）主義を否定 ＝《 全体 》主義
⇒世界恐慌の影響を受けて、「持たざる国」のイタリア、ドイツなどが
この道を進む……。

3

Q7．下の表の（ ）を教科書等を参考にまとめてみよう。

国名	特色	政党名	関連人物
1 （ イタリア ）	・戦勝国ではあったが、戦争被害が大きく経済が混乱。 ・ある党が国民の不満を吸収し1922年に政権を握り、独裁開始。 ・世界恐慌により経済が息詰まると、エチオピアを侵略し、1936年に併合。	《ファシスト》党 （4）	《ムッソリーニ》
2 （ ドイツ ）	・民主主義を否定し、ドイツ人の優秀性を唱えた。 ・人種差別思想を唱えて（ ユダヤ ）人を迫害。 ・（ 軍備 ）の増強。公共事業や軍需産業によって景気を回復させる。 ・秘密警察が国民を監視し統制。 ・1933年、ほかの政党を解散させワイマール憲法を停止。独裁体制をつくる。 ・国際連盟脱退。	《 ナチス 》 国民社会主義 ドイツ労働者党	《 ヒトラー 》

3．まとめ
Q8．今日の授業にタイトルをつけよう。（内容を踏まえて）

[例] 持たざる国のファシズム化

Q9．学んだことを教科書などの用語を活用して説明しよう。　　思【A・B・C】

・世界恐慌後、イタリアはムッソリーニ率いるファシスト党、ドイツはヒトラー率いるナチスにより、
ファシズムの道を進んだ。

ワークシートを使用する際のポイント

⑴ワークシート左側では、特にドイツがファシズムに向かう過程を理解させる。第一次世界大戦後の戦後処理の課題や経済圏が狭かった国々にとって、世界恐慌が及ぼした影響が、ファシズムに向かう一因となったことを理解させる。

⑵生徒の意欲を高めさせ、理解を深めさせるためにも、ヒトラーの演説の動画を活用してもよい。

⑶ワークシート右側では、ファシズムの台頭と、イタリア、ドイツの具体的な政策について理解させる。

⑷エチオピアの位置関係を地図などを活用し、理解させる。

3 まとめ

本時の内容を考察し、まとめさせる。第一次世界大戦後の戦後処理は、ドイツなどの敗戦国を窮地に追いやったことを復習し、まとめさせる。また、世界恐慌が「持たざる国」に与えた影響が多大であったことを理解させた上で、結果的にドイツやイタリアがファシズムに向かったという因果関係を記述させる。

ICT 活用のアイディア

1絵を大型 TV または電子黒板に映し、当時のドイツ人にとってヒトラーがどのような存在だったのかを考えさせる。

　ヒトラーの演説の動画等も参考に活用してもよい。

板書活用のアイディア

2予測させた生徒の発言を板書する。
3ファシズムに進んだ2カ国の特色を表にまとめる。

昭和恐慌と
政党内閣の危機

本時の目標

　世界恐慌の日本への影響と、政党政治の行き詰まりについて理解できるようにする。

本時の評価

・世界の動きと関連させながら、日本の政党政治の流れを理解している。

・政党内閣が信頼を失っていった理由を考察し、表現している。

（プリント図）

(1)

昭和恐慌と政党内閣の危機

学習課題　昭和時代に入り、日本の政党政治はどのように変化したのだろうか。

1．政党政治
Q1．政治体制の復習をしよう。
政党政治…複数の政党が競いながら政治を行う。
　　　　⇒政治で実現したいことについて同じ考えを持つ人が集まる団体。

時代	政治的なできごと	主権など	政党など
江戸（幕末）	・大政奉還…政権を将軍から（　天皇　）へ	将軍	なし
明治	・自由民権運動　天皇主権、藩閥政治。民主主義的な動きへ。国会を開設し、制限選挙により衆議院議員が選ばれる	天皇	日本で初めての政党（　自由　）党、（　立憲改進　）党
大正	・大正デモクラシー　民本主義、天皇機関説、普通選挙を求める風潮。日本で初めて本格的な政党内閣首相（　原敬　）普通選挙法首相　加藤高明	天皇	本格的な政党内閣（　立憲政友　）会普通選挙法憲政会

Q2．昭和時代に入り、日本の政党政治はどのように変化するだろう？

自分の考え	他の人の考え
最終的には大政翼賛会のみになった。	

Q3．教科書を参考にまとめよう。
・憲政会と立憲政友会とが交互に政権を担当し、二大政党の党首が内閣を組織する慣例を
〈　憲政の常道　〉といった。
そんな中……
2．昭和恐慌（2）
Q4．教科書を参考にまとめよう。
・大戦後から続く日本の不景気
① 〈　関東大震災　〉（1923）による関東の倒壊
② ①の打撃により1927年には各地の銀行が倒産　＝　　金融恐慌
③ アメリカの株暴落をきっかけに世界が大不況に　＝　（　世界　）恐慌
④ 1930年に入り③の影響は日本にも及び、（　昭和　）恐慌と呼ばれた
これらにより、日本は経済が混迷した。

本時の授業展開

1　導入
○政党政治

　はじめに、政党政治の意味の確認と、政党政治の進展の経緯を復習することで、日本の政治が少しずつ民主主義に向かってきたことを捉えさせる。

　特に、明治時代に入り、天皇主権や藩閥政治により一部の人によって政治が行われていた中、選挙権が広がり、国民が選んだ政党が政治に関与できる幅が広がってきたことを理解させる。

2　展開

　昭和時代の政党政治がどのように変化するかを予想させ、意欲を高めさせる。ここで、民主主義の拡大を予想する生徒もいるが、結果に対

しては深入りせずに、次の発問に移る。

○昭和恐慌

　民主主義の拡大は、ここで転換点を迎えることとなる。その要因が国内の関東大震災や金融恐慌、さらには世界恐慌に伴う昭和恐慌など、国内外の影響を受けたことを理解させる。

　またこれらの恐慌が、企業の倒産や失業者の増加へとつながり、さらに国民の間にさまざまな不満や不信を生み、労働争議や小作争議へとつながったことを諸資料から読み取らせる。

　その際、経済を支配していた財閥への批判が高まったり、財閥と結びつき汚職を繰り返す政党への不信が増大したことにも触れる。政党政治への不信が、その後の国民や軍部の動きにつながることの伏線とする。

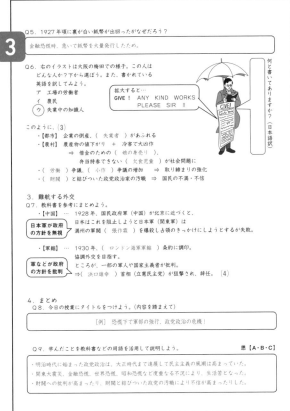

3

Q5. 1927年頃に裏が白い紙幣が出回ったのはなぜだろう？

　金融恐慌時、急いで紙幣を大量発行したため。

Q6. 右のイラストは大阪の梅田での様子。この人は
どんな人か？下から選ぼう。また、書かれている
英語を訳してみよう。
　ア　工場の労働者
　イ　農民
　（ウ）失業中の知識人

何と書いてありますか？

拡大すると…
GIVE！ ANY KIND WORKS
PLEASE SIR !!

GIVE！

（日本語訳）

このように、(3)
・【都市】企業の倒産、（失業者）があふれる
・【農村】農産物の値下がり　＋　冷害で大凶作
　　　　　⇒　借金のための（娘の身売り）
　　　　　弁当持参できない（欠食児童）が社会問題に
・（労働）争議、（小作）争議の増加　⇒　取り締まりの強化
・（財閥）と結びついた政党政治家の汚職　⇒　国民の不満・不信

3．難航する外交
Q7. 教科書を参考にまとめよう。
・【中国】…　1928年、国民政府軍（中国）が北京に近づくと、

日本軍が政府
の方針を無視

日本はこれを阻止しようと日本軍（関東軍）が
満州の軍閥（張作霖）を爆殺し占領のきっかけにしようとするが失敗。

・【軍縮】…　1930年、（ロンドン海軍軍縮）条約に調印。
　　　　　協調外交を目指す。

軍などが政府
の方針を批判

ところが、一部の軍人や国家主義者が批判。
　⇒（浜口雄幸）首相（立憲民主党）が狙撃され、辞任。(4)

4．まとめ
Q8. 今日の授業にタイトルをつけよう。（内容を踏まえて）

　　　　　[例]　恐慌下で軍部の強行、政党政治の危機！

Q9. 学んだことを教科書などの用語を活用して説明しよう。　　思【A・B・C】

・明治時代に始まった政党政治は、大正時代まで連続して民主主義の風潮は高まっていた。
・関東大震災、金融恐慌、世界恐慌、昭和恐慌など度重なる不況により、生活苦となった。
・財閥への批判が高まったり、財閥と結びついた政党の汚職により不信が高まったりした。

○難航する外交

　国内外での政策が思うようにいかず、政党政治が行き詰っていく様子を理解させる。

　特に、軍部と政府のすれ違いも生じたことを理解させる。不景気の打開の道を満州に見出した軍部の動きは、中国の国民政府と対立することとなり、また、政府の意図とは異なる方向であったことを理解させる。さらに、政府が欧米と結んだ軍縮条約は軍部などから強い批判を受け、政党政治が行き詰っていく様子を捉えさせる。

3　まとめ

　本時の内容を考察し、まとめさせる。政党政治の行き詰りが、国内外の不況やそれに伴う国民の不満等が一因であったことを理解させる。

ワークシートを使用する際のポイント

⑴ワークシート左側では、政党政治の進展や選挙権の拡大の過程を理解させる。空欄については、当てはまる語句を考えさせたり、教科書などで調べさせたりしながら、基本的な事項を押さえていく。

⑵金融恐慌については、銀行の仕組みについて簡単に触れ、取りつけさわぎについての理解を深めさせる。

⑶恐慌の影響等で国民の生活が困窮し、様々な不満や不信につながったことを諸資料より捉えさせる。
また、財閥と政党のつながりや汚職についても触れる。

⑷浜口雄幸首相が狙撃された理由を憲法の観点、つまり天皇の統帥権を侵害する越権行為であると一部の軍人や国家主義者は批判していたことに触れる。

ICT活用のアイディア

3 絵や恐慌下の写真等を大型TVまたは電子黒板に映し、当時の苦しい生活の様子について理解を深めさせる。

板書活用のアイディア

1 政党政治の歴史を簡単に表にまとめ、復習させる。

2 予測させた生徒の発言を板書する。

満州事変と軍部の台頭

本時の目標

・満州事変から国際連盟脱退までの経緯を理解できるようにする。
・国民の困窮や軍部の主張などについて、当時の日本の状況を考察し、表現できるようにする。

本時の評価

・満州事変から国際連盟脱退までの経緯を理解し、五・一五事件や二・二六事件などを通して、軍部の力が強まったことを捉えている。
・国民の生活や軍部の主張を捉え、当時の状況から日本の進路について考察し、表現している。

本時の授業展開

1　導入

はじめに前時の復習も兼ねて、政党政治に行き詰まった日本が、どのような道を進もうとするか予想させる。

2　展開

○満州事変と日本の国際的な孤立

満蒙開拓青少年義勇軍を募集するポスターを提示し、日本が満州に活路を見出したことを捉えさせる。ただし、このポスターが出されたのは、満州国建国後であることは注意したい。

日本の生命線とまで考えられた満州を占領するために満州事変、満州国の建国へと展開したことを理解させる。

これらの中国に対する日本の動きは、国際連盟に侵略行為とされ、満州国の建国は認められず、撤兵を命じられたことを理解させる。

日本はこの勧告を不服として、国際連盟を脱退した。またジャーナリズムの活動を通じて、軍部を支持する国民の熱狂的な雰囲気が高まったことにも触れる。また連盟脱退後、ファシズムの国々と関係を深めたことにも触れる。

○軍部の発言力の高まり

青年将校が起こした五・一五事件、二・二六事件の結果、今まで築き上げてきた政党政治の時代は終わりを告げ、軍部の力が強まったことを理解させる。

犬養内閣は、交渉による満州事変の解決を目指し、満州国の承認に反対していたことを押さえる。これらの事件により、犬養毅や高橋是清

・中国　…　満州事変は日本の侵略行為だと国際連盟に訴える。　(2)
　⇒　国際連盟はリットン調査団を派遣
Q6．国際連盟の結論は？
　・（　42　）対1で下記の勧告が可決される。
　・（　満州国　）の建国を認めない。
　・日本軍の（　撤兵　）を求めた。

それに対して日本は…
・《　国際連盟　》脱退（1933）

・さらに日本は米英と結んでいた軍縮条約を破棄。
　国際社会から孤立。
・（　ドイツ　）と（　日独　）防共協定（1936）

4

2．軍部の発言力の高まり
・《　五・一五　》事件（1932）
　…（　海軍　）の青年将校らにより、
　　《　犬養毅　》首相、射殺
　　⇒政党内閣の時代が終わる

・《　二・二六　》事件（1936）
　…（　陸軍　）の青年将校らが
　　（　高橋是清　）らの大臣を暗殺
　　⇒軍部の発言力アップ

Q7．これらの事件により日本はどんな国に
　　なっていったか？
　⇒（　軍部　）の政治的発言力が強まり、（　軍備　）の拡張を進める

3．経済の回復と重化学工業化
・軍需品の生産と政府の保護　⇒（　重　）化学工業が発展
　　　　　　　　　　　　　　⇒　新しい（　財閥　）が成長

4．まとめ
Q8．今日の授業にタイトルをつけよう。（内容を踏まえて）（3）

[例]　軍部の暴走。1932（いくさに）向かう…。

Q9．学んだことを教科書などの用語を活用して説明しよう。　　　　　　思【A・B・C】

・国際連盟が満州国を承認しなかったことにより、日本は国際連盟を脱退し、国際的孤立を深めた。
・国内では、五・一五事件、二・二六事件の結果、軍部の力が強まった。

ワークシートを使用する際のポイント

⑴ワークシート左側では、日本が国内外の行き詰まりに対して満州を得ることによって解消しようとしていたことを理解させる。生徒自身に予想をさせることで、意欲を高めさせる。

⑵ワークシート右側では、国際連盟の脱退から軍国主義に向かう日本の様子を理解させる。

⑶タイトルを生徒自身に考えさせることで、内容理解や要約の力を育む。まとめの学習は時間があれば、グループで共有などしてもよい。

などが殺害され、大正デモクラシーの中心となり民主主義を広げ、協調外交路線で進んできた政治家たちが殺害されたことに触れ、理解を深めさせる。

○経済の回復と重化学工業化

　軍需品の生産と政府の保護により、重化学工業が発展したことを捉えさせる。

3　まとめ

　本時の内容を考察し、まとめさせる。満州事変から国際連盟脱退までの経緯と軍部の力が強くなった経緯を理解させる。

ICT活用のアイディア

2ポスターを大型TVまたは電子黒板に映し、日本が満州に活路を見出したことを捉えさせる。
4犬養毅や高橋是清などを大型TVまたは電子黒板に映し、協調外交路線を進めてきた政治家たちについて理解を深めさせる。

板書活用のアイディア

1予測させた生徒の発言を板書する。
3予測させた生徒の発言を板書する。

日中戦争と戦時体制

本時の目標

　日本の中国侵略の実態とそれに対する中国民衆の動きや国内の状況を理解できるようにする。

本時の評価

・日中戦争の経緯や国民生活が統制された状況を捉えている。
・日本が日中戦争に向かった理由を、国際的な経済状況と関連付けて考察し、表現している。

本時の授業展開

1　導入

○日中戦争の開始と長期化

　はじめに、日中戦争が起こったきっかけとなった盧溝橋事件について理解させる。事件の前夜、日本軍の演習中に数発の銃声が響き、中国軍の発砲と判断されたことや、行方不明の兵士がいたエピソードなどを伝え、関心を高めさせる。また、なぜ日本が戦争の道を選んだかを、前時の復習をしつつ考えさせ、理解を深めさせる。

2　展開

　次に、なぜ日中戦争が長期化したかを予想させることで、史実への興味を高めさせる。

　抗日民族統一戦線など、複雑かつ多民族国家

である中国が、対日本という意味で一つになったことや、英米、仏など中国への支援をしたことによって、戦争が長期化することを理解させる。

　日中戦争の展開については、地図などを活用し、日本の動きを確認させる。また、南京事件など日本軍が行った事実にも触れる。

○強まる戦時体制

　日中戦争の長期化に伴い、近衛文麿内閣の動きが、総力戦を進める方向になったことを理解させる。国家総動員法の制定や、大政翼賛会の成立など、多様性を排除し、戦争一色になっていく様子を諸資料より理解させる。

　それによって、国民の生活は政府によって統制された。標語やジャーナリズムの統制、軍国主義的な教育等により、思考の面においても戦

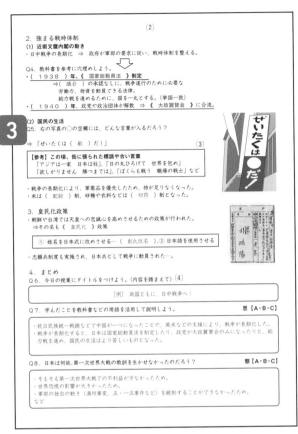

ワークシートを使用する際のポイント

(1)ワークシートの左側では、日中戦争の経緯を理解させる。

(2)ワークシート右側では、戦争が長期化したことにより、国内の国民の生活を大きく変化させ、さらには海外の植民地にまで多大な影響を及ぼしたことを理解させる。

(3)総力戦となり、国民の生活が大きく変化した様子は、様々な資料を準備した上で、生徒の理解を深めさせる。

(4)タイトルを生徒自身に考えさせることで、内容理解や要約の力を育む。まとめの学習は時間があれば、グループで共有などしてもよい。

争を肯定するようにさせたことに気付かせる。

○皇民化政策

　朝鮮や台湾など日本の植民地において、皇民化政策が進められ、日本語の使用、神社参拝、創氏改名などが強要されたことを理解させる。それらは、長期化した戦争により、人員不足を解消するために、現地の人たちも戦場に動員されたことも理解させる。

3　まとめ

　本時の内容を考察し、まとめさせる。日中戦争の経緯や統制された国民生活を理解させる。

　また、本時では単元のまとめとして、第一次世界大戦の教訓を生かせなかった理由を主体的に追究させる。

ICT 活用のアイディア

2毛沢東と蒋介石の写真等を大型 TV または電子黒板に映し、抗日民族統一戦線を結成するまでの対立関係を理解させる。

3写真を大型 TV または電子黒板に映し、文字を予想させる。この頃、街に張られた標語等を提示したり、配給制など戦時中の生活の様子を写真等で提示したりし、理解を深めさせる。

板書活用のアイディア

1予測させた生徒の発言を板書する。

3 〔6 時間〕 第二次世界大戦と日本

単元の目標

第二次世界大戦に向かう時期の社会や生活の変化、世界の動きと我が国との関連などに着目して、事象を相互に関連付けるなどして、第二次世界大戦と人類への惨禍について理解させた上で、近代の社会の変化の様子を多面的・多角的に考察し、表現させる。また、第二次世界大戦と人類への惨禍について、そこで見られる課題を主体的に追究、解決しようとする態度を身に付けさせる。

単元を貫く問い
第二次世界大戦の原因を探り、二度と繰り返さないためにはどうすればよいだろうか

第 1 時	第 2 時
第二次世界大戦の始まり	太平洋戦争の開始
（第 1 時）第二次世界大戦の始まり ○ヨーロッパで戦争が起こった原因と、拡大していった経緯を理解させる。 ・ヒトラーの演説の一部を生徒に読ませ、東方侵略の意図に気付く。 ・ドイツのポーランド侵攻までの流れを年表を埋めさせることを通して、経緯を理解する。 ・年表を埋めたり諸資料を読み取ることを通して、「枢軸国」と「連合国」が対立していく流れを理解する。 ・「アンネの日記」の一部や杉原千畝について触れることを通して、ドイツの占領政策について理解する。 ・本時の内容を考察し、まとめさせることを通して、ヨーロッパで起こった戦争の原因やそれが広がっていく経過を理解する。	（第 2 時）太平洋戦争の開始 ○太平洋戦争の背景や、戦争が始まった経緯について理解させる。 ・真珠湾攻撃を報道するハワイの新聞記事を読み取ることを通して、関心を高める。 ・日本がなぜ真珠湾攻撃をするに至ったかを考え、史実への関心を高める。 ・日本が東南アジアへ南進した理由について諸資料から読み取り、考察する。 ・諸資料を読み取ることを通して、真珠湾攻撃やマレー半島の上陸により、太平洋戦争が始まったことを理解する。 ・本時の内容を考察し、まとめさせることを通して日本が太平洋戦争に向かった理由を理解する。また、太平洋戦争を始めるべきであったかそうでないかを考察し、表現する。

学習活動のポイント

本単元では、第二次世界大戦が世界中の人を巻き込んだ総力戦であり、人類史上で最も甚大な被害を出した戦争であったことを捉えさせたい。そして、二度と戦争の惨禍を繰り返さないよう、その原因や課題を追究させ、解決策を考えさせたい。

そのためにも「単元を貫く問い」を設定し、自らその問いについて予想を立てさせ、最終的には解決策を見出すために、さまざまな知識を獲得できるようにしたい。「単元を貫く問い」については、「第二次世界大戦はなぜ起こり、世界と日本にどのような影響を与えただろう」や、「第二次世界大戦の原因を探り、二度と繰り返さないためにはどうすればよいだろうか」など、戦争の原因を理解し、解決策を見出すようなものにするとよい。

単元の評価

知識・技能	思考・判断・表現	主体的に学習に取り組む態度
○昭和初期から第二次世界大戦の終結までの我が国の政治・外交の動き、中国などアジア諸国との関係、欧米諸国の動き、戦時下の国民の生活などを基に、軍部の台頭から戦争までの経過と、大戦が人類全体に惨禍を及ぼしたことを理解している。	○戦争に向かう時期の社会や生活の変化、世界の動きと我が国との関連などに着目して、事象を相互に関連付けるなどして、第二次世界大戦と人類への惨禍について、近代の社会の変化の様子を多面的・多角的に考察し、表現している。	○第二次世界大戦と人類への惨禍について、そこで見られる課題を主体的に追究、解決しようとしている。

○：ねらい　・：主な学習活動

第3時	第4時／第5時・第6時
戦時下の人々	戦争の終結／近代（後半）の大観
〔第3時〕戦時下の人々 ○戦争の長期化とともに、国民生活が統制されていく様子を理解させる。 ・「犬の献納運動」の資料を読み取らせることを通して、物資不足に気付く。 ・諸資料を読み取らせることを通して、学徒出陣、勤労動員、疎開など戦時下の国内の生活の様子、植民地や占領地などの国外の生活の様子を捉える。 ・第一次世界大戦と第二次世界大戦を比較することを通して、後者が世界史上最大の死者数を出す戦争であったことを理解する。 ・当時の国民の目線で戦時下の生活について考察し、表現する。	〔第4時〕戦争の終結 ○イタリア・ドイツの降伏、沖縄戦や原爆投下などを通して、戦争終結までの経緯を理解させる。 ・枢軸国のイタリア、ドイツの無条件降伏について諸資料より読み取らせ、日本が窮地に追いやられたことに気付く。 ・空襲予告ビラを提示し、生徒に予想をさせることを通して、関心を高める。 ・原爆投下、ポツダム宣言の受諾を経て終戦を迎えたことを理解する。 [第5・6時] 近代（後半）の大観 ○近代後半の日本と世界を大観し、戦争へのターニングポイントについて考察し、表現させる。 ・第一次　世界大戦と第二次世界大戦の背景・原因・特色を整理する。 ・第二次世界大戦へ向かうターニングポイントを考え、ランキングを行う。

課題解決的な学習展開にする工夫

○ウェビング・マップの活用

第3時の授業で、戦時下の国内外の生活をウェビングの手法で考えさせる展開なども、主体的に課題を解決する活動となる。

○他教科との連携（カリキュラム・マネジメント）の視点

総合的な学習の時間の授業で平和学習として取り扱い、生徒自ら課題を設定させ、レポート等を書かせるのもよい。戦争の惨禍を二度と繰り返させないような学習としたい。

○地域学習との連動

戦争に関する地域学習と連動させ発展的な学習とするのもよい。生徒自ら課題を設定させ、地域の戦争の跡を学習させることが考えられる。主体的に取り組める活動としたい。

第二次世界大戦の始まり

1／6

本時の目標

　ヨーロッパで戦争が起こった原因と、拡大していった経緯を理解できるようにする。

本時の評価

・ヨーロッパで起こった戦争の様子を資料から読み取り、原因や経過を理解している。
・ドイツやイタリアと同盟を結んだ日本の行動について、国際的な視野を踏まえて考察し、表現している。

（1）

第二次世界大戦の始まり

学習課題　第二次世界大戦は、なぜ起こり、どのように拡大したのだろうか。

1．大戦の開始

> ドイツの人口問題を解決する四つの方法。第一は産児制限。第二は国内開発。第三は年々の過剰人口数百万人を移住させるための新しい土地を毎年手に入れること。第四は産業と貿易を盛んにすること。
> どの方法が一番よいか。もちろん新しい領土を獲得することである。それは、はかり知れない利益があるからである。もし、我々の祖先が、今日の平和主義者のいうごとき寝言に立脚して行動していたら、我々は現在所有する領土の3分の1ももっていなかったであろう。
> （ヒトラー「わが闘争」角川文庫）

Q1.　ヒトラー率いるドイツは何に活路を見出そうとしているだろう？

> 新たな領土を獲得することに活路を見出そうとしている。　など

Q2.　第二次世界大戦の経緯を示した年表を、教科書等を参考にまとめよう。
・ドイツは、独裁者ヒトラーに率いられヨーロッパ、特に東方への侵略を進める。

1938 年 3 月	ドイツが（ オーストリア ）を併合
9 月	チェコスロバキアの西部を併合
1939 年 3 月	チェコスロバキア解体
8 月	（ ソ連 ）と不可侵条約（独ソ不可侵条約）を結ぶ ⇒ドイツと防共協定を結んでいた日本にとっては衝撃！
9 月	ドイツが（ ポーランド ）に侵攻 （ イギリス ）と（ フランス ）はドイツに宣戦布告 ⇒《 第二次世界大戦 》が始まる

2．戦争の拡大

Q3.　教科書等を参考に、まとめよう。

1940 年 4 月	ドイツがデンマーク・ノルウェーを占領
5 月	ドイツがオランダ・ベルギーを占領
6 月	イタリアがイギリス・フランスに宣戦布告 パリ占領、（ フランス ）がドイツに降伏
9 月	ドイツ、イタリア、日本による《 日独伊三国 》同盟
1941 年 6 月	ドイツが不可侵条約を破り（ ソ連 ）を奇襲攻撃

Q4.　教科書等を参考に、埋めよう。
1941 年 8 月、中立だった（ アメリカ ）が動く。ファシズム諸国の攻撃に対決する決意と戦後の平和構想を示した「憲章」を発表。

【1941年8月12日調印】（要約）
1　領土を拡大しない
2　領土を変更するときは、関係する国民の意思を尊重する
3　貿易の自由
4　労働条件と社会保障の向上のため、国際協調を行う
5　海洋の自由　　6　国際平和
7　安全保障制度確立まで、好戦的な国の武装解除をめざす

本時の授業展開

1　導入

○大戦の開始

　はじめに、ヒトラーの演説の一部を生徒に読ませ、東方侵略の意図に気付かせ、第二次世界大戦の原因へと導かせたい。ドイツが第一次世界大戦に敗戦し、世界恐慌などの影響から経済的困難の脱出の活路を領土の獲得に見出したことを捉えさせる。

2　展開

　次に、ドイツのポーランド侵攻までの流れを年表を埋めさせることを通して、経緯を理解させる。この際、地図などを活用し、ドイツの占領地の広がりを捉えさせる。なお、ポーランド侵攻の映像資料を活用することで、理解が深まる。

○戦争の拡大

　侵略政策を推進した日本・ドイツ・イタリアが次第に共通の陣営である「枢軸国」となっていくことを年表を埋めることを通して捉えさせる。

　また、大西洋憲章により、反ファシズムの立場から「連合国」のつながりができ、枢軸国と対立していく流れを捉えさせる。

○ドイツの占領政策

　「アンネの日記」の一部を読ませたり、映像資料を活用したりして、ドイツの占領政策、特にユダヤ人迫害について理解を深めさせる。また、それらが中学生にとって同年代のアンネの人生を狂わせ、奪った事実に目を向け戦争の悲

(2)
⇒【 大西洋憲章 】
これは戦後につくられる国際組織（ 国際連合 ）につながる。

独裁政治の国々（ 枢軸国 ）　VS	民主主義の国々（ 連合国 ）
日本・ドイツ・イタリア	イギリス・フランス・アメリカ　など

3 3．ドイツの占領政策
Q5．右の少女の名前は？

アンネ・フランク　　　　　(3)

・ドイツは（ ユダヤ人 ）を徹底的に差別し、
（ アウシュヴィッツ ）などの強制収容所に送り、労働させ、殺害した。
・ヨーロッパのユダヤ人の約900万人のうち、約600万人を殺害。

4 Q6．なぜドイツは過酷な占領政策（ユダヤ人を差別など）を行ったのだろう。(3)

宗教（ユダヤ教）、明確な敵を作り国民を一つにしたかった、食料問題、自国第一主義　など

これらのドイツの動きに対して、
・ヨーロッパ諸国でドイツへの協力拒否や抵抗運動《 レジスタンス 》が行われた。

【参考】
日本人にもユダヤ人を救おうとした人がいた。
日本領事館の（ 杉原千畝 ）はユダヤ人を救うために…。
→（日本へのビザを発行し、ユダヤ人を逃がした。）
救ったユダヤ人は約6000人といわれる。

4．まとめ
Q7．今日の授業にタイトルをつけよう。(内容を踏まえて)　(4)

［例］　ドイツの独りよがり、大戦の始まり

Q8．学んだことを教科書などの用語を活用して説明しよう。　思【A・B・C】

・新たな領土を獲得することに活路を見出したドイツのポーランド侵攻から第二次世界大戦が始まった。
・東方支配後、北ヨーロッパ、西ヨーロッパを攻撃したドイツは、不可侵条約を破りソ連にも侵攻した。
・同盟関係などから枢軸国と連合国の戦いへと発展した。

惨さに気付かせる。
　杉原千畝についても触れ、日本人の功績について理解させる。これも、映像資料を活用したり、道徳の授業と関連させたりして、理解を深めさせたい。

3　まとめ
　本時の内容を考察し、まとめさせる。ヨーロッパで起こった戦争の原因やそれが広がっていく経過を理解させる。

◖ワークシートを使用する際のポイント◗

⑴ワークシートの左側では、ドイツが領土拡大で活路を見出したことと、第二次世界大戦の原因を資料から読み取らせたり、年表にまとめたりして理解させる。また、前時までの第一次世界大戦後の対応や世界恐慌により困窮していたことについても触れ、理解を深めさせる。

⑵ワークシート右側では、ドイツの占領政策について理解し、戦争の悲惨さに気付かせる。

⑶アンネ・フランク、杉原千畝については、良い映像資料もあるため、活用する。

⑷タイトルを生徒自身に考えさせることで、内容理解や要約の力を育む。まとめの学習は時間があれば、グループで共有などしてもよい。

◖ICT活用のアイディア◗
1ヒトラーを大型TVまたは電子黒板に映し、第一次世界大戦後のドイツが何に活路を見出そうとしたかを考えさせる。
2ポーランド侵攻の映像資（「20世紀映像チャンネル」など）を活用することで、理解を深めさせる。
3アンネ・フランクや杉原千畝の写真を提示したり、映像資料を提示することで理解を深め、関心を高めさせる。

◖板書活用のアイディア◗
2簡単な年表を板書し、第二次世界大戦の開始とその広がりの流れを時系列で捉えさせる。
4予測させた生徒の発言を板書する。

太平洋戦争の開始

本時の目標

　太平洋戦争の背景や戦争が始まった経緯について理解できるようにする。

本時の評価

・太平洋戦争勃発のきっかけやその後の経過について概要を理解している。
・日本が太平洋戦争に向かった理由について日米の国力差や資源の量、占領した地域と関連付けて考察し、表現している。

本時の授業展開

1　導入

　はじめに、真珠湾攻撃を報道するハワイの新聞記事の号外を資料として提示し、真珠湾攻撃が当時のアメリカ国民にとって一大事であったことを捉えさせ、生徒の関心を高めさせる。ここでは真珠湾攻撃の概要について触れ、日本がなぜこのような攻撃をするに至ったかを考えさせる。

2　展開
○日本の南進

　次に、日本が東南アジアへ南進した理由について諸資料から読み取らせ、考えさせる。その際、日本が資源の少ない島国であることや、日中戦争の長期化により、状況が極めて厳しい様

子も捉えさせる。
　大東亜共栄圏の提唱により、アメリカを皮切りに日本に対して経済封鎖が行われたことを理解させる。この際、アメリカ（America）、イギリス（Britain）、中国（China）、オランダ（Dutch）の４カ国の頭文字とってを「ABCD包囲陣」とよばれたこともおさえる。

○太平洋戦争の始まり

　教科書等の諸資料を読み取ることを通して、真珠湾攻撃やマレー半島の上陸により、太平洋戦争が始まったことを理解させる。一般的には奇襲と呼ばれるこれらの攻撃について、さまざまなエピソードを紹介したり、映像資料も活用したりすると理解が深まる。
　奇襲などが功を奏し、ミッドウェー海戦まで

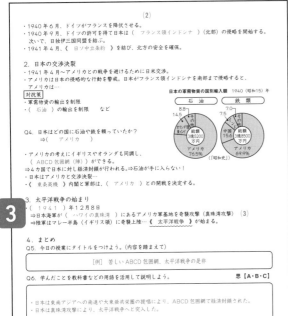

・1940年6月、ドイツがフランスを降伏させる。
・1940年9月、ドイツの許可を得て日本は（　フランス領インドシナ　）（北部）の侵略を開始する。次いで、日独伊三国同盟を結ぶ。
・1941年4月、《　日ソ中立条約　》を結び、北方の安全を確保。

2. 日本の交渉決裂
・1941年4月～アメリカとの戦争を避けるために日米交渉。
・アメリカは日本の侵略的な行動を警戒。日本がフランス領インドシナを南部まで侵略すると、アメリカは…
【対抗策】
・軍需物資の輸出を制限
・（　石油　）の輸出を制限　　など

日本の軍需物資の国別輸入額 1940（昭和15）年

| 石　油 | 鉄　類 |

Q4. 日本はどの国に石油や鉄を頼っていたか？
　⇒（　アメリカ　）

・アメリカの考えにイギリスやオランダも同調し、（　ABCD包囲網　）（陣）ができる。
⇒4カ国で日本に対し経済封鎖が行われる。⇒石油が手に入らない！
・日本はアメリカと交渉決裂…
・《　東条英機　》内閣と軍部は、（　アメリカ　）との開戦を決定する。

3. 太平洋戦争の始まり
・（　1941　）年12月8日
⇒日本海軍が（　ハワイの真珠湾　）にあるアメリカ軍基地を奇襲攻撃（真珠湾攻撃）（3）
⇒陸軍はマレー半島（イギリス領）に奇襲上陸…《　太平洋戦争　》が始まる。

4. まとめ
Q5. 今日の授業にタイトルをつけよう。（内容を踏まえて）

　　　［例］苦しいABCD包囲網、太平洋戦争の是非

Q6. 学んだことを教科書などの用語を活用して説明しよう。　　思【A・B・C】

・日本は東南アジアへの南進や大東亜共栄圏の提唱により、ABCD包囲網で経済封鎖された。
・日本は真珠湾攻撃により、太平洋戦争へと突入した。

Q7. 日本は太平洋戦争を始めるべきだったか。　　思【A・B・C】

始めるべきではなかった。
日中戦争が長期化し国民の生活が困窮する中、経済封鎖をされ、さらにアメリカやイギリスとの開戦は無謀としか言えない。　など

は日本の勝利が続くことにも触れる。

3　まとめ

　本時の内容を考察し、まとめさせる。日本が太平洋戦争に向かった理由を理解させる。また、太平洋戦争を始めるべきでなかったことを考察し、表現させる。この際、教科書などの資料を活用し、アメリカとの国力の差などについても理解させる。

ワークシートを使用する際のポイント

⑴ワークシートの左側では、日本が太平洋戦争に向かった理由について考察させる。その際、日本が資源が少ない国であることや日中戦争の長期化による影響についても触れる。

⑵ワークシート右側では、経済制裁を受けつつもそれをさらなる戦争で除けようとした日本の状況を理解させる。

⑶真珠湾攻撃については、実際の映像や関連する映画などの映像資料もあるため活用する。

⑷日本は太平洋戦争を始めるべきであったか否か考察させる際、当時の国際状況や国内事情、日米の国力の差など、具体的に根拠を示すようにさせる。可能であればグループ等で意見交換できるとよい。

ICT活用のアイディア

1新聞を大型TVまたは電子黒板に映し、新聞の概要をつかみ、日本がなぜこのような攻撃をするにいたったか考えさせる。
3映像資料（「20世紀映像チャンネル」など）も活用し、理解を深めさせる。

板書活用のアイディア

2予測させた生徒の発言を板書する。
4考察させた生徒の発言を板書する。

戦時下の人々

右側のワークシート：

(1)

戦時下の人々

学習課題　戦争の長期化は、人々にどのような影響をあたえたのだろうか。

1．国民の動員
Q1．右の資料の内容を読み取ろう。

1

自分の考え
犬が特別攻撃隊になった？
隔組の回報。⇒　　　など

他の人の考え

Q2．なぜこのような文章が出されたのか、教科書等も参考に理由を考えよう。

2

自分の考え	他の人の考え
・物資が不足していた。 ⇒動物も供出させられ皮革や食肉として利用された。	

Q3．他にどのようなものが供出させられたか、教科書等を参考に書き出そう。

鍋や釜、寺の鐘までも兵器にするための金属として供出させられた。

Q4．国民の生活の様子を、教科書等を参考にまとめよう。
・人々は正しい戦争だと信じて協力し、消極的だと非国民と呼ばれた。

3

(2)

①男性たちは……
・戦争の長期化により、兵士の数が足りなくなる。
　⇒徴兵猶予を受けていた大学生などの学生も戦場へ。
　⇒〈　学徒出陣　〉

②女性や子どもたちは………
・戦争の長期化により、男性は戦場へ。国内は労働力不足に…。
　中学生・女学生や未婚の女性も働くようになった。
　⇒〈　勤労動員　〉
・空襲が激しくなると都市の小学生は農村に集団で〈　疎開　〉した。

「学徒出陣壮行会」の様子

本時の目標

　戦争の長期化とともに、国民生活が統制されていく様子を理解できるようにする。

本時の評価

・戦時下の国民生活の様子を、学徒出陣や勤労動員、物資の供給などを通して理解している。
・戦争の犠牲になった国民生活について、総力戦や戦争の経緯と関連付けて考察し、表現している。

本時の授業展開

1　導入

○国民の動員

　はじめに、「犬の献納運動」の資料を提示し、生徒の関心を高めさせる。長期化する戦争によって物資が不足し、犬も供出の対象となり皮革や食料として利用されたことを理解させ、当時の物資不足が深刻であったことに気付かせる。

2　展開

　次に、犬以外にどのようなものが供出させられたか、教科書などの諸資料を参考に理解させる。多くのものが対象となり、以前学習した「ぜいたくは敵だ」などの標語などにも触れ、国民の生活が統制された様子を捉えさせる。

　さらに、学徒出陣や勤労動員など、徴兵猶予であった学生にも出陣命令が下ったり、女性や子どもにまで勤労を強いられたことを理解させる。これらも映像資料などを活用すると理解が深まる。

○植民地と占領地

　長期化した戦争によって、不足した労働力や兵力を補う目的などから、植民地や占領地まで強制労働や徴発があったことを理解させる。既習事項である朝鮮での皇民化政策などともつなげて考えさせる。また、教科書や資料集を参考に様々な例示をする。

○総力戦と犠牲者

　総力戦によって国民生活が犠牲となった以外に、多くの戦死者が出たこと、世界に広がり長

(3)

2．植民地と占領地
Q5．植民地や占領地の様子を、教科書等を参考にまとめよう。
・日本は、植民地や占領地でも労働を強いた。
・（　朝鮮　）人や（　中国　）人が日本に連れてこられ強制労働させられた。
・戦争末期、徴兵制が朝鮮や（　台湾　）でも導入された。
・（　東南アジア　）においても、強制労働や物資を取り上げた。
　【例】タイとビルマを結ぶ泰緬鉄道の建設、フィリピン、バターン死の行進　など

3．総力戦と犠牲者
Q6．第一次世界大戦と第二次世界大戦の犠牲者を比較しよう。

	第一次世界大戦 （1914～18年）	第二次世界大戦 （1939～45年）
交戦国	36 カ国	61 カ国
兵力	7000 万人	1 億 1000 万人
戦死者	1000 万人	（　5000　）万人
負傷者	2000 万人	3500 万人
戦費	2080 億ドル	1 兆 1170 億ドル

4．まとめ
Q7．このような暮らしについて、当時の国民はどのように感じていたのか、国民の声を考えてみよう。

(4)

4
　[例]　本当は自分自身も家族も仲間も死ぬのは嫌だったが、非国民とされたり
　　　政府に目を付けられたくないから、戦争に賛成しているフリをした。　等

Q8．今日の授業にタイトルをつけよう。（内容を踏まえて）
　　　　　[例]　犬さえも!?　すべてを捧げた総力戦

Q9．学んだことを教科書などの用語を活用して説明しよう。　思【A・B・C】
・日本は物資や兵力、労働力などが不足した。
・男性は兵力として学徒出陣、女性や子どもも労働力として勤労動員などが行われ、総力戦となった。

期化した戦争の過酷さや悲惨さに気付かせる。特に、第一次世界大戦と第二次世界大戦を比較することを通して、後者が世界史上最大の死者数を出す戦争であったことを強調する。

3　まとめ

　当時の生活について、国民の目線で考えさせる。その際、本時のみならず既習事項である配給制や切符制、メディアの情報統制など、さまざまなことを踏まえて記述させる。

　次に、本時の内容を考察し、まとめさせる。戦争の長期化とともに、国民や植民地や占領地における生活が統制がされていく様子を記述させることを通して、戦争の悲惨さに気付かせる。

ワークシートを使用する際のポイント

⑴ワークシートの左側では、戦争の長期化によって国民生活が統制された様子を理解させる。諸資料を活用し、当時の生活を具体的に想像させる。

⑵学徒出陣壮行会が明治神宮外苑競技場で行われ、約7万人が集まったことを捉えさせる。本来であればスポーツ競技に使用される場所が、戦争の目的で使用されたことから、戦争の悲惨さを感じさせる。

⑶ワークシート右側では、植民地や占領地にも生活統制が強いられたことを理解させる。

⑷当時の「国民の声」を考えさせ、グループで意見交換させてもよい。

ICT 活用のアイディア

1資料を大型 TV（または）電子黒板に映し、生徒の関心を高めさせる。
3資料を提示し、学徒出陣の様子を捉えさせる。
4「国民の声」を生徒用タブレット端末で写真撮影したり、打ち込みをさせたりして、全体で共有することも考えられる。

板書活用のアイディア

2予測させた生徒の発言を板書する。

戦争の終結

戦争の終結

学習課題 第二次世界大戦は、どのような経過をたどって終結したのだろうか。

Q1. なぜ日本は戦況が悪化しても戦争を続けたのだろう？

自分の考え	ほかの考え
	・同盟国がいたから ・勝てると信じていたから ・引くに引けない

1. イタリアとドイツの降伏
Q2. 教科書等を参考に、まとめよう。

連合軍が反撃を開始
・1943年2月、ソ連軍がスターリングラードで（ ドイツ ）軍を破る。
・1943年9月、アメリカ軍・イギリス軍により（ イタリア ）が無条件降伏。
・1944年6月、連合軍ノルマンディー上陸作戦。8月、ドイツから（ パリ ）が解放。(2)
　⇒ドイツは地理的にフランスとソ連の板挟みに。
・1945年4月、（ ヒトラー ）が自殺。5月、（ ドイツ ）が無条件降伏。

この頃、日本は！？　仲間を失った運命は…！？

2. 空襲と沖縄戦
Q3. 教科書等を参考に、まとめよう。

・1942年6月、ミッドウェー海戦で敗北。
・1943年3月、ガダルカナル島で敗北。

・1944年7月、（ サイパン ）島、陥落。
　東条内閣が退陣。⇒ 本土への空襲激化

・1945年2月、ヤルタ会談（米・英・ソ）
　⇒ ソ連の対日参戦が決められた。

・1945年3月、《 東京大空襲 》。
　⇒焼夷弾による無差別爆撃。

・1945年3月、アメリカ軍が（ 沖縄 ）
　に上陸。⇒県民の犠牲者は12万人以上。

本時の目標

イタリア・ドイツの降伏、沖縄戦や原爆投下などを通して、戦争終結までの経緯を理解できるようにする。

本時の評価

・イタリア・ドイツの降伏、沖縄戦や原爆投下などを通して、戦争終結までの経緯を理解している。
・戦争の被害の実態を通して、国民の苦しみについて考察し、表現している。

本時の授業展開

1　導入

はじめに、なぜ当時の日本は戦況が悪化しても戦争を続けたのかを考えさせ、関心を高めさせる。様々な回答が予想されるが、深入りはしない。

2　展開
○イタリアとドイツの降伏

次に、戦況がさらに悪化していく様子を捉えさせる。枢軸国として同盟関係を結んでいたイタリア、ドイツの無条件降伏について触れ、日本が窮地に追いやられたことに気付かせる。

○空襲と沖縄戦

太平洋戦争における日本の敗戦続きについて、教科書等の諸資料を参考にまとめ、経緯を理解させる。その際地図を活用し、戦闘が少しずつ日本列島に近づいていく様子に気付かせるようにする。特に、サイパン島の陥落によって、空襲が本格化し、東京大空襲や沖縄戦など被害が甚大なものとなったことを理解させる。

なお、沖縄戦については本土決戦による被害は多大で、12万人以上の県民の死者が出たことや、ひめゆり学徒隊や集団自決についても触れ、理解を深めさせる。

○日本の降伏

空襲予告ビラを提示し、生徒の関心を高めさせる。空襲予告ビラは、全国各地で米軍機が上空から散布したものである。ここに書かれた都市は空襲被害にあっている。ところが、当時の政府は混乱を避けるためにこのビラを国民に所

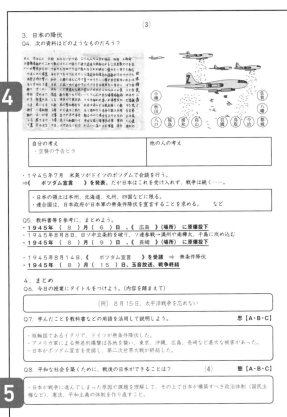

4

3. 日本の降伏
Q4. 次の資料はどのようなものだろう？

自分の考え ・空襲の予告ビラ	他の人の考え

・1945年7月 米英ソがドイツのポツダムで会談を行う。
⇒《　ポツダム宣言　》を発表。だが日本はこれを受け入れず、戦争は続く……。

・日本の領土は本州、北海道、九州、四国などに限る。
・連合国が、日本政府が日本軍の無条件降伏を宣言することを求める。　など

Q5. 教科書等を参考に、まとめよう。
・1945年　（ 8 ）月（ 6 ）日、《 広島 》（場所）に原爆投下
・1945年8月8日、日ソ中立条約を破り、ソ連参戦→満州や南樺太、千島に攻め込む
・1945年　（ 8 ）月（ 9 ）日、《 長崎 》（場所）に原爆投下

・1945年8月14日、《 ポツダム宣言 》を受諾 ⇒ 無条件降伏
・1945年（ 8 ）月（ 15 ）日、玉音放送、戦争終結

4. まとめ
Q6. 今日の授業にタイトルをつけよう。（内容を踏まえて）

［例］ 8月15日、太平洋戦争を忘れない

Q7. 学んだことを教科書などの用語を活用して説明しよう。　思【A・B・C】

・枢軸国であるイタリア、ドイツが無条件降伏した。
・アメリカ軍による無差別爆撃は各地を襲い、東京、沖縄、広島、長崎など甚大な被害があった。
・日本がポツダム宣言を受諾し、第二次世界大戦が終結した。

Q8. 平和な社会を築くために、戦後の日本ができることは？　　（4）　態【A・B・C】

5

・日本が戦争に進んでしまった原因や課題を理解して、その上で日本が構築すべき政治体制（国民主権など）、憲法、平和主義の体制を作り直すこと。

ワークシートを使用する際のポイント

⑴ワークシートの左側では、戦況が悪化する中、日本が戦争を継続したことを理解させる。

⑵ノルマンディー上陸作戦については、実物映像や映画「プライベート・ライアン」の一部など、戦闘シーンを紹介することで、戦争の悲惨さを伝えることができる。

⑶ワークシートの右側では、日本が戦争を継続したことによって、さらなる被害があったことやアメリカ軍が無差別に攻撃を行ったことを理解させる。

⑷平和な社会を築くためにどうすればよいか主体的に追究させ、時間に余裕があればグループで意見を共有させるのもよい。

ICT 活用のアイディア

2ノルマンディー上陸作戦の映像などを活用することで、関心を高めさせる。

3地図を大型TV（または）電子黒板に映し、太平洋戦争の主な出来事を場所とともに理解させる。

4空襲の予告ビラを提示し、関心を高めさせる。

5考察を生徒用タブレット端末で写真撮影したり、打ち込みをさせたりして、全体共有してもよい。

板書活用のアイディア

1予測させた生徒の発言を板書する。

持させないように命令を下した。誤った情報統制により、多くの命が失われたことについても触れる。

　また、ポツダム宣言の受諾をしなかったことや、原爆投下が行われたことに触れる。原爆投下の理由については原爆実験説など諸説あるため、紹介すると生徒の関心を高めることができる。

3　まとめ

　本時の内容を考察し、まとめさせる。戦争終結までの経緯を具体的に記述させる。

　最後に、平和な社会を築くためにできることを主体的に追究させ、考えを記述させる。可能であればグループで発表させ共有する。

近代（後半）の大観
～戦争へのターニングポイントは何だろう～

本時の目標

近代（後半）の日本と世界を大観し、時代背景を捉えた上で、戦争の原因について多面的・多角的に考察し、表現する。

本時の評価

・近代（後半）の日本と世界を大観し、時代背景を捉えた上で、戦争の原因について多面的・多角的に考察し、表現している。

・戦争へのターニングポイントが何だったかを考えることを通して、主体的に学習に取り組んでいる。

---

(1)

戦争へのターニングポイントは何だろう
～第二次世界大戦の原因をランキング付けしよう！～

学習課題 戦争へのターニングポイントを考えることを通して、近代（後半）の課題をとらえ、戦争のない未来を創ろう！

1　あなたは新聞記者です。ある上司から「終戦記念日に、第二次世界大戦の転換点は何か、特集を組み、二度と戦禍を繰り返さないように社説を書いてほしい」と依頼がありました。情報を集め、社説をまとめよう。

1．二度の戦争の背景・原因と特色
Q1．第一次世界大戦、第二次世界大戦の背景・原因や特色をまとめよう。

第一次世界大戦	
背景・原因	特色
あなたの考え	あなたの考え
他の人の考え ・植民地の拡大　　・同盟 ・資本主義による生産の拡大と市場等の必要性 ・民族の対立 ・サラエボ事件	他の人の考え ・戦死者　約1000万人 ・戦勝国　イギリス、フランス、アメリカ、日本 ・新兵器（機関銃、毒ガス等）を使った総力戦 ・敗戦国に厳しい戦後処理　・後に国際連盟設立

2

ターニングポイント
日本　　世界

第二次世界大戦	
背景・原因	特色
あなたの考え	あなたの考え
他の人の考え ・世界恐慌により経済低迷 ・ファシズム台頭（独裁・民主主義の否定） ・植民地拡大に活路を見出すファシズム国家 ・持てる国、持たざる国の格差・ポーランド侵攻	他の人の考え ・戦死者　約5000万人 ・戦勝国　イギリス、フランス、アメリカなど ・原子爆弾など新兵器を実験的に使用、総力戦 ・敗戦国の戦後処理は様々　・後に国際連合設立

本時の授業展開

1　導入

はじめに、本時のねらいについて強調して伝える。第二次世界大戦の甚大な被害について触れ、二度とこのような戦争の惨禍を繰り返さないためにはどうすればよいか、本時で考えたい旨を伝える。そのために、戦争の背景や原因を捉え、第二次世界大戦に向かったターニングポイントを探る作業を行うことを理解させる。

2　展開
○二度の戦争の背景・原因と特色

次に、第一次世界大戦と第二次世界大戦を振り返らせる。二つの戦争の背景・原因や特色を整理させることを通して、それぞれを比較し、共通点や相違点を理解させる。既習事項が定着

していない生徒も想定できるため、自分で考えさせた後に、グループでまとめさせる。

○第二次世界大戦に向かうターニングポイントは？

知識を整理させた上で、ターニングポイントをランキング化させ、日本、世界についてそれぞれベスト3を個人で決めさせる。ランキングの数を多くし過ぎると思考が整理しきれない生徒も想定されるため、数を絞る。この際、理由についても考えさせる。

次に、ランキングを小グループで発表させる。発表を通して、様々な視点や考えを理解させる。

タブレット端末などを活用し、クラス内でのランキングを共有する。

3

```
                                              (3)
2. 第二次世界大戦に向かうターニングポイントは?
Q2. ターニングポイントと思う出来事等をランキング化しよう。

大
┃
重要度
┃
小
```

	日本	世界
1位	世界恐慌	世界恐慌
2位	満州事変	資本主義の拡大
3位	政党政治家の暗殺 (五・一五事件, 二・二六事件)	ファシズムの台頭

Q3. このようなランキングにした理由を書こう。

・日本、世界共に世界恐慌の影響は大きかったと考える。その後の経済的な不安が「もたざる国」を
ファシズム化したと考える。同時に資本主義社会の拡大とその活路を植民地拡大に見出してしまっ
た点は大きい。植民地確保により市場拡大, 資源の確保, 労働力の確保などしようとした点に問題
があったと考え, このランキングにした。

Q4. クラスのランキング(世論)や印象的だった他の人の意見を書こう。

[例]　Aさんの考えで, 満州事変や政党政治家の暗殺など, 軍部の暴走が原因である, というものが
印象的であった。結局, 軍部の過激な行動が戦争への一歩であるという論は説得力があった。
　　　等

3. 社説をまとめよう
Q5. 近代(後半)の課題をとらえ, これからの未来をよりよくするにはどうすればよいか, 考えて書
こう。その際, 世論(他の人の意見)も参考にしよう。また, これから社会科をどのような視点
で学びたいかも書こう。　　　　　　　　　　　　　　　　　　　　　　　　　　　態【A・B・C】

・植民地をなくす　　・資本主義の在り方を考える　　・自国中心主義から脱する
・協調外交　・格差をなくす　・教育格差　　・財閥, 地主などの資本家とその他との格差
・「持てる国」, 「持たざる国」の格差　　・男女差別　　・国際的な平和組織の設立
・ファシズムの否定　⇒　国民主権, 平和主義, 基本的人権の尊重
・平和主義　・武器を持たない, 作らない　・軍隊を持たない　　・平和教育
・民族, 宗教, 人権, など多様性の尊重　　・憲法　　・国際的なルールづくり
　　　　　　　　　　　　　　　　　　　　　　　　　　　　　　　　　　　　　　　など

既習事項や具体的な用語を使用して記述する。自分事として捉え, 自分ができることとい
う視点ででも記述できると良い。さらに今回学んだ視点を活かしながら, 今後の社会科で学
びたいことも記述させたい。

3　まとめ

　近代(後半)の内容を考察し, まとめさせ
る。戦争の原因について他者との意見交換を通
したり, 諸事象を比較することを通して, 多面
的・多角的に考察し表現させる。新聞社の記者
になりきり, 社説としてまとめるように指示を
出し, 生徒の関心を高めさせる。

　最後に, 平和な社会を築きこれからの未来を
よりよくするためにできることを主体的に追究
させ, 考えを記述させる。可能であればグルー
プ等で発表させ共有させる。

⑴ワークシートの左側では, 二度の
戦争を比較することを通して, それ
らの背景・原因や特色の共通点や相
違点を理解させる。

⑵タブレット端末のアプリ等(ふせ
ん機能)を活用し, 他者の考えを共
有する一助とすることも考えられ
る。ただし, その場合も学習の振り
返りのためにも, ワークシートにメ
モをさせる。

⑶ワークシート右側では, 第二次世
界大戦に向かうターニングポイント
をまずは自分で考えさせ, その後,
他者と意見交換をさせる。

⑷タブレット端末等を活用し, クラ
ス内でランキングを共有化すること
も考えられる。

ICT活用のアイディア

1本時の課題を提示し関心を高めさ
せる。
2グループでの話し合いの際に,
Googleのjamboardのようなタブレッ
ト端末の付箋機能があるアプリなど
を活用することもできる。
3生徒のタブレット端末のアンケー
トフォームを使用し, 学級の意見を
その場で集約し, 大型TVなどで可視
化し, 共有化を図ることもできる。

7

現代の日本と私たち

1 〔7 時 間〕 戦後日本の出発と発展

単元の目標

冷戦、我が国の民主化と再建の過程、国際社会への復帰などを基に、第二次世界大戦後の諸改革の特色や世界の動きの中で新しい日本の建設が進められたことを理解させる。

高度経済成長を基に、我が国の経済や科学技術の発展によって国民の生活が向上してきたことを理解させる。

単元を貫く問い 戦後の社会の変化は、現在の私たちの生活とどのように関わるのだろうか

第1時～第2時	第3時～第5時
我が国の民主化と再建の過程	冷戦、国際社会への復帰
〔第1時〕占領下の日本 ○戦後の日本社会の状態を理解させる。また、連合国による日本占領の目的が「日本を再び戦争を起こさない国にする」というものであり、その具体的政策が「非軍事化」と「民主化」であることを理解させる（この時間では「非軍事化」）。 ・戦後すぐの国民生活の様子を資料から予想する。 ・占領政策の一つである「非軍事化」の実際を捉える。 〔第2時〕民主化と日本国憲法 ○「民主化」について具体的な政策を通して理解させる。その際、現在の日本社会との関連性を理解させる。 ・戦後改革が日本社会をどのように変化させ、また現在の私たちの社会とどう関係するかを考察する。	〔第3時〕冷戦の開始と植民地の解放 ○戦後の国際社会について、戦争防止の取り組み、冷戦、植民地の解放から理解させる。 ・戦後の国際関係を規定した冷戦時について理解する。 ・戦後に植民地の解放が進んだ理由を考察する。 〔第4時〕独立の回復と55年体制 ○冷戦が日本に与えた影響について、連合国の日本の占領政策の転換、独立の回復、55年体制から理解させる。 ・「非軍事化」「民主化」という占領政策が転換する理由を考察する。 〔第5時〕緊張緩和と日本外交 ○冷戦の変化と日本外交の変化の関連性を理解させる。 ・冷戦の変化が世界と日本に与えた影響を、時代の流れの中で捉える。

学習活動のポイント

本単元では主として戦後の日本社会の再建の様子を学習する。その際、次の3点に留意したい。

①冷戦

戦後の国際関係を規定した基本的な枠組みが冷戦であることを理解させる。

②冷戦と戦後の日本社会

連合国の日本の占領政策が冷戦の激化を受け

て途中で転換したこと、西側の一員として独立を回復したこと、冷戦の変化に対応するように日本の外交が展開したこと、などを理解させる。

③日本の復興

高度経済成長が、良くも悪くも現在の日本の産業や国民生活の基礎となったことを理解させる。

単元の評価

知識・技能	思考・判断・表現	主体的に学習に取り組む態度
○第二次世界大戦後の諸改革や世界の動きの中で新しい日本の建設が進められたことを理解している。 ○我が国の経済や科学技術の発達によって国民の生活が向上したことを理解している。	○諸改革の展開と国際社会の変化、政治の展開と国民生活の変化などに着目して、現代社会の変化の様子を多面的・多角的に考察し、表現している。	○現代の日本と世界について、よりよい社会の実現を視野にそこに見られる課題を主体的に追究、解決しようとしている。

○：ねらい　・：主な学習活動

第6時〜第7時

高度経済成長

〔第6時〕日本の高度経済成長
○日本の高度経済成長が日本社会に与えた影響について、国民生活の向上、少子高齢化の始まり、過疎と過密、公害などから多面的・多角的に考察して理解する。
・電化製品の普及が国民生活に与えた影響について考察する。
・高度経済成長が社会に与えた負の側面を理解する。

〔第7時〕マスメディアと現代の文化
○現代の日本の文化がマスメディアの影響を受けていることについて、テレビの普及、インターネットの普及などを通して理解する。
・テレビの普及が国民生活をどのように変化させたかを捉える。
・インターネットの普及が現在の国民の生活に与える影響について考察する。

課題解決的な学習展開にする工夫

第1時と第2時の学習を踏まえて、時代の転換を捉える学習などが考えられる。

課題を「戦後の改革は、現在の私たちの社会とどのように関係しているのだろうか」として、「五大改革指令に基づく民主化の改革」と「日本国憲法」が何を目的とし、戦前の社会との比較を通して日本社会をどのように変化させたかを考察することでそれぞれの事象の歴史的意義を理解させる。また、現在の私たちとどのように関係しているかを考察させることで、戦後改革という歴史的事象の存在の上に自分たちの社会があることを理解させる。

また、どの改革が現在の社会に一番影響を与えているかをランキングさせてもよい。

占領下の日本

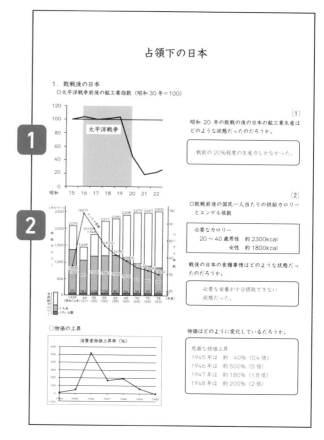

本時の授業展開

1　導入

　教科書には「引き上げ」「買い出し」「闇市」
など、戦後すぐの様子が分かる資料が掲載され
ている。そこから戦後の日本社会の状態を予想
させる。

2　展開

○敗戦後の日本

　資料から戦後の日本社会の状況を読み取らせ
る。工業生産力は戦前の20％程度に落ち込
み、食料生産はカロリーベースで必要量の
60％程度であった。生活物資の不足により物
価は上昇した。そこに日清戦争以降の植民地か
ら600万人を超える人々が帰国してきた。この
ような資料から戦後の国民生活を予想させる。

○占領政策の始まり

　連合国の日本占領の目的を考察させる。連合
国の初期の日本占領の方針は、「日本を再び戦
争を起こすことがない国にする」ことである。
そのために「非軍事化」と「民主化」を進め
た。すでに冷戦は始まっており、アメリカとし
ては東アジアにおいてソ連に対抗するための
パートナーとして中国（中華民国）を想定して
いたとされる。しかし、中国革命によって中国
が社会主義化するとその構想が崩れ、日本を
パートナーとして考えざるを得なくなった。こ
こから占領政策の転換が図られ、民主化を抑
え、再軍備を認める方向に方針転換することに
なる。このような歴史の流れの第一段階として
の意義が「非軍事化」にはある。教師はこの点

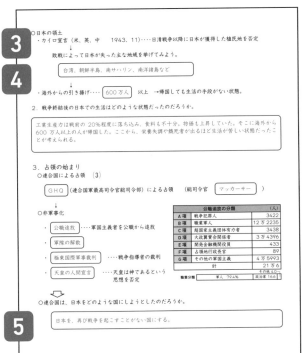

〇日本の領土
3
・カイロ宣言（米, 英, 中　1943, 11）‥‥日清戦争以降に日本が獲得した植民地を否定

　　敗戦によって日本が失った主な地域を挙げてみよう。

4
| 台湾, 朝鮮半島, 南サハリン, 南洋諸島など |

・海外からの引き揚げ‥‥ | 600万人 | 以上　→帰国しても生活の手段がない状態。

2. 戦争終結後の日本での生活はどのような状態だったのだろうか。

| 工業生産力は戦前の20％程度に落ち込み、食料も不十分。物価も上昇していた。そこに海外から600万人以上の人が帰国した。ここから、栄養失調や餓死者が出るほど生活が苦しい状態だったことが考えられる。 |

3. 占領の始まり
〇連合国による占領（3）

　| GHQ |（連合国軍最高司令官総司令部）による占領　（総司令官 | マッカーサー |　）

〇非軍事化

・| 公職追放 |‥‥軍国主義者を公職から追放

・| 軍隊の解散 |

・| 極東国際軍事裁判 |‥‥戦争指導者の裁判

・| 天皇の人間宣言 |‥‥天皇は神であるという思想を否定

公職追放の分類

		（人）
A 項	戦争犯罪人	3422
B 項	職業軍人	12万2235
C 項	超国家主義団体有力者	3438
D 項	大政翼賛会関係者	3万4396
E 項	開発金融機関役員	433
F 項	占領地行政長官	89
G 項	その他の軍国主義	4万5993
	計	21万6

その他 40

| 職業分類 | 軍人 79.4％ | 政治家 16.6 |

〇連合国は、日本をどのような国にしようとしたのだろうか。

5
| 日本を、再び戦争を起こすことがない国にする。 |

を示した上で各事象の意味を読み取らせて考察を進めさせる。

3　まとめ

　占領政策の目的をまとめさせる。結論は、非軍事化の諸政策から容易に導き出せる。

ワークシートを使用する際のポイント

(1)鉱工業指数からは、日本の工業生産力が太平洋戦争の末期から急激に下落したことが読み取れる。空襲による被害や海外からの資源輸送が困難になったことを背景とする。

(2)食料生産は、戦後の供給カロリーが成人の女性の必要量をも下回っていることから栄養失調や餓死者が出るほどであったことが予想できる。物資不足による急激な物価の上昇も資料から読み取れる。このような状態の日本に植民地から600万人あまりが引き上げてきた状況から戦後の日本社会の状態を考察させる。

(3)占領政策については、「日本を再び戦争を起こさない国にする」という方針の一環としての非軍事化を考察させる。

ICT活用のアイディア

1 鉱工業指数、供給カロリー、物価などの資料を電子黒板に映し、戦後の国民生活について捉えさせる。
4 カイロ宣言によって日本が失った領土の地図を電子黒板に映し、日本の現在の領土が確定することを確認させる。

板書活用のアイディア

2 敗戦後の国民生活について問いかけ、生徒の発言を板書する。
3 日清戦争・日露戦争・第一次世界大戦で日本が獲得した領土を問いかけ、生徒の発言を板書する。
5 連合国が日本をどのような国にしようとしたか問いかけ、生徒の発言を板書する。

7

現代の日本と私たち

1　戦後日本の出発と発展

民主化と
日本国憲法

本時の目標

　戦後の民主化の諸改革が日本社会に与えた影響について理解できるようにする。

本時の評価

　民主化政策と日本国憲法の制定が日本社会をどのように変え、現在の私たちの社会とどのように関係しているかを考察し、表現している。

---

(1)

民主化と日本国憲法

1. 民主化
　下に挙げた改革は、日本の社会をどのように変えただろうか。
○婦人参政権

> 政治に女性の立場が反映される。
> 女性の権利が拡大される。

○労働組合の奨励

> 労働者の生活がよくなる。
> 日本国内で商品の販売が増える。
> 国内の出物の販売は増えるので、海外に植民地を獲得する動きが弱まる。

○教育基本法

> 個人を重視する民主的な教育が行われる。

○治安維持法の廃止

> 言論の自由が保障される社会になる。

○農地改革

> 農民の生活がよくなる。
> 日本国内で商品の販売が増える。
> 国内の出物の販売は増えるので、海外に植民地を獲得する動きが弱まる。

○財閥解体

> 財閥が政治や経済に与える影響が弱まる。
> 商品を販売するために海外に植民地を獲得する動きが弱まる。

2. 民主化の改革は日本社会をどのように変えるだろうか。

> 国民の自由や権利が拡大する。
> 国民の生活がよくなる。
> 植民地を獲得しようとする動きが弱まる。

本時の授業展開

1　導入

　戦前の日本社会と現在の自分たちの社会を比較して、異なるところを挙げさせる。それがどのようにして起こったのかがこの時間のテーマになる。

2　展開
○民主化

　民主化の諸政策が日本社会をどのように変えるかを考察させる。一つの事象の学習が終わるごとに、それが日本社会に与える影響をまとめさせていく。

　「婦人参政権」、「教育基本法」、「治安維持法の廃止」については、資料を読み取ることで考察が可能である。「労働組合の結成」、「農地改革」については、国民生活の改善が期待されることから国内の需要が増加し、海外に植民地を獲得しようとする圧力が弱まることに生徒が気付くことは難しい。この点は教師が示す必要がある。同じように「財閥解体」も、大資本家である財閥が解体されることで政治への影響力が低下し、植民地獲得の動きが弱まることを教師が示す必要がある。

　最後に全体としてどのような変化があるかをまとめさせる。

○日本国憲法

　日本国憲法の三原則を大日本帝国憲法と比較してその違いを見出させ、日本国憲法の特色を考察させる。「戦争・軍隊」については、第一次世界大戦以降の戦争防止の取り組みの様子を

ワークシートを使用する際のポイント

⑴左側の「民主化」については、一つの項目の学習が終わったところで、日本社会をどのように変えるかをまとめていく。最後に共通点を見出して、全体としての影響をまとめさせる。

⑵右側の日本国憲法については、小学校でも三原則などを学習するが、あまり定着していないことが多いので、それを思い出させながら進める。歴史学習であるので、「戦争の放棄」と「基本的人権の尊重」については、既習事項とのつながりを明確にして、その内容の歴史的意味を理解させる。

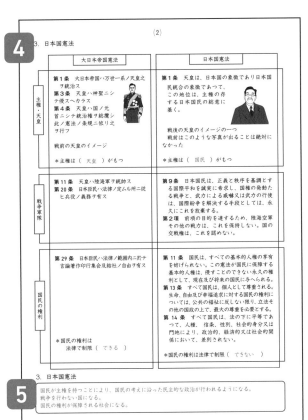

4

3. 日本国憲法　(2)

大日本帝国憲法	日本国憲法
第1条 大日本帝国ハ万世一系ノ天皇之ヲ統治ス **第3条** 天皇ハ神聖ニシテ侵スヘカラス **第4条** 天皇ハ国ノ元首ニシテ統治権ヲ総攬シ此ノ憲法ノ条規ニ依リ之ヲ行フ 戦前の天皇のイメージ ＊主権は（ 天皇 ）がもつ	**第1条** 天皇は、日本国の象徴であり日本国民統合の象徴であって、この地位は、主権の存する日本国民の総意に基く。 戦後の天皇のイメージの一つ 戦前はこのような写真が出ることは絶対になかった ＊主権は（ 国民 ）がもつ
第11条 天皇ハ陸海軍ヲ統帥ス **第20条** 日本臣民ハ法律ノ定ムル所ニ従ヒ兵役ノ義務ヲ有ス	**第9条** 日本国民は、正義と秩序を基調とする国際平和を誠実に希求し、国権の発動たる戦争と、武力による威嚇又は武力の行使は、国際紛争を解決する手段としては、永久にこれを放棄する。 **第2項** 前項の目的を達するため、陸海空軍その他の戦力は、これを保持しない。国の交戦権は、これを認めない。
第29条 日本臣民ハ法律ノ範囲内ニ於テ言論著作印行集会及結社ノ自由ヲ有ス ＊国民の権利は 　法律で制限（ できる ）	**第11条** 国民は、すべての基本的人権の享有を妨げられない。この憲法が国民に保障する基本的人権は、侵すことのできない永久の権利として、現在及び将来の国民に与へられる。 **第13条** すべて国民は、個人として尊重される。生命、自由及び幸福追求に対する国民の権利については、公共の福祉に反しない限り、立法その他の国政の上で、最大の尊重を必要とする。 **第14条** すべて国民は、法の下に平等であつて、人種、信条、性別、社会的身分又は門地により、政治的、経済的又は社会的関係において、差別されない。 ＊国民の権利は法律で制限（ できない ）

主権・天皇　戦争・軍隊　国民の権利

5

3. 日本国憲法

国民が主権を持つことにより、国民の考えに沿った民主的な政治が行われるようになる。
戦争を行わない国になる。
国民の権利が保障される社会になる。

振り返り、その到達点としての規定であることを理解させる。「国民の権利」についても自由民権運動や大正デモクラシーの学習を振り返ってその関わりを理解させる。

3　まとめ

民主化の諸政策と日本国憲法が日本社会をどのように変えるかについてまとめさせる。その際、これらが「日本を再び戦争を起こすことのない国にする」という連合国の占領政策の方針の一部であることを理解させる。

ICT活用のアイディア

1 女性の投票の様子、女性国会議員の写真を電子黒板に映し、政治にどのような変化が生じるかを予想させる。

3 メーデーの写真を電子黒板に映し、労働組合の結成が国民生活をどのように変えるか、労働運動についての今までの学習を踏まえて予想させる。

板書活用のアイディア

2 民主化の各項目について、それが日本社会をどのように変化させ、現在の自分たちとどう関係しているかを問いかけ、生徒の発言を板書する。

4 日本国憲法の三原則について、戦前と戦後の憲法の違いを問いかけ、生徒の発言を板書する。

5 戦後改革が日本社会に与えた影響を問いかけ、生徒の発言を板書する。

冷戦の開始と植民地の解放

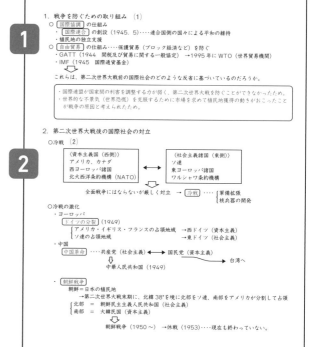

本時の目標

第二次世界大戦終結後の国際社会の様子を理解できるようにする。

本時の評価

国際協調体制と自由貿易体制の持つ意味、冷戦の構造、植民地解放の意味を考察し、表現している。

本時の授業展開

1 導入

戦争が終わった後の国際社会の様子を予想させる。

2 展開

〇戦争を防ぐための努力

第三次世界大戦を防ぐためにどのようなことが必要かを考察させる。第二次世界大戦に至るまでの過程を振り返らせ、「国際協調」と「自由貿易」の必要性を理解させる。

〇第二次世界大戦後の国際社会の対立

冷戦の仕組みを理解させる。冷戦が資本主義と社会主義の経済体制の違いから生じた対立であることを理解させる。両陣営の全面戦争にはならなかったことから「cold war ＝冷戦」と言

われたが、局所的な紛争は発生して国家が分断される事態も引き起こし、戦後の国際関係を強く規定する対立となった。特に東アジアにおける対立は日本にも大きな影響を与え、現在も続いているので、ここでしっかりと理解させる。

〇植民地支配の終わり

戦後植民地の解放が進んだ理由を、第一次世界大戦、第二次世界大戦の原因から考察させる。両大戦とも植民地の獲得を巡る戦争であることから、第三次世界大戦を防ぐ方策の一つとして植民地の獲得競争をなくすことが有効である。

このような認識の下に、植民地の解放が進んだことを理解させる。また大戦によって帝国主義諸国の国力が弱まり、植民地の独立運動を抑えることができなくなってきたという背景につ

3. 冷戦は世界にどのような影響を与えただろうか。

> 核兵器の開発などの軍事的な対立が激しくなった。
> ドイツ、中国、朝鮮半島などで国家が分断された。

4. 植民地支配の終わり　(3)
〇1960年までの主な独立国

3

1946	フィリピン　ヨルダン
1947	インド　パキスタン・バングラデシュ
1948	大韓民国　朝鮮民主主義人民共和国　ビルマ（現ミャンマー）　セイロン（現スリランカ）　イスラエル
1949	ラオス　インドネシア
1951	リビア
1953	カンボジア
1954	ベトナム
1956	スーダン　チュニジア　モロッコ
1957	ガーナ　マラヤ連邦（現マレーシア）
1958	ギニア　イラク
1960	ナイジェリア　ソマリア　キプロス　ベナン　ブルキナファソ　カメルーン　チャド　コンゴ　コートジボアール　ガボン　マリ　セネガル　モーリタニア　ニジェール　トーゴ　中央アフリカ　マダガスカル

↓

どのような地域で独立した国が多いだろうか。

> アフリカ
> アジア（東南アジア、南アジア、西アジア）

4

〇第二次世界大戦の後、植民地の独立が進んだが、それはなぜだろうか。考えてみよう。
Q第二次世界大戦の原因は何だっただろうか。

> 不景気を克服するために、植民地を多く持つイギリスやフランスなどはブロック経済などを行い、植民地を多く持たないドイツ、イタリア、日本などは新たな植民地の獲得を目指した。

5

・戦後、植民地を持つ国々の力が衰まり、植民地の独立を求める動きが活発になる。

Q植民地の独立は、戦争を防ぐ上で、どのような意味を持つのだろうか。

> 第二次世界大戦の原因であった、植民地の獲得を巡る対立がなくなる。

いても触れる。

3　まとめ

「戦争を防ぐための取り組み」、「冷戦の影響」、「植民地解放の意味」について、それぞれまとめさせる。「戦争を防ぐための取り組み」、「植民地解放の意味」については、それまでの歴史の学習を踏まえてその意味をまとめさせる。

「冷戦の影響」については、核兵器の開発競争や中国・朝鮮半島の分断など現在にも続く事象があることに気付かせる。

⑴「戦争を防ぐための取り組み」は、第一次世界大戦後の国際協調が満州事変によって崩れたこと、世界恐慌以降に保護貿易（ブロック経済）が拡大したことを振り返って進める。

⑵「冷戦」は、それが戦後の国際関係を規定してきたことを理解させる。

⑶「植民地支配の終わり」は、二つの世界大戦が植民地の獲得を巡る対立であったことを振り返って進める。

ICT活用のアイディア

2 東西両陣営の勢力範囲を示す世界地図を電子黒板に映し、両陣営が接触（接近）している地点を見出させ、冷戦の激化を読み取らせる。

3 植民地の独立の様子を示す世界地図を電子黒板に映し、戦後の独立国がアジア、アフリカに多く見られることを世界地理の学習と関連させて捉えさせる。

板書活用のアイディア

1 国際協調と自由貿易体制が構築された理由を過去の二つの大戦の原因から考察させ、生徒の発言を板書する。

4 植民地の解放が進んだ理由について、過去の二つの大戦の原因から考察させ、生徒の発言を板書する。

5 冷戦が世界に与えた影響について問いかけ、生徒の発言を板書する。

独立の回復と
55年体制

本時の目標

冷戦が日本社会に与えた影響を理解できるようにする

本時の評価

連合国の日本の占領政策の転換、日本の独立の回復、55年体制の成立が、冷戦の影響を受けていることを捉えている。

独立の回復と 55 年体制

1

1. 占領政策の転換　　　（1）
○GHQ が日本占領方針を転換する。
▶「日本を再び戦争を起こさない国にする。」…「民主化」「非軍事化」を進める。
　　↓転換
▶「日本をアメリカの同盟国にする。」

・日本を社会主義勢力への防壁とする。
　労働運動を抑える　→経済力を付けるために資本家の力を強める。
　レッドパージ（社会主義者を職場から追放）
　再軍備（ 国家警察予備隊 →現在の自衛隊）
・日本の経済復興を支援　→工業力を回復させる。

なぜこのような転換が図られたのだろうか。今までの学習を基に考えてみよう。

東アジアにおける社会主義勢力の拡大（中国革命、朝鮮戦争など）に対抗するため。

2

○朝鮮戦争の勃発
　→アメリカ軍は日本で軍事物資を調達する　→日本の工業力の回復が早まる。

3

2. 日本の独立の回復　　　（2）
○サンフランシスコ平和条約（1951）について、以下の内容を調べてみよう
・日本の独立回復を確認（1952 年 4 月 28 日に独立を回復する。）

・日本が持つ植民地…・ すべて放棄

・賠償金…・ 経済協力で代える。（ただし約 1 兆円は支払った。）

・沖縄・小笠原…・ アメリカ軍の管理下におかれたまま。

社会主義国やインド、ビルマ（現ミャンマー）などは条約内容に反対。政府が分裂状態だった中国が招待されない。など、日本の対戦国全てとの講話はできなかった。
○日米安全保障条約（1951）
・独立回復後もアメリカ軍が日本に駐留する。→これは何のためだろうか。

東アジアの社会主義勢力に対抗するため。

本時の授業展開

1　導入

非軍事化を進めた日本に、現在自衛隊が存在する理由を考えさせる。

2　展開

○占領政策の転換

冷戦によって連合国の日本の占領政策がどのように転換したかを考察させる。「非軍事化」と「民主化」を進めた連合国が、再軍備を認め、民主化を抑えたことを、冷戦との関係から捉えさせる。その要因として、中国が社会主義化したことでアメリカは日本を東アジアにおけるパートナーとするために、日本に経済力と軍事力を育成する方向に転換したことを踏まえさせる。

○日本の独立回復

日本の独立が冷戦とどのような関わりをもつかを考察させる。サンフランシスコ平和条約が日本の経済的負担を軽減し、日米安全保障条約がアメリカ軍の日本駐留を認めることから、日本が西側の一員として独立を回復したことを理解させる。

○55年体制

55年体制が冷戦とどのような関係にあるかを考察させる。冷戦におけるアメリカの政策と日米安全保障条約に対する日本国内の意見の対立の構造を確認させる。その上で、条約に反対する側の社会党が分裂状態を解消して統一を果たすと、それに対抗するために条約を支持する二つの政党が合同して自由民主党を結成したこ

3. 55年体制　　(3)
○55年体制の成立

```
┌─────────────────────────┐        ┌─────────────────────────┐
│ 社会党の再統一 (1955)    │        │ 自由民主党の結成 (1955)  │
│ ・右派と左派に分裂していた社会党が │ ⟺ │ ・社会党の再統一に対抗して、自由党と民主 │
│   再統一。                │        │   党が合同。              │
│ ・アメリカの冷戦政策に反対 │        │ ・アメリカの冷戦政策を支持 │
│ ・日米安全保障条約に反対   │        │ ・日米安全保障条約を整持   │
└─────────────────────────┘        └─────────────────────────┘
```

```
┌──────────────────────────────────┐
│ この後の国会議員の選挙              │
│ 自由民主党‥‥過半数 →政権を握り続ける │
│ 社会党‥‥‥‥約1／3 →自由民主党の対抗勢力となる │
└──────────────────────────────────┘
```

なぜこのような状態が長く続いたのだろうか。今までの学習を基に考えてみよう。

4　世界の冷戦の対立の中で、日本国内でもアメリカを支持する国民とそれに反対する国民がいたため。

5　○日米安全保障条約の改定 (1960)
旧条約‥‥東アジアの社会主義勢力に対抗するために、アメリカが軍事力を提供、日本が基地を提供
　　　　アメリカに日本を防衛する義務はない
新条約‥‥アメリカに日本防衛を求める
　　　　日本とアメリカの軍事協力を強化
　　　　（日本にあるアメリカ軍基地への攻撃に際し、アメリカ軍の反撃に自衛隊も協力する）
　　　　日本の防衛力を強化

この内容に対して、日本国内では大規模な反対運動がおこった。それはなぜだろうか。

アメリカが行う戦争に、日本が巻き込まれる可能性が高まったため。

6　4. 日本の独立の回復やその後の政治は、なぜこのように展開したのだろうか。

GHQの占領政策の転換、サンフランシスコ平和条約、日米安全保障条約、55年体制などは、全て冷戦の影響を受けていた。日本は西側の一員として存在していた。

とを捉えさせる。国会議員の選挙においては、自由民主党は常に過半数を獲得して政権を握るが、憲法改正を発議するのに必要な2／3を超えることは難しかった。これが国民の意見を反映していることに留意させる。

3　まとめ

日本国内の政治が冷戦に影響を受けていたことをまとめさせる。占領政策の転換、独立の回復、55年体制など、全てが冷戦の影響を受けている。

(1)「占領政策の転換」については、日本をアメリカのパートナーにするためには、軍事力とそれを支える経済力の育成が必要になってくることと関連させて捉えさせる。経済力の回復には資本家の育成と労働運動の抑制が必要である。

(2)「日本の独立の回復」については、賠償金が極力抑えられて経済的負担が少ないことや沖縄などがアメリカ軍の管理下に置かれること、日米安全保障条約の在日米軍の存在などから、日本がアメリカのパートナーとして位置付けられていることを読み取らせる。

(3)「55年体制」については、自由民主党による長期政権が、冷戦の影響を受けたものでることをつかませる。

ICT 活用のアイディア

3 サンフランシスコ平和条約の主な内容を電子黒板に映し、社会主義国が反対した点を考察させる。
5 日米安全保障条約の改定を巡る国会周辺の様子を電子黒板に映し、このような反対運動がおこった原因を条約の内容から読み取らせる。

板書活用のアイディア

1 占領政策が転換した理由を問いかけ、生徒の発言を板書する。
2 日本が冷戦の中でどのような立場で独立を回復したか問いかけ、生徒の発言を板書する。
4 55年体制がどのような対立の下に成立したかを問いかけ、生徒の意見を板書する。
6 占領政策の転換、独立の回復、55年体制、日米安全保障条約の改定が何の影響を受けているかを問いかけ、生徒の発言を基に確認する。

緊張緩和と日本外交

緊張緩和と日本外交

本時の目標

冷戦の変化と日本の外交の関連を理解できるようにする。

本時の評価

冷戦の中で、西側諸国、東側諸国と日本との関係がどのように変化したかを考察し、表現している。

1. 冷戦の変化と日本

	年	世界の動き	日本の動き
冷戦の始まり	1949	ドイツの東西分裂 中国革命	
	1950	朝鮮戦争	レッドパージ 国家警察予備隊
	1951		サンフランシスコ平和条約 日米安全保障条約
	1953	朝鮮戦争休戦	
平和共存	1954	平和5原則	
	1955	アジア・アフリカ会議	
	1956		日ソ共同宣言 日本の国際連合加盟
	1960	アフリカの年（多くの植民地の独立）	日米安全保障条約の改定
冷たい平和	1961	ベトナム戦争	
	1962	キューバ危機	
	1965		日韓基本条約
	1968		小笠原諸島の日本返還
緊張緩和	1972	核ミサイルの制限（米ソ）	沖縄の日本返還 日中共同声明
	1975	全欧安全保障協力会議（35カ国） （全ヨーロッパでの戦争防止の協力） ・西ヨーロッパ諸国、東ヨーロッパ諸国、 　アメリカ、ソ連、カナダ、 ・ベトナム戦争の終結	
	1978		日中平和友好条約

○それぞれの時期に日本が関係を深めたのは、どこの国とだろうか。
・冷戦の始まりの時期　→〈 西側 ・ 東側 〉（アメリカ）
・平和共存の時期　　　→〈 西側 ・ 東側 〉（ソ連）
・冷たい平和の時期　　→〈 西側 ・ 東側 〉（韓国）
・緊張緩和の時期　　　→〈 西側 ・ 東側 〉（中華人民共和国）

本時の授業展開

1　導入

冷戦が始まったことで、日本にどのような影響があったのかを振り返らせる。特に、連合国の日本の占領政策の転換について確認させる。

2　展開

○平和共存

冷戦が弱まったことが、日本の外交にどのような影響を与えたかを考察させる。具体的には、朝鮮戦争の休戦以降、植民地の独立が増加し、アジア・アフリカ会議が開催されるなど、平和共存の動きが見られた中で日本が社会主義のソ連との国交を回復して国際連合への加盟が認められるなど、国際社会への復帰が進んだことを理解させる。

○冷たい平和

再び冷戦が強まったことが、日本の外交にどのような影響を与えたかを考察させる。ベトナム戦争の開始、キューバ危機などによって再び対立が強まったことで、西側の結束が図られた。その中で日本も、西側の国である韓国との国交を回復し、アメリカとの間では小笠原諸島が返還されたことを捉えさせる。

○緊張緩和

緊張緩和が、日本の外交にどのような影響を与えたかを考察させる。キューバ危機を契機に米ソは、緊張緩和へと踏み出した。1963年には部分的核実験禁止条約が結ばれ、米ソのホットラインの設置などが見られた。一方で核ミサイルなどの戦略兵器の開発競争は続いた。これ

ワークシート

(2)

2. 緊張緩和の進展
○平和共存
・アジア・アフリカ会議 (1955)
　かつて [植民地] にされていた地域が世界に向けて自分たちの立場を主張。29カ国が参加。
　↓
　西側とも東側とも同盟を結ばない、第三勢力を形成。
・日ソ共同宣言 (1956)･･･日本とソ連間の [戦争終結] を確認（ただし領土問題が残る）
　↓
　ソ連が日本の国連加盟を認める。
・日本の国連加盟 (1956)
○冷たい平和
・[ベトナム戦争] (1961～1975)
　ベトナム･･･フランスの植民地　→日本による占領　→戦後フランスからの独立戦争
　　　1954年に社会主義の国として独立
　アメリカの介入→ { 北ベトナム（社会主義）
　　　　　　　　　 南ベトナム（資本主義）

　　　ベトナム戦争 (1961～)･･･1973年アメリカ軍撤退
　　　　　　　　　　　　　　　1975年戦争終結（社会主義の国として独立）
・[キューバ危機] (1962)
　ソ連がキューバにミサイル基地の建設を計画（核兵器搭載可能）
　↓
　アメリカが海上封鎖　→核戦争の危機　→ソ連の計画放棄で解決
・日韓基本条約 (1965)　[大韓民国] と国交回復（朝鮮民主主義人民共和国は承認しない）
○緊張緩和
・[沖縄] の日本への返還 (1972)　　[非核三原則]（持たない、作らない、持ち込ませない）
　　　　　　　　　　　　　　　　　米軍基地はそのまま
・日中共同声明 (1972)　[中華人民共和国] と国交　→台湾政府とは断交
・日中平和友好条約 (1978)

3. 冷戦の変化は世界と日本にどのような影響を与えただろうか。

冷戦は時代によって変化し、対立が強まったり弱まったりした。
日本は、冷戦の対立が強いときは西側の国との関係を深め、対立が弱いときには東側の国との関係を改善していた。

に歯止めを懸けたのが1969年から交渉が始まり1972年に米ソ間で締結されたSALT 1である。ヨーロッパでは東西両陣営にまたがる安全保障の協力会議がもたれ、またベトナム戦争の終結が確認された。この中で日本は、アメリカとの間で沖縄の返還が実現し、1972年の米中接近を背景に中華人民共和国との国交を回復したことを捉えさせる。

3　まとめ

　冷戦の変化が日本の外交にどのような変化を与えたかをまとめさせる。
　冷戦の開始、平和共存、冷たい平和、緊張緩和と冷戦が変化する中での日本の外交の推移をまとめさせる。

ワークシートを使用する際のポイント

⑴左側では、冷戦の変化と日本の外交との関係を概観する。緊張が高まると西側陣営内の結束を図り、緊張が弱まると東側陣営との関係を改善する。このような様子を捉えさせる。ただしその背景にはアメリカの姿勢の変化があることも踏まえさせる。

⑵右側では、それぞれの歴史的事象の意味や意義を捉えさせる。例えば、アジア・アフリカ会議は植民地にされていた地域の人々が初めて世界に自分たちの主張を明らかにし、第三勢力が出現したこと、ベトナム戦争は、史上初めてアメリカが敗北したこと、キューバ危機は、核戦争の一歩手前まで行ったことなどである。

ICT活用のアイディア

2 警察予備隊の写真を電子黒板に映し、この年に起こった朝鮮戦争を契機とすることに気付かせる。

3 国際連合の本部の写真を電子黒板に映し、日本が国連に加盟した年にソ連との国交を回復したことを理解させる。

4 パンダの写真を電子黒板に映し、この年に中華人民共和国との国交締結があったことを理解させる。

板書活用のアイディア

1 冷戦が変化に応じて日本が東西どちらの陣営との関係を改善したかを問い、生徒の発言を板書する。

5 冷戦の変化が世界と日本にどのような影響を与えたかを問い、生徒の発言を板書する。

日本の高度経済成長

本時の目標

日本の高度経済成長が日本社会に与えた影響を理解できるようにする。

本時の評価

経済成長と技術の向上によって、国民が豊かな生活を送れるようになった一方で、公害などの問題が発生したことを理解している。

日本の高度経済成長

1

1. 高度経済成長　　　(1)
　○経済の回復
　　・戦争の被害からの回復を図る。
　　　住宅や工場の建設、道路や鉄道、橋などの輸送手段の整備などに様々な物資が必要。
　　・朝鮮戦争 (1950 ～ 53)
　　　アメリカ軍が軍事物資を日本で調達。

　　　重化学工業を中心に産業が発達。輸出が増加。技術革新が進む。

　　　| 高度経済成長 |　…・日本の経済が急速に回復。

　　　関東地方以西の太平洋や瀬戸内海沿岸に製鉄所や石油化学コンビナートなどが建設される
　　　→　| 太平洋ベルト | の形成

　　　1968 年には国民総生産が資本主義国でアメリカについで第 2 位になる。

2

2. 国民生活の変化　　　(2)
　・家庭電化製品の普及
　　電気洗濯機、電気冷蔵庫、電気掃除機などが普及したのはいつ頃だろうか。

　　　| 1960 年 ～ 70 年 |

　　家庭電化製品の普及は、国民の生活にどのような影響を与えただろうか。

3

　　　| 家庭の家事の手間と時間を減らした。→女性の社会進出 (就職など) を進めた。 |

　・高学歴社会へ
　　高校や大学への進学率が向上。

　・食生活 (栄養状態) の改善
　・医療水準の向上
　　↓
　　食生活の改善や医療水準の向上は、日本の人口構成にどのような影響を与えただろうか。→| 高齢化 |

本時の授業展開

1　導入

自分たちの家にある家庭電化製品を挙げさせる。そしてそれらがいつ頃家庭に入り始めたかを資料から読み取らせる。

2　展開

○高度経済成長

高度経済成長とはどのようなものかを理解させる。高度経済成長が、戦争の被害の回復を図るためのインフラ整備や朝鮮戦争などにおける需要が背景になっていることを理解させる。小学校で学習した「太平洋ベルト」などもこの時期に形成されたことを確認させる。

○国民生活の変化

高度経済成長は日本の国民生活にどのような影響を与えたかについて考察させる。家庭電化製品の普及や高学歴社会の出現などに象徴される国民生活の向上について理解させる。また、これに伴って女性の社会進出が進んだことや、少子化問題が始まったことをおさえさせる。国民生活が向上すると食生活や医療制度も改善し、高齢化につながったこともあわせておさえさせる。

○社会問題の発生

高度経済成長が日本社会に与えた負の影響について考察させる。商工業が発達して都市が拡大すると、周辺の農村から職を求めて人口が移動し、過密と過疎の問題が発生する。それが社会生活にどのような影響を及ぼすかを調べさせる。

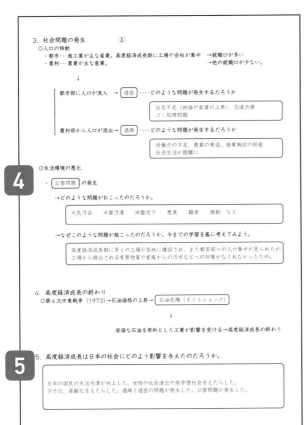

⑴「高度経済成長」では、それが始まる背景として「インフラ整備」と「朝鮮戦争」があることを理解させ、また小学校で学習した「太平洋ベルト」が形成された時期であること、地理で学習した「石油化学コンビナート」や「製鉄業」などの立地条件にも触れる。

⑵「国民生活の変化」では、家庭電化製品の普及の資料などを読み取らせて、国民の生活が向上したことを捉えさせる。また、少子化や高齢化などの今日的な問題の出発点でもあることを理解させる。

⑶「社会問題の発生」では、これも現在にも続く過密と過疎の問題が発生したことや、公害問題の発生などの負の側面を捉えさせ、高度経済成長を多面的・多角的に捉えさせる。

また、有害物質の排出などへの対応が遅れたために公害問題が発生し、国民生活に多大な影響を与えたことを捉えさせる。

3　まとめ

日本の高度経済成長が日本社会に与えた影響についてまとめさせる。日本の国民生活が急激に向上するとともに、過密と過疎の問題や公害問題などの社会問題も発生したことの両面をまとめさせる。

ICT 活用のアイディア

1東京オリンピックと新幹線の写真を電子黒板に映し、日本社会が敗戦から15年で大きく経済を復興させたことを捉えさせる。

2電化製品の普及を示すグラフを電子黒板に映し、1960年代に国民生活が大きく変化したことを捉えさせる。

4公害に関する写真を電子黒板に映し、高度経済成長の負の側面を捉えさせる。

板書活用のアイディア

3電化製品の普及が国民生活に与える影響を問い、生徒の発言を板書する。

5高度経済成長が日本社会に与えた影響を問い、生徒の発言を板書する。

マスメディアと現代の文化

本時の目標

マスメディアが発達し、日本の国民生活や文化に影響を与えたことを理解できるようにする。

本時の評価

マスメディアが社会の発展とともに変化し、重要な文化となったことを理解している。

マスメディアと現代の文化

1. 日本の現代文化
○日本の現代を代表する文化にはどのようなものがあるだろうか。

> 漫画、アニメ、ゲーム

これらの文化はどのようにして人々の間に広がっているだろうか。

> 雑誌、テレビ、インターネット、パソコン、スマホ

2. 近代の日本におけるマスメディアの発達（マスメディア＝大量に情報を伝達する手段）

明治以降	新聞、雑誌、映画
1925（昭和元）年	ラジオ放送の開始（現 NHK のみ）
1951（昭和 26）年	ラジオの民間放送の開始
1953（昭和 28）年	テレビ放送の開始
1990 年代～	携帯電話の普及　　パソコンの普及
2000 年頃～	インターネットの普及
2010 年代～	スマートフォンの普及
2011 年	テレビの地上デジタル放送への完全移行

3. テレビ放送の開始は人々にどのような影響を与えるだろうか。自分の生活を振り返って考えてみよう。

> ・テレビに映るものやコマーシャルなどに影響を受けるのではないか。
> ↓
> みんなが同じような商品を購入する（みんなが同じようなものをほしがるようになる）。
> テレビの放送内容に影響されて、人々の考えが同じようなものになる。
> 流行がおこりやすくなる。
> 娯楽性のあるものが好まれるようになる。

本時の授業展開

1　導入

今日の日本を代表する文化を挙げさせる。また、それらがどのようにして広がったかを考えさせる。また、日本の漫画・アニメが子供だけでなく、大人にも親しまれていること、日本の文学が世界的に評価されていることに気付かせる。

2　展開

○近代日本におけるマスメディアの発達

明治以降の日本のマスメディアの発達の様子を理解させる。

特に、高度経済成長期と重なるテレビの普及、1990年代以降のインターネットの普及について注目させる。

○テレビの普及

テレビが自分たちの生活に与える影響について考察させる。

番組だけでなくコマーシャルについても考えさせる。身近なものであるために、逆に客観的な考察がしにくいと考えられる。従って教師から助言を与える必要がある。例えば、日本中の人々が同じ情報に触れることで出る影響について考えさせる、などである。

○インターネット

インターネットが自分たちの生活に与える影響について考察させる。

インターネットをテレビと比較させ、その特色を理解させる。その上でインターネットが自分たちの生活に与える影響を考えさせる。

4. インターネットについて考えてみよう。
　○新聞や雑誌、映画、ラジオ、テレビなどと、どんなところが違うのだろうか。

・それまでは情報を発信することができたのは、メディアに関わる一部の人だけだったが、インターネットは、誰でも発信者になれる。
・それまでは情報がメディアによって一方的にもたらされたが、インターネットは双方向に発信できる。
・世界中の人々と直接つながることが出来る。
・一人一人の好みに応じた情報だけを得ることが出来る。
・受け取る情報が、正しいものか、妥当性のあるものか、根拠があるものかなどが分からない。
・間違った情報が流されることを防止できない。
・感情的、直感的な意見が発信され、誹謗中傷などがおこる。

↓

インターネットは人々にどのような影響を与えるだろうか。

・世界中の様々な地域の情報を直接知ることが出来るようになる（世界が一体化する）。
・様々な人の意見を知ることで、多面的・多角的に考えることが出来るようになる。
・自分の意見を発信できる。
・間違った情報かどうか判断できず、正しい判断がしづらくなる。
・個人情報が拡散する。

4

5. 現代の文化の特色を考えよう。

5

新聞や雑誌、テレビ、インターネットなどのマスメディアの影響を強く受けた文化。

3　まとめ

　現代の日本の文化の特色をまとめさせる。
　現代の日本の文化が、マスメディアの影響を受けていることをまとめさせる。特にテレビの普及による影響とインターネットの普及による影響に違いを考えさせる。

ワークシートを使用する際のポイント

現代の文化は、今までの文化の学習と異なり今の自分が享受している文化の学習であるため、客観的に捉えることが難しい。なぜならそれは当たり前の日常だからである。従って現代の文化についてはそれを客観的に捉えさせていくような手段が必要である。その一つがテレビとインターネットの特色を捉えさせることである。この違いを認識させることで現代の日本の文化の特色を捉えさせる。

ICT活用のアイディア

1 マスメディアや情報通信機器、インターネットの普及に関するグラフを電子黒板に映し、メディアの種類が置き換わる様子や時期を捉えさせる。

2 街頭テレビや茶の間のテレビの様子を電子黒板に映し、テレビが国民生活に与える影響について予想させる。

板書活用のアイディア

3 テレビの放映開始が人々の生活に与える影響を問い、生徒の発言を板書する。

4 それまでのメディアとインターネットの違いを問い、生徒の発言を板書する。

5 現代の文化の特色を問い、生徒の発言を板書する。

2 新たな時代の日本と世界

単元の目標

冷戦の終結などを基に、国際社会において我が国の役割が大きくなってきたことを理解させる。

現代の日本と世界を大観して、時代の特色を多面的・多角的に考察し、表現させる。

これまでの学習を踏まえ、歴史と私たちとのつながり、現在と未来の日本や世界の在り方について、課題意識をもって多面的・多角的に考察、構想し、表現させる。

単元を貫く問い 現代はどのような特色をもつ社会なのだろうか

第1時～第3時
冷戦の終結

〔第1時〕冷戦後の国際社会 ○冷戦の終結が世界に与えた影響について、ヨーロッパと東アジアにおける変化、国際協調の動きと地域紛争の表面化などを通して理解させる。 ・冷戦の終結は主としてヨーロッパにおけることで、東アジアではまだ解消されていないことに気付く。 ・冷戦の終結が国際協調の動きを進める一方で、それまで抑え込まれていた地域紛争が表面化してきたことを捉える。 **〔第2時〕冷戦の日本** ○冷戦が日本に与えた影響について、日本の外交の変化と日本の役割、領土問題などの地域紛争との関わり、55年体制の崩壊、などを通して理解させる。 ・対外関係では、国際貢献が求められるようになったことと、近隣諸国との領土問題など（地域紛争）が表面化してきたことを捉える。	・国内的には55年体制に変化が見られたことを捉える。 **〔第3時〕接続可能な社会に向けて** ○現在の世界と日本の課題について、世界的な課題（グローバル化、戦争や平和、貧困など）や日本の課題（災害、エネルギー問題、少子高齢化、過密と過疎など）をSDGsの観点から考察する。 ・グローバル化の進展がもたらすものを考察する。 ・日本が直面する課題を捉える。 ・SDGsの観点から、これからすべきことを考察する。

学習活動のポイント ・・・・・・・・・・・・・・・・・・・・・・・・・・・・・・・・・

本単元では、主として冷戦後の世界と日本の様子と未来の社会への見通しを学習する。その際、次の2点に留意したい。

①冷戦終結の影響

冷戦が終結したことで国際協調への動きがしやすくなり、一方で冷戦期に抑えられていた地域紛争が表面化し、新たな問題も起きてきたことを理解させる。

また、冷戦の終結が日本の外交や国内政治にも影響を与えたことを理解させる。

②未来のあるべき姿の構想

これまでの歴史学習を踏まえ、現在の社会が歴史の積み重ねによって形成されたことを理解させ、先人の努力の成果を受け継いだ私たちがどのような未来の社会を目指すべきか考察、構想させる。

単元の評価

知識・技能	思考・判断・表現	主体的に学習に取り組む態度
○冷戦の終結などを基に、国際社会において我が国の役割が大きくなってきたことを理解している。	○国際社会の変化に着目して、現代の社会の様子を多面的・多角的に考察し、表現している。 ○現代の日本と世界を大観して、現代の特色を多面的・多角的に考察し、表現している。 ○歴史と私たちとのつながり、現在と未来の日本や世界の在り方について、課題意識を持って多面的・多角的に考察、構想し、表現している。	○現代の日本と世界について、よりよい社会の実現を視野にそこに見られる課題を主体的に追究、解決しようとしている。

○：ねらい　・：主な学習活動

第4～5時	第6時～第7時
現代の特色	歴史に学び、未来へと生かそう
〔第4～5時〕現代の大観 ○現代の日本の特色について、戦前の社会と比較して多面的・多角的に考察し、表現させる。 ・現代の学習を毎時間ごとに現在の社会とのつながりを記録させておき、全ての学習が終わった後で、その重要度を踏まえてランキングする。	〔第6時〕歴史に学び、未来へと生かそう ○これまでの歴史の学習を基に、将来の社会のあるべき姿を考察し、構想させる。 ・現在の社会が今までの歴史の積み重ねによって形成されたことについて、近代と現代の歴史の学習を振り返ることを通して理解する。 ・先人の努力の成果を受け継いだ私たちが目指すべき未来の社会を考察、構想する。

課題解決的な学習展開にする工夫

　ここでは二つの学習展開が考えられる。

　一つ目は現代の特色を考察する学習である。課題を「現代の世界と日本はどのような時代だろうか」として、現代の学習を振り返らせ、戦前の世界と日本と比較して現代の社会の特色を考察させる。

　二つ目は未来の社会を構想する学習である。課題を「私たちはどのような社会を目指すべき

か」とし、近代と現代の学習を振り返らせ、それを受け継いだ私たちの目指すべき未来の社会を考察、構想させる。

冷戦後の国際社会

本時の目標

冷戦の終結が世界に与えた影響について理解できるようにする。

本時の評価

冷戦が終結し、国際協調による地域統合が進む一方で、国家を超えた紛争が多発していることを理解している。

---

(1)

冷戦後の国際社会

1. 冷戦の変化と日本

	年	世界の動き	日本の動き
1 新しい冷戦	1979	ソ連のアフガニスタン侵攻 ↓ 米ソの対立が激化→軍拡競争の激化 ↓ 軍事費の増大	
2 冷戦の終結	1989	マルタ会談（米ソの冷戦の終結を確認） 東ヨーロッパ諸国の民主化 ベルリンの壁の崩壊	
	1990	東西ドイツの統一	
	1991	ソ連の崩壊	
	1992	中国の改革・開放路線の拡大	PKO協力法
	1993		55年体制の終わり

○新しい冷戦
　1979年 ソ連がアフガニスタンへ侵攻→米ソの対立が再び激化

　　　　　　米ソの軍事費が増大‥‥財政赤字、増税　→米ソ両国民の不満が高まる
○冷戦の終結
　 マルタ会談 （1989）‥‥米ソが冷戦の終結を宣言

　ソ連の政治改革の失敗　→ 東ヨーロッパ諸国が社会主義を放棄
　　　　　　　　　　　　　 ドイツ の統一（1990）
　　　　　　　　　　　　　 ソ連の崩壊 （1991）　→　15に分裂

3 ○中国での改革・解放路線の拡大‥‥資本主義的な方法を導入（私企業、経済特区など）
○東アジアにおける冷戦は現在どうなっているだろうか。
　・中華人民共和国と台湾政府（中華民国）の対立‥‥‥‥‥ 続いている
　・大韓民国（南）と朝鮮民主主義人民共和国（北）の対立‥‥ 続いている

本時の授業展開

1　導入

冷戦が終結すると世界にどのような影響が出るかを予想させる。

2　展開

○冷戦の変化と日本

冷戦が終結した理由を考察させる。

1979年のソ連のアフガニスタン侵攻から始まる「新しい冷戦」が米ソの財政に多大な負担を与え、それが両国民の生活にどのように影響したかを理解させる。

また、冷戦の終結によってヨーロッパで東側陣営が崩壊するという大きな変化があったこと、一方で東アジアでは国家の分断が続いて、冷戦の構造が残っていることを理解させる。

○冷戦後の国際関係

冷戦後の新しい国際関係について考察させる。

冷戦の終結が与えた二つの側面を理解させる。

一つ目は国際協調が進んだことである。米ソ対立が緩和したことで国際連合の安全保障理事会での拒否権の行使が少なくなり、PKO活動などが軌道に乗る。また国際連合への加盟国も増え、名実ともに世界の国のほとんどが参加する組織となった。さらに地域統合の動きが進んでいく。自由貿易などの経済的なつながりが保護貿易を防ぎ、安全保障に有効なことを理解させる。

二つ目は冷戦期に抑えられていた地域紛争が

（2）

2．冷戦後の新しい国際関係
○国際協調の動き……冷戦の対立が弱まったことで、国同士が協力しやすくなる
・国際連合の動き
▶加盟国の増加（冷戦終結前の 1989 年は 159 カ国）

1990	リヒテンシュタイン、ナミビア
1991	朝鮮民主主義人民共和国、エストニア、ミクロネシア、ラトビア、リトアニア、マーシャル諸島、大韓民国
1992	アルメニア、アゼルバイジャン、ボスニア・ヘルツェゴビナ、クロアチア、グルジア、カザフスタン、キルギスタン、モルドバ、サンマリノ、スロベニア、タジキスタン※3、トルクメニスタン、ウズベキスタン
1993	アンドラ、チェコ、エリトリア、モナコ、スロバキア、マケドニア・旧ユーゴスラビア共和国
1994～	パラオ、キリバス、ナウル、トンガ、ツバル、ユーゴスラビア、スイス、東ティモール、モンテネグロ、南スーダン　　（現在 193 カ国）

▶PKO活動（国際連合による平和維持活動）……停戦監視、選挙監視、平和維持行動など
・主要国首脳会議（サミット）……G7からG20へ
・地域統合の動き
1989　アジア太平洋経済協力会議（APEC）
1991　南米南部共同市場（MERCOSUR）
1993　ヨーロッパ連合（EU　12 カ国　→現在 27 カ国…東ヨーロッパ諸国の加盟）
1994　北米自由貿易協定（NAFTA）

4

自由貿易にはどのような意味があっただろうか。→ ブロック経済などの保護貿易を防ぐ

○地域紛争の表面化
・ 民族・宗教・文化 などの違いや 領土紛争 などの対立
冷戦時には、東西それぞれの陣営内での対立は他の陣営へ対抗するために抑えられていた。

冷戦の終結により抑えられていた対立が表面化 仲間同士でけんかしている場合ではない！
1991　湾岸戦争
1991　ユーゴスラビア紛争
2001　アメリカ同時多発テロ
2003　イラク戦争

5

3．冷戦の終結は、世界にどのような影響を与えただろうか。

国連の活動が活発になったり、地域統合の動きが見られたり、国同士の協力が深まった。
一方で、冷戦期に抑えられていた地域紛争が表面化してきた。

ワークシートを使用する際のポイント

(1)左側では、冷戦が終結する様子を理解させる。新しい冷戦に対応するために米ソの財政負担が増大し、両国がそれに耐えきれなくなったことが原因である。特にソ連の負担が大きかった。経済的な負担と国民の不満が冷戦終結の背景にあったことを理解させたい。また、ヨーロッパでは東側陣営が崩壊して冷戦が終結するが東アジアでは国家の分断が続いていることに注意させたい。

(2)右側では冷戦終結の影響を理解させる。国際協調の動きが見られ、国際連合の活動が容易になり、地域統合の動きも活発になる。一方で地域紛争が表面化するなどが見られ、冷戦期よりも紛争が増加するという現象が見られた。

ICT 活用のアイディア

1 「冷戦の変化と日本」の年表を電子黒板に映し、冷戦の終結が世界と日本に与えた影響を捉えさせる。

2 ベルリンの壁崩壊の写真を電子黒板に映し、マルタ会談以降の国際社会の変化に関心を持たせる。

板書活用のアイディア

3 東アジアにおける国際間の対立について問いかけ、生徒の発言とともに、中国革命や朝鮮戦争に原因があることを板書する。

4 自由貿易の意味を問いかけ、生徒の発言を板書する。

5 冷戦の終結の世界への影響を問いかけ、生徒の発言を板書する。

表面化してくることである。民族・文化・宗教などの対立は時代や場所を問わずに起こってきたことであるが、冷戦期は自分の陣営内での団結を固めるために抑えられていた。冷戦が終結すると陣営内で団結する必要がなくなったために表面化してくることになった。ただし、民族・文化・宗教が異なっても共存してきた例が多いことも同時に示しておく。

3　まとめ

冷戦の終結が世界に与えた影響についてまとめさせる。冷戦終結が核戦争の可能性を低下させ、国際協調の動きを進めた一方で、地域紛争が表面化してくるという負の側面があったことも捉えさせる。

冷戦後の日本

本時の目標

　冷戦の終結が日本に与えた影響について理解できるようにする。

本時の評価

　冷戦後の日本の課題が、対外的には他国と歴史的関係の中から、国内的には経済的な好景気の反動により発生していることを理解している。

---

(1)

冷戦後の日本

1. 冷戦の終結と日本

	年	世界の動き	日本の動き
冷戦の終結	1989	マルタ会談（米ソの冷戦の終結を確認）東ヨーロッパ諸国の民主化ベルリンの壁の崩壊	
	1990	東西ドイツの統一	
	1991	ソ連の崩壊	
	1992	中国の改革・開放路線の拡大	PKO協力法
	1993		55年体制の終わり

2. 冷戦後の日本の外交

○国際貢献
　　経済面での協力だけでなく、国際紛争への協力（軍事的な協力）も求められるようになる。
　　　↓
　・国連平和維持活動（PKO）協力法（1992）
　　　戦争終了後の復興を支援
　　　　→1992　カンボジアにおけるPKO活動に自衛隊の部隊を派遣（現在まで6地域に派遣）
　・テロ対策特別措置法（2001）
　　　アフガニスタン紛争におけるアメリカ軍の活動を支援（戦争中の後方支援）
　・イラク復興支援特別措置法（2003）
　　　イラク戦争における復興を支援（戦争中の非戦闘地域での活動）
○東アジア
　・冷戦による国家分断が残る
　　　中国　　　　…中華人民共和国と中華民国（台湾政府）
　　　朝鮮半島　…朝鮮民主主義人民共和国（北）と大韓民国（南）
　・領土に関わる問題
　　　北方領土　…ロシア
　　　竹島　　　…韓国
　　　尖閣諸島　…中国
○アメリカ
　・日米安全保障条約
　・在日米軍基地

本時の授業展開

1　導入

　冷戦が日本に与えた影響について振り返らせ、それを踏まえて、冷戦の終結が日本に与えた影響について予想させる。

2　展開

○冷戦の終結と日本

　冷戦の終結が日本に与えた影響について理解させる。冷戦の日本への影響を象徴するのが、PKO協力法にはじまる国際貢献であり、55年体制の終わりである。これが冷戦の終結と関係していることに気付かせる。

○冷戦後の日本外交

　冷戦終結後の日本外交について理解させる。冷戦の終結によって国際連合の活動が容易にな

り、日本が国際連合を通して国際紛争に関わるようになってくることを捉えさせる。具体的には、その第一歩が「PKO協力法」であり、カンボジアでの内戦終了後の復興支援を行った。「テロ対策特別措置法」では、アフガニスタン戦争において、戦争中のアメリカ軍の活動に対してインド洋での給油などの後方支援を行った。「イラク復興支援特別措置法」では、イラク戦争において、戦争継続中の国の中で非戦闘地区での活動を行った。

　一方、東アジアでは冷戦の構造が残り、中国と朝鮮半島での国家分断が続いていることも気付かせる。さらに、冷戦の終結によって発生した問題として、領土問題の表面化、日米安全保障条約の存在意義、沖縄の普天間基地の移転問

(2)

3. 55年体制の終わり
○自由民主党に対する国民の支持の弱まり
・自由民主党の長期政権 →政治の進め方や汚職に対する国民の批判が高まる。
・アメリカとの関係
　自由民主……アメリカの冷戦の政策を支持。日米安全保障条約を整持
　社会党………アメリカの冷戦の政策に反対。日米安全保障条約に反対。

冷戦の終結により、この考え方の対立はどうなるだろうか。

4

冷戦を前提とした政策だったため、対立は弱まる

○1993年の衆議院議員選挙で、自由民主党の国会議員が過半数を下回る。

自由民主党以外の政党が連立して内閣を組織 →55年体制の終わり
その後、連立政権や政権交代が続く。

4. バブル経済とその崩壊

○ バブル経済 （1980年代後半）

・企業が、株式や土地の売買によって利益を上げようとする。
　（つまり、企業本来の商品の生産や販売という実態がない「泡」のような利益追求）
　↓
株価や地価が急激に上昇　　銀座では1㎡で3500万円（畳一畳で約7000万円！）

・政府による規制 （1991）
　株価、地価の急激な下落→負債を抱えた企業の倒産、失業者の増加、貧富の差の拡大
　　　　　　　　　日本の経済は長期の不景気へ

5. 冷戦の終結は、日本にどのような影響を与えたのだろうか。

5

・国際貢献の面で、経済協力だけでなく軍事的な協力も求められるようになった。
・領土に関わる問題も、改めて表面化してきた。
・55年体制が終わり、自由民主党が単独では内閣を維持できなくなり、連立内閣や政権交代が続くようになった。

題等の問題があることにも触れる。

○55年体制の終わり

　冷戦終結が国内政治に与えた影響を考察させる。アメリカの冷戦に対する政策と日米安全保障条約を巡る対立から始まった55年体制が冷戦の終結によって崩れていく様子を理解させる。1993年の非自民連立内閣の成立以降、現在まで政権交代や連立政権が続いている。バブル経済は現在の日本の経済の低迷につながることをおさえておく。

3　まとめ

　冷戦の終結が日本に与えた影響についてまとめさせる。外交と内政についてまとめさせる。

ワークシートを使用する際のポイント

(1)左側では、日本の外交への影響を理解させる。冷戦終結後は日本に対して世界平和の面でも国際貢献が求められるようになり、その一つがPKO協力法である。カンボジアの内戦が終了した後で、戦後初めて自衛隊が海を越えることになった。その後、戦争継続中だが戦争地域ではない後方での支援、戦争継続中で戦争地域だが非戦闘地区での復興支援に自衛隊が派遣された。日本国憲法との整合性が議論される中で拡大していった。

(2)右側では、日本の国内の政治への影響について理解させる。冷戦の終結によって対立点が不明確になったことで55年体制が崩れることになった。その後は民主党による政権交代もあったが、自民党も単独で政権を維持することができなくなっている。

ICT活用のアイディア

1「冷戦の終結と日本」の年表を電子黒板に映し、国際関係と国内政治で変化が生じていることに気付かせる。
2日本周辺の地図を電子黒板に映し、中台問題、朝鮮半島、領土問題の場所を確認する。

板書活用のアイディア

3日本に関わって、冷戦の終結によって表面化してきた問題を問い、領土問題などを確認する。
4冷戦の終結により55年体制の対立がどのように変化するかを問い、生徒の発言を板書する。
5冷戦の終結が日本に与えた影響を問い、生徒の発言を板書する。

持続可能な社会に向けて

現在の世界と日本の課題を理解できるようにする。

現在の世界と日本の課題を理解し、それをどのように解決するか考察し、表現している。

持続可能な社会に向けて

1. グローバル化
○グローバル化
・グローバル化＝地球規模化（globe＝地球）
　人間、商品、お金、情報などが、国家の枠を超えて動く状態。
　交通・輸送手段の発達やインターネットの発達による（1990年代以降に急速に進む）。
・似た言葉に「国際化」がある。
　国際化は、国家の間の関係が緊密になることで、国家の存在が前提。
　従って、国家による統制が強まれば国際化は抑えられることになる。
・「国際化」と比べてみて、グローバル化の特徴をまとめてみよう。

> ・国家に関係なく様々なものが世界を動く状態。
> ・国家による統制が難しい。
> ↓
> ・動きや影響などの予測が難しい。

○一つの国だけでは解決できない問題には、どのようなものがあるだろうか。
今までの歴史の学習や地理の学習、それ以外の教科で学んだこと、身近なことなどから挙げてみよう。

> 地球環境（地球温暖化、酸性雨、砂漠化、熱帯林減少など）、戦争や平和、資源、エネルギー、
> 感染症、食料、人口増加、貧困

2. 日本の課題
○災害
・日本に見られる自然災害を挙げてみよう。

> 地震、津波、水害（洪水）、冷害、干害、雪害

○エネルギー問題
・発電方法の見直し　←2011年の東日本大震災による福島第一原子力発電所の事故
　水力発電…水の落下でタービン（発電機）を回す。
　　　　　　→ダムの建設費用が高い。新しいダムの建設場所がない。
　火力発電…天然ガス、石油、石炭などで水を沸騰させ、蒸気の力でタービンを回す。
　　　　　　→二酸化炭素を大量に排出する。
　原子力発電…核物質を反応させて発生した熱で水を沸騰させ、蒸気の力でタービンを回す。
　　　　　　→放射線を出す使用済みの核燃料を処理できない。
　　　　↓
・自然エネルギー（再生可能エネルギー）にはどのようなものがあるだろうか。

> 風力、太陽光、地熱、など　→問題点は何だろうか・・・　安定的に供給できない 発電費用が高い

○その他に
・貧富の格差　・都市と農村の格差　・少子高齢化　・人権（差別）

1　導入

SDGsの17の目標から、解決すべき一番の問題は何かを考えさせる。

2　展開

○グローバル化

グローバル化とはどのようなものか理解させる。グローバル化が交通・輸送手段の発達とインターネットの普及を背景にしたものであり、国同士の関係にとらわれずに商品やサービス、情報が行き交う現象であることを理解させる。似た言葉に「国際化」があるが、これは国の存在が前提であり、国同士の関係が深まることをいう。これは国家による統制が可能であるが、グローバル化は国家による統制が難しく、従っ

て将来の予測も困難である。地球の反対側のある地域での、誰も注目しない小さな出来事が全世界に多大な影響を与える可能性もあることに気付かせる。

○日本の課題

現在の日本の課題を理解させる。まず、現在の日本が直面する課題を身近なことから考えさせる。感染症や自然災害、エネルギー問題などが出てくることが予想される。次に既習事項から考えさせる。過密と過疎の問題、少子高齢社会の問題などが予想される。必要に応じて教師が支援する。

○持続可能な社会を目指して

SDGsについて理解させる。自分たちが挙げた課題が17の目標のどれに当たるかを考えさ

ワークシートを使用する際のポイント

⑴左側ではまず、世界の課題を考えさせる。グローバル化、地球環境問題、感染症、国際紛争など、ニュースや既習事項等から挙げさせたい。次に日本の今日的課題を挙げさせる。

⑵右側では、生徒の意識を高めたい。SDGsの17の目標は地理の学習で取り扱っている場合もあるが、歴史学習でも触れておきたい。そして、公民の学習へつなげていくためにも、自分がすべきこと、国家がすべきこと、国際社会がすべきことを分けて考えさせたい。ただし、国家を動かすのが自分であり、国際社会を動かすのが国家であることを理解させておきたい。またグローバル化する社会では個人が国際社会に直接関わることができることも意識させたい。

せ、その中から最も優先すべき課題を挙げさせる。まず個人で考えさせ、グループで意見交換させ、その後最終的に個人で選択させる。大切なのは選んだ根拠を明確にさせることである。

3　まとめ

　目標の実現のために必要なことを考察させる。最後に自分が選んだ目標の実現のために何ができるかを考えさせ、中学生としての自分がすべきこと、大人になった自分がすべきこと、さらに日本政府がすべきこと、国際社会がすべきことを考えさせる。このような考え方が公民の学習にもつながることを理解させたい。

ICT 活用のアイディア

3 SDGsの目標一覧を電子黒板に映し、世界や日本が直面する問題がどれに該当するか確認する。

6 ワークシートの4の考察をパワーポイントなどでまとめ、発表する。

板書活用のアイディア

1 グローバル化の特徴を問いかけ、生徒の発言を整理・分類しながら板書する。

2 一つの国では解決できないグローバルな問題を問い、生徒の発言を板書する。

4 最も優先すべきSDGsの目標を挙げさせてその理由を問い、生徒の発言を板書する。

5 SDGsの目標実現のために必要なことを問い、生徒の考察を板書する。

現代の大観

本時の目標

現代の日本の特色を考察できるようにする。

本時の評価

現代の日本と世界を大観して、時代の特色を多面的・多角的に考察し、表現している。

---

(1)

現代の特色

1 **2** **3**

1．現在の日本の社会に影響を与えたもの
　学習したことの中で、現在の日本の社会に影響を与えたと考えられるものを挙げよう。

○占領下の日本

○民主化と日本国憲法

○冷戦の開始と植民地の解放

○独立の回復と 55 年体制

○緊張緩和と日本外交

○日本の高度経済成長

○マスメディアと現代の文化

○冷戦後の国際社会

○冷戦後の日本

○持続可能な社会に向けて

本時の授業展開

1　導入

現代の学習で学んだことを振り返らせる。

現代の学習で一時間ごとの学習の最後にまとめておいた「現在の日本の社会に影響を与えたと考えられるもの」を見直させる。

2　展開

○出来事のランキング

「現在の日本に影響を与えたと考えられるもの」を３つ取り上げてランキングさせる。

本時で使用するワークシートは毎時間の学習が終了した後で、その都度まとめておく。本時では、まとめておいたことを再検討して重要だと考えるものを３つ選ばせる。その際、選んだ理由（歴史的な意義）を明確にさせる。個人

で選択が終わったら、グループで意見交換を行わせる。他の人が挙げている出来事だけでなく、その理由に注目させる。自分と異なる意見や自分と同じ意見だが理由が異なる点などは、きちんと記録させる。自分のランキングと他の人のランキングを比較し、自分と他の人の価値感が異なることを知ることで、より思考が深まる。

3　まとめ

ランキングをまとめさせる。意見交換を踏まえて最終的に選択した出来事をランキングさせる。その際、選んだ理由を明確にさせる。「ランク１」にした出来事は、その理由（歴史的意義）を記述させる。「ランク２」にした出来

新たな時代の日本と世界
286

（2）

4
5

2. できごとランキング
現在の日本の社会に影響を与えたものを3つ選び、ランキングしよう。

ランク1

ランク2-①　　　ランク2-②

3. ランキングした理由

ランク1にしたできごと	
重要だと考えた理由	

ランク2-①にしたできごと	ランク2-②にしたできごと
重要だと考えた理由	重要だと考えた理由

ランク1にしなかった理由	ランク1にしなかった理由

事については、その理由として「歴史的な意義」とともに「ランク1」にしなかった理由も記述させる。これを考察することでより深い理解ができるようになる。

ワークシートを使用する際のポイント

⑴左側については、一時間ごとの学習の最後にその都度記録させておきたい。後で見たときに内容が分かるように具体的に記録させる。

⑵右側については、まず個人で3つ選択させる。その際は、その歴史的な意義を踏まえて選択するように指導する。この歴史的な意義が選択した理由になる。その後、グループで意見交換を行わせる。この時重要なのは歴史的な意義の理解である。この点をしっかりと記録させる。最後に意見交換を踏まえてレポートに取り組ませる。「ランク2」にした出来事は「ランク1」にしなかった理由を記述させることで、より深い理解を促したい。

ICT活用のアイディア

2各時間で学習したことに関わる映像を電子黒板に映し、これまでの学習を思い出させる。
3左側のワークシートは、個人のタブレットを使って記録させておいてもよい。
4右側のワークシートについても、フォーマットを個人のタブレットに送っておいて、タブレット上で記述させてもよい。
5グループでの意見交換でもタブレットを活用したり、またグループでの話し合いの内容をまとめてクラス全体で共有し合ったりしてもよい。

板書活用のアイディア

1授業の導入で、現在の社会につながるものを問い、生徒の発言をいくつか板書する。

歴史に学び、未来へと生かそう

本時の目標

　私たちが目指すべき未来の社会を考察、構想できるようにする。

本時の評価

　現在までの学習を踏まえて、私たちが目指すべき未来の社会について多面的・多角的に考察、構想し、表現している。

（1）

未来に学び、未来へと生かそう

1
2

1. 現在の社会の成り立ち
　現在の私たちの社会がどのようにして形成されてきたのか、近代と現代の学習を振り返ってみよう。

近代と現代の学習で学習したこと			
人権・政治	経済・生活・環境	国際社会	科学技術・文化・情報
市民革命 権利の章典 アメリカ合衆国憲法の制定 自由民権運動	産業革命 高度経済成長 公害の発生	帝国主義 社会主義の思想 第一次世界大戦 国際連盟 不戦条約	産業革命 新聞、雑誌の発行 ラジオ放送 電化製品の普及 テレビ放送

⇓ ⇓ ⇓ ⇓

現在の社会			
個人の人権保障 （自由権、平等権、社会権） 民主主義の政治 （国民主権、参政権） 憲法に基づく政治 （政府の権力を制限）	資本主義の経済体制 便利で豊かな生活 高学歴社会 公害対策	国際協調体制 （国連、サミット、地域統合） 自由貿易体制 戦争防止 植民地の解放 冷戦の終結 グローバル化	大衆文化 マスメディアの発達 インターネット コンピュータ グローバル化
人権保障の更なる徹底 政治的無関心（投票率低下） いじめ、誹謗中傷	経済格差（貧富の差） 少子高齢社会の急速な進展 国家財政の破綻 地球規模の環境問題 （温暖化、酸性雨…） 資源・エネルギー問題	地域紛争の表面化 （内戦、テロ） 南北問題（貧困） 自国中心主義 核兵器	情報化の進展 AI（人工知能）の発達 グローバル化の更なる進展

本時の授業展開

1　導入

　SDGsの学習を振り返らせ、私たちが目指すべき社会の土台として意識させる。

2　展開

○現在の社会の成り立ち

　現在までの学習を振り返らせる。現在の社会は、近代と現代の歴史に大きく影響されている。このことから、近代の学習から振り返らせる。左側のワークシート下段の「現在の社会」については、生徒に記入させるのではなく、あらかじめワークシート載せておいてもかまわない。上段の「近代と現代で学習したこと」の空欄には、生徒に今までの学習を振り返らせて、「現在の社会」の項目につながるものを記入さ

せる。その際、4つの分野ごとに分担してグループで情報交換しながら取り組ませると時間短縮になる。ここで不可欠なことは、現在の社会が過去の歴史の積み重ねによって形成されたことを実感させることである。例えば、国民主権や基本的人権の尊重は市民革命以来の歴史の積み重ねであり、戦争の放棄は第一次世界大戦以来の人類の努力の成果であることなどを示唆していきたい。

○私たちが目指すべき社会

　私たちが目指すべき未来の社会について考察、構想させる。「先人の絶えまぬ努力の成果として形成された現在の社会の方向性を今後どのようにすべきか」というように、歴史の流れの中で考察、構想させる。私たちが目指すべき

ワークシートを使用する際のポイント

⑴左側については、下段の「現在の社会」の項目に関係の深い出来事を既習事項から挙げさせる。個人では難しい場合は初めからグループで取り組ませた方がよい。また、挙げるべき項目は教師があらかじめ一覧にしたものを示した方が効率的である。時代ごとにまとめておくとよい。項目はあまり多くならないように厳選したい。

⑵右側では、考察、構想を進めさせる。「重要だと思うこと」は３つ程度までとして１つでもかまわない。ここでは出来事ではなく、「人権」「地球環境」「平和」などの分野を挙げさせる。留意すべきことは未来を予想させることではなく、あるべき理想の姿を構想させることである。

左側ワークシート内容：

(2)

3
4

2. 私たちが目指すべき社会
歴史の学習で学んだように、現在の私たちの社会は先人が作り上げてきた努力の成果であるといえる。私たちは、この歴史を受け取って、将来どのような社会を目指すべきだろうか。

(1) 重要だと思うことを３つ程度挙げよう。(理由もまとめよう。)

(2) 他の人の意見を参考にしよう。

(3) 自分の最終的な意見をまとめよう。
私が考える将来目指すべき社会とは
な社会である。
そう考えた理由は以下の通りである。

ICT 活用のアイディア

❶SDGs の一覧を電子黒板に映し、「持続可能な社会」の観点から考察するように意識づけする。
❷近代と現代で学習した内容に関わる主な出来事の写真などを４つの分野に分けて電子黒板に映し、生徒に学習を振り返らせる。
❸右側のワークシートについては個人での作業のため、フォーマットを個人のタブレットに送って、タブレット上で記述させてもよい。

板書活用のアイディア

❹右側のワークシートの上段については、どのようなことを考えたか生徒に問い、発言のいくつかを板書して他の生徒の参考にさせる。

ことの中で重要だと考えることを３つ程度挙げさせる。その際、理由を明確にさせる。次にグループで意見交換を行わせる。他の人の意見を聞き、特に理由をしっかりと記録させる。

最後に自分の最終的な意見をレポートにまとめさせる。その際、結論を短いフレーズで表現し、理由を３〜４つ程度にまとめ、学習した内容から根拠を挙げさせる。

レポートの構造

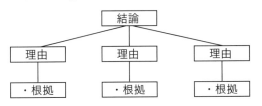

編著者・執筆者紹介

[編著者]

関　裕幸（せき　ひろゆき）

東京都立小石川中等教育学校主幹教諭。

1961年（昭和36）年東京都生まれ。國學院大學文学部史学科卒業、上越教育大学大学院学校教育研究課修了。東京都の公立中学校を経て、2006（平成18）年より現職。

教育課程実施状況調査委員、学習指導要領実施状況調査委員、評価規準・評価方法等の工夫改善に関わる調査研究協力者、平成20年版・平成29年版学習指導要領作成協力者、中央教育審議会初等中等教育分科会教育課程部会委員などを歴任。

主な著書に『新学習指導要領の展開』（共著　明治図書出版 2017年）、『中学校教育課程実践講座』（共著ぎょうせい 2018年）、『小中社会科の授業づくり　社会科教師はどう学ぶか』（共著 東洋館出版社 2021年）など多数。

[執筆者] ＊執筆順、所属は令和4年3月現在　　　　[執筆箇所]

入子　彰子	文京区立音羽中学校	歴史との対話
髙田　孝雄	足立区立東綾瀬中学校	中世の日本　/　現代の日本と私たち
守屋　龍馬	足立区立加賀中学校	近世の日本（1節・2節・近世の大観）
松本　賢	武蔵村山市立第四中学校	近世の日本（3節）
原　聡	足立区立竹の塚中学校	開国と近代日本の歩み（1節）/　二度の世界大戦と日本（1節）
今村　吾朗	練馬区立石神井西中学校	開国と近代日本の歩み（2節・3節）
上床　肇	八王子市立みなみ野中学校	開国と近代日本の歩み（4節）/　二度の世界大戦と日本（2節・3節）

他一名

『ワークシートで見る全単元・全時間の授業のすべて　社会　中学校　歴史』付録資料について

本書の付録資料は、東洋館出版社ホームページ内にある「マイページ」からダウンロードすることができます。なお、本書のデータを入手する際には、会員登録および下記に記載しているユーザー名とパスワードが必要になります。入手の方法は以下の手順になります。

【東洋館出版社 HP】

URL **https://www.toyokan.co.jp**　　東洋館出版社　検索

❶ 「東洋館出版社」で検索して、「東洋館出版社オンライン」へアクセス

❷ 会員者はメールアドレスとパスワードを入力後「ログイン」。非会員者は必須項目を入力後「アカウント作成」をクリック

❸ マイアカウントページにある「ダウンロードギャラリー」をクリック

❹ 対象の書籍をクリック。下記記載のユーザー名、パスワードを入力

ユーザー名：shakai_rekishi
パスワード：ic9httaS

ユーザー名、パスワードを入力

【使用上の注意点および著作権について】

- リンク先にはパソコンからアクセスしてください。スマートフォンではファイルが開けないおそれがあります。
- PDFファイルを開くためには、Adobe AcrobatまたはAdobe Readerがインストールされている必要があります。
- PDFファイルを拡大して使用すると、文字やイラスト等が不鮮明になったり、線にゆがみやギザギザが出たりする場合があります。あらかじめご了承ください。
- 収録されているファイルは、著作権法によって守られています。
- 著作権法での例外規定を除き、無断で複製することは法律で禁じられています。
- 収録されているファイルは、営利目的であるか否かにかかわらず、第三者への譲渡、貸与、販売、頒布、インターネット上での公開等を禁じます。
- ただし、購入者が学校での授業において、必要枚数を生徒に配付する場合は、この限りではありません。ご使用の際、クレジットの表示や個別の使用許諾申請、使用料のお支払い等の必要はありません。

【免責事項・お問い合わせについて】

- ファイル使用で生じた損害、障害、被害、その他いかなる事態についても弊社は一切の責任を負いかねます。
- お問い合わせは、次のメールアドレスでのみ受け付けます。tyk@toyokan.co.jp
- パソコンやアプリケーションソフトの操作方法については、各製造元にお問い合わせください。

ワークシートで見る全単元・全時間の授業のすべて

社会 中学校 歴史
〜令和 3 年度全面実施学習指導要領対応〜

2022（令和 4）年 3 月25日　初版第 1 刷発行
2022（令和 4）年10月17日　初版第 2 刷発行

編 著 者：関　　裕幸
発 行 者：錦織　圭之介
発 行 所：株式会社東洋館出版社
　　　　　〒101-0054　東京都千代田区神田錦町 2 丁目 9 番地 1 号
　　　　　　　　　　　コンフォール安田ビル 2 階
　　　　　代　　表　電話 03-6778-4343　FAX 03-5281-8091
　　　　　営 業 部　電話 03-6778-7278　FAX 03-5281-8092
　　　　　振　　替　00180-7-96823
　　　　　Ｕ Ｒ Ｌ　https://www.toyokan.co.jp

印刷・製本：藤原印刷株式会社

装丁デザイン：小口翔平＋後藤司（tobufune）
本文デザイン：藤原印刷株式会社
イ ラ ス ト：すずき匠（株式会社オセロ）

ISBN978-4-491-04782-9　　　　　　　　　　Printed in Japan